KB069713

심리극의 세계

The Handbook of Psychodrama

M. Karp • P. Holmes • K. B. Tauvon 편

김광운 • 박희석 외 공역

학지사

역자 서문

1921년에 모레노(J. L. Moreno)는 집단심리치료와 사회측정학 그리고 즉흥극을 바탕으로 심리극을 창조하였다. 그는 창조성과 자발성이 원천적인 생명력과 영적인 발달에 영향을 미치며, 모든 생의 영역에 영향을 미친다는 것을 강조하였다. 심리극은 자신의 문제에 대하여 말보다는 행동으로 실연함으로써 연극적 방법으로 문제를 해결하도록 조력하는 집단심리치료의 방법이다. 모레노는 심리극을 통하여 많은 사람들을 치료하였으며, 그의 철학과 사상을 많은 사람들에게 전수하였다. 1974년 그가 세상을 떠난 이후에도 그의 철학과 심리극의 방법을 실천하는 수많은 사람들은 세계의 방방곡곡에서 그의 철학을 겸손하면서도 충실하게 실천하고 있다.

이 책은 수많은 모레노의 제자들 중에서 마샤 카프(Marcia Karp), 폴 홈즈(Paul Holmes), 케이트 브래드쇼 토우본(Kate Bradshaw Tauvon) 등 영국의 홀웰 국제심리극 및 사회극연구소를 중심으로 활동하던 사람들이 심리극 전문가와 심리극 수련생들에게 심리극의 이론과 실제를 소개하기 위하여 집필한 책이다. 이들의 대표자 격인 카프는 영국에 모레노의 심리극을 소개하고 발전시킨 인물이며, 지금도 모레노의 정통 심리극을 활발하게 실천하고 있는 사람이다. 그녀는 2002년 부산에서 개최된 심리극 워크숍에서 심리극을 선보인 바 있다.

문헌상으로 심리극이 우리나라에 처음 소개된 것은 지금으로부터 약 35년 전이다. 초기에는 정신병원에서 정신과 환자들의 치료를 위해 도입되어 적용되었으나, 이후 대학에서 학생들의 동아리 활동의 형식으로 이루어졌으며, 지금은 정신병원, 대학의 학생상담센터, 청소년 상담실, 사회복지관, 산업체 현장, 교육 현장 등 각 방면에서 치료, 발달, 성장, 문제해결 등의 목적으로 실시되고 있다. 그러나 아직도 심리극은 자의적인 실천의 형태와 비과학적 방식의 적용 등 혼란스러운 측면도 없지 않다. 그러한 점 때문에 심리극이 예술적인 행위로 지나치게 치우쳐 추상적으로 흐르는 경향이 있는 것 같다. 따라서 심리극의 실천접근에 있어서 바람직한 방향이 시급히 정착되어야 할 필요성이 있다.

이 책을 번역한 목적은 심리극의 실천과정에 필요한 이론과 저자들의 풍부한 경험 및 지혜를 토대로 심리극 실천의 바람직한 방향을 제공하고자 하는 것이다. 이 책의 저자 중 한 사람인 카프 역시 심리극의 초보자와 전문가에게 심리극의 이론과 방법을 제공하기 위하여 이 책을 공동으로 집필하였음을 밝히고 있다. 이 책은 모레노 심리극의 철학과 내용을 담고 있으며, 다양한 사례들, 많은 기법들의 적용을 통한 무궁무진한 심리극의 세계를 제시하고 있다. 이 책은 심리극에 관심이 있는 독자들과 기존의 심리극 전문가들에게 이해와 실천의 초석이 되리라 믿는다.

역자들은 이 책을 번역하는 과정에서 용어의 통일과 문맥상 정확한 의미의 해석을 위해 많은 고민과 토론을 하면서 새로운 학습을 하였다. 학습하는 과정에서 때로는 지겹고 힘든 시간도 있었으나, 이러한 학습을 통해 모레노 심리극 이론의 중요성과 그 가치, 그동안 심리극을 실천하면서 부족한 부분, 목마른 내용들에 대한 갈증을 다소나마 풀 수 있게 되었다. 나아가 이 책을 읽는 심리극 실천가나 일반 독자들에게도

모레노가 추구했던 이상 세계와 그 실천 철학이 각 개인의 삶 속에서
새로운 의미가 되고 성장을 경험하는 데 기여하리라고 믿는다. 아무쪼
록 이 책이 상담가, 심리치료가, 사회복지사, 정신과의사 등 관련 전문
분야에서 중요하게 활용되고, 심리극을 실천하는 사람들에게는 심리극
의 이론과 기법들이 상황과 내용에 맞게 이해되고 적용될 수 있는 지
침서의 역할을 하리라 기대한다.

이 책은 모레노의 제자들이 모레노 심리극의 철학과 원칙을 토대로
다년간 수행을 통하여 얻은 지혜와 경험들을 집필한 것이기 때문에 가
장 기본적인 원칙은 원문에 충실하여 저자들이 주장하는 정통 모레노
심리극의 의미와 내용을 그대로 전달하는 것이다. 역자들은 심리극 이
론 자체의 독특한 개념들과 용어들 때문에 어려움이 많았다. 이해하는
것과 남을 이해시키기 위해 글로 표현하는 것이 어려운 일이라는 것을
이제야 좀 알 것 같다. 아무튼 책을 읽으면서 매끄럽게 받아들여지지
않는 부분도 있겠지만 이는 모두 역자들의 몫으로 이해를 구한다.

이제 번역에 참여한 역자들은 해산의 고통과 함께 몸을 풀었다. 그리
고 심리극을 사랑하는 모든 사람들을 사랑하고 싶다. 삶 속에서 겪는
우여곡절은 진실을 찾아가는 고통스러운 과정이며, 우리는 언젠가 어
두움 속에서 밝은 빛을 본 것처럼 그 진실의 의미를 알게 될 것이라고
믿는다. 끝으로 인내심으로 기다려 주시고 좋은 책의 출판을 위해 애써
주신 학지사 김진환 사장님과 정영석 차장님께 감사 드린다.

2005년 1월

역자 일동

저자 서문

Zerka T. Moreno

심리극의 왕국 같은 것이 있다면 이 책은 그 왕국을 가장 잘 설명해 줄 것이다. 이 책의 모든 저자들은 심리극과 사회극의 홀웰(Holwell) 국제센터를 수료하였고 독특한 전문가 집단을 형성하였다.

모레노는 그의 작업이 전 세계에 확산될 것을 꿈꾸었지만 어느 날 마샤 카프가 영국훈련센터의 정신적 지도자가 되리라고는 예견하지 못하였다. 그녀의 제자는 세계 여러 곳에서 왔으며 그녀는 그 센터의 정신적 지도자로서 우리들 세계에서 중요한 국제적 위치를 차지하게 되었다. 그녀의 삶의 파트너이자 이 책에 기여한 켄 스프라그(Ken Sprague)와 함께 그녀는 심리극으로 세계적인 여행가가 되었다.

이 책은 초심자와 경험자를 위하여 심리극을 소개하고 있다. 이 책은 초심자들에게는 개론서이며, 이미 심리극을 경험하였고 친숙한 사람들에게는 신선한 영감을 불러일으킬 것이다. 이 책은 심리극의 네 가지 주요 단계, 즉 웜업, 행위, 나누기 그리고 과정분석(processing)에 초점을 둔다. 그리고 심리극의 다섯 가지 도구인 무대(장면), 주인공(중심인물), 집단, 보조자(치료적 배우) 그리고 마지막으로 디렉터(안내자와 지도자)에 초점을 둔다.

초심자 여러분을 진심으로 '환영' 한다. 내가 '심리극의 처녀' 라고 불렀던 초심자들을 맞이하는 것은 나에게 특별한 즐거움이다. 소위 초심자는 우리의 작업에 대해 우리가 오랫동안 잊고 있었던 중요한 질문들을 한다. 더욱 중요한 것은, 이런 사람들은 우리의 '처녀성' 과 순수성을 유지하도록 도와준다. 이에 마샤는 '처녀다운 독창성' 이라는 용어를 제안하였고 또한 우리의 영감의 원천, 우리의 자발성 그리고 우리의 창조성에 가깝게 머무는 것이 얼마나 중요한지를 지적하였다. 우리는 우리 자신에게 다음과 같은 질문들을 계속할 필요가 있다. 어떻게 이 작업을 하는가? 문제를 이해하고 설명하기 위해 우리는 어떤 철학적, 이론적 근거를 갖고 있는가? 치유를 위해 필요한 다른 자원은 무엇인가? 디렉터인 나는 보조자의 능력을 어떻게 최대화하고, 집단의 공통적 지혜를 어떻게 개발할 수 있을 것인가? 이 집단에 가장 적합한 웜업은 무엇인가? 우리는 이 집단에서 주인공을 어떻게 선발할 것인가? 우리는 어떻게 종결하고, 부가적으로 탐색하기 위해 무엇을 개방된 채로 남겨 둘 것인가? 주인공, 보조자들과 집단성원들이 집단경험의 영향을 집단 밖 자신의 삶에 어떻게 지속시켜 갈 수 있겠는가?

비록 디렉터 과업의 이러한 측면들이 명확하게 윤곽을 그릴 수 있는 것은 아니지만, 우리는 그것들에 대해 다루는 것을 배운다. 다만 이러한 모든 측면들을 다루고 거의 무의식적으로 그것들을 자연스럽게 사용하게 되는 것은 몇 년의 훈련과 실천을 경험한 뒤에야 가능하다. 나는 이러한 과정이 조직적으로 이루어진다고 생각한다.

웜밍업 과정에 대해 내가 배운 중요한 것 중 하나는, 주인공이 충분히 웜밍업되었을 때 자신의 어떤 부분도 방관자로 남아 있을 수 없고, 단지 그 행위를 관찰하거나 기록하지도 않고 온전히 참여할 수 있다는 것이다. 모레노는 우리 모두 자신 안에 세 가지의 구성요소, 즉 디렉터, 배우 그리고 관찰자/비평가를 갖고 있다고 믿었다. 디렉터는 우리에게 무엇을 할 것인지를 말해 준다. 즉, '당신이 받지 않았던 사람에게 전화를 걸도록 하시오.' 이때 배우는 전화를 걸고 '행위-갈망'에 참여한다. 관찰자/비평가는 그 배우가 충분히 몰입되면 일어난 것을 기록하지 못하며 기능할 수도 없다. 이것은 그 배우가 말한 것이나 행한 것을 회상할 수 없다는 것을 의미한다. 배우가 그 관찰자/비평가를 허용했을 때만 나중에 그 상호작용을 기록할 수 있다. 완전히 웜업된 배우는 관찰자/비평가를 위해 어떤 여지도 남겨 주지 않는다. 그래서 기억하지 않은 것은 억압하지 않는다. 왜냐하면 사람들은 기록된 것과 실제로 기록되지 않은 것만을 억압할 수 있기 때문이다. 디렉터와 관찰자/비평가 둘 다는 배우가 몰입할 때 사라진다. 이것은 우리가 소위 '행위의 격앙상태(white heat of action)'에서 수없이 여러 번 이야기되거나 행해진 것을 회상할 수 없는 중요한 이유다. 예를 들어, 나중에 자신의 비디오테이프를 보면서 우리는 '내가 정말 저렇게 했어? 내가 저렇게 보였고 저렇게 행동했어?'라며 놀란다. 행위의 격앙상태는 관찰자/비평가를 제거해 버린다. 관찰자/비평가가 존재했을 때는 그 작은 내면의 목소리가 다음과 같이 말하기 때문에 당신은 그것을 알 것이다. '너는 그렇게 잘 하지 못했어, 알아?' 또는 '네가 두려워하고 예상한 만큼 그렇게 어렵지 않아. 너는 꽤 잘 했어.' 후자의 관찰은 글자 그대로 당신이 냉정함을 잃지 않는다는 것을 보여 준다. 그러나 기억하지 않는다는 것의 의미는, 우리가 망각하거나 빈 마음일 때 배우의 웜업이 완성되었고 잘 이루어졌기 때문이라는 것이다. 사실 많은 주인공들은 자신의 회기부분들을 정확하게 기억하지 못했던 경험을 갖고 있다. '소위 자신의 평정심을 잃어버린' 이것은 정신병원에 근무하는 몇몇 직원들이 그렇게 두려운 심리극을 계속하는 주된 이유 중 하나다. 이것은 우리가 어린 시절부터 가져온 행위-갈망 증상의 힘을 이해할 때까지는 위험스럽게 보인다. 모레노는 우리에게 그가 그의 환자를 '병자', 즉 덜 통제된 상태로 만들었다는 비난을 여러 번 받았다고 자주 말하였다. 그는 이러한 논쟁에 동의와 반응으로써 대항하였다.

나는 통제조건하에서 정신질환 약을 소량으로 그들에게 준다. 내가 두려워한 것은 정신이상이 아니라 통제의 부족이다. 여기에서 그들은 의외의 방식으로 행동하는 것이 자신과 다른 사람에게 위험하다는 것을 배울 수 있다. 그러나 그들은 그러한 자신의 감정을 충분히 경험할 때까지는 자신의 감정을 통제하는 것을 배울 수 없다. 심리극에서 그들은 자신의 감정을 충분히 경험하고 나서야 그것에 대해 통제하는 것을 배울 수 있다. (사적 대화)

주인공이 안전하게 집단으로 되돌아오고 집단으로부터 이루어지는 나누기가 정성스럽게 진행되어야 한다는 것을 디렉터는 명심해야 한다. 이 나누기는 주인공이 지지 받는다는 느낌을 갖게 해 주고 비판적이지 않은 방법으로 한 인간으로서의 경험에 대해 인지적 이해를 하도록 해 준다. 즉, '당신의 경험은 나의 ……을 생각나게 합니다.'

모레노는 그 사람의 생각이 기괴함에도 불구하고, 그를 부정하기 전에 다른 긍정적인 점이 있다는 것을 우리에게 가르쳤다. 그러한 긍정을 통해서 텔레에 도달하는 것이 가능하다. 텔레는 진실의 상호인식에서 그러한 감정의 현실을 받아들이고 나누기 때문에, 다른 사람의 감정에 도달함으로써 가장 잘 이해될 수 있다. 텔레는 디렉터와 주인공, 보조자와 주인공, 집단성원과 주인공 또한 집단성원들 간에 작용한다. 50년이 넘게 이 분야에서 작업하면서도, 텔레가 어떻게 눈에 보이지 않게 작용하는지, 그것은 여전히 나를 놀라게 한다. 예를 들어, 자신도 모르게 주인공은 자신의 삶과 동일한 경험을 반영하는 보조자를 선택한다. 이것은 반복해서 일어난다. 최근에 한 젊은 여자 주인공은 몇 개월 전에 돌아가신 아버지 역할에 같은 정신건강클리닉에서 일하는 젊은 남자를 선택한다. 그녀는 그 죽음이 다소 특별한 특징을 갖고 있었지만 아버지의 죽음에 대해 그 남자와 이야기한 적은 없었다. 장면에 들어가 그녀는 아버지가 어머니 옆에서 잠자는 동안에 돌아가신 것을 보았다. 그들은 숙면을 취할 수 있는 베개를 베고 잠들었기 때문에 아버지의 강한 심장발작에도 그녀의 어머니는 무슨 일이 있었는지 알지 못하였다. 심리극을 통해 주인공은 삶이 그녀로부터 뺏어 간 의미 있는 행위인 작별인사를 아버지에게 할 수 있었다. 보조자가 나누기를 시작했을 때의 놀라움을 상상해 보라. "우리는 이것에 대해 이야기한 석은 없지만, 제 아버지도 똑같은 방법으로 돌아가셨어요." 그녀는 45명 중에서 자신의 경험을 완전히 공유할 수 있는 다른 한 사람을 선택한 것이다. 그 역시 상쾌한 정화를 경험하고 다음과 같이 덧붙였다. "당신은 저를 위해 제 심리극을 한 것입니다." 많은 집단성원들 역시 공유할 수 있었다. 그들 중 몇 명은 여러 이유로 돌아가신 부모님과 작별할 수 있는 기회를 갖지 못했었다. 결국 인생은 매우 복잡하다. 그러나 그 상황의 독특성은 보이지 않게 그들을 묶어 주는 오직 이 두 명의 집단성원에만 속해 있었다. 이것은 동시 발생적이지 않고, 우리의 미묘하고 보이지 않는 많은 상호작용과 관련 있는 텔레이며, 우리는 이 텔레의 영향을 더 자각하고 민감해질 필요가 있다.

이 책을 통해 텔레를 이해하게 될 것이다. 텔레의 존재는 모레노에 의해 실험적으로 검증되었고, 그의 유명한 작품인 『누가 살아남을 것인가?』(1953)에 보고되었다. 이 책의 학생판(1993)에 발췌된 것을 보자. 26명의 소녀 집단에게 다음과 같은 기준 아래 그들의 저녁시간 테이블에 함께 앉을 동료를 뽑는 기회가 주어졌다. '당신은 당신의 식탁에 함께 앉을 사람으로 누구를 선택하겠어요?' 그 결과 단순 선택에 의해 예견되는 것보다 더 많은 수의 소녀들이 서로 선택하는 것을 관찰할 수 있었다. 선택의 상호성은 행위에서 나타나는 텔레의 지극히 간단하고 관찰 가능한 효과다. '연구된 표본에서 상호구조의 확률은 우연적 배치에서보다 실제 사회측정학적인 배치에서 21.3% 더 컸다. 그리고 비상호적인 구조의 수는 실제보다 35.8% 더 컸다.' 선택의 상호성은 앞에서 설명한 것처럼, 조작되는 과정 속에서 텔레의 핵심적 표현이다. 그리고 그것은 우리가 추측할 수 있는 것보다 생활 속에서 더 조작적으로 작용한다. 이것은 또한 삶 자체에서 안정성을 확보하고, 사회-정서적 환경의 균형을 유지하도록 하며, 동료들에게 생산적으로 다가갈 수 있는 능력이기 때문에, 이러한 자각을 활용하여 훨씬 더 세련되게 우리 자신의 대인관계를 연구할 필요가 있다는 것을 의미한다.

당신은 역할 개념의 중요성과 우리가 하고 있거나 할 필요가 있는 그리고 하지 않아야 할 역할이 어떻게 우리의 상호 안녕감에 영향을 미치는지에 대해 읽을 것이다. 삶의 무대에서 즉흥적인 배우로서 자신에 대해 생각하는 것은, 우리가 생산적으로 또는 비생산적으로 상호작용하는 것을 관찰할 수 있기 때문에 우리에게 도움이 된다. 우리가 이러한 학습에 참여함에 따라 자발성, 창조성은 배경으로 사라지게 된다. 심리극은 그대로 행하기(doing), 못했던 것 행하기(undoing), 다르게 다시행하기(doing again differently)다. 이때 두 가지 원칙인 자발성과 창조성이 달성될 수 있다.

당신은 우리가 살고 있는 현실이 다른 누군가의 현실이 될 수 없다는 것을 그리고 이것이 대인 간의 거대한 투쟁과 갈등의 원천이라는 것을 이해하기 시작할 것이다. 이러한 현실들의 변화로 인한 상처를 피할 수 있는 주된 방법은 우리 각자가 다루고 있는 것이 이러한 현실에 대한 '주관적인 지각'이라는 것을 아는 것인데, 이것은 때때로 우리를 어지럽게 한다. 예술로서의 심리극에서 당신은 머리가 아닌 가슴이 말하는 것을 듣기 위해 잠시 비판적인 판단을 유보하도록 요구받을 것이다. 심리극에서 영리함과 주지화는 함정이다. 이러한 '주관적인 지각'에 대한 생각은 우리에게 희망을 준다. 왜냐하면 지각은 항상 새로운 결과에 비추어 변화되고 재평가되기 쉽기 때문이다. 당신은 처음으로 여름캠프나 학교, 대학에 갔던 때를 회상하는가? 얼마 후에 집으로 돌아오면 마치 당신 집이 '줄어든 것'처럼 보일 것이다. 정말로 집이 줄어들었는가? 아니면 당신의 주관적인 지각이 변화된 것인가? 당신이 최근에 잘 알고 있는 친구나 사람에게서 놀랍게도 다른 무엇을 발견했다면, 이러한 발견을 실제로 잘 알았는가? 이러한 발견이 당신의 관계를 다르게 했는가? 자신이나 타인의 새로운 측면이나 새로운 역할을 인식하는 것은 이러한 변화를 일으키는 것이고 주관적인 인식을 다른 관점으로 옮기는 것이다. 부모님의 집을 18세에 떠났다가 25세에 돌아온 젊은이의 이야기에서 이 7년 동안 그의 아버지는 얼마나 많은 것을 배웠겠는가?

나는 제자들에게 재차 당부한다. 우리들 중 다른 사람에 대해 온전히 아는 사람은 아무도 없다는 것을 기억하라. 그러한 능력은 우리 인간에게는 주어지지 않았다. 실로 우리는 우리 자신에 대해서도 온전히 알지 못한다. 심리극을 깊게 공부하는 것은 우리가 아는 것에 대해 겸손해하고 새로운 학습에 문을 열고 갈망하는 것이다. 다른 사람들과 함께 하는 이중자아, 역할바꾸기, 거울기법, 독백 등과 같은 기법은 이런 학습에 우리를 조력하는 다양한 방법들이다. 심리극은 우리에게 이러한 학습을 제공하는 길이다. 이 책은 당신을 심리극의 세계로 안내할 것이다. 당신은 그 세계에서 곧 편안하게 자신을 발견할 것이다.

BIBLIOGRAPHY

Moreno, J. L. (1953/1993). *Who shall Survive?* Student edition, Roanoke, VA: Royal Publishing Co.

이 책의 개관

Marcia Karp

우리 사회의 현대 질병은 '강박적 동조' 다(Moreno: 1965). 사람들은 자기 자신이 되기보다는 다른 사람들을 모방한다. 그러나 치료에서 이루어지는 가장 일반적인 말 중에 하나는 '나는 단지 나 자신이 되고 싶어요.' 라는 것이다.

심리극 창시자인 모레노는 심리극의 선행조건은 자발성 훈련이라고 소개하였다. 그는 자발성과 창조성이 인간존재의 초석이라고 믿었다. 창조성 없이 세계가 존재할 수 있을까? 항상 창조자와 창조물이 있다. 자발성과 창조성에 대해 말할 수 있는 것은 자발성과 창조성이 전부는 아니라는 것이다. 단지 자발성과 창조성 없이는 그 밖의 다른 것도 없을 뿐이다.

이 책 『심리극의 세계』는 심리극이 무엇이고, 심리극을 어떻게 이용하는지에 대한 질문에 답하기 위한 것이며, 루트리지 출판사와 공동편집자들의 요청으로 간단하면서 기본적인 책으로 만들게 되었다.

우리의 앞선 두 번의 공동 노력인, 『심리극: 영감과 기법』(1991), 『모레노 이후의 심리극』(1994)은 심리극과 심리치료 실천가들에 의해, 또한 그들을 위해 만들어졌다. 이 책은 초심자, 재충전하려는 사람 그리고 영감적인 관점을 찾고자 하는 지도자를 위해 만들어졌다. 우리는 그러한 목적이 이루어지기를 바란다.

이 책의 저자들은 모두 영국 노스데본의 반스태블에 있는, 홀웰국제심리극 및 사회극센터 출신들이다. 나는 두 명의 공동편집자와 열두 명의 저자들에게 훈련가 자격을 주었다. 우리가 이 책을 만들어 낸 것은 엄마와 아이가 함께 태어나는 듯한 드문 경험이었다. 홀웰의 수료자들 각자는 자신들의 영역에서 뛰어난 사람이 되었고, 심리극에 독특한 공헌을 하였다.

나는 심리극 책을 처음으로 읽는 누군가를 부러워한다. 약 35년 전에 심리극 책을 읽은 것이 나를 이쪽으로 안내하였다. 나는 우연히 아니면 신의 소명에 의해, 모레노가 쓴 『누가 살아남을 것인가?』라는 책 한 권을 발견하였고, 21살 대학생 시절부터 내 머리맡의 선반에 올려놓고 공부하였다. 우연히 삶에서 일어난 것이 최고의 것이 될 수 있기 때문에, 내가 독자들에게 바라는 것은 당신의 손에서 우연히 이 책을 발견하는 것이다. 그리고 우리가 만든 이 책을 통해서 당신 자신의 제작자가 되고 창조자가 되기를 바란다. 내가 말한 대로 이루어지기를 바란다.

> 이런 날들, 당신이 말하는 것마다, 뿌리가 내리고
> 열매를 맺고…… 흙이 된다.
> 이제 그들이 왔던 그곳은 깨끗하다.　　　　　　　　(Charles Olson, 1987)

BIBLIOGRAPHY

Holmes, P., & Karp, M. (Eds.)(1991). *Psychodrama: Inspiration and Technique*. London: Routledge.

Holmes, P., Karp, M., & Watson, M. (Eds.)(1994). *Psychodrama since Moreno*. London: Routledge.

Moreno, J. L. (1953). *Who Shall Survive?* Beacon, NY: Beacon House.

Moreno, J. L. (1995). *The Voice of J. L. Moreno*. MD: Audio tape recorded in 1965 and published by M. Karp, Barnstaple, England.

Olson, C. (1987). *Collected Poetry of Charles Olson*. Los Angeles: University of California Press.

차 례

3부

적응—심리극을 어떻게 사용할 것인가

1

웜업-심리극이란 무엇인가

1

심리극 개관

Marcia Karp

　심리극은 실수에 대한 처벌의 두려움 없이 삶을 훈련하는 방법이다. 집단에서 실연된 행위는 그 행위가 일어나는 대로 그 사람의 삶을 이해하는 한 방법이다. 그것은 특정 상황에서 일어났던 것과 일어나지 않았던 것을 경험해 보는 것이다. 어떤 사람이 과거에 일어났던 일이나 미래에 일어날 어떤 일을 실연하고자 원할지라도, 모든 장면들은 현재 시제로 진행된다. 집단은 주인공의 눈을 통해서 본 삶의 부분을 실연한다. 주인공이 자신의 진실을 개인적으로 재현하는 것은 관객들에게 대단히 의미 깊은 일이 될 수 있으며, 관객들은 주인공이 진실을 표현하려는 노력 속에 자신들을 반영하여 보게 된다. 1900년대 초에 모레노는 비엔나에서 심리극을 창시하였는데, 그는 심리극을 '연극적 방법을 통하여 진실을 과학적으로 탐구하는 방법'이라고 정의하였다. 모레노(1953: 81)는 이제까지 종교 없는 과학과 과학 없는 종교가 있다는 것을 관찰하였다. 그는 앞으로 그 방법들이 결합될 것이라고 느꼈는데, 즉 '진실된 치료적 과정은 전 인류가 그 대상이 될 수 있다.'는 것이다(Moreno,

1953: 3). 집단의 각 성원들은 다른 성원들의 치료사다. 주인공의 이야기를 전에 경험하지 않았던 집단성원이 정서적, 신체적으로 이해하고 몰입하는 것은 그 자체가 치유적 경험이 될 수 있다.

심리극 회기는 세 부분, 즉 웜업, 행위, 나누기로 구성되어 있다. 또는 네 번째 부분으로 훈련의 목적으로 이용되는 과정분석이 있다. 이 장에서는 방법의 활용과 실천가들의 훈련, 심리극의 문헌과 연구에서 실제적으로 고려해야 할 것들을 논의하고 이러한 부분들을 기술하고자 한다.

웜 업

웜업(Warm-up)은 창조적 가능성의 분위기를 만들어 준다. 이 첫 단계는 개인이 디렉터와 집단 그리고 심리극의 방법을 신뢰하게 하는 안전망을 만들어 준다. 그 분위기가 당신을 편안하게 할 때 당신은 생각할 수 없었던 것을 생각하게 되고, 표현하기 어려운 것을 표현할 수 있게 된다.

집단을 웜업시키는 방법들은 많다. 모레노는 모든 사람들과 참만남을 가졌으며 서로 편하게 이야기할 수 있도록 격려하였다. 특별한 삶의 문제를 가지고 있는 사람이 집단에서 주인공이 되곤 하였다. 다른 웜업의 방법을 통하여 실연할 준비가 되어 있는 사람을 디렉터가 주인공으로 선발하는 것이다. 또 다른 방법은 회기의 주제가 드러나도록 하는 창조적 집단 활동이다. 이것을 주인공 중심의 웜업이라고 한다. 자기-지명(self-nomination) 웜업에서, 사람들은 스스로 주인공으로 나설 수 있다. 이러한 방법들은 웜업을 통하여 사람들이 집단을 보다 더 신뢰하게 하고, 사랑, 배려 및 창조성의 분위기에서 그들의 문제를 좀 더 자유롭게 표현하도록 하는 주인공 선발 방법이다. 각 개인은 자기 나름의 웜업을 한다는 것을 기억할 필요가 있다. 웜업 과정에서 집단 토의는 집단을 행위로 들어가게 하는 편리한 촉매가 될 수 있다.

행 위

웜업을 한 후에, 디렉터와 선정된 주인공은 문제의 주변에서 중심으로 작업해 들어간다. 심리극은 문자 그대로 마음의 행위를 의미하고, 그것은 내부의 극을 밖으로 꺼내어 외부의 극이 되게 한다. 디렉터는 극 속의 중요한 사람들을 나타내는 보조자들로 집단성원들을 활용한다. 본래의 심리극 무대 디자인은 세 개의 원형 층으로 구성된다. 첫 번째 층은 관객을 위한 층이다. 두 번째 층은 독백과 극의 열기로부터 벗어나는 공간을 나타내고, 맨 위층은 극이 실연되기 위한 층이다. 이런 디자인은 극이 문제의 주변에서 중심으로 진행되도록 하기 위한 것이었다.

대부분의 심리극 회기에서 실연은 지정된 무대에서 이루어진다. 극 도중에 다른 집단성원들이 역할을 맡지 않으면 그 공간에 앉지 않는다. 일단 극이 시작되면 무대는 의례화된 공간처럼 느껴진다. 다시 말하면, 그 공간에서 일어나기로 되어 있는 사건은 단지 그곳에서만 행해져야 한다. 지정된 무대가 없는 공간에서 이루어진 심리극은 공간적으로나 방법상으로 경계가 없기 때문에 단조로울 수 있다.

행위 안에서 심리극 방법과 다른 집단방법을 구분하는 다섯 개의 주요 도구 혹은 수단이 있다. 모레노(1953: 81)는 다음과 같이 말하고 있다.

> **무대**는 배우에게 다차원적이고 최대한 유연성 있는 생활공간을 제공한다. 심리극의 **주체** 혹은 배우는 무대 위에서 진실한 자기 자신이 되어, 그의 사적인 생활을 묘사하여야 한다. **관객**은 주체 그 자체인 동시에(참여함으로써 치유되기 때문에) 여론의 공명판이다. **보조자**들은 두 가지의 중요성을 갖는데, 하나는 디렉터의 확장 즉 탐구하고 안내하는 역할이고, 다른 하나는 주체의 확장으로 실제적인 것이나 상상의 것을 묘사하는 역할이다. **디렉터**는 세 가지 기능, 즉 연출가, 상담가, 분석가의 기능을 갖고 있다.

무 대

심리극은 인생 그 자체에 기반을 두고 있다. 어떤 사람의 활동 공간이 무대 위에서 재연된다. 만약 부엌에서 대화가 이루어지고 있다면, 우리는 식탁과 의자를 배치하고 상상적인 공간에 창문, 싱크대, 문, 냉장고 그리고 다른 물건을 배치한다. 낮 또는 밤의 시간, 따뜻한, 차가운, 적대적인 또는 우호적인 분위기, 그리고 사람과 물체 사이의 거리인 공간은 극를 실연하는 데 매우 중요하다. 개인의 공간을 실감나게 구성하는 것은 그 사람에게 실제로 그곳에 있도록 돕고 그 공간에 존재하거나 존재하지 않는 느낌을 만들어 내도록 준비시킨다. 어떤 사람이 어린 시절에 식탁에서 이루어졌던 대화를 기억할 때, 집단에서 사람들을 선정하여 그 장면 안에 있는 사람들의 역할을 하도록 하는 것이 중요하다. 어떤 사람의 생활공간을 이러한 방식으로 들여다보는 것이 수 개월의 면접을 통해서 아는 것보다 더 많은 것을 알 수 있게 한다. 예전에 필자는 한 젊은 남자가 사는 아파트의 창조된 공간에 초대받았다. 그는 마치 조심스럽게 발끝으로 걷는 것처럼 특이하게 그의 발을 높게 들어올리면서 걸어 들어갔다. 필자는 그 이유를 물었는데, 그는 '나는 오래된 우유팩들을 바닥에 내던졌는데, 그것들이 사방에 널려 있다.'고 말하였다. 그것은 방문객도 거의 없고, 냄새와 외관도 전혀 신경 쓰지 않는 고립된 생활을 의미하는 것이다. 그의 소외감의 중요한 단서는 그의 생활공간이다. 그러기에 우리의 과제는 그가 친구 없이 은둔자가 된 이유를 찾아보는 것이었다. 그때까지 그는 자신의 현실을 솔직하게 말하지 않았지만, 그가 살았던 '무대'를 보여 줌으로써 보다 더 진실한 현실을 볼 수 있었다.

주인공

필자는 뉴욕 78번가, 브로드웨이에 있는 공연장인 모레노연구소에서 일하곤 하였다. 일주일 내내 밤마다 일반관객, 나무로 된 원형무대 그리고 디렉터가 있었다. 극장의 앞, 중간, 뒤에 앉아 있는 어떤 사람, 즉

교수, 가정주부 혹은 목수도 각자 참가한 심리극 회기의 주인공이 될 수 있다. 즉 누구든 주인공이 될 수 있다는 것이다.

인간은 누구든지 문제를 가지고 있다. 모레노가 만든 용어인 정상증(Normosis)은 정상적이 되려는 몸부림을 의미하는 것으로 우리의 최상의 것을 혼동하게 만든다. 비록 심리극이 정신질환자를 돕기 위해 창안되었지만, 그것은 많은 사람들을 위한 대인관계의 치료로 발전되었다. 행위에서 가장 중요한 사람인 주인공은 다른 집단성원들이 그들 자신의 작업을 통해서 할 수 있는 대표적인 목소리이다. 주인공은 그가 작업하고 싶어하는 생활의 측면, 즉 죽음의 공포, 딸과의 관계, 직장상사와의 문제를 간단히 진술한다. 주인공과 함께 디렉터는 가능한 한 행동적인 형태로 볼 수 있도록 현재, 과거 또는 미래에서 문제의 사례들을 보여 주는 장면들을 만들기 시작한다. 그 문제를 현재의 시각으로 보고, 그 문제가 과거에 존재하는 것처럼 보며 문제의 핵심이나 근원을 파악함으로써 문제해결을 시도하는 것이 목적이다. 그래서 미래에 하게 될 행동은 더 적절한 접근이 될 수 있다. '자발성'은 기존의 상황에서 새롭게 반응하거나 새로운 상황에서 적절히 반응하는 것이다. 대본 없이 연기한다는 생각은 행위의 방법으로써 심리극의 개념적 구체화에 매우 중요하다. 주인공은 심리극에서 그가 사용하고 있는 인생의 각본을 재음미할 수 있는 기회를 갖는데, 그 각본이 바람직한 의미를 전수했을 수도 있지만, 현재의 생활에는 적절하지 않을 수도 있다. '울어서는 안 된다.'라는 각본을 받은 사람은 그것이 현대 생활의 기능에 맞지 않다고 느낄 수 있다. '용감하게 살아야 한다.'라는 각본을 받았기 때문에 부모를 여의고 슬퍼해 본 적이 없는 사람은 심리극에서 실컷 울게 되면 위안을 느낄 수 있는데, 그 이유는 슬픔이 사라지기 때문이다. 자기 내부에 실제로 존재하는 것을 직면할 수 있는 용기가 있는 사람은 용감성에 대한 새로운 의미를 발견할 수 있다. 그러한 용기는 그 사람 부모의 역할 레퍼토리 안에 없을 수도 있다. 그러나 이러한 새로운 '가족' 집단(심리극 집단) 안에서 용감성은 자기-표현을 격려할 수 있는 새로운 분위기를 찾을 수 있는데, 그 용감성은 오랫동안 잠재해 있을 수도 있다.

집 단

심리극 집단의 평균 성원의 수는 5~15명이다. 필자는 작게는 3명, 크게는 500명 정도의 집단을 디렉팅하였다. 대집단에서도 정서적으로 준비가 되어 있으면 숫자는 문제 되지 않으며, 가끔 사람들은 집단의 크기가 작게 느껴진다고 한다. 25명 정도의 집단에서, 사람들은 자신들이 자발적으로 될 수 있다는 것을 보고 놀란다. 디렉터의 자발성은 집단성원들 간에 신뢰감을 불러일으키고 곧이어 친근감을 만들어 내고, 그것은 아이러니컬하게도 집단을 더 작게 느끼도록 만든다.

특정 집단에서 많은 사회적 역할들이 나타난다. 예를 들어, 주인공이 알코올 중독자라면, 집단성원들은 어머니, 형제, 배우자 혹은 치료사가 될 수 있는데, 이들은 나누기에서 알코올 중독자 가족성원과 관련하여 그들이 느끼고 경험하였던 것을 말할 수 있다. 실연된 문제와 관련하여, 다른 역할들로부터의 이러한 피드백은 주인공에게 가치 있는 통찰을 제공할 수 있다. 많은 역할들이 표현되는 회기를 통해서 사회적으로 탐구할 수 있는 측면들이 더 잘 연구될 수 있다. 다른 집단과 구분되는 심리극 집단의 특징 중 하나는 집단에서 각각의 사람들에 의해 표현된 역할들의 복합성이다. 우리 각자는 매일 이런저런 많은 역할들—잠자는 것, 먹는 것, 우는 것과 같은 신체적 역할들을 언급하지 않는다고 하더라도, 부모, 아들 혹은 딸, 전문가, 친구, 애인, 시민, 사장, 학생—을 힘겹게 해 나간다. 우리는 실제 생활에서 우리가 하고 있는 많은 역할들과는 다르게, 집단에서 다른 사람의 어떤 역할을 하도록 요청받을 수 있는데, 이를 테면, 임종하는 어머니 역할과 같은 것이다. 만약 임종하는 어머니 역할을 하도록 선정된 사람이 과거에 그 집단의 희생양이었다면, 주인공과 임종하는 어머니 역을 하는 사람 간에 긍정적인 동맹관계를 형성시킴으로써 심리극 집단의 역할구조는 극적으로 변할 수 있다. 그런데 이전에 그러한 동맹관계는 없었다. 이러한 심리극 집단에서 역할구조의 변화는 다른 집단에서 일어날 수 있는 역할 경직성을 막는 데 도움을 준다. 역할 레퍼토리는 주인공이 집단에서 보여 줄 수 있는 것보다 각 집단성원들이 행위에서 여러 가지 서로 다른 역할을 함으로써 확장된다. 낮은 자아존중감을 갖고 있는 집단성원은 용기 있는 역할을 할 수 있는데, 문제 행동과 학습된 행동으로 가려져 있는 창조성이 드러남으로써 그들 자신과 집단성원 모두는 놀라게 된다. 한번 경험한 용기는 연기자에게 더욱 용기 있는 행동을 하도록 동기화시키고, 집단성원들에게 다른 방식으로 그것들과 관련시키도록 격려한다.

보조자

필자가 참가했던 바로 첫 집단에, 평소 굉장히 싫어했던 정신 간호사가 있었다. 그녀가 주인공을 하는 동안, 그녀는 자신의 내적 사고를 이해할 수 있고 그녀가 표현할 수 없었던 것을 표현하도록 도울 수 있는 사람을 선택하도록 요구받았다. 그녀는 필자를 자신의 이중자아로 선택했다. 필자는 그녀의 선택에 당황했지만, 필자가 그녀 옆에 서 있고, 우리가 그녀의 내적 진실을 탐색하려는 팀으로서 작업을 했을 때, 필자는 그녀를 매우 잘 이해할 수 있었고 그녀를 더 이상 싫어하지 않게 되었다. 그녀는 필자가 가지고 있는 많은 부분들이 그녀의 내부에 존재하고 있다는 것을 필자에게 가르쳐 주었고, 우리가 싫어하는 사람들은 그 사람 내부에 우리 자신의 약점이 들어 있다는 사실을 필자에게 알게 해 주었다. 그러므로 우리는 스스로 다룰 수 없는 바로 그것을 회피하고 있었다.

보조자는 주인공 생활 속의 중요한 타인을 나타내는 역할을 하는 집단의 한 사람이다. 이것은 가족성원이나 직장 동료와 같은 주인공의 외적 역할이 될 수도 있고, 주인공의 두려운 자아, 어린이 자아 혹은 내적 목소리와 같은 내적 역할일 수도 있다. 이러한 목소리는 이중자아의 역할을 하는 보조자에 의해 표현될 수 있다. 이중자아는 표현되지 않은 것을 언어적으로나 비언어적으로 표현하도록 돕는다. 모레노는 정신에 이르는 왕도는 언어가 아니라 비언어적 표현이라고 느꼈기 때문에, 보조자는 주인공과 관련되어 있지만 언급되지 않은 비밀을 몸짓이나 자세 혹은 거리로 표현할 수 있다. 필자는 20년 동안 저녁 식탁에서 아내와 형식적인 대화만을 하는 한 남자의 이중자아를 한 적이 있다. 그는 간 요리를 먹고 싶지 않다고 말하면서 주먹을 불끈 쥐었다. 그의 이중자아로서 필자는 역시 주먹을 불끈 쥐고 한 발짝 더 나아갔다. 필자는 주먹으로 책상을 쾅쾅 치며, '이해할 수 없을 만큼 너무 상처가 커졌어요, 이혼하고 싶어요.' 라고 말했다. 그는 필자를 쳐다보고, 충격을 받고서 그녀에게, '나도 이혼하고 싶어.' 라고 말하였다. 진실을 표현하는 것은 말이 아니라 바로 비언어적 단서이다. 그의 신체는 진실을 전달하지만 말은 진실을 감춘다. 그 다음에 그는 그의 실제적인 감정을 표현하였다. 신체는 마음이 망각하고 있었던 것을 기억한다.

임종하는 부모 역할을 하는 보조자는 표현되지 못한 정서에 사로잡혀 있는 주인공에게 작별의 말을 하려고 팔을 내밀 수 있다. 바로 이렇게 팔을 내미는 행동 또한 표현되지 않은 깊은 사랑을 표현하는 것일 수 있다. 만약 주인공이 역할바꾸기를 하고 지금까지 내내 말하지 못하였던 것을 말할 수 있거나 행동으로 보여 줄 수 있다면, 역할바꾸기는 아들로서 자신의 역할에서 막혔던 자발성을 해방시킬 수 있다. 그는 다른 역할에서, 즉 부모로서 사랑을 표현할 수 있다.

가끔 사람들은 자신의 역할에서보다는 다른 사람의 역할에서 더 자발적이다. 이처럼 역할바꾸기는 심리극을 이끌어 가는 원동력이다. 극 중에서 중요한 타인의 역할은 주인공이 먼저 보여 주고 집단성원은 나중에 그 역할로 들어간다. 결정적인 역할바꾸기를 통하여 주인공은 다른 사람의 역할을 함으로써 역할경계에서의 변화를 경험한다. 보조자를 하는 사람은 이미 만들어진 역할을 하고 그 역할 안에서 새롭게 창조한다. 그들은 그 역할 속에 있는 사람이 역할을 어떻게 할 것인지를 상상한다. 그 역할은 불변의 참조체계인 주인공의 지각을 통하여 이루어진다. 보조자는 디렉터의 치료적 대행자이며 그 안에서 방향을 잡는다.

디렉터

대부분의 치료에서 디렉터는 치료사, 촉진자 혹은 집단지도자이다. 디렉터는 행위를 안내하도록 돕는 훈련된 사람이다. 디렉터는 도움을 찾는 사람의 지각으로부터 단서들을 얻는 극의 공동 연출가이다. 다음은 9장에서 더 자세히 다룰 디렉터의 과업이다.

• 충분한 결속력을 만들고 건설적으로 활성화된 집단 분위기를 형성하기
• 개개인의 집단성원들을 충분히 자극하고 행위하도록 준비시키기. 신뢰감과 자발성은 디렉터의 금과옥조이다.
• 집단역동을 참고하여 가급적이면 사회측정학으로 집단 상호작용을 측정하기
• 주인공을 적절히 선택하도록 안내하고 주인공을 하지 못한 사람들을 배려하기
• 주인공과 협상하여 행위준비를 한 회기에서 치료계약을 하기
• 치료적 동맹을 확립하기
• 치료적 극를 할 수 있는 행위 공간 혹은 무대를 준비하기
• 개입하되 주인공에게 탐색의 초점을 선택하도록 충분한 자유를 주기
• 주인공의 언어적 메시지뿐만 아니라 비언어적 메시지를 확인하기
• 적절한 시간과 장소에서 각각의 장면설정에 주의를 기울이기
• 보조자들이 역할을 설정하도록 돕기
• 실연에서의 중심 주제를 확인하고 주인공이 일어났던 일을 집단에게 말로 설명하기보다는 행위로 보여 주도록 돕기

- 역할바꾸기와 같은 심리극 기법들을 사용하기. 문제의 주변에서 문제의 핵심으로 행위를 이동하기
- 문제의 핵심은 정서의 정화, 통찰의 정화, 디렉터가 적절하게 극대화시킨 웃음의 정화 혹은 통합의 정화를 포함할 수 있다.
- 주인공과 집단에게 충분한 안전감을 만들어 주기
- 모든 집단성원들과 디렉터의 신체적 안전뿐만 아니라 집단에서 비밀보장을 지키기
- 심리극은 집단과정이며 집단에서의 일대일 치료가 아니라는 것을 확신시키기
- 주인공과 집단이 회기에서 제시된 문제를 충분히 통합하도록 마무리하기
- 주인공이 행위를 한 후에 집단에 되돌아가도록 돕기. '주인공은 다시 낯선 사람과 친구를 하나씩 보게 된다. 수줍음과 죄책감이 절정에 다다른다. 텔레-공감 전이 콤플렉스(tele-empathy transference complex)가 무대에서 관객에게로 옮겨간다. 집단정화가 이루어진다.' (Moreno, 1953: 86)
- 회기에서 보조자 역할을 한 집단성원들로부터 역할 피드백을 촉진하기
- 집단성원의 정화와 통합을 허용하기. 그들은 주인공과 동일시하고 그들의 경험을 나눌 수 있다.
- 집단의 왜곡된 반응들 혹은 분석으로부터 주인공을 보호하기. 비슷한 경험이나 시기를 갖고 있는 각 성원들을 참여시키기.
- 적절하다면 디렉터 자신의 생활사를 나누기. 디렉터의 나누기는 디렉터가 자신의 치료적 목적을 위해서 이루어져서는 안 된다. 그것은 주인공을 위한 건설적인 모델링에 더 초점을 맞추어야 한다.

나누기

나누기는 집단정화와 통합을 위한 시간이다. 이는 사건을 분석하여 용기를 잃게 하고 동일시를 조장하는 피드백이라기보다는 '사랑 돌려주기'를 의미한다. 개별 집단성원들이 개입할 가장 적절한 시점이 확인되고, 각 성원들은 그가 주인공을 얼마나 좋아하고 싫어하는지를 알게 된다. 사람들의 행동은 차이점보다는 비슷한 점이 훨씬 더 많다. 종종 희랍의 연극에서 관객들은 다른 사람의 일상적인 이야기를 지켜봄으로써 정화를 경험한다. 나누기는 이러한 학습과정의 습득을 의미하고 집단성원들은 획득된 정서나 통찰을 통해서 순화된다. 그것은 또한 다른 사람들이 동일한 과정의 여러 수준에 얼마나 비슷하게 관여하고 있는지를 들어 봄으로써 주인공의 경험이 정상적이라는 것을 알도록 하는 데 목적이 있다. 때로 전 과정의 효과성은 나누기의 깊이에 의해 평가될 수 있다. 나누기의 또 다른 기능은 집단 실연 후에 분위기를 안정시켜 주고, 현실 세계로 되돌아오게 하는 방법이다. 이 단계에서 적절한 종결이 이루어진다.

과정분석

과정분석은 심리극이 끝난 후에 정보를 다루고 검토하는 것이다. 학습은 집단, 주인공과 디렉터, 특히 훈련과정에 있는 디렉터에게서 일어난다. 과정분석 동안에 이론적 가정, 분명한 이론적 근거와 치료적 계약이 극에 대한 디렉팅의 일부로 논의된다. 디렉터, 수련 디렉터 그리고 집단성원들은 극의 기술적 측면들을 재검토한다. 디렉터는 주인공을 장면에서 장면으로 어떻게 이끌어야 하는가, 어떤 치료적 전략들이 성공하였고 실패하였는가, 그러한 치료적 전략들을 사용한 이유 그리고 달리 적용할 수 있었던 것은 무엇이었는가 등이 과정분석에서 논의할 내용이다.

자기와 동료의 평가뿐만 아니라 수련 디렉터를 위한 피드백은 매우 소중하다. 과정분석이 수련 디렉터들에게도 도움을 주지만, 주인공들은 회기 그 자체보다 과정분석으로부터 훨씬 더 많은 것을 얻는다고 말한다. 그것은 디렉터의 작업에 목표를 둔 회기의 인지적 의미를 이해하는 작업인데, 주인공을 포함한 집단성원들이 장면별, 개입별 회기를 따라가면서 실제로 일어났던 것을 이해하도록 돕는 것이다. 주인공은 자신의 의지에 따라서 참여할 수도 있고 그렇지 않을 수도 있다. 대부분의 사람들은 과정분석에 참여하지만 어떤 사람들은 그 시간에 얻을 수 있는 것보다 더 많은 것을 잃을 수 있다. 행위와 과정분석 사이의 시간 길이는 나라마다 다르다. 예를 들어, 밀라노의 지오바니 보리아(Giovanni Boria)는 그들의 수련 디렉터들이 가끔 그들의 심리극 실연 테이프를 집으로 가져가서 한 달 후에 훈련집단과 그것을 토의하게 한다. 그러나 일반적으로 집단에서 과정분석은 심리극 행위가 끝난 후 24시간 내에 이루어진다.

심리극 훈련

대학원 수준의 심리극 훈련은 여러 해에 걸쳐서 이루어진다. 심리극 전문가들은 자신들의 치료와 지도감독의 체계를 가지고 있으며 그들의 임상적 수련의 과정을 이해하고 따르는 수련생들을 두고 있다. 심리극은 강력한 치료적 도구이기 때문에 훈련된 사람들만이 심리극을 사용해야 한다. 영국의 수련생들과 심리극 전문가들은 영국심리극학회(BPA)의 회원이어야 한다. 실천가들은 BPA와 영국심리치료협회에 그들의 실행 수준을 등록하여야 한다. 이러한 상황은 문화적 차이가 있는 영국 이외의 나라들과 비교할 수 있다. 내담자와 실천가 혹은 훈련가를 안내하고 보호하는 윤리 규약에 따라야 한다.

심리극 활용의 실제적인 고려사항

다른 효과적인 치료들처럼 심리극에서도 바람직한 훈련, 윤리적 그리고 신체적 안전을 위한 예방조치는 잘 이루어지고 있다. 하나의 치료방법이며 개별적 기법으로서 심리극은 그것을 활용할 때 조심스럽게 다루어야 할 많은 문제들이 있다(Karp, 1996).

가장 먼저 심리극에서 특수한 기법들의 활용 목적을 아는 것은 중요한 일이다. 무분별하게 목적 없이 기법을 사용하는 것은 주인공에게 위험할 수 있다. 어떤 기법들은 특정 개인에게 너무 강력하고, 어떤 것은 너무 난해하고, 어떤 것은 너무 놀라운 것일 수 있다. 개인이 종결의 어려움과 필요성을 아는 것과 이러한 방법을 사용함으로써 쉽게 개방된다는 것을 아는 것은 중요하다. 심리극 전문가들은 현실적 근거가 없는 회기에서 환상적 해피엔딩을 하지 않도록 조심해야 한다. 인지와 이론은 표현과 정서의 방출만큼 중요하다.

구체적인 예로 낙태, 강간, 근친상간, 성적 학대와 같은 심리극 실연은 극도의 민감성을 요구하는 장면들이다. 주인공에게 필요한 것을 상처받지 않고 성취하도록 하기 위하여, 우리는 배려해야 하고 신중해야 한다.

문헌과 연구

집단심리치료의 치료적 요인들을 다룬 많은 문헌들이 출판되었다(Bloch & Crouch, 1985). 얄롬(Yalom, 1975)은 집단성원들에게 정화, 응집성 그리고 통찰과 더불어 대인관계 학습이 가장 중요한 치료적 요인들이라는 것을 발견하였다. 심리극에 대한 연구는 비록 제한되고, 어떤 다른 형태의 치료와 비교되지만 계속 확대되고 있다.

월시(Stuart Walsh, 1996)는 심리극에서 여태까지 이루어진 연구는 켈러만(Kellermann, 1987, 1992)과 키퍼(Kipper, 1978, 1989)의 연구들과 같은 성과연구와 실증주의적 패러다임에 초점을 두고 이루어졌다는 것을 관찰하였다. 월시는 심리극 연구가 심리극 과정의 효과를 측정할 뿐만 아니라 그 과정을 평가하고 이해하는 것과 더 관련될 수 있는 비성과중심연구 패러다임(non-outcome-oriented research paradigms)에서 본격적으로 이루어지지 않는다고 말한다. 브래드버리(Bradbury)는 다음과 같이 지적하고 있다.

> 심리극의 타당성과 관련된 비판에 대한 대답은 두 부분에서 축적된 증거에 근거하고 있다. 월시는 심리극에 비성과중심연구에 대한 어떤 지침도 없다고 지적하고 있다. 이러한 사실은 오늘날의 연구자들이 아이디어를 만들어 내고, 어떻게 연구가 이루어질 수 있는지 정의하며 그리고 그들의 통합 연구 과정을 발견할 수 있도록 개방된 장을 만든다. 월시는 지금 이루어져야 하는 양적 도약은 이러한 사례연구들을 단순한 일화들로 취급하지 않는 분명한 연구 배경이 있어야 한다는 점을 인식하고, 그것들이 적극적으로 연구될 수 있고 이러한 연구가 평가되는 방법들을 공식화하는 데 있다고 결론을 내리고 있다.
>
> (Bradbury, 1995, p. 3)

켈러만(1992)은 통찰, 정화 그리고 대인관계가 심리극 집단심리치료에 중심적인 치료적 요인들이라는 것을 두 연구에서 발견하였다. 로이츠(Grete Leutz)는 갈등을 의식화하고, 명료화하고, 구체화하고, 시각화하는 것 또한 갈등을 해소하는 것이고, 따라서 사람은 변화될 수 있다고 말한다(Leutz, 1985).

브래트너(Blatner, 1996)는 쉽게 구할 수 없는 교재나 잡지들에서 발췌한 주요한 심리극 논문들을 최근에 연구하였다. 몇몇 논문은 미국의 집단심리치료 및 심리극 학회지에 실린 것이다. 그는 논문들을 포함하여 10권의 책으로 그것들을 편집하였다. 삭스(James Sacks)와 그의 동료들(1995)은 심리극에 대한 모든 책과 논문들을 가지고 서지목록을 편집하였다. 이 카탈로그는 주제와 저자별로 컴퓨터를 이용하여 색인목록화되었다. 브래트너와 삭스 두 사람은 심리극 연구와 학문에 주요한 기여를 하였다.

적 용

심리극에 대한 실제적인 경험이 없는 어떤 전문가들은 치료적 방법으로서의 심리극에 대해서 우려를 나타낸다. 많은 사람들은 심리극의 과정을 지나치게 극화시키고, 심리극의 위험을 추정하여 강조하는 경향이 있다. 또 다른 사람들은 사회심리학의 가장 기본적인 지침을 위반한 순진하고 피상적인 방식으로 심리극의 장점을 과장하는 경향이 있다. 이 두 부류의 집단들은 심리극의 치료적 잠재성을 과학적으로 연구하였던 비교적 최근의 시도들을 알지 못하고 있다.

켈러만(1992)은 심리극이 행동주의적이든, 정신분석적이든 혹은 실존적-인본주의적이든 많은 심리치료의 방법들에도 기여할 수 있다고 말하였다. 그는 그 방법이 적절한 자아-강도, 심리학적 마인드, 적응적 퇴행의 능력을 가지고 있는 개인에게만 사용되어야 한다고 강조하였다.

심리극은 대인관계적, 신경증적, 정신병적 그리고 정신·신체적 문제를 포함하는 광범위하고 다양한 장애에 도움이 될 수 있다(Holmes et al., 1994; Leutz, 1985). 심리극은 장기 집단, 진행 중인 집단에 유용하고, 개인이나 집단에도 유용하며, 위기-중재 요법의 특성을 지닌 심리치료의 간편한 방법으로도 이용된다.

우리는 독자들이 이 책과 이 책의 적용을 통하여 도움을 받기를 바란다.

참·고·문·헌

Blatner, A. (1996). *Psychodrama Papers*. private publication. 103 Crystal Springs Dr., Georgetown, Texas, USA.

Bloch, S., & Crouch, E. (1985). *Therapeutic Factors in Group Psychotherapy*. Oxford: Oxford University Press.

Bradbury, S. (1995). What Does Psychodrama Do? Using the Repertory Grid to Measure Change. *The British Journal of Psychodrama and Sociodrama, 10*. BPA, Oxford.

Goldman, E., & Morrison, D. (1984). *Psychodrama: Experience and Process*. Dubuque, IA: Kendall Hunt.

Holmes, P., & Karp, M. (Eds.)(1991). *Psychodrama: Inspiration and Technique*. London: Routledge.

Holmes, P., Karp, M., & Watson, M. (Eds.)(1994). *Psychodrama since Moreno*. London: Routledge.

Karp, M. (1996). Introduction to Psychodrama. *Forum Journal of the International Association of Group Psychotherapy(IAGP), 5,* (2), 8-12.

Kellermann, P. (1987). Outcome Research in Classical Psychodrama. *Small Group Behaviors, 18,* Nov. Sage Publications, London.

Kellermann, P. (1992). *Focus on Psychodrama*. London: Jessica Kingsley.

Kipper, D. (1978). Trends in the Research of the Effectiveness of Psychodrama: Retrospective and Prospective. *Journal of Group Psychotherapy, Psychodrama and Sociometry, 31*. Heldref, McLean, VA.

Kipper, D. (1989). Psychodrama Research and the Study of Small Groups. *International Journal of Small Group Research, 5,* 4-27.

Leutz, G. (1985). What is Effective in Psychodrama?. In *Mettre sa vie en scene*. Paris, EPi-DDB.

Moreno, J. L. (1953). *Who Shall Survive?*. Beacon, NY: Beacon House.

Sacks, J., Bilaniuk, M., & Gendron, J. (1995). *Bibliography of Psychodrama*. New York Psychodrama Centre (71 Washington Place, NY, NY 10011-9184).

Walsh, S. (1996). A Review of Philosophical Paradigms and Methodological Views Expressed in Psychodramatic and Allied Literature. *British Journal of Psychodrama and Sociodrama, 11*. BPA, Oxford.

Yalom, I. D. (1975). *The Theory and Practice of Group Psychotherapy*(2nd rev. edn.). New York: Basic Books.

2

심리극의 역사적 배경

Peter Haworth

　이 장의 중심 주제는 심리극 발달의 철학적·역사적 배경이다. 그 당시 유럽은 제1차세계대전으로 파괴되고 파시즘이 일어나기 시작할 때였다. 모레노가 개발한 집단심리치료, 심리극, 사회측정학은 인간 갈등의 사회적·심리적 차원과 더불어 일어났다. 필자는 1920년대 비엔나에서의 모레노의 간단한 전기와 더불어 사회적 배경과, 연극과 치료에서의 심리극의 역사적인 근원을 살펴보겠다. 1974년 모레노가 사망한 이후 심리극은 심리치료의 주요 학파 중 하나가 되고 있으며 전 세계에서 실행되고 있다. 이 장에서 심리극에는 일련의 기법들 이상의 것이 있다는 사실을 강조하기 위하여 심리극에 대한 초기 철학적 근원을 다루고자 한다. 심리극은 심리치료에 포함되지만 다른 맥락에서도 이용될 수 있는 탐구 방법이다. 심리극은 특수한 역사적 시기에 일어났으며, 다른 심리치료적 방법들과 연결되어 있지만 그것들과 또 다른 철학적·심리학적 기반을 갖고 있다. 여기에서 중요한 차이점 중 하나는 심리극이 인류에 대해 긍정적인 관점을 가지고 있으며 결과적으로 개인과 가족병리뿐만 아니라 사회적·정치적 형태의 인간 갈등에 대한 탐구를 강조한다.

심리극이란 무엇인가

필자는 간혹 '심리극이란 무엇인가?'라는 질문을 하곤 한다. 여러 다른 맥락에서 질문할 수 있으므로 다양한 설명이 가능하다. 필자가 임상심리 수련생 집단에서 심리극을 소개할 때 첫마디는 '심리극은 비엔나 정신과 의사인 모레노가 개발한 집단심리치료의 한 방법이다.'라고 말한다. 보일러를 수리하기 위해 방문한 수리공과의 대화에서, 필자는 '심리극은 실수에 대한 처벌 없이 문제를 다루는 다양한 방식들을 시도하도록 돕는 치료이다.'라고 말한다. 그리고 심리치료 평가를 위해 의뢰된 내담자에게는 '당신은 모든 것이 좋다고 가장하기보다는 오히려 당신이 느끼는 것을 어머니에게 말할 수 있는 장면을 만들 수 있습니다.'라고 말하는 것, 즉 자신의 문제를 다루는 것이 심리극이라고 말할 수 있다. 이런 경우 능력이 있는 집단성원은 집단 자체를 경험하기 전에 개인적으로 심리극을 이해할 수 있다. 모든 개인은 서로 다르며 실연되는 순간과 장소에서 주인공, 디렉터와 집단 간의 역동에 의해 만들어지기 때문에 각각의 심리극은 독특하다.

심리극의 철학과 역사를 이해하는 이 장에서 필자는 '심리극이란 무엇인가?'라는 질문에 좀 더 충분한 대답을 하는 데 도움을 줄 수 있을 것으로 기대한다. 심리극이란 반드시 행위 중심의 집단심리치료 방법만은 아니다. 이 설명은 현대 심리극 실천의 가장 중요한 한 가지 측면을 간과하고 있다. 모레노는 비엔나가 지그문트 프로이트와 칼 막스의 혁명적 이념으로 시끄러울 그 당시 개인적인 문제뿐만 아니라 사회적 문제를 설명하는 방법으로서 사회측정학, 사회극 그리고 집단심리치료와 함께 심리극을 발전시켰다. 일생을 통한 모레노의 열정은 꼭 개인보다는 인간 상호관계의 문제, 사회문제, 세계문제를 다루기 위해 사회측정학, 심리극, 사회극의 방법을 발전시키는 것이었다. 그는 좀 더 나은 세계를 위한 희망으로 시작하여 각 개인의 현실로 나아갔다. 이 열정은 19세기에서 20세기로의 전환점에서 루마니아와 오스트리아에서 모레노의 초기 경험으로부터 일어났지만 심리극의 철학적 기원은 그보다 좀 더 거슬러 올라간다.

  모레노는 1919년에 '심리극' 이라는 용어를 처음 사용했지만 초기 '심리극' 은 오늘날 우리가 알고 있는 심리극 방법과는 매우 달랐다. 그것은 모레노의 개인적, 전문적인 삶의 여러 영역에서 아이디어들이 모여진 것이었다. 그것은 비엔나의 공원에서 아이들과 함께한 스토리텔링(story telling), 일찍이 미텐도르프에서의 사회측정학 탐구, 바드 보슬로우에서 의사로서의 경험, 프로이트와 막스의 사상, 그에게 중요한 영향을 끼친 비엔나에서의 철학적 논쟁 등이 서로 결합된 것이었다. 모든 것들은 1922년부터 1925년까지 비엔나의 '자발성 극장(das Stegreiftheater)' 에서 초기에 제시되었다(Moreno, 1947). 초기에 심리극은 주인공 입장에서 적극적으로 이야기하는 것이었다. '디렉터' 의 역할은 공연을 촉진시키는 것으로 한정되었다. 연극적 상황에서 보면, 공연과 관중의 오락성이 우선이고 생활 경험의 재실현을 통해 얻게 되는 치료적 의미는 그 다음이었다. 실제 생활 경험의 즉흥성을 발달시킨 것은 연극대본의 암송에서 나타나는 자발성의 부족에 대해 모레노가 반대했기 때문이었다. 거기서부터, 모레노는 배우들이 그들 자신의 경험과 개인적 갈등을 연극 공연의 근거로 이용하도록 격려하였다. 이런 경험과 아이디어의 적용을 통해, 모레노는 처음에는 비엔나와 뉴욕에서, 나중에는 전세계를 여행하면서 새로운 아이디어를 찾아내 50년 이상이나 심리극을 계속 발전시켰다.

모레노에게 영향을 끼친 사람들

소크라테스

소크라테스(B.C. 469~B.C. 399)는 그리스의 철학자로서 비록 자신이 남긴 저서는 없지만 서구 사상에 주요 변화를 가져왔다고 말할 수 있는 인물이다. 그의 사상적 지식은 단지 그의 추종자들의 작업을 통해서 이용할 수 있다(Plato, 1954). 그는 그 당시 인간의 지배적인 견해에 도전을 하였는데, 그 견해란 인간은 기본적으로 자기-본위적이며 인간의 행위는 자신을 보존하기 위한 것이라는 것이었다. 소크라테스는 이 견해가 인류의 업적을 설명할 수 없다고 믿었으며, 일생을 진정한 자신의 의미를 발견하기 위하여 평범한 아테네 시민들과 이야기하면서 보냈다. 그는 '아테네 젊은이들의 불경과 타락'(Plato, 1954)을 극복하기 위해 노력하였으며 B.C. 399년에 사형을 당하였다. 소크라테스는 여러 방면에서 실존주의 철학의 선구자였으며 모레노에게 주요 영향을 끼쳤다(Marineau, 1989; Moreno, 1995). 심리극 철학의 본질적인 부분으로서 모레노가 끼친 가장 중요한 영향 중 하나는 천재성을 전수하는 그의 능력이다. 흥미롭게도 이것 역시 소크라테스가 말한 것이었으며 그를 너무나 위험하게 만든 것이었다.

> 나는 아테네 시민들이 누군가가 영리해진다고 믿더라도 그가 그의 이런 기술들을 가르치고 싶어하지 않는 한, 특별한 관심을 갖는다고 생각하지 않는다. 그러나 만약 그들이 누군가가 다른 사람을 영리하게끔 만든다고 생각한다면 그들은 그에게 화를 내게 된다.   (Plato, 1954)

모레노에게 끼친 소크라테스의 영향은 비엔나의 공원에서 심리극의 방법을 개발하면서 아이들과 함께 한 중요한 작업에서 그의 관점이 잘 나타나 있다. 아무래도 '나의 가장 중요한 시발점은 비엔나의 공원에서였다.' (Moreno & Moreno, 1970) 모레노는 아이들의 놀이를 보면서 심리극을 배웠으며, 그들의 놀이를 조직하고 구조화하도록 중재해 주고, 그들이 환경에 도전하기 위한 행동을 취하도록 아이들을 격려하고, 때로는 그 과정에 부모들을 참여시켰다. 아이들은 모레노의 생각을 받아들이고 가정과 학교에서 배웠던 가치들에 도전하기 시작하였다. 어떤 경우에 아이들은 영화 보러 가기를 거부하고, 대신에 밖으로 나가서 실제 세계를 보자고 요구하였다. 그들은 공원의 나무에 살고 있는 이상한 젊은 남자에 대하여 이야기하였다. 학교 당국과 경찰은 그를 찾기 시작하였으며 그가 소아기호증 환자일 것이라는 소문이 퍼지기 시작하였다. 모레노는 이런 식으로 아이들과 이야기를 계속하는 것이 분별없는 짓이었다고 생각하였으나 심리극을 개발하는 데 있어 이런 경험들의 가치를 항상 강조하였다(Marineau, 1989: 39).

예수와 기독교인의 이야기

예수(Jeshua Ben Joseph)는 A.D. 30년쯤 팔레스타인에서 살았던 유태인으로 예언자이며 교사이고 치료사이면서 이야기꾼으로 모레노에게 주요 영향을 준 또 다른 사람이었다. 그는 세계를 변화시키려는 욕구와 인간 개개인의 고통에 대한 연민으로 가득 차 있었다. 이야기를 들려주기 위해 사람들을 모으고, 당대의 커다란 도덕적 쟁점들에 대해 의미있는 대화를 하는 데 청중들의 흥미를 유발시키고, 사람들을 깨우치며, 세상을 변화시키고, 복음을 전파하도록 용기를 준 예수는 젊은 모레노에게 크나큰 영향을 주었다. 더불어 예수는 위대한 치료사였는데 그는 만나는 사람들의 고통을 멈추게 하고 치유를 해 주었다. 사람들은 그의 친척들까지도 예수에게 데리고 와서 치료를 받았고 동시에 복음도 받아들였다. 흥미롭게도 나중에 모레노의 부인이자 동반자가 된 젤카 토우만은 모레노의 비콘연구소로 정신병이 있는 언니를 데리고 갔을 때 모레노를 처음 만났다. 기독교 신앙의 기본적인 교의의 하나는, 예수는 세상을 구원하기 위해 온 하느님의 아들인 메시아였다는 것이다. 오늘날처럼 20세기 초에도 세상 사람들은 확실히 구원이 필요하다.

크리스토퍼 콜롬버스

1492년 이탈리아에서 태어난 항해가인 크리스토퍼 콜롬버스는 아시아로 통하는 서쪽 항로를 찾기 위해 스페인의 바르셀로나를 떠났다. 일반적으로 그는 신세계를 발견한 사람으로 알려져 있다. 그는 매우 심한 박해를 피하기 위한 많은 유태인 선원들과 함께 떠났다는 것이 밝혀졌다. 그 후에 수천 명의 유태인들이 가톨릭으로 개종하거나 조국을 떠나도록 압박을 받았다. 마찬가지로 모레노의 조상도 스페인을 떠나 터키에 정착하게 되었다. 유태인 중 수많은 사람들이 박해를 피해 달아났으며 많은 사람들이 노예가 되고 강간을 당하거나 살해되었다.

1925년에 모레노는 미국으로 이주한 후 자신의 출생과 관련한 많은 이야기들을 만들어 냈다. 필자는 여기에 『최초의 심리극 가족(The First Psychodramatic Family)』에서 조롱조의 이야기를 인용한다(Moreno et al., 1964: 7-9).

> 이 나라에 정착한 많은 선구자들 가운데 심리극 전문가인 조니가 있었다. 소문에 의하면, 그는 유럽 남부에 있는 흑해를 항해하는 배에서 어느 폭풍이 몰아치는 밤에 태어났다. 그는 대서양을 횡단하여 여기 허드슨 강변에 정착하였다.

이 이야기에서 필자는 모레노가 자신의 내력과 함께 자신의 정체성과 때로는 혼란스러움을 가장 분명하게 나타내고 있다고 생각한다.

세르비아 유태인들은 중세 스페인과 포르투갈 유태인들에 의해 내려오는 풍습을 엄격히 따랐다. 1492년 그들이 스페인으로부터 축출된 후에 많은 사람들이 발칸반도로 이동하였다. 모레노의 조상들도 이런 사람들이었다. 돼지들이라고 욕을 당하고 거절당한 문화의 역사는 모레노의 세상을 보는 관점에 큰 영향을 미쳤다.

지그문트 프로이트

프로이트(1856~1939)는 정신분석의 창시자였으며 심리학 이론가 중에서 가장 유명하고 영향력 있는 인물이었다. 그는 유태인으로 지금은 체코공화국인 모라비아에서 태어났다. 그의 가족들은 독일로 이주하였으며, 그 후에 인생의 대부분을 비엔나에서 살았다. 모레노처럼 프로이트의 아버지도 성실한 상인이었으며 어머니는 장남인 프로이트에게 많은 희망을 걸고 있었다. 프로이트는 인간 마음의 내적 세계에 대한 과학적 탐구를 통해 새로운 영역의 발전에 공헌하였다. 프로이트의 사상은 우리 문화의 많은 부분을 차지하기 시작하였으며 가장 맹렬한 반프로이트주의자들조차도 무의식적으로 그 이론을 사용하며 그의 사상에 영향을 받고 있다. 그는 이따금 20세기 사조에 주요 영향을 끼친 막스, 아인슈타인, 피카소와 연결된다. 비록 때로 부정적이기는 하지만 프로이트가 모레노에게 끼친 영향력은 대단한 것이었다. 필자의 견해로는 불행하게도 프로이트의 이론을 충분히 인식하지 못하며 명료화시킬 수 없었던 모레노의 무능력이 심리극 이론의 발전을 저해하는 요인들 중 하나가 되었다고 본다. 모레노가 정신분석가들에 의해 이루어진 거대한 분량의 이론적인 작업에 근거하여 이론을 구축하였더라면 그는 철학과 기법은 다르지만 정신분석학의 토대에 근거하여 사회측정학과 역할이론을 발전시킬 수 있었을 것이다. 이러한 견고한 이론적 기초의 부족은 많은 실천가들이 심리극 작업에 무비판적으로 다른 방법들, 특히 정신분석학을 통합시키도록 하였다. 심리극에 매우 쉽게 적용할 수 있는 후기 프로이트이론인 대상관계이론의 발달(Holmes, 1992)은 심리극 전문가들의 언어로 광범위하게 통합되어 왔다.

제이콥 레비-초년기, 부다페스트에서 비엔나까지

모레노는 1889년 5월 18일에 제이콥 레비(Jacob Levy)로 태어났다. 그의 어머니 폴리나 아이아네스쿠(Paulina Ianescu)는 15세에 모레노를 낳았다. 그의 아버지 모레노 레비(Moreno Levy)는 떠돌이 상인이었고 가족들과는 거의 같이 보낼 시간이 없어 폴리나 혼자서 살림을 꾸려 나갔다. 모레노와 어머니의 관계는 여러 면에서 남달랐다. 그것은 아버지의 부재와 관련된 그의 어린 시절의 이상화된 환상관계를 만들었고 자신의 정체성과 타협하려는 그의 전 생애에 걸친 고뇌의 기반을 형성하였다. 폴리나는 비록 유태인으로 생활하였지만 14세에 모레노의 아버지와 결혼할 때까지 가톨릭 수녀원에서 교육을 받았다. 유태교와 기독교적 전통 모두를 결합시킨 그녀의 경험은 모레노에게 주요한 영향을 끼쳤다. 아직 12달밖에 안 된 모레노가 구루병으로 심하게 앓을 때 집시들은 폴리나에게 햇볕에 뜨거워진 모래에 등을 대면 회복될 것이라고 말해 주었다. 집시는 모레노가 위대한 사람으로 성장하고 세계 도처에서 그를 보러 사람들이 몰려올 것이라고 예언하였다. 폴리나는 이것을 마음에 새겼고 소년은 일종의 메시아가 될 것이라는 어머니의 신념과 함께 성장하였다. 모레노의 예수와의 동일시는 그의 생애에 걸쳐, 특히 초년기에 중요한 문제로 남아 있었다. 모레노는 불가피하게 실패했던 깊은 절망의 시기에도 계속 어머니의 환상으로 살아가려고 노력하였다. 아버지의 부재는 아버지를 이상화한 것과 결부시켜 그가 자기 자신의 아버지라는 신념으로 발전하게 되었다. 결국 모레노는 점차 아버지의 이름을 자기의 성으로 선택해서 따르게 되었다. 또한 모레노는 자기 자신의 출생에 대한 이야기를 만들어서 그의 몇 개의 저서에 되풀이하여 기록하였다(Moreno et al., 1964: 7-10; Moreno, 1986: 6).

내, 외적 갈등을 마술적으로 해결하려는 그의 전지전능한 소원은 모레노의 초기 인생을 완전히 꼬이게 만들었고 방향을 전환시켰다. 앞에서도 언급한 것처럼 비엔나 의과대학생 시절에 모레노는 공원에서 아이들과 이야기를 하면서 시간을 보냈다. 이후에 모레노는 아이들을 가족과 학교의 억압에 대항하도록 격려하였고 아이들의 연극모임을 결성하여 공원이나 극장의 작은 홀에서 공연을 하였다.

1913년 모레노는 성병의 권위자인 윌리엄 그루엔 박사(Dr. Wilhelm Gruen)와 신문편집자인 칼 콜버트(Carl Colbert)와 함께 비엔나의 매춘부들을 대상으로 작업하기 시작하였다. 모레노는 '그 소녀들을 교정하려는 욕구로 인해 동기화되지는 않았다. …… 나는 마음속에 라살레와 막스가 노동계층을 위해 일했던 것을 간직하고 있었다…….'(Moreno, 1953)

모레노와 프로이트

알려진 바와 같이 모레노는 프로이트가 비엔나에 있었을 때 단 한 번 만난 적이 있다. 이 '참만남'은 모레노가 그의 저서에 몇 번이나 언급한 바와 같이 모레노에 의해 이루어진 것이지 결코 프로이트가 제안한 것은 아니었다(Marineau, 1984). 정신분석에 대한 모레노의 적대감은 그의 저서에 분명하게 나와 있지만 모레노는 부정적인 측면뿐만 아니라 긍정적인 측면에서도 정신분석이론과 프로이트의 영향을 강력하게 받았다. 그는 마음이론을 개발한 프로이트의 기초적인 공헌을 인정하고, 과학자로서의 프로이트를 존경하였다(Moreno, 1967). 그는 몇 명의 정신분석가와 정신분석적 심리치료사, 특히 비엔나의 헬레네 도이치(Helene Deutch)와, 이후 런던의 폴크스(S. Foulkes)와 긴밀한 우정을 가졌다. 폴크스와의 논의는 국제집단심리치료학회(International Association of Group Psychotherapy)를 설립하게끔 이끌었는데, 이는 모레노가 1951년에 창설하였다.

심리치료의 방법으로서 정신분석에 대한 모레노의 적대감은 1931년 정신분석가인 브릴 박사(Dr. A. Brill)의 '아브라함 링컨의 정신분석'에 대한 사례발표로 불이 붙었다. 모레노는 링컨을 지도자로서 존경하였다. 모레노는 브릴의 링컨에 대한 '정신분석'을 그가 결코 만난 적이 없는 한 인간에 대한 공격으로 보았다. 이것은 '프로이트의 심리극(The Psychodrama of Sigmund Freud)'이라고 다소 조롱조로 칭호를 붙였지만 정신분석과 브릴에 대한 모레노의 관점을 명료화하는 데 도움이 되도록 이끌어 주었다. 모레노의 정신분석이론에 대한 주된 비판은 정신분석학의 거부주의와 '삶의 기원과 불행이 관련되어 있다는 경향성' (Moreno, 1967: 10)과 '고통과 악이 우주를 지배하고 있다.'는 개념이었다. 그의 또 다른 주요한 비판은 정신분석이 '분석을 허용하고 행위를 배제한다.'는 것이었다(Moreno, 1967: 11). 모레노에게 행위는 최상의 것이었다.

세상을 변화시키기

모레노의 근본 철학과 고전적 방법론의 중요한 개념은, 심리치료는 단지 내적 세계를 설명하는 것만으로 충분하지 않다는 것이다. 내적 갈등과 개인병리는 전체로서 가족과 사회의 외적 세계와의 상호작용을 통해서 만들어진 부산물이다. '진정한 치료과정은 적어도 하나의 대상보다는 인류 전체에 두어야 한다'(Moreno, 1953: 3). 사람들은 조력함으로써, 자신들의 세계를 변화시키도록 격려될 수 있다. 이것은 모레노가 그의 초년기 때 세상을 변화시킨다는 전지전능한 환상과 가끔 혼동된다. 물론 그 세상은 변화가 필요하고 우리는 각자 변화시킬 책임을 갖고 있지만 모레노는 간혹 그가 변화에 영향을 미치는 유일한 사람이었다는 환상 속에 홀로 있었다.

신 역할하기 또는 신이 되기

모레노는 생애의 많은 부분을 자신의 전지전능과 자기도취적 환상으로 고심하였다. 모레노 어머니가 그녀 자신의 갈망을 투사한 것이 아마 그의 전지전능함을 키웠을 것이다. 그는 간혹 신의 역할을 했고 때로는 신이 되었다. 그의 가장 중요한 저서 중의 하나가 『아버지의 말씀(The Words of the Father)』(Moreno, 1971)일 것이다. 모레노는 신과 역할바꾸기를 하였고 바드 보슬로우에 있는 자신의 집 벽에다 기록하였으며, 나중에 이 기록들을 신의 말씀으로 출간하였다. 신의 목소리를 듣는 '광기' 안에 숨겨져 있는 것은 모레노가 실패로 절망했을 때에 그가 붙잡기 위해 노력했었던 것이고 심리극 철학의 중요한 개념들이다. 그것은 흥미롭게도 모레노가 나중에 학생들과 대화에서 한 말에서도 주목할 수 있다. 즉, '나와 정신병자와의 차이점은 내가 공표자라는 점이다.' (Marcia Karp의 사적인 대화) 모레노가 들은 목소리는 일종의 해리적 경험이었고, 아마 그의 어린 시절 아버지와의 관계와 매우 관련이 있는 것처럼 보인다. 1971년에 발행된 『아버지의 말씀』의 서문에서, 모레노는 "이 책은 우리의 아버지이며 우주의 창조자인 신의 말씀을 담고 있다."라고 말하고 있다. 그러나 이 창조자는 공동창조자이다. '만약 다른 물체가 한 물체를 창조하지 않는다면 한 물체가 또 다른 물체를 어떻게 창조할 수 있을까?'(Moreno, 1971: 53) 모레노 철학의 핵심은 자기가 아닌 관계라는 것에 있다. 어느 누구도 타인 없이는 존재할 수 없다. 우리는 공동으로 그리고 상호적으로 서로와 서로의 행위에 대한 책임이 있다. 아이들은 부모의 창조자이며 부모는 아이의 창조자이다. 그들은 한 사람이 없이는 다른 사람이 존재할 수 없는 역할관계이다. 만약 모레노가 신이라면, 우리 모두도 신이다. 자신의 과대망상에 대한 모레노의 고투는 결국 전 우주에 그 개념을 확장시킴으로써 해결하였다. 모든 사람은 전지전능하다. 비콘에 있는 그의 병원에서는 환자와 직원 모두를 '닥터'라고 불렀다(Moreno, 1995).

모레노와 연극

앞에서 언급한 것처럼, 모레노는 연극의 많은 다른 측면에 관여하였다. 그는 연극과 나중에는 텔레비전을 일대일의 양자관계에서 가능했던 것보다 더 많은 사람들에게 다가갈 수 있는 방법으로 보았다. 만약 그가 오늘날 살아 있었다면 아마도 그런 이유로 TV에 더 흥미를 가졌을 것이다. 비엔나에서 모레노는 연극이 공연되는 방식에 대해서 불만스러워하였다. 그는 자발성이란 각본 쓰기에 있다고 믿었다. 배우에게 누군가에 의해 쓰인 것을 읽도록 대본을 준 것은 잘못된 것이었다. 그것은 창조성을 짓밟는 일이었으며 때로 그들의 성격에 부정적인 효과를 가져왔다. 모레노의 '이야기들' 중 하나에서, 그는 〈짜라투스트라는 이렇게 말했다〉의 공연을 무대에 올리고서 배우들에게 대본대로가 아닌 자신들의 언어로 말하게 하였다. 그는 각본을 내던졌다! 그는 자신의 극단을 만들고 자발성 극장과 청중의 참여를 촉진시키기 위해 고안한 자신의 급진적인 새로운 연극을 시도하였다. '리빙 뉴스페이퍼(Living Newspaper)'는 그날의 뉴스를 상연하였으며, 비엔나에서, 나중에는 미국에서도 인기가 있었다(Moreno, 1946; Haworth, 1988). 사회측정학과 치료적 심리극이 더욱 그의 시간과 에너지를 차지하기 시작하자, 그가 전문적인 연극에 직접 참여하는 것은 중단되었으며 그것을 자신의 작품에 사용하기 시작하였다.

제이콥 모레노 레비-인생의 전환기

세월이 흐르면서 모레노는 아버지와 좀 더 멀어지면서 성장함과 동시에 그는 아버지의 정체성의 측면을 띠게 되었다. 그는 아버지의 이름을 중간 이름으로, 나중에는 성으로 삼으면서 그 자신의 아버지가 되었다. 그가 참여했던 많은 활동들이 점점 깨지기 시작하였으며 그가 받았던 적대적인 대접으로 마음이 어지러웠다. 그는 유럽이 더 이상 새로운 창조적인 사상을 위한 장소가 아니라고 믿었다. 그는 모든 면에서 좌절하였다.

제이콥 모레노 레비-후기, 비엔나에서 뉴욕으로

1926년 결국 모레노는 그가 잊고 싶었던 과거를 뒤로 한 채 오스트리아를 떠나 미국으로 건너갔다. 자신의 새로운 정체성을 가지고 모레노 박사는 아버지, 스스로 아버지가 되었으며, 아버지의 역할 안에서 어떤 사람도 받아들이지 않았다. 그는 매우 새롭고, 자발적이며 창조적인 사람이 되었다. 그는 심리극이 끝까지 지니게 될 사상, 즉 '하나의 창조는 또 다른 것을 창조한다.'는 사상을 가지고 일생을 살았다. 그의 사회측정학 방법의 성공마저도 그 없이 지속하도록 다른 사람들에게 맡겼다.

사회측정학과 집단심리치료

최초로 모레노에게 대중적인 환호를 가져다준 대인관계적 의사소통의 학문은 사회측정학이다. 1933년에 많은 사회측정학 도표가 뉴욕의 사협회 학술대회에 소개되었다. 모레노는 이 사건을 사회측정운동의 시발점으로 기술하였다(Moreno, 1955: 5). 첫 번째 사회측정학적 탐구는 1915년 미텐도르프의 이탈리아 농민의 피난민 수용소에서였다. 모레노는 건강센터의 학생이었다. 젊은 모레노는 사회측정학의 발생, 즉 사회측정학의 원상태(status nascendi)로부터 지역사회 발달을 관찰할 기회를 가졌다(Moreno, 1995). 그는 사랑과 증오, 끌림과 반발을 관찰하였다. 이런 경험을 통해 그는 집단의 상호작용을 측정하는 방법으로서 사회도해(sociogram)를 개발하였다. 이 도구는 그가 수용소의 사회적 문제들을 해결하도록 하였다. 그러나 슬프게도 이 도구들은 사용되지 않았다. 미국으로 이주한 지 10년 후에 모레노는 더욱 성공을 거두었다. 그의 주요 저서인 『누가 살아남을 것인가?(Who Shall Survive?)』(Moreno, 1953)에서 모레노는 '허드슨 여학교에서 많은 수를 대상으로 한 사회측정학적 탐구'를 포함시킨다.

모레노는 그의 심리극의 발전과 집단심리치료를 별개의 방법으로 보았다(Moreno, 1995). 뉴욕에서 모레노는 사회측정학적 검사와 연구법을 사용하여 집단심리치료를 개발하였다. 현대 심리극은 심리극 회기 내에서 사회측정학의 측면을 결합시키는 과정을 개발함으로써 근본적으로 집단심리치료가 되었다. 예를 들어, 주인공을 선발하는 데 있어서 집단성원들은 자신이 가장 동일시할 수 있는 사람을 선택하도록 요구받는다. 앞에서도 언급했듯이 모레노는 비엔나에서 매춘부 집단에게 집단치료를 최초로 한 사람으로 알려져 있다. 의대에 다니는 동안 모레노는 매춘부의 건강을 증진시키고 성병의 확산을 예방하는 한 프로젝

트에 참여하였다. 이 과정의 일부로 토론 집단을 포함시켰는데, 강사들
은 처음으로 다양한 건강 주제를 소개하였다. 그러나 집단은 만남을 지
속하면서 집단에서 서로를 수용하는 지지로부터 많은 것을 얻게 되었
다. 모레노는 심리치료의 발전을 심리극과 별개로 보았다(Moreno,
1995). 심리극은 집단에서도 가능하고 두 사람만으로도 가능하다. 그것
은 사회측정학으로부터 나온 적극적인 기법들로 집단역동을 측정할 수
있는데, 이것이 분석적 접근과의 주요한 차이이다. 모레노에게 집단심
리치료의 주요 목표 중 하나는 개인 문제들의 단순한 분석이 아닌 사
회변화이다.

정신의학과 사회의학

인간 고통의 사회적, 정치적 차원의 주제를 계속해서 작업하고 개발
하면서, 모레노는 미국의 동료 정신의학자들과 다소 양가적인 관계를
가졌다. 그는 종교와 직업적 박해를 피하기 위해 비엔나에서 미국으로
이주하였다. 그는 '신세계' 가 기회로 가득 차 있을 것이고 그의 새로운
사상인 자발성과 창조성에 관심을 가질 수 있을 것이라는 생각을 갖고
있었다. 그렇지만 그는 비엔나에서처럼 그의 생각에 대한 비슷한 반응
에 직면하게 되었다. 그때는 지금보다도 더 정신의학에서 화학적 접근
법이나 외과적 접근법이 지배적이었다. 그 지배적인 관점이란 정신질
환이 결국에는 화학적 원인이나 뇌의 특수한 감염된 부위를 발견함으
로써 치료될 수 있다는 것이다. 이런 생각에 대한 한 가지 주요한 도전
은 모레노로부터 나온 것이 아니고 정신분석으로부터 나왔다. 그러나
정신분석은 인간 고통의 원인을 '원초아' 로부터 나오는 인간 본능의
기본적인 파괴성에 두었고 '원초아' 는 대부분 아버지의 보복의 두려움
에 의해 좌우되는 '초자아' 의 행동에 의해서 건제되어야만 한다는 것
이다. 앞에서 언급된 많은 이유들 때문에, 모레노는 이런 관점을 맹렬
히 거부하였다. 그의 해결책은 아마도 의학의 새로운 분과이자 '사회
의학' 의 방법인 새로운 과학의 발달이었다. 사회의학은 사회측정학, 집

단심리치료, 심리극과 사회극 등을 사회병리의 연구 그리고 더 중요하
게 사회병리의 해결을 위해서 결합시키는 것이었다. 불행하게도 세계
는 아직 이런 진보적인 진행을 받아들일 준비가 되어 있지 않았다. 그
의 사상이 살아남기 위하여 그리고 실제적으로 사용되고 평가받을 수
있도록 하기 위하여, 모레노는 기꺼이 그 분야에 집중하고 타협해야만
했다. 이 가운데 최초이자 선두가 심리극이었다. 필자의 견해로, 심리
극에 집중하도록 결정한 중요한 부분은, 최초로 그를 흥분시켰고 최초
로 그가 인정한 몇 가지 사상보다는 젤카 모레노의 영향이었다.

사회극

사회극은 심리극에 뒤이어 발전하였다. 모레노는 처음에 사회극을
그 자체의 원리에 입각한 하나의 방법이라기보다는 심리극의 특수한
형태로 보았다(Moreno, 1946). 때로 모레노는 대인 갈등의 해결을 방해
하는 더 큰 사회적 쟁점들이 있다는 것을 깨닫게 되었다. 사회극은 이
런 광범위한 사회적, 문화적 쟁점들을 설명하기 위해 발전되었다. 모레
노는 이웃집 두 사람이 집 사이의 담을 넘어 논쟁하는 것을 예로 들었
다. 이 뒤에 숨어 있는 내용은 국가 간의 국경선에 대한 종족 간의 갈
등이었다. 사회극은 심리극과는 다르지만 비슷한 행동방법을 사용하면
서 계층, 성, 종족과 종교의 집단 간 갈등을 탐색하기 위한 기본틀을
제공한다(Haworth, 1984; Garcia & Sternberg, 1988). 사회극에서는 집단이
주인공이 되고, 심리극에서는 개인이 주인공이 된다.

젤카 모레노

모레노와의 관계와 그녀의 타고난 능력에서 볼 때, 젤카 토우만 모레
노(Zerka Toeman Moreno)에 의해 이루어진 그 공헌의 중요성을 강조하
지 않고는 어떤 역사적인 분석도 완전할 수 없다. 그녀가 1941년 비콘
요양소로 언니를 데리고 갔을 때 모레노를 처음 만났다. 모레노는 동료
로서, 동반자로서 그녀의 잠재력을 곧바로 알아보았다. 그들은 결국

1949년에 결혼하였다. 젤카는 심리극의 발전에 점차적으로 더 큰 역할을 맡게 되었고, 마침내 비콘의 훈련 책임자가 되었다. 그녀는 처음에는 모레노 사상의 '대변자'로서 중추적인 역할을 하였고, 나중에는 심리극 방법론의 가장 위대한 옹호자 중 한 사람이 되었다. 그녀는 오늘날 우리가 알고 있는 심리극의 틀을 만들었는데, 특히 임상현장에서 심리극의 발전을 대중화시킬 책임을 갖고 있었다. 모레노 사상에 대한 그녀의 간단한 해석은 『심리극의 규칙, 기법과 부수적 방법(Psycho-dramatic Rules, Techniques and Adjunctive Methods)』(Moreno & Moreno, 1969)과 『정신질환의 심리극적 모델(The Psychodramatic Model of Madness)』(Moreno & Moreno, 1984)에 잘 나와 있다.

첫 번째 논문에는 오늘날 심리극의 철학적, 심리학적, 실제적 구조의 틀이 실려 있다. 젤카는 모레노의 생각들이 깊은 독일식 철학적 표현을 담고 있으므로 이해하기 쉽도록 간단하고 쉬운 영어로 번역을 하면서 모레노의 통역자가 되었다. 아울러 젤카는 모레노가 사망한 1974년 이후에 세계를 여행하면서 훌륭하게 정통 심리극의 방법을 시연하고 심리극 수련생들의 세대를 더욱 넓히기 위하여 모레노의 사상을 계속 발전시키고 있다.

영국의 심리극

영국에서 심리극이 확고하게 자리를 잡기까지는 약간의 시간이 걸렸다. 모레노는 스스로 영국으로 왔으며 1951년에는 모슬리병원과 그 외의 장소에서 그의 극을 여러 차례 실시하였다. 1960년~1970년 사이에 여러 훈련가들이 미국에서 영국으로 왔지만, 마샤 카프가 1974년(모레노의 사망 연도)에 홀웰심리극센터를 설립하기 위해 영국으로 이주하고 나서야 비로소 심리극은 확립된 심리치료의 방법이 될 수 있었다. 심리극에는 임상과 비임상적인 영역 모두에서 하나의 방법으로 받아들여지기 시작하였다. 마샤 카프는 사람들을 훈련시키기 시작하였으며 홀웰에 훈련센터를 설립하였다. 그즈음 도린(Doreen)과 딘 엘리프서리(Dean Elefthery)는 심리극에 유럽인 훈련집단을 운영하였다. 그러나 홀웰센터는 1981년에 심리극에서 최초의 자격증을 수여하였다. 영국심리극학회 (The British Psychodrama Association)는 1984년 여름에 필자, 마샤 카프, 켄 스프라그(Ken Sprague) 그리고 수지 테일러(Susie Taylor 그 당시는 Coombes) 등에 의해 창설되었다. 창립한 그해 후반기에 젤카 모레노는 열정적으로 최초의 『영국심리극학회지(British journal of psychodrama)』를 발간하였다. 1977년 영국에는 7개의 훈련기관, 20여 명의 훈련가와 70명의 자격 있는 실천가들이 있었다. 심리극은 특히 NHS(국립건강보험, National Health Service) 측에서 확립되고 인정받는 심리치료 방법이 되었다. 1991년 영국심리극학회는 영국심리치료왕립협회(United Kingdom Council for Psychotherapy)의 인본주의적이고 통합적인 심리치료 분과로 받아들여졌다. 심리극 심리치료의 발전에만 지나치게 집중한 나머지 불행하게도 심리극과 사회극의 비임상적인 사용은 일시적으로 방치되었다. 심리치료의 세계에서 심리극의 영역을 확립시키는 것도 중요하지만, 특히 교육, 산업, 임상 외의 또 다른 삶의 영역에서 그것의 일반적인 적용을 개발하는 것도 똑같이 가치가 있다. 임상적 심리극의 세 가지 지류가 영국에서 발달되었다. 첫째, 정통 심리극은 모레노의 역할 이론의 발달, 자발적인 이중자아의 사용에 대한 대화 그리고 어린 시절에 성적 학대를 받은 사람과의 작업에서 특수 기법을 사용함으로써 그 과정이 세련되었다. 발달은 동일한 맥락에서 그리고 기본적으로는 모레노 철학과 함께 일어났다. 둘째, 정신분석적 심리극은 정신 역동적 방법의 여러 측면을 통합한 것으로, 특히 신체적 접촉과 디렉터의 공유와는 멀어지고 때로 사회측정학적 기법보다는 정신분석적 기법을 사용하면서 집단과정의 분석에 더 많은 관심을 쏟았다. 셋째, 인간중심심리극(주로 제니 비앙카디에 의해 발전된)은 칼 로저스의 접근법을 통합하였으며 둥글게 둘러앉아 심리극을 진행한다. 그것은 덜 지시적이며 자발적인 집단의 교류작용, 이중자아 그리고 토론에 힘을 북돋워 준다. 비록 점진적으로 다른 이론들이 소개되고 방법이 발달되었더라도, 또한 특수한 관심 분야와 내담자 집단에 그 이론들을 적용하더라도 대부분의 영국 훈련자들은 여전히 고전적 방법을 고수하고 있다.

근래에는 많은 심리극 실천가들이 국내외에서 계속 성장하고 있으며 영국은 심리극의 국제적인 발달에 있어 중요한 위치를 차지하고 있다.

임상심리극의 발달

심리극치료는 1960년대와 1970년대에 영국에서 인간성장운동의 일부로서 게슈탈트치료, 교류분석, 로저스의 참만남집단과 함께 발전하기 시작하였다. 가끔 이들 집단은 자조집단으로 만날 수도 있고, 혹은 한두 번 워크숍에 참석했던 사람에 의해, 혹은 방법론의 힘을 경험했던 사람이거나 책에서 그 내용을 읽었던 적이 있는 사람에 의해 이끌어진다. 이 접근법은 분명히 몇 가지 위험성이 있으며 그것은 몇몇 사람들의 부정적인 경험이 심리극을 위험하다고 의심하게 할 수도 있다.

미국에서 온 훈련가, 특히 마샤 카프는 철저한 훈련의 필요성을 강조하였으며 또한 정신건강 전문가들에게 몇 가지 기법을 그들의 작업에 사용하도록 격려하기도 하였다. 이것은 심리치료의 방법으로서 심리극이 발전하는 데 더욱 전문적인 접근을 하도록 이끌어 주었다. 1970년대 말 주로 정신간호사와 작업치료사들로 이루어진 홀웰의 많은 훈련생들은 몇 명의 정신의학자와 임상심리학자들과 함께 일반적으로 여러 다른 치료활동과 집단 프로그램의 일부로서 정신건강 장면, 특히 낮 병원과 주간센터에서 심리극을 소개하기 시작하였다.

1980년대 말, 장기 외래환자 집단이 운영되었는데, 간혹 집단-분석적 심리치료에서 익힌 모델로 운영되었다. 또한 주간에 이루어지는 소수의 사적 집단이 시작되었다. 그러나 심리극 심리치료는 매우 강하게 NHS와 연계를 갖고 있으며 사적 집단보다 NHS 집단에 훨씬 더 많이 남아 있다. 1990년대 말 심리극은 학습장애자들(Sprague, 1991), 가족들(Farmer, 1995), 성폭행 희생자들(Karp, 1991; Corti & Casson, 1990)을 포함한 광범위하고 다양한 내담자 집단에 사용되고 있다.

옥스퍼드에서 활기찬 새로운 집단이 발달하면서(Haworth & Thomson, 1977), 많은 심리극 집단이 성바톨로메의학센터에서 주로 돌봄 중심의 정신건강 팀의 일부로 운영되어 오고 있다. 심리극은 정신건강 증진의 주요 부분이 되었는데, 여기에서는 세 개의 일반 장기 심리극집단 즉, 젊은 여성 집단, 성폭행 여성 피해자 집단, 다른 치료적 방법과 심리극을 결합시킨 통합된 심리치료집단이 운영되었다.

참·고·문·헌

Corti, P., & Casson, J. (1990). Dramatherapy into Psychodrama: An Account of a Therapy Group for Women Survivors of Sexuapl Abuse. *Journal of the British Psychodrama Association,* 5(2): 37-53.

Farmer, C. (1995). *Psychodrama & Systemic Therapy.* London: Karnac Books.

Hare, P. A., & Hare, J. R. (1996). *J. L. Moreno.* London: Sage.

Haworth, P. (1984). Psychodrama & Sociodrama, a Comparison. *Journal of the British Psychodrama Association,* 1(1): 36-40.

Haworth, P., & Thomson, S. (1997). Psychodrama as a Major Component of a Primary Care-Based Community Mental Health Team. Oxford: Unpublished Paper.

Holmes, P. (1992). *The Inner World Outside: Object Relations Theory & Psychodrama.* London: Routledge.

Karp, M. (1991). Psychodrama & Piccalilli. In *Psychodrama: Inspiration & Technique.* Edited by P. Holmes & M. Karp. London: Routledge.

Marineau, R. (1989). *Jacob Levy Moreno 1889-1974.* London: Routledge.

Moreno, J. L. (1941). *The Words of the Father.* New York: Beacon House.

Moreno, J. L. (1947). *The Theatre of Spontaneity.* New York: Beacon House.

Moreno, J. L. (1953). *Who Shall Survive?*. New York: Beacon House.

Moreno, J. L. (1955). *Preludes to My Autobiography*. New York: Beacon House.

Moreno, J. L. (1967). *The Psychodrama of Sigmund Freud*. New York: Beacon House.

Moreno, J. L. (1985). *The Autobiography of J. L. Moreno M.D.* Moreno Archives, Harvard University, Boston, USA.

Moreno, J. L. (1995). The Voice of J. L. Moreno: Interview by James Sacks from 1965. Barnstaple, Devon: Holwell Center Tape.

Moreno, J. L., & Moreno, Z. T. (1969). *Psychodrama: Third Volume*. New York: Beacon House.

Moreno, J. L., & Moreno, Z. T. (1970). *The Origins of the Encounter & Encounter Groups*. New York: Beacon House.

Moreno, J. L., Moreno, Z. T., & Moreno, Jonathan (1964). *The First Psychodramatic Famaily*. New York: Beacon House.

Pitzele, M. (1980). Moreno's Chorus. *Group Psychotherapy, Psychodramam and Sociometry, 23*. Washington: Heldref.

Plato (1954). *The Last Days of Socrates*. tranaslated by Hugh Tredennick & Harold Tarrant, Haromondsworth: Penguin Books.

Scheff, T. J. (1979). *Catharsis in Healing, Ritual & Drama*. Berkeley: University of California Press.

Sprague, K. (1991). Everybody's a Somebody. In *Psycodrama: Inspiration & Technique*. Edited by P. Holmes & M. Karp. London: Routledge.

3

심리극의 원리

Peter Haworth

나는 단지 썩어 먼지로 사라질 육신에 불과한 것인가? 그렇지 않으면 지금
이 우주 속에 새로운 존재로 확장되어 가고 있는가? 다시 말해, 나는 보잘것없
는 존재인가? 아니면 신인가?

[Moreno(1941)에서 Holmes 등(1994: 98)이 인용]

모레노의 '순간의 철학(philosophy of the moment)'의 토대가 되는 것
은 인간은 누구나 무한한 자발성과 창조성을 가지고 있다는 깊은 믿음
이다. 1908년부터 1919년까지 모레노가 쓴 초기 저서에는 『청년(Homo
Juvenis)』, 『아이들의 왕국(The realm of the children)』, 『코미디언으로서
의 신(The Godhead as comedian)』, 『작가로서의 신(The Godhead as
auther)』, 『웅변가 혹은 설교자로서의 신(The Godhead as Orator or
Preacher)』이 있는데, 이 모든 저서에는 모레노의 철학이 담겨져 있고,
윤리적인 문제, 우주적인 관계, 가치 등을 탐구하는 심리극의 전신인
원리극(axiodrama)이 발전하는 데 근간이 되었다. 예를 들어, 이것을 통

해 주인공은 자신과 신, 삶, 죽음, 우주, 악마, 미래 또는 완전함과의 관계를 되돌아볼 수 있다.

모레노가 전후인 1918년 비엔나에서 주창한 '나-신(I-God)'의 원칙에 의하면, 사람은 각자 창조자인 동시에 피조물이다. 따라서 자신이 창조한 세계 그리고 그 세계 내의 모든 사람과 사물에 대해 책임이 있다는 것이다. 이는 너무 단순한 표현일지 모르지만 모레노가 의미하는 바는 우리들 각자가 자신의 내적 세계를 주변 세계에 투사하는 경향이 있으므로 우리 모두는 전이적인 관계를 감소시키고 텔레를 발전시킴으로써 자신이 지닌 세계관 내부의 왜곡된 부분을 바로잡는 것이 우리의 책임이라는 것이다. 모레노는 사람들이 자신의 삶에 최대로 참여하고 모든 사람의 주관적인 현실을 똑같이 가치 있게 받아들이도록 권한다.

모레노에게 영향을 끼친 철학자는 소크라테스, 단테, 키에르케고르, 니체라고 알려져 있다(Marineau, 1989: 49). 이러한 철학적 뿌리로부터, 모레노는 인간의 삶은 현재 살아가고 행위하고 있는 집단을 배경으로 하여 발달한다는 것과 최초의 참만남(original encounter)의 중요성을 강조하였다. 특히 문화에 의해서 만들어진 틀은 좀 더 '풍부한 카오스'에 도달할 필요성이 있다고 강조하였다. 심리치료학파마다 서로 다른 스타일과 초심리학을 지녔다고 지적한 영국의 집단-분석적 심리치료사인 말콤 파인즈(Malcolm Pines)는 모레노를 디오니소스주의자에 비유하였다.

> 그리스 신화에서, 디오니소스(술의 신), 판(염소의 뿔과 다리를 가진 음악을 좋아하는 숲, 목양의 신)은 그의 아시아적 원천으로부터 나오는데, 이는 변화를 가져오기 위한 파괴의 욕망으로 이끄는 삶을 찬양하는 풍요로운 창조적 에너지이다. 항상 술 마시며 떠드는 군중에 둘러싸여 있는 디오니소스는 개성의 억압으로부터의 카타르시스적 해방을 가져온다.   (Pines, 1987: 16-17)

모레노는 변화의 수단으로서 그냥 말로 이야기하는 것보다 '경험하는' 현실의 중요성을 강조하고 신체를 가장 중요하게 보았다. 모레노의 신체적 경험에 대한 민감성은 텔레 개념의 발달에 매우 중요하다.

모레노가 1970년 6월 17일에 미국 심리극 전문가인 그린버그(Ira Greenberg)에게 보낸 편지에서(Greenberg, 1974: 122), 모레노는 심리극의 9가지 원칙적 개념을 열거하였다. 그 개념은 ① 워밍업 원리, ② 창조성, ③ 자발성, ④ 참만남, ⑤ 텔레, ⑥ 공동의식과 공동무의식, ⑦ 역할, ⑧ 역할 대 자아, ⑨ 역할바꾸기이다. 필자는 모레노의 이론적 틀의 중심적인 원칙들을 기술하는 데 이 개념들을 근간으로 삼고자 하며, 앞의 아홉 가지 개념에 덧붙여 열 번째로 행위의 중심인 ⑩ 행위를 기술하고자 한다.

워밍업의 원리

자발성은 사람을 새로운 장면에 워밍업시킴으로써 나타난다. 모든 활동은 행위화하기 전에 웜업 시기를 거친다. 예를 들어, 극장에 간다고 하자. 당신은 극장으로 가기 전에 여러 가지 생각을 한다. 어떤 영화를 볼까, 누구와 함께 갈까를 생각하고, 친구에게 전화를 걸고, 어떤 영화가 좋을지 신문을 뒤적거리고, 시간을 확인한다. 이러한 행위들은 극장에서 영화를 보기 전에 처리할 자질구레한 수많은 일들이다. 적절치 못한 웜업은 부적절한 활동을 초래한다. 예를 들어, 친구에게 전화하지 않으면 극장에 같이 갈 수 없고, 선택한 영화가 상영되는지 확인하지 않고는 보고 싶은 영화를 볼 수 없을 것이다.

심리극에서도 마찬가지이다. 웜업 과정은 심리극을 실연할 수 있도록 분위기를 만드는 사소한 일들을 하는 것이며 집단의 자발성 수준을 올리는 것이다. 부적절한 워밍업은 부적절한 극을 초래한다. 이 책의 워밍업에 관한 장에서 수지 테일러(Susie Tayler)가 이 과정에 대해 상세히 쓰고 있다(4장). 모레노는 워밍업 과정을 '자발성의 조작적인 표현'이라고 하였다(Moreno, 1953/1993: 14).

창조성과 자발성

모레노는 그린버그에게 보낸 편지에서 이 두 가지 요소를 분리하였지만, 그것들은 매우 밀접하게 서로 연결되어 있으므로 필자는 여기서 서로 관련지어 다루겠다. 모레노(1953/1993: 13, 19)는 자발성이 현재, 즉 지금-여기에서 이루어진다고 말하였다. 자발성은 사람이 이전에 자신이 경험하지 않은 상황에 적절한 반응을 하도록 변화시키거나 친숙한 상황에서 새로운 반응을 할 수 있는 능력을 촉진하도록 하는 에너지이다. 그의 실험적 연구를 토대로, 자발성은 4가지 특징적인 표현을 통해 이해될 수 있다.

- 문화 보존성과 사회적 고정관념을 활성화시키는 자발성('문화 보존성'의 개념은 이 장의 뒷부분에 서술함.)
- 새로운 유기체(이 장 후반부 '공동의식과 공동무의식'을 제목으로 한 부분에서 다룰 것임.), 새로운 예술형태 그리고 새로운 환경패턴을 창조하는 자발성
- 성격을 자유롭게 표현하도록 하는 자발성
- 새로운 상황에서 적절한 반응을 하도록 하는 자발성

(Moreno, 1946/1980: 89)

창조성의 본질을 결정짓는 것이 자발성이기 때문에 창조성은 단지 자발성의 도움으로 충실한 결실을 이루게 된다. 상황에 대한 반응의 적절성 정도는 자발성에 의해 일어나고 촉진되며 상황에 익숙한 정도에 달려 있다. 새로운 상황에서 사람은 무반응, 기존의 익숙한 반응, 새로운 반응을 보일 수 있다(Moreno, 1946/1980: 92). 적절하고도 새로운 반응은 타이밍, 적절감, 자율성을 필요로 한다.

자발성은 창조적 활동의 촉매제이다. 하나의 연속선으로 표현한다면,

한쪽 끝은 자발성, 그리고 다른 쪽 끝에는 불안이 있다. 그 중간에 지렛대가 있다고 상상해 보라. 불안과 자발성은 시소적인 관계에 있기 때문에, 불안 수준이 높은 사람일수록 자발성은 낮고 불안 수준이 낮은 사람일수록 자발성은 높다. 자발성과 충동성은 구분해야 하는데, 충동성은 창조성이 결여되어 있어서, 프라이팬에서 튀어 올라 불로 뛰어드는 것에 은유적으로 비유될 수 있다. 사람이 창조적인 생각을 가질 수는 있지만, 그것들은 자발성이 없이는 실행될 수 없고 실현될 수도 없다.

창조적 행위는 가끔 시, 교향곡, 그림, 연극과 같은 작품으로 나타난다. 모레노는 이것들을 문화 보존성이라고 하였다. 작품이 완성되는 순간에 창조적 행위는 끝나기 때문에, 계속 자발성을 가지고 작품에 접근하지 않는다면 그것들은 창조적 특성을 잃게 될 것이다. 우리 모두는 다양한 정도의 자발성을 가지고 연주된 동일한 한 편의 음악작품을 감상해 본 경험이 있고 그 결과는 근본적으로 다를 수 있다. 예를 들어, 모나리자를 볼 때, 우리 자신의 자발성 수준에 따라 어떤 때는 매우 깊은 감명을 받고 어떤 때는 밋밋한 느낌을 받기도 한다. 그러므로 창조성은 자발성에 따라 생겨난다. 자발성은 정신분석학자들이 생각하는 리비도와 에너지 보존의 법칙에서 말하는 에너지와 같이 이미 존재하는 저장소가 아니다. '이는 사람의 내면 과정이며 타인의 자발성 상태의 방향에 따른 감정의 흐름이다'(Moreno, 1946/1980: 81).

의도적으로 자발성을 발달시킨다는 생각은 모순처럼 느껴질 수도 있다. 이는 자발성이 가끔 충동성과 같은 것으로 생각되지만, 심리극은 집단성원들이 특정한 순간의 생활 사건들에 좀 더 적절하게 반응하도록 그들의 자발성과 창조성을 높이는 훈련 수준에서 주로 작업하기 때문이다. 이는 집단성원들에게 반응을 요구하는 상황 속에서 디렉터와 집단의 도움으로 가능한 대안을 시도해 볼 수 있는 기회를 제공함으로써 가능하다. 필자는 정신분석의 자유연상에서 기능하는 것이 단어들의 연상이 아니라 그것들을 연상하도록 돕는 자발성이라고 했던 모레노의 말이 생각난다(Moreno, 1946/1980: xii).

참만남

1914년~1915년 사이 봄에, 모레노는 3부로 이루어진 『참만남에의 초대(Invitation to an Encounter)』라는 책을 발간했는데, 여기에 모레노의 참만남에 대한 최초의 정의가 실려 있다. 이는 실존주의 운동의 중심개념이 되었다. 『심리극: 제1권』에서 모레노가 쓴 표어에서, 그는 서로를 이해하고 알기 위해서 눈을 교환하는 두 사람에 관한 생각을 사용했다.

> 두 사람의 만남 : 눈과 눈, 얼굴과 얼굴.
> 당신이 내 곁에 있을 때 나는 당신의 눈을 빼내어
> 내 눈 대신 당신의 눈을 집어넣고
> 당신은 내 눈을 빼어다가 당신의 눈에 집어넣는다.
> 그래서 나는 당신의 눈으로 당신을 볼 것이고
> 당신은 나의 눈으로 나를 볼 것이다.　　　　　(Moreno, 1906/1980: 서문)

참만남의 원리는 심리극 철학의 본질적인 것인데, 가능한 한 현재에 존재하고 깨어 있으며 서로가 타인과 역할을 정신적으로 교대할 수 있는 상태에서 타인을 만날 수 있는 능력이다. 이 참만남의 개념은 심리치료의 초점을 분리된 개인적인 수준으로부터 가장 의미 있는 양자관계(primary dyad)의 수준으로 그리고 같은 방식으로 사람들 간의 영역인, 대인관계 수준으로 옮겨 놓았다. 이런 방식으로 모레노의 대인관계이론은 심리치료 역사의 신기원을 열었다. 모레노는 다음과 같이 쓰고 있다.

> 대인관계이론은 '기본적인 양자관계', 즉 두 배우의 만남을 통해 갖게 되는 생각과 경험 그리고 모든 대인관계에 기초가 되는 구체적-상황적 사건에 근거를 둔다. 개인중심 심리학이나 대중중심 심리학에서의 한계 요인은 '상대행위자'가 없다는 것이다.　　　　　(Moreno, 1993: 36)

그 시대에 심리극을 다른 형태의 심리치료와 구분 지을 수 있었던 것은 이러한 초점의 이동이었다.

참만남이란 사람이 자신의 삶에서나 심리극 무대에서 보조자에 의해 묘사되는 대로 중요한 사람과 관련하여 즉각적이고 의미 있게 자신을 직면할 때 일어나는 경험이다. 젤카 모레노는 지난 몇 년 동안 그녀가 '보조적 세계'라고 일컬어 왔던 보조자아에서 자아(ego)를 빼고 좀 더 간단하게 '보조자(Auxiliary)'라는 용어를 즐겨 사용해 왔다(Blatner & Blatner, 1988: 160). 보조자는 주인공의 자아의 측면뿐만 아니라 다른 측면도 표현한다.

심리극을 통해서 타인뿐만 아니라 자기를 만날 수도 있다(Williams, 1989: 17). 빈의자기법을 사용하거나 보조자들의 도움을 통해서 자기를 구체화하고 극화할 수 있다. 자기가 하나의 모습이 아니고 여러 모습이라는 것이 곧 분명해지는데, 이는 여러 양상을 가지고 있는 자기 체계 내에 존재한다. 이 체계는 그러한 부분들 간의 대화가 이루어지는 무대 위에서 표현될 수 있는데, 자기의 이러한 부분 사이의 관계의 질(혹은 텔레)을 필연적으로 변화시킨다. 극적인 대화를 통해 관계가 가시화됨에 따라서 이렇게 개선된 내적 텔레가 일어난다. 자기의 이러한 내적 텔레들 간의 관계를 자동-텔레(auto-tele)라 한다.

구체화(concretisation)는 역할, 인물, 은유 혹은 장면의 개념을 심리극 무대에서 구체적인 이미지로 전환시키는 행위를 기술하기 위해서 사용하는 용어이다. 어떤 개인의 모습들 혹은 세계는 그의 조작적 역할들과 주변의 역할-관계들의 패턴에 극적으로 초점을 맞춤으로써 심리극 무대에서 구체화될 수 있다.

텔레와 전이

텔레는 사람들 간의 관계를 측정하는 **사회측정학**(sociometry)에 관한 모레노의 작업에서 생겨난 개념이다. 텔레는 사람들 간의 느낌의 흐름을 말하며 진솔한 지금-여기에서의 상호교환, 혹은 참만남이라는 용어로 표현된다. 모레노는 이를 치료적 진전의 결정적인 요인으로 생각하였고(Moreno, 1946/1980: xviii), 이는 개인들이 서로를 끌어당기거나 배척하는 과정이다. 대부분의 의사소통은 전이와 텔레 두 가지가 혼합되어 나타나지만, 심리극의 목적은 관계에 있어서 전이적 측면을 최소화하고 진정한 의사소통을 극대화시키는 것이다. 텔레는 모레노의 이론적 접근에서 매우 핵심적이므로 필자는 전이와 충분히 관련지어 텔레를 다루겠다.

'텔레'의 발생학적 어원은 그리스어에서 유래된 말이며, '먼, 멀리까지 영향을 미치는'이라는 뜻이다(Moreno, 1946/1980: xi). 이는 사람 사이의 관계를 말없이 감지하는 능력을 말하며 집단을 묶어 주는 보이지 않는 끈이다. 공감은 일방향적인데 반해 텔레는 양방향적이다.

전이는 프로이트의 정신분석이론에서 생겨난 개념이다. 이는 유아기에 학습되어 억압된 것이 치료에서나 실생활, 현재 관계에서 무의식적으로 재연되고 있는 관계의 패턴을 말한다. 심리극 전문가의 시각으로 본 전이개념에 관한 유익한 논의가 폴 홈즈(Paul Holmes)가 저술한 『내면세계의 외부화: 대상관계이론과 심리극(The Inner World Outside: Object Relations Theory and Psychodrama)』(1992)에 실려 있다.

모레노의 아동발달이론에 따르면, 텔레는 초기에는 분화되지 않는다. 이 이론에서 모레노는 초기에 분화되지 않는 시기를 아이의 '최초의 우주'로 정의했는데, 이는 두 개의 발달단계로 이루어진다. 그 첫 번째 단계는 '온 정체성(all identity)'의 기간으로 자신을 포함한 모든 사물이 분화되지 않고 하나의 통합된 총체로 경험한다. 두 번째 단계는 '분화된 온 정체성(differentiated all identity)'의 기간 혹은 '온 현실(all-reality)'의 기간으로 자신을 포함한 사람과 사물이 분화되기 시작한다(Moreno, 1946/1980: 68). 그러나 아직 실제 세계와 상상의 세계, 생물과 무생물, 사물의 실제와 외양 간의 차이를 구별하지 못한다.

시간이 지나면서 사람에 대한 텔레에서 대상에 대한 텔레가 분화되고 긍정적 텔레와 부정적 텔레가 구분되며 실제 대상과 상상의 대상에 대한 텔레가 분화된다. 이는 모레노가 '두 번째 우주'라고 정의한 시기가 시작되는 시점에서 일어나는데(Moreno, 1946/1980: 68), 성격이 정상적으로 두 부분 또는 통로로 나누어지게 되는 시기이다. 여기서 한 부분은 현실적인 행위에 대해 준비하고 다른 부분은 환상적 행위에 대해 준비한다. 이 부분들은 스스로 조직화되며 그 분리 정도에 따라 자신의 삶을 지배하기 위해 환상과 현실을 넘나드는데 그 어려움의 정도가 달라진다. 어느 누구도 전적으로 현실 세계에서만 또는 공상 세계에서만 살 수는 없다. 첫 번째 우주의 아늑한 일치성이 사라지고 남아 있는 불일치는 자발성의 장애에서 오는 무기력의 위험에 처하게 된다. 사람은 살아 있는 한 원초적 불일치(original breach)를 통합하려고 하고, 가장 잘 통합되어 있다고 하더라도 완전한 통합은 거의 불가능하기 때문에, '인간의 성격은 상대적 불완전함이라는 비극적 특성을 지닌다'(Moreno, 1946/1980: 73).

심리극에서 사람은 '잉여현실' 영역에서 이 두 부분 혹은 통로 사이를 쉽게 넘나든다. 사람은 자신의 삶에서 실제 일어난 사건을 장면으로 실연해 보일 뿐만 아니라 젤카 모레노가 말한 것처럼 '일어나지도 않았고, 앞으로 일어나지도 않을 그리고 결코 일어날 수도 없는 장면을 실연해 보일 수도 있다.'(사적인 대화) 이러한 내적 장면은 희망, 두려움, 그리고 미해결된 심리적 과제일 수 있는데, 이는 우리들의 삶에 강력한 영향을 미치기도 하고 때로는 일상사보다 더 강력하게 경험하기도 한다. 이런 상상적 장면은 구체화될 수 있고 삶에 덧붙여질 수 있으며 자아의 통제 밖에 있기도 하다. 스웨덴의 심리극 전문가인 라이프 다크 브롬비스트(Leif Dag Blomkvist)는 "잉여현실 장면 안에서 대상은 그 자체를 나타낼 뿐 숨겨진 그 어떤 것을 대신하진 않는다. 설명과 해석보다 더 중요한 것은 누구든 새롭고 낯선 경험에 빠져들어 그 긴장을 견디어 내는 것이다."라고 말하였다(Blomkvist & Ruzel, 1944: 242). 모레노는 심리극을 '진실의 극장'이라고 부르기도 했는데, 이는 사람들의 실존적 진실과 본질적으로 동등한 사람들의 잉여현실과 감정, 상상의 영역을 보았기 때문이었다.

전이란 과거에 경험하였지만 현재에 작용하는 관계 양상의 반복으로 그러한 까닭에 일대일의 분석치료에서 치료사의 주변 사람들에게 투사된다. 아무리 분석가가 가능한 한 '텅 빈 스크린'처럼 되려고 해도 전이는 일방향적인 것이 아니라는 것이 모레노의 생각이었고, 그 과정이 사람과 관련되어 일어나는 것이 아니라 역할에 관련되어 일어난다고 기술했다. 치료사가 환자에 대해 보이는 역할은 부모, 높은 권위적 인물, 애인, 완벽하게 적응된 사람의 역할이 될 수 있고 치료사는 보완자적 역할을 경험하게 된다.

전이(프로이트 개념)와 텔레(모레노 개념)는 디렉터와 주인공과의 관계에서뿐만 아니라 집단성원 또는 전체 집단에서도 관찰될 수 있다. 심리극의 목적은 현실에 기반을 둔 지금-여기의 의사소통을 증가시키고 투사를 감소시키는 것이다. 이는 보조자를 통해 전이관계의 본질을 깨달았을 때 이루어진다. 투사의 어원은 라틴어에서 찾을 수 있는데, 이는 '자기 자신 앞에 던지다.' 라는 뜻이다(Cox, 1992: 165). 이는 한 사람의 특별한 충동, 소망, 자기의 모습들이 자신의 바깥에 있다고 느끼는 과정을 기술하는 전문적, 심리학적 용어이다. 이와 같은 방식으로, 자아-이질적 모습들이 다른 사람들에게 가끔 투사되고 치환된다. 예컨대, 자기의 이질적 측면이 위나 허리 등 신체의 일부에 투사되는 일은 특이한 것이 아닌데, 따라서 이는 '문제'로 기술된다.

홈즈는 전이의 핵심을 다음과 같이 제시하였다.

> 개인치료에서 치료사와 환자 간의 관계에는 세 가지 요소가 있는데, 이는 다음과 같다.
> ① 현실에 근거하지 않고 환자의 내적 세계로부터 오는 관계 양상(전이)
> ② 현실에 근거하지 않고 치료사의 내적 세계로부터 오는 관계 양상(역전이)
> ③ 여기에 덧붙여, 하나의 규칙으로 환자가 너무 심하게 혼란스럽지 않다면,

현실에 근거한 지금-여기의 관계이다. 정신분석가들은 이를 치료적 동
맹이라고 부른다. 그것은 성인 대 성인의 계약이며, 모레노의 용어로 텔
레를 포함한 참만남이라 한다.   (Holmes, 1992: 46)

루이스의 사례는 전이와 텔레의 공통점과 차이점을 잘 설명해 주고 있다.

루이스 사례 ✎

그녀는 최근에 진행 중인 치료집단에 합류했는데 남성 치료사에게는 지나치
게 긍정적인 감정을 보이고 필자에게는 지나치게 부정적인 감정을 그리고
집단에게는 조금 덜하기는 하지만 부정적인 감정을 나타냈다. 그녀의 반응
은 지금-여기의 상황에서 치료사와 집단에 관련되어 일어나는 텔레적 특성
보다는 전이적 특성을 보이는 것 같았는데, 이는 그녀의 예전 삶에서 중요한
사람에게 향하던 감정과 관련이 있어 보였다. 그녀는 예전에 심리극을 경험
한 적이 있고 주인공의 위치에서만이 집단에서 무언가를 얻어 갈 수 있다는
생각을 갖고 있었다. 초기 회기에서 자신이 선택되지 않자 큰 소리로 극을 비
판함으로써 이러한 점을 드러냈다.
가끔 지난 회기의 주인공이 맨 처음으로 이야기하는 권리가 있는데, 이는 지
난번 작업에 대해 주인공과 생각을 나누기 위한 것이다. 집단이 둥그렇게 둘
러앉아 회기를 시작하려 할 때 루이스는 자신이 이전 회기의 주인공이 아니
었음에도 필자가 자신을 매우 잘못 다루었다는 것에 대해 길게 흠잡는 열변
을 토하였다. 필자는 주인공이었던 다른 사람과 작업할 수 있도록 루이스의
개입을 확실하게 제한하였다. 그녀의 분노는 필자의 행동에 대한 직접적인
반응이나 필자에 대한 깊은 기대에서 생긴 것이 아니고 어머니와의 초기 관
계에서 기인된 것이다.
이때 보조치료사가 그녀에게 필자와 역할을 바꾸어 볼 것을 권했는데, 이는
너무 화가 나 있는 그녀에게는 어려운 일이었다. 그러나 그녀는 이를 받아들
여 필자의 역할을 해 보려고 하였다. 처음에는 매우 어려워했고 중간에 다른

집단성원을 비평하는 기회를 갖게 되었다. 그녀는 그 역할을 계속하면서 디
렉터가 그 상황에서 어떤 견해를 가질 수 있는지를 깨닫게 되었다. 역할바꾸
기를 통해 그녀는 전이적 왜곡을 수정할 수 있었다. 그녀는 어느 정도 통찰을
얻은 것 같았고 훨씬 차분해졌다. 필자의 한계설정은 다소 놀라운 것이었다.
그녀는 '좋은 어머니' 역할을 필자에게 바라고, 그녀가 자신의 어머니를 신
뢰하지 않았기 때문에, 필자를 신뢰하지 않았으며 필자의 한계설정을 거부
로 해석 했던 것이다. 역할바꾸기를 통해 텔레관계를 보게 됨으로써 '나쁜
어머니' 전이를 훨씬 더 잘 이해하게 되었다.

원장소, 모체 및 원상태

심리극에서, 텔레관계가 손상된 그리고 개인의 정서 발달이 정지된
그 순간을 건강한 양방향적 관계로 재수립하도록 되돌려 재실연할 수
있다. 모레노는 상황에 대한 반응이 일어나는 장소, 상황 조건, 특정순
간을 기술하는 용어로 각각 원장소(Locus nascendi), 모체(Matrix) 및 원
상태(Status nascendi)라 하였다(Moreno, 1946/1980: 55). 어렸을 당시 특
정상황에 대해 가장 좋은 대처방법이라고 배웠던 생존기술이 어른이
되어 겪는 비슷한 상황에서는 가장 좋은 방법이 아닐 수도 있다. 특정
상황에 대한 특정반응이 더 이상 적절하지 않은 그곳, 즉 원상태를 그
시간, 장소 그리고 사람의 방식을 통해 심리극 무대에 올려 볼 수 있
다. 디렉터는 특정 장면으로 주인공을 되돌아가도록 할 수 있는데, 그
목적은

① 원래의 감정을 재경험하도록 하고
② 유력한 신체적, 정서적, 영적, 지적 조건들을 깨닫도록 하고
③ 창조적으로 장면을 교정하고
④ 정화를 경험하고 그러한 모든 수준에 대해 통찰을 얻도록 하며
⑤ 따라서 재통합의 기회를 제공하기 위한 것이다.

다음 이브의 사례는 이 과정을 잘 보여 주고 있다.

이브 사례

이브는 직장에서 겪는 외로움에 대하여 이야기하고 있다. 그녀가 무대에서 작업할 때 디렉터는 그녀의 삶 속에서 그러한 외로움을 처음으로 경험할 때가 언제였는지를 회상하도록 요구한다. 이브는 5세 때 어머니에게 안겨 있는 갓난 남동생과 함께 호숫가에 앉아 있는 부모님의 장면을 설정했다. 소외감이 원장소, 즉 그 장소에서 일어났다. 모레노의 용어로, 모체는 남동생의 출생 시기를 전후로 이브를 둘러싼 관계와 상황적 배경이다. 또한 원상태는 시간적인 요소로서 반응이 일어난 특정한 순간이다. 그 장면에서 이브는 그녀가 느끼고 있으며 바라는 것을 이중자아의 도움을 받아 부모에게 표현하였다. 이브의 부모는 그들이 새로 태어난 갓난아이에게 왜 그렇게 관심을 쏟았는지를 설명하기도 하고 이브에게 소홀히 대한 것에 대해 사과도 하고 이브에 대해 사랑도 표현했으며 이브에게 새 동생을 소개도 함으로써 그 두 사람 모두에게 가족 내에 특별한 자리가 있다는 것을 알게 하였다.

공동의식과 공동무의식

모레노의 공동의식과 공동무의식은 프로이트가 말한 의식/무의식, 융이 말한 집단무의식의 현상과는 다르다. 모레노는 공동의식과 공동무의식은 그가 '상호정신(inter-psyche)'이라고 한 것과 관련될 수 있는 현상이라 말한다. 그는 두 명 이상의 사람이 공동무의식 상태의 체계 안에서 서로 연결되어 있는 양방향적인 과정이라고 정의하였다(Moreno, 1946/1980: vii). 집단의 상호정신은 심리극 기법을 통하여 외부로 표현되고 뚜렷해지는데 거기에서 텔레관계, 공동의식, 공동무의식 상태가 발현된다. 이런 상태를 배우자, 가족성원 또는 가깝게 연결된 집단원들이 공동으로 경험하며 재생산하거나 재실연한다. '공동의식, 공동무의식 상태란 한 개인의 영역이 아니라 공동영역이다.' (Moreno, 1946/1980: vii)

> 어머니와 아이, 고대 그리스의 유명한 부부 필레몬과 바우시스 같은, 가까운 공생관계로서 살아가는 사람들은 시간이 지나면서 공동의 내용을 발달시키는데 이를 공동무의식이라고 부를 수 있다. 나는 매우 가깝게 살아가는 사람들 사이에서 일어나는 정서적인 문제들을 자주 볼 수 있다. 이때 나는 그중 한 사람만 다루는 것이 아니고 대인관계 또는 대인신경증이라고 불리는 것을 다루었다.
> (Moreno & Moreno, 1959/1975: 50)

집단에서 주인공과 보조자들 간에 형성된 복잡한 관계의 연결망이 치료 작업의 토대가 된다. 한 극의 주인공은 다음 심리극에서 주인공을 위한 보조자 역할을 할 수 있는데, 다소 의식적인 정서적, 인지적 흔적들의 공유된 연결망—공동의식, 공동무의식—을 만들게 된다. 이러한 흔적의 연결망은 텔레에 기반을 두며 가끔 형언할 수 없는 경험을 하게 된다.

모레노의 이러한 세 가지 개념들을 발달시킨 아르헨티나의 심리극 전문가인 모니카 주레티(Monica Zuretti)는 다음과 같이 설명하고 있다 (Holmes, et al., 1994: 214). '인간은 연속적인 모체들—유전적, 모성적, 정체성, 가족, 사회적이고 우주적인—속에서 그의 삶을 발달시킨다.' 이 연결망은 유전적 또는 우주적 지식의 비밀스러운 영역에 속해 있다. 탄생은 공동무의식들이 합병될 때, 시간과 공간상의 어느 순간에, 삶과 죽음 사이에서 선택이 이루어지는 장소에서 일어난다. 이는 모레노가 새로운 유기체들이 창조되기 시작하는 자발성에 대해 이야기하면서 언급한 것이다. 역할의 첫 시작, 즉 최초의 역할(proto-role)은 생리적으로 표현되며 먹는 역할/자는 역할과 같이 정신신체적 역할들로 알려져 있다. 우주적 공동무의식으로부터 생긴 이 최초의 정신신체적 역할 또는 최초의 역할은 정자와 난자의 만남에서 일어나는 '접촉자'의 역할인데, 텔레가 미소우주(microcosmic)의 수준에서 나타나는 것이다. 모든 창조적인 행위는 정서적이고도 신체적인 관계를 유지하는 교차점에서 일어나며, 그 교차점에서 공동무의식이 발달하여 창조적인 과정을 풍요롭게 한다. 이는 심리극 과정에서도 역시 사실이다.

역 할

역할(role)이라는 단어는 'rotula'라는 라틴 어에서 유래된 고대 프랑스 어에 그 어원을 두고 있다. 그리스와 또한 고대 로마에서, 연극의 대본은 두루마리에 쓰여 있고, 프롬프터가 대사를 외우는 배우에게 읽어 주었다. 그러므로 역할이란 사회학적 또는 정신과적 개념에서 온 것이 아니고, 극으로부터 과학 용어로 편입된 것이다. 역할이란 사람이 어떤 순간, 즉 다른 사람이나 대상이 개입된 어떤 특정한 상황에 반응을 취하는 기능적 형태이다.

(Moreno, 1946/1980: iv)

모레노는 아이가 미분화된 세계에서 살고 있는 출생 전후의 발달단계를 '정체성의 모체(the matrix of identity; Moreno, 1946/1980: iii)'라고 하였다. 이는 자기(self)와 자기의 외현적 측면, 즉 역할들이 생겨나는 장소라 생각하였다. 유아 초기에 나타나는 두 가지 주요한 역할이 있는데, 이는 '주는 자의 역할'과 '받는 자의 역할'이다. 어떤 역할기대는 아이와 부모 간에 일어나는 상호교환의 질로부터 유래하는데, 이는 미래의 모든 관계에서 주고받는 능력의 주춧돌이 된다. 아르헨티나의 심리극 전문가인 부스토스(D. Bustos, 1994: 70-71)는 역할군집을 통해 모레노의 자기발달이론을 발달시켰는데, 그것은 3가지 역할군집들이 있다고 하였다. 부스토스가 제1군으로 정의한 초기의 역할들은 수동적-의존적-결합적인 역동성을 가지고 있으며, 대부분 어머니 모습과의 관계를 통해서 학습된 것이다. 제2군의 역할들은 일, 자신감, 힘을 성취하고 행사할 수 있는 능력을 포함한 적극적인 역할들의 수행과 관계있다. 이들은 자율성과 활동의 보급을 전제로 하며 대개 부친상과 연관되어 학습된다. 제3군 역할의 원형은 형제관계로서 놀이하고 경쟁하며 나누는 것을 배운다. 이 역할은 한계설정, 소유한 것 지키기, 공격으로부터 자신을 보호하기, 공격하기 등과 관련이 있다. 이러한 역할들을 발전시키고 그 레퍼토리를 확장시킴으로써, 적절하게 연기할 수 있는 '역할의 집합'이라 부를 수 있겠다. 즉, 우리 각자는 좀 더 완전하게 돌보는 것을 배운다. 우리는 모두 성숙한 자기가 되어 가는 동안 타인들의 너무 많거나 모자람을 통해 발달장애를 경험하는데, 이는 어떤 상처를 초래한다. 역할군집들에 대해 생각하고 초점이 필요한 영역들을 찾아내는 것은 전이관계에서 텔레관계로 나아가는 데 도움이 된다.

역할평가는 이러한 변화과정을 통합하는 부분이다. 막스 클레이튼 (Max Clayton, 1994: 139-142)은 모레노의 이론을 역할평가, 역할분석으로 발전시켰다. 그는 역할체계를 다음과 같이 정리하였다.

① 분열되고 역기능적인 역할체계-생존에 필요하지만 현재는 바람직하지 못한 낡은 역할
② 대처 역할체계-생존이 위협받는 상황을 다루는 역할
③ 점진적인 기능적 역할체계-발달하고 있거나 잘 발달된 바람직한 역할

다양한 역할체계 내에서 역할을 각색함으로써 디렉터는 주인공이 자신의 역할 레퍼토리 중에서 무엇이 적절하고 지나치게 또는 부족하게 발달했는지, 없는지, 갈등적인지를 알아보도록 돕는다. 여기서 역할훈련은 심리극이 요구하는 보다 광범위한 심리치료적 과정이라기보다는 확인된 개인의 전문적이거나, 개인적인 기능의 제한된 측면들을 발달시키기 위한 것이다.

역할 대 자아

모레노는 역할이란 자기(self) 이전에 생기는 것으로 이는 군집화하고 통합하고자 애쓴다고 주장하였다(Moreno, 1946/1980: iii). 사람이 역할의 통합을 경험하기 전에, 또는 자기감이라 부를 수 있는 것을 경험하기 전에 생리적, 사회적, 심리적 역할군집들 사이에 조작적 연계가 형성된다. 가설상으로 볼 때, 조작적 자기는 잠재적, 초심리학적 자기가 나타나지 않는 동안에도 나타난다. 자동-텔레(auto-tele)는 아직 발달하지 않는다. '자아라고 알려진 것의 구체적인 모습은 한 개인을 둘러싸고 있는 역할관계의 패턴을 가지고 작용하는 역할들이다.' (Moreno, 1946/1980: v) 모레노는 출생 후 첫 발달단계를 정체성의 모체로 기술하였는데 내부와 외부, 사람과 물체, 정신과 환경 사이를 구별하지 못하고 모든 것이 하나인 시기이다. 정신신체적 역할은 유아가 자신의 '신체'를 경험하도록 돕고 심리극적 역할은 정신과 '사회'라고 부르는 것을 창조할 수 있는 사회적 역할을 경험하도록 돕는다. '신체, 정신, 사회는 자기의 매개부분이다.' (Moreno, 1946/1980: iii)

역할바꾸기

모레노는 모든 역할과정의 심리적 근거를 표현하고 모방, 동일시, 투사, 전이와 같은 현상의 심리적 기반을 나타내는 다섯 단계를 기술하였다(Moreno, 1946/1980: 61-62). 필자는 이 다섯 단계를 다음과 같이 해석하였다.

① 정체성 모체 단계 : 온 정체성 단계 또는 어머니-아이 단위 단계. 모레노는 어머니를 아이의 자연적 이중자아로 기술하였다.
② 이중자아 단계 : 유아는 자신이나 어머니의 낯선 부분에 초점을 맞

추기 시작한다. 유아는 어머니의 자연적 이중자아이다.

③ 거울 단계 : 유아는 드러나는 자신의 낯선 부분에 초점을 두고 자신을 포함한 다른 부분은 생략한다.

④ 역할바꾸기 단계 : 유아는 적극적으로 다른 부분으로 들어가 그 역할을 행위한다.

⑤ 정체성 바꾸기 단계 : 유아는 누군가에 대한 타인의 역할에서 행위한다. 또 그 타인은 그 유아의 역할을 한다. 그리고 이 단계에서 완성이 이루어진 후에 자신만의 고유한 정체성을 충분히 취할 수 있는 능력을 갖게 된다.

모레노는 아동발달이론에서 역할바꾸기를 4단계라고 기술하였다. 1단계는 전체적 정체성과 정체성의 모체라는 용어를 붙인 단계로, 아이와 어머니가 정체성을 공유하고 있고 어머니가 아이의 자연적 이중자아가 된다. 2, 3단계에서, 유아는 자신을 타인으로부터 분리된 존재로 인식하기 시작하고 '자기'라는 개념을 형성해 가기 시작한다. 그러나 역할바꾸기 능력은 4단계에 이르러야 가능하다. 이는 제2우주의 시작 단계에서 일어나는데, 거기에서 사람, 시간, 장소의 영역을 구별하는 것을 배우기 시작하고, 자신의 입장에서 타인의 입장으로 들어가 타인의 부분을 행위할 수 있게 된다. 마지막 단계인 정체성 바꾸기의 단계, 즉 자신의 정체성을 취하기 이전의 상태는 아이가 본래 공유된 정체성으로부터 완전히 분리되고, 그로 인해 꼭 맞는 자신의 신발을 신는 것처럼 되고 나서 온전히 발달한다. 이 마지막 단계는 어른이 되어서도 부분적으로밖에 완성되지 않는다. 이 단계들 중 세 단계, 즉 2, 3, 4단계는 이중자아, 거울기법, 역할바꾸기의 심리극 치료적 기법에서 그들의 상대물(counterpart)이 있다.

이중자아는 집단성원이거나 이중자아기법을 훈련받은 사람으로, 다른 사람의 역할을 취한다. 당신이 보는 사람은 둘이지만 한 사람을 나타낸다. 이중자아는 대신하는 사람의 신체적 자세를 그대로 흉내 내고 그 역할에서 그가 경험하는 것을 표현하도록 한다.

거울기법은 어떤 사람(A)이 다른 사람(B)이 전하는 것을 인식하고 이해한 그대로 표현하는 것이다. A는 그가 본 것을 그대로 행위로 반영하면, 그로 인해 B는 그가 본 것과 어느 정도 이해했는지를 알게 된다. B는 '거울' 속에서 자신을 인식하게 된다.

역할바꾸기의 행위는 다른 사람과 물리적으로 장소와 위치를 바꾸는 것으로, 각각 다른 사람의 역할로 들어가 탐색하는 것이다. 이는 타인의 눈으로 자신을 효과적으로 볼 수 있게 한다. 이 기법은 『본질적인 모레노(The Essential Moreno)』(Fox, 1987: 130-132)에서 모레노가 서술하고 있다.

모레노 이론에 의하면, 단일성과 통합성은 분화 이전에 먼저 나타난다. 이때 아이는 자아감에 대해 중요한 발견을 하게 되고 다른 사람의 입장에 설 수 있게 된다. 모레노가 아동발달이론을 발전시킨 이후, 많은 유아 연구가 이루어져 왔고 새로운 아동발달이론이 전개되었다. 올리비아 루사다(Olivia Lousada)는 이 책의 심리극의 임상적 활용에 대한 장에서 새로운 이론적 발달을 제시하였고 그 준거틀 내에서 역할바꾸기 기법을 제시하였다.

행 위

심리극 웜업 단계에서의 활동은 서로의 관계에서 공간상의 움직임과 위치를 드러나게 함으로써 집단성원들 간의 사회적 구조를 나타낸다. 이 움직임은 사람들의 에너지를 자극하고 신체적 기억들을 일깨우며 자연스러운 자세와 걸음걸이처럼 느껴지는 것에 초점을 맞추고 극대화시킴으로써 집단성원들을 그 순간 그들 내부에서 어떤 심리적 과정이 활성화되어 있는지를 좀 더 알게 해 준다. 활동은 사회적, 심리적인 각성과 초점에 더하여 신체의 자연적인 치유과정을 증진시키는 내분비기계의 기능을 자극하는 것으로 본다. 오스트레일리아의 의사이며 심리극 전문가인 피터 파킨슨(Peter Parkinson)은 역할의 심리극적 발달을 통해 분비선 기능을 적극적으로 자극하였다. 예를 들어, 천식환자와 함께 작업할 때 그는 부신선을 양생시켰다.

> 나는 부신선을 양생시킴으로써 부신호르몬이 적절한 시간에 적정량이 분비될 수 있도록 하였다. 다시 말하면 적절하고 적당한 역할을 행하는 자발성을 촉진하는 과정에서 호르몬이 제 역할을 하도록 하게 하였다. 이렇게 함으로써 가쁜 숨은 정신신체적 목적 수준으로 줄어들어야 한다. 부신선은 두 부분으로 나누어진다.
> - 수질 : 아드레날린을 분비
> - 피질 : 스테로이드를 분비(다른 것들 중에서 하이드로콜티손-부신피질의 일종)
>
> 아드레날린의 과도한 생산은 분노의 표현과 일치하는 상태에서 이루어진다. 그러므로 심리사회적인 가쁜 숨을 쉬는 것이 자유로운 문화의 발달에서 이런 역할을 명심하는 것은 현명한 것처럼 보인다.　　(Parkinson, 1996: 38)

누군가 일어난 일에 대해 말할 때, 그는 3인칭 과거시제로 이야기한다. 이런 3인칭 과거시제로 이야기하는 것은 경험을 고조시키고 명료화하는 무대에서의 경험을 보는 것과 비교해 볼 때 경험의 강도가 떨어진다. 말 뒤에 숨기는 것은 쉽다. 우리들 대부분은 그런 부분에 익숙해져 있는데, 이를 행위화하여 직접 보는 것은 매우 혁신적이다. 모레노(1946/1980: 65)가 지적하였듯이, 유아는 그의 모든 부분들이 이러한 경험에 참여하는 강도의 정도를 가지고 자발적 행위를 하기 위하여 웜업하며, 이 강도는 심리극 무대에서 완전히 자발적인 주인공에 의해 반영된다. 심리치료 과정에 신체를 개입시킴으로써, 경험은 더욱 깊어지고 주인공이 자신 내부에 저장되어 있는 모든 정보를 그 순간에 가져온다. 가끔 극의 과정에서 신체적 접촉이 치료적 과정에 매우 중요하게 영향을 미친다. 물론 이것이 본질적으로 보호적이고 양육적인 형태로 이루어진다 하여도 거칠고 넘어지거나 매우 공격적으로 표현되기도 한

다. 실연과정에서 집단의 어느 누구도 신체적으로 상처를 입어서는 안
된다. 모든 신체치료와 마찬가지로 리더는 신체접촉에 관한 특별한 윤
리적 주의사항들을 알고 존중해야 한다.

　심리극은 과거의 사건들을 재통합하기 위하여 그것들을 재연할 수
있다. 현재 이스라엘에 거주하는 스웨덴 출신의 심리극 전문가인 켈러
만(Peter Felix Kellermann)은 다음과 같이 기술한다. 즉, "이 '행위-완
료'의 원리는 정신분석의 실제와 일치하며, 그리고 …… 심리극의 실연
은 훈습과 반대되는 방어적 공격이 아니라 자아의 조력으로 퇴행, 즉
재조직화의 치료적 과정이다."(Kellermann, 1992: 129) 그는 이어서 "정
서적이든, 인지적이든, 행동적이든 모든 행위가 치료적 장면에서 나타
나도록 허용하지 않는다면, 어떤 치료도 적절히 이루어졌다고 할 수 없
다."라고 하였다.

　모레노가 심리극적 실연에 대해 원래 붙인 용어는 '행위화(acting
out)'였다. 이제까지 이 용어는 분석치료에서 인용된 무의식적 행동에
대한 '행위화'를 기술하는 데 자주 사용되어 왔지만 치료적 환경 밖에
서 이 용어는 원래의 의미대로 거의 사용되지는 않는다.

　모레노는 행위화에 대해 다음과 같이 말한다.

　　내가 이 용어를 소개할 때(1928), 이는 외부사람이 환자에게 부여한 역할을
　　행위하는 것과 대조적으로, 환자의 내부에 있는 것을 밖으로 행위하는 것을 의
　　미하였다. 이는 저항의 형태로 위장하기 때문에 그렇게 행위화되어서는 안 된
　　다는 것을 의미하지는 않았다(정신분석적 견해). 나는 정반대로 생각한다. 즉,
　　그것들이 해석이 불가능하지 않다면 환자의 중요한 내적 경험들을 나타낼 수
　　있기 때문에 반드시 행위화되어야 한다. 그렇지 않으면 위장된 어려운 경험으
　　로 남아 있을 것이다. 심리극적으로 생각하면, 내면으로부터의 행위, 또는 행
　　위화는 치료과정에서 필수적인 단계이다.　　(Moreno, 1946/ 1980: x)

여기서 모레노는 '삶 자체에서 환자나 타인들에게 해로우며, 비합리

적이고 예측할 수 없는 행위화와 치료 장면에서 일어나는 통제된 치료
적인 행위화'를 구분하였다.

결론

모레노가 발전시킨 '순간의 철학'은 심리극의 초석이다. 모레노는 모
든 인간은 자발적이고 창조적이며 지위에서 동등하다는 폭넓은 시각을
제시하였다. 심리극 디렉터는 모든 심리극 회기에서 이러한 입장을 출
발점으로 삼아야 할 것이다. 디렉터는 집단성원들의 생리적 신호에 민
감해야 한다. 즉, 디렉터는 신체적 웜업을 사용하고, 집단성원들의 신체
적 긴장을 인식해야 하며, 그들의 신체 기억들을 촉진시킬 수 있어야
한다. 또 디렉터는 신체의 치유과정을 자극하고, 지금-여기에서 극적
인 방법을 통해 치료적 자기탐색의 과정에 있게 해야 한다. 이는 물론
행위를 수반한다.

심리극의 중심적인 방법은 모레노가 제시한 참만남의 개념으로, 이는
지금-여기에서 자신과 타인을 만나는 데 최대한의 관여와 진술함을 필
요로 한다. 이는 사람들 사이의 감정의 흐름인 텔레를 좀 더 크게 인식
하도록 이끄는데, 바꾸어 말하면 이는 우리가 타인에게 좀 더 적절하게
반응하도록 할 수 있다. 공동의식과 공동무의식의 개념을 이해하는 것은
우리에게 고립된 개인의 문제보다는 대인 간의 문제를 정의하도록 그
의미를 제공한다. 역할이론을 이해하는 것은 집단성원들의 역할과 어떤
순간에 어떤 사람이 적절하게 실연할 수 있는 이용 가능한 역할들의
양인 역할 레퍼토리를 분석하는 도구를 제공한다. 집단성원들의 역할 레
퍼토리를 아는 것은 디렉터에게 심리극에서 언제 보조자를 선택할 것인
지를 알려 주는데, 한 개인의 역할 레퍼토리는 발달되지 않은 역할을
해 봄으로써 확장될 수 있다. 역할바꾸기의 능력은 우리가 자신과 타인
을 새로운 눈으로 볼 수 있게 하고 자기실현으로 나아가도록 한다. 자
아의 매개 부분은 신체, 정신 그리고 사회이다.

모레노는 인간의 기계화, 로봇화, 그리고 상동증(즉, 정상증)의 부정적인 효과와 투쟁함으로써, 이 세계를 개선하는 방향으로 작업하도록 하기 위하여 우리가 그의 철학과 원리를 선택하기를 원했다. 우리가 살고 있는 이 세계를 공동창조하기 위하여 자발성과 창조성을 발전시키는 것은 그의 목표였고 우리의 목표일 수 있다.

우리 머리 위에 있는 무한한 우주와 별이 빛나는 하늘은 우리 조상들에게는 모두가 살아갈 장소가 있다는 상징이 되어 왔다. 그들은 모든 사람이 생존하는 데 필요한 방법들을 창조하기 위하여 인간의 창조성에 영원히 도전해 왔다.

(Moreno, 1934/1953/1993: 246)

참·고·문·헌

Blatner, A., & Blatner, A. (1988). *Foundations of Psychodrama—History, Theory and Practice.* New York: Springer Publishing Company, Inc.

Blomkvist, L. D., & Rützel, T. (1994). Surplus Reality and Beyond. In P. Holmes, M. Karp, & M. Watson (Eds.), *Innovations in Theory and Practice: Psychodrama since Moreno.* London: Routledge.

Boustos, D. (1994). Wings and Roots. In P. Holmes, M. Karp, & M. Watson(Eds.), *Innovations in Theory and Practice: Psychodrama since Moreno.* London: Routledge.

Clayton, M. (1994). Role Theory and its Applications in Clinical Practice. In P. Holmes, M. Karp, & M. Watson(Eds.), *Innovations in Theory and Practice: Psychodrama since Moreno.* London: Routledge.

Cox, M. (1992). *Shakespeare Comes to Broadmoor.* London: Jessica Kingsley.

Fox, J. (Ed.) (1987). *The Essential Moreno: Writings on Psychodrama, Group Method, and Spontaneity by J.L. Moreno, M.D.* New York: Springer Publishing Company, Inc.

Greenberg, I. (1974). *Psychodrama Theory and Therapy*. New York: Behavioural Publications.

Holmes, P. (1992). *The Inner World Outside: Object Relations Theory and Psychodrama*. London: Routledge.

Holmes, P., Karp, M., & Watson, M. (Eds.)(1994). *Innovations in Theory and Practice: Psychodrama since Moreno*. London: Routledge.

Kellermann, P. F. (1992). *Focus on Psychodrama*. London: Jessica Kingsley.

Marineau, R. F. (1989). *Jacob Levy Moreno 1889-1974: Father of Psychodrama, Sociometry and Group Psychotherapy*. London: Routledge.

Moreno, J. L. (1914). *Einladung zu einer Begegnung*, part 1. Vienna/Leipzig: Anzengruver/Verlag Por der Susschitzky.

Moreno, J. L. (1941). *The Words of the Father*. New York: Beacon House.

Moreno, J. L. (1946/1980). *Psychodrama, First Volume*(6th edn.). New York: Beacon House.

Moreno, J. L. (1934/1953/1993). *Who Shall Survive?*. Roanoke, VA: Royal Publishing Company.

Moreno, J. L., & Moreno, Z. T. (1959/1975). *Psychodrama, Second Volume*. New York: Beacon House.

Parkinson, P. (1996). *The Contribution of Psychodrama to the Understanding and Treatment of Asthma*. Psychodrama Thesis, Australia and New Zealand Psychodrama Associations. ANZPA Press.

Pines, M. (1987). Pshychoanalysis, Psychodrama and Group Psychotherapy: Step-children of Vienna. *Journal of the British Psychodrama Association, 2*(2), 15-23.

Williams, A. (1989). *The Passionate Technique: Strategic Psychodrama with Individuals, Families, and Groups*. London: Routledge.

Zuretti, M. (1994). The Co-Unconscious. In P. Holmes, M. Karp, & M. Watson(Eds.), *Innovations in Theory and Practice: Psychodrama since Moreno*. London: Routledge.

4

웜 업

Susie Taylor

> 탄생의 순간은 인간이 새로운 환경에 빠르게 적응해야 하는, 신생아의 자발
> 적 행위에 대한 최대의 워밍업이다. (Moreno, 1946: 54)

이 책을 계속 읽어 가는 것 자체가 웜업인데, 필자는 웜업 과정에 대한 모레노의 생각을 이 장의 도입부분에서 이해할 수 있을 것으로 기대한다. 이어서 디렉터와 집단의 웜업을 살펴보기로 하겠다. 이 장의 마지막 부분에는 특정한 상황들에 대해 실제적인 예들을 집중적으로 살펴보겠다. 필자가 강조하고 싶은 웜업과 관련된 요소는 과정이지 단순한 기법이 아니라는 것이다.

모레노와 웜업

아동발달에 대한 그의 자발성 이론에서, 모레노는 "가장 기본적으로 자발성이 드러나는 것은 새로운 상황에 대한 유아의 워밍업이다."

(Moreno, 1946: 52)라고 말하고 있다. 자발성에 대해 그는 기존의 상황에 새롭게 반응하고 새로운 상황에 대해 적절히 반응하는 것이라고 정의한다. 자발성과 웜업의 과정을 연결하는 것은 삶 속에서 과업에 참여하고 과업을 완성하는 아동과 어른의 능력에 있어서는 필수적이다. 어떤 운동선수가 경기에 나가기 전에 웜업으로 몸풀기를 하지 않는다면, 근육이 준비되지 않고 신축성이 없으며 활성화되지 않기 때문에 신체적 상해를 입을 가능성이 높다. 또한 그 운동선수는 모레노가 말한 's' 요인, 즉 자발성이 최적의 수준에 도달하지 못하기 때문에 '정신적 상해'를 입을 가능성이 높아진다.

신체적 시동인과 정신적 시동인

모레노는 웜업의 과정을 설명하기 위하여 성인들이 사용한 신체적 시동인(始動因: starter)과 정신적 시동인을 설명한다.

- 신체적 시동인 : 이는 출생의 순간에 드러나지만 그 이전부터 있었던 것이다. 이는 빨고(아이가 섭식행위를 하기 위한 워밍업), 걷고, 냄새 맡기 등과 같은 신체적 활동을 말한다. 이 시동인들은 일생을 통해 계속해서 중요하다.
- 정신적 시동인 : 이러한 발달은 아이가 자기와 환경을 구분하게 되면서 시작된다. 환경이 대상과 사람을 포함하게 될 때, 이러한 정신적 시동인들 역시 대인관계와 관련될 수 있다. 심리적 유발인(예, 환상, 꿈, 영감)과 사회문화적 유발인(예, 사회적 규준, 집단 압력, 사회적 지위, 도덕적 및 윤리적 규범들)은 정신적 시동인에 영향을 미친다 (Kipper, 1986).

모레노는 또한 사회적 시동인과 심리화학적 시동인을 설명하고 있다. 사회적 시동인은 키퍼가 설명한 사회문화적 시동인과 같은 것이다.

심리화학적 시동인은 개인의 웜업을 향상시키기 위하여 사용된 물질들, 즉 약물, 알코올, 커피 등을 말한다. 이 물질들은 긍정적인 효과가 없을 수도 있는데, 이때의 웜업은 긍정적인 결과를 가져오지 않을 수 있다.

이 시동인은 주인공에 의해 스스로 시작될 수 있으며, 외부요인, 즉 디렉터 혹은 다른 자극에 의해 활성화될 수 있다. 이때 키퍼(1986)는 내부 자극 혹은 외부 자극으로 범주화하였다. 아이(주인공)가 자신의 신체적 시동인을 사용할 뿐만 아니라 탄생의 행위를 완성할 수 있도록 하기 위하여 어머니, 조산사 등(보조자)의 정신적 시동인을 필요로 한다는 모레노의 출생에 대한 설명에 주목해 볼 만하다. 여기서 의미하는 것은 신체적 시동인은 특정한 과제를 완성하거나 상황을 적절히 직면하는 데 충분하지 않을 수 있다는 것이다. 그러므로 아동, 어머니, 조산사, 의사 등의 사례에서 전 집단에 대한 웜밍업 과정의 중요성은 절대적이다. 이때 이들 각각은 그들 모두가 참여하는 행위(탄생)를 완성하기 위하여 최고 수준의 자발성을 이용할 수 있다. 이것은 또한 디렉터와 집단에게 있어 진실이며, 이로 인해 주인공과 보조자들이 등장할 수 있을 것이다.

부 위

모레노는 웜밍업을 하기 위하여 신체적 시동인으로서 제공되는 부위(zones)의 개념을 소개한다. 이러한 예들은 시각부위, 후각부위, 구강부위 등이다. 이들은 자발적 행위를 나타내는 웜밍업 과정의 신체적 표현이다.

이 개념을 명료화하기 위하여, 유아의 섭식행위를 살펴보자. 섭식행위에 대한 웜업은 하나의 초점을 갖는데, 이 사례에서 구강부위는 다음과 같다.

'사회측정학적' 의미에서 볼 때, 이 부위는 입, 엄마의 젖꼭지, 젖 그리고 이
것들 사이의 분위기가 기여하는 요인들이다. 이러한 요소들에 초점을 둘 때마
다 그 부위는 행위로 나타난다.   (Moreno, 1946: 57)

예컨대 입과 목의 부위들처럼, 서로 다른 부위들이 동시에 활성화될
수 있고 협력해서 작동할 수 있다. 뿐만 아니라 이것들은 서로 배제될
수 있다. 아이가 성숙해 감에 따라, 아이는 신체의 더 많은 부위를 웜
업시킬 수 있다. 그래서 보다 많은 부위들을 포함시킬 수 있다.

모레노는 수유행위에서 엄마와 아이의 이원적 웜업을 기술하고 있
다. 즉 '한 가지 목적—아이의 허기를 해소하는 것—을 가지고 양방적
웜업 과정에서, 신체적 적응 노력은 정신적 적응 노력과 함께 일어난
다.' (1946: 61) 엄마와 아이는 섭식행위에 대한 워밍업 과정에서 각각
서로 다른 일련의 신체적 시동인들을 갖게 될 것이다. 만일 우리가 엄
마/디렉터 그리고 아이/주인공의 유사성을 갖고 있다면, 그것이 같다는
점은 사실이다. 중요한 것은 그들이 즉시 과업을 완성하도록 서로에게
적응하는 것이다. '한 가지 활동은 동시에 여러 다른 활동을 배제하는
경향이 있고, 한 가지에 초점을 두는 것은 다른 모든 초점을 배제하는
경향이 있다. 주인공은 당면한 상황에 대해 배타적으로 웜업한다. 주인
공은 당면한 시간 속에 살고 있다.' (Moreno, 1946: 61)

엄마/디렉터는 아이/주인공보다 적응력이 더 높아야만 하는데, 이는
그녀가 신체적 시동인뿐만 아니라 정신적 시동인을 갖고 있다는 사실
과 그녀의 정체성의 모체가 잘 발달되어 있기 때문이다.

초기 단계에서, 그를 둘러싸고 있는 사람들과 사물들에 대한 유아의 관계를
예시하는 이러한 공존, 공동 행위 그리고 공동 경험은 정체성 모체의 특성이다.
이 정체성 모체는 유아의 초기 정서적 학습과정을 위한 토대를 마련해 준다.
(Moreno, 1946: 61)

이 웜업은 개인의 고통을 야기할 수 있는 성격의 일부를 받아들이고 취소할 수 있는데, 웜업의 과정에서 그러한 측면들이 포함됨으로써 신체와 마음을 더 넓혀 줄 수 있다. 다음에 나오는 예는 얼굴의 왼쪽 부위가 '굳어진' 느낌이 든다고 불평하는 한 남자에 대한 모레노의 설명이다. 이 굳어진 느낌은 불빛이 그쪽 부위에 비춰질 때, 혹은 어떤 여성이 그의 왼쪽에 앉아 있을 때 더 심해졌다. 그가 다른 역할을 하도록 요구받았을 때, 특히 공격자로서의 역할을 하도록 요구받았을 때 이에 대항할 수 있었다. 큰 소리로 명령하도록 요구받은 장면에서 이 역할에 대한 웜업은 그의 얼굴 왼편을 포함시킬 뿐만 아니라, 그의 성격의 보다 많은 부분을 드러내도록 했는데, 이렇게 함으로써 그가 자신의 역할을 충분히 표현할 수 있었다. 나중에 이 사람을 대상으로 심리극을 한 모레노는 그가 '굳어진' 느낌을 갖도록 했던 웜업 과정을 이해하도록 도울 수 있었다.

필자는 심리극의 방법이라는 측면에서 볼 때 '웜업'의 개념이 훨씬 더 복잡하기 때문에 웜업에 대한 모레노의 개념을 탐구하는 데 어느 정도의 시간을 보냈다. 우리는 이 개념을 보다 폭넓게 이해함으로써 이 과정을 더 풍부하게 사용할 수 있을 것이다. 심리극에서 웜업 단계는 자발성을 증가시키고, 집단 내의 신뢰감과 응집력을 향상시켜 줄 뿐만 아니라, 주인공이 나오도록 하는 데 활용된다는 것은 일반적으로 잘 알려진 사실이다. 필자는 웜업 과정과 자발성 간의 관계를 잘 이해하는 것이 중요하다고 생각한다. 만일 디렉터, 집단, 주인공 그리고 보조자가 그들에게 이용할 수 있는 최대의 자발성 수준을 갖고 있지 못하다면, 그들이 취한 어떤 과업도 충분히 완성되지 못할 것이고, 창조성도 최소화될 것이다.

필자는 특별한 유형의 웜업의 실제와 각각의 예들을 살펴보기 전에 이론적 관점에서 워밍업 과정을 계속 이야기하고자 한다.

주변에서 중심으로

웜업 과정은 집단의 웜업 단계 이후에도 계속해야 하는가? 물론이다. 우리가 취한 모든 행위는 그렇게 하려고 웜업을 한다. 이것은 웜업에 대한 모레노의 개념을 이해하는 데 매우 중요하다. 주인공에 의해 들어가는 모든 장면은 그 자체가 웜업이다. 장면 설정은 주인공을 위한 신체적, 정신적 시동인들을 촉발시킬 것이다. 주변에서 시작하여 중심으로 들어가거나 주인공 문제의 핵심으로 들어가는 것은 웜업의 과정을 활용하는 것이다. '웜업은 행위 단계가 시작될 때 끝나는 것이 아니고, 회기의 매 시간과 공간에서 주인공을 준비시키는 데 필요하기에 회기 내내 계속된다.' (Goldman & Morrison, 1984: 6)

이 점을 강조하기 위하여, 필자는 『심리극의 규칙과 기법 그리고 기타 방법들(Psychodramatic Rules and Techniques and Adjunctive Methods)』 (Moreno & Moreno, 1969: 235)이라는 책에서 젤카 모레노가 인용한 다섯 번째의 규칙을 포함시켰다. 즉, 위밍업 과정은 주변에서 중심으로 진행된다. 젤카는 다음과 같이 말하고 있다.

> 그러므로 디렉터는 환자의 삶에서 가장 큰 외상적 사건을 가지고 시작해서는 안 된다. 시작은 보다 피상적인 수준에서 진행해야 하며, 환자의 자기-관여가 핵심 쪽으로 더 깊게 들어가도록 해야 한다. 디렉터의 기술은 장면을 구성하는 데 발휘될 수 있으며, 사람이나 대상들을 선택하는 것은 환자가 자신을 웜업시키는 데 필요하다.   (1969: 235)

비콘연구소에 있는 극장에서 모레노가 사용했던 무대는 중심으로 올라가는 세 개의 원으로 구성되어 있는데 이러한 점을 반영하고 있다. 극이 시작됨에 따라, 그는 집단에서 무대로 나가게 되고, 주인공이 극의 핵심으로 옮겨갈 때, 주인공은 무대의 중앙으로 이동하게 된다.

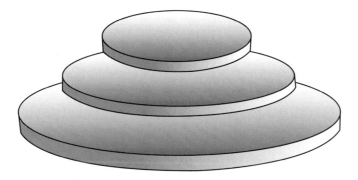

[그림 4-1] 심리극 무대

    일레인 골드만(Goldman & Morrison, 1984)은 과거로의 추적을 통해 심리극의 방법을 다음과 같이 그리고 있다. 첫 번째 장면은 현재 상황일 것이고, 그 다음 가까운 과거로 이동했다가 먼 과거로 이동한다. 그녀는 항상 주인공을 먼 과거에서 작업해 왔던 것을 구체화시키기 위하여 원래의 장면으로 되돌아오게 할 것이다.

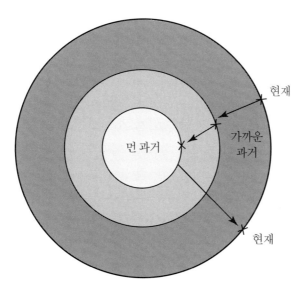

[그림 4-2] 골드만의 심리극 단계

디렉터가 실연 웜업에서 주변에서 중심으로의 단계를 놓치게 되면, 주인공 안의 자발성 수준은 떨어질 것이고 정서적 관여는 깨질 것이다.

특별한 웜업 기법들은 모레노의 생각에서 나온 것이 아니다(필자는 여기서 구조화된 웜업을 말하고자 한다.). 모레노가 생각하기에 집단원들은 자신의 웜업에 으레 따르고 이는 주인공이 집단에서 나오도록 하기 위하여 촉진될 필요가 있으며, 행위를 위한 웜업은 일단 주인공과 디렉터가 심리극 작업을 시작하도록 한다는 것이다. 구조화된 웜업들은 제임스 삭스(James Sacks)가 소개한 방법으로, 배우들과 함께 사용한 연극 게임(theatre games)에서 채택된 것들이다.

필자는 우리가 매번 행위로 들어갈 때 웜업이 잘 이루어지길 바란다. 즉, 잠에서 깨어나 일어날 준비를 하고 일하러 나갈 때, 먹을 때, 집단 웜업이 계속되는 과정에서 집단원이나 디렉터를 준비시킬 때 등이다.

디렉터와 집단의 웜업

본 장의 이 절에서는 디렉터와 집단의 워밍업 과정을 살펴보고자 한다.

디렉터의 웜업

디렉터는 자신을 웜업시킴으로써 집단을 이끌어 가기 위한 준비를 해야 한다. 디렉터는 집단과 하나 되기 위하여 자신의 자발성을 개발할 필요가 있다. 그는 자신이 가질 수 있는 어떤 저항을 혹은 자신이나 집단에 대한 기대를 알아야 한다. 집단에 들어가기 전에 자신의 두려움과 불안을 구조적으로 다루어야 하는 데, 따라서 자신의 자발성을 증가시키기 위하여 집단을 촉진시킬 수 있어야 한다.

필자는 이 과정을 다음 네 가지 측면으로 나누었다.

① 디렉팅을 위한 디렉터 역할의 웜업

② 실연에 들어가기 전에 집단을 위한 디렉터의 웜업
③ 원장소(in situ)에서 집단을 위한 웜업
④ 주인공을 위한 웜업

디렉팅을 위한 디렉터 역할의 웜업

우리들 대부분은 우리가 경험한 신체적 시동인을 확인할 수 있을 것이다. 디렉터가 자신의 역할에 대해 자신을 충분히 웜업시키지 못했다면, 디렉터는 자신과 집단에게 이용할 수 있는 최적의 자발성을 갖지 못할 것이다. 이 역할에 대한 불안을 수용하고 활용하는 것을 배우는 것은 매우 중요하다.

모레노와 키퍼는 적응력을 높이기 위하여 정신적 시동인이 신체적 시동인과 결합되어 있다고 말한다. 키퍼(1986: 84)는 기대하지 않았거나 어려운 문제에 봉착해 있을 때 방에서 왔다 갔다 하는 누군가의 예를 제시하고 있다. 이러한 행동은 신경과민으로 보이기보다는 '적절한 행동의 지표가 되는 긍정적인 표현이 될 수 있다. 이는 언제든지 행동으로 옮길 수 있는 과정을 의미한다.'라고 할 수 있다. 만일 그들이 불안을 거의 경험하지 않는다면, 그들의 신체적 시동인과 정신적 시동인이 어떤 이유에서건 작동하지 않는다는 어떤 지표가 될 수 있기 때문에, 이것이 잠재적 디렉터에게는 좀 더 중요할 수 있다.

습관이나 의식을 형성하는 것은 흔히 역할을 준비하는 데 유용한 방법이다. 어떤 사람들은 좀 더 자신감을 가지려고 특별한 옷, 보석 혹은 신발을 착용한다. 또 어떤 사람들은 디렉팅을 하기 전에 여러 가지 과제들을 실행할 것인데, 예를 들면 집단원들을 만나게 될 방을 준비하는 것과 같은 것이다. 이는 불안을 행위로 표현한 것이며, 마음을 비우려는 하나의 은유일 수 있다. 즉, 그러한 행동들은 의자를 옮기고 배열하는 것, 조명을 체크하는 것, 방이 추운지 더운지 온도를 체크하는 것, 무대를 둘러보는 것 등을 말한다.

방에 들어가기 전에 과도한 불안이 있을 수 있는 곳을 상상하는 것은 몇 가지 면에서 도움이 될 수 있는 또 다른 방법이다. 디렉터가 생활 속에서 만나게 되는 역할을 강화시키기보다 방해할 수 있는 어떤 상황이 집단 외부에 있다는 것은 분명하다. 또 디렉터 자신이 갖고 있는 충분히 좋은 양육자의 특성을 사용하여 내적인 대화를 수행하는 것이다. 그 역할을 위해 스스로 할 수 있는 여러 가지 방법들이 있지만, 가장 중요한 것은 이 역할에 대한 디렉터의 웜업이 주인공이 되고자 걸어 나오는 사람에게 적절해야 한다는 점이다.

실연에 들어가기 전 집단을 위한 디렉터의 웜업

여기서 초점을 두는 것은 집단과 디렉터의 관계이며, 이는 집단의 특성에 따라 다양하다. 다음 몇 가지 질문은 집단에 들어가기 전에 디렉터 자신에게 질문하는 데 유용할 수 있다.

- 새로운 집단에서 : 사람들은 몇 명이나 되는가? 전에 누가 심리극을 했었고 누가 하지 않았는가? 지금 이 순간 그들의 욕구는 무엇인가? 그들 중 일부는 서로 알고 있는가? 성별은 균형을 이루고 있는가? 디렉터로서 당신은 그들 중 일부를 알고 있는가?

- 진행 중인 집단에서 : 지난주 무슨 일이 있었는가? 누가 보조자의 역할을 했는가? 그러한 역할들이 개인의 문제들을 반영했는가? 나누기를 할 때 개인들에게서 무엇이 일어났는가? 최근에 누가 작업하지 않았는가? 집단에서 누가 고립되어 있고 누가 스타로 보이는가? 어느 순간에 성원들 간의 관계가 좋아지는 것은 무엇 때문인가? 집단원들이 추천하는 사람과 추천하지 않는 사람은 누구이며 왜 그러한가? 다루어지는 주제와 다루어지지 않는 주제는 어떤 것이 있는가? 집단에서 디렉터와 보조 디렉터와의 관계는 어떤가? 서로 잘 지내는가? 전이의 문제는 무엇인가?

- 1회성 워크숍에서 : 집단을 시작할 때와 비슷한 질문이 이어지지만, 여기에 덧붙여 한 가지 중요한 질문은 집단성원이 자발적으로 참

여하였는가? 아니면 비자발적으로 참여하였는가의 여부이다(이에
대한 내용은 나중에 더 자세히 살펴보겠다.).

보조 디렉터와 함께 진행한다면, 공동 치료사로서 관계를 재정립하기
위하여 집단원들과 함께 이야기하기 전에 시간을 갖게 하고, 집단에서
초점을 맞출 필요가 있는 분야를 확인하는 것이 유용하다. 마찬가지로,
치료적 공동체나 기관 안에서 심리극을 한다면, 내담자를 돌보는 다른
사람들과 이야기하는 것이 계속 돌보게 하고 좋은 팀워크를 촉진시킨
다는 점에서 중요하다.

원장소에서 집단에 대한 웜업

디렉터는 집단에 들어가기 전에 자신의 자발성을 충분히 개발해야
하며, 자신이나 집단에 대한 저항 혹은 기대를 알아야 한다. 이러한 과
정의 일부는 디렉터가 가질 수 있는 어떤 두려움이나 불안을 다루는
것이어야 할 것이다.

새로운 집단에서, 디렉터는 집단에게 자신의 스타일을 어느 정도 전
달하는 것이 중요하다. 이는 디렉터가 소개말을 통해 집단성원들 내에
서 그리고 집단성원들 간에 신뢰감을 촉진시키고 디렉터의 능력에 대
한 확신감을 높이기 위하여 진솔성과 온정성의 의미를 전달함으로써
이루어진다. 이 과정이 진행되는 동안 자기노출, 자발성, 유머, 어색함
과 침묵에 대한 참을성을 포함하는 집단의 규준이 만들어지기 시작한
다. 비밀보장의 문제는 무엇이 허용되고 무엇이 허용되지 않는지, 이용
가능한 시간 동안 집단의 구조(일일, 주말, 진행 중인 치료집단)에 대해
분명히 할 필요가 있다. 얄롬은 '정보의 전달'을 아주 중요한 것으로
보았다. 즉, '대부분의 집단치료사들은 상호작용하는 집단치료에서 분
명한 교훈적인 지시를 제공해서는 안 된다.' (1985: 9)

사람들의 보조에 맞추어 가라. 즉 '환자는 그 시간 동안 있는 그대로
비자발적이거나 비표현적이도록 허용된다.' (Moreno & Moreno, 1969: 236)

필자는 비밀보장의 문제를 좀 더 충분히 설명할 수 있는 시간을 갖고 싶다. 대부분의 사람들은 그들의 나누기가 집단에서 존중받고 그것이 그 집단원들에게 머물러 있기를 기대하지만, 실제로 비밀보장의 의미에 대한 의견일치는 중요하다. 필자가 직면해 온, 일반적으로 받아들여지는 관점은 그들 자신의 개인적 문제와 관련이 있는 한에 있어서, 집단성원들은 그들이 접촉해 온 집단 문제 이외의 문제에 대해서 누군가와 나누는 것은 허용된다. 그렇지만 주인공이나 다른 집단성원들을 이름으로 확인하거나, 집단 내에서 공유되는 그들의 생활 경험을 노출시키는 것은 허용되지 않는다. 만일 집단성원들이 집단 밖에서 어떤 접촉을 한다면, 이것을 집단 안으로 가져오도록 격려하는 것이 중요하다. 아동보호의 문제는 분명히 할 필요가 있는데, 이는 법적 문제와 관련이 될 수 있는 다른 영역에서처럼 분명히 할 수 있다. 심리극 전문가는 집단성원들에게 유용한 윤리 규약의 사본을 갖고 있어야 한다. 이런 점들이 지켜진다면, 집단원들은 더 큰 신뢰감과 안전감을 느낄 것이고, 그래서 그들 삶에서 아주 사적이고 외상적인 부분에 대해서도 함께 나누게 될 것이다.

이러한 도입단계에서, 디렉터는 자신에 대한 집단의 반응을 평가해야 한다. 예컨대, 집단원들은 유머를 적절히 이해하고 있는가? 이들은 적극적인 집단인가 그렇지 않은가? 성원들 각자와 디렉터 간에 상호작용이 있는가? 등이다. 여기서부터 디렉터는 그 순간 집단에게 적절하고 꼭 맞는 웜업을 선정하고 채택해야 한다.

진행 중인 집단에서, 이전 주(週)의 작업에 대해 약간의 논의를 통해 재연결하는 것은 디렉터와 집단에 초점을 둘 수 있으며, 그렇게 함으로써 그와 관련해서 발전되고 진행되는 과정을 선택한다. 집단성원들 간의 역동과 디렉터와 관련된 역동을 유념해야 하고, 하나의 집단으로서 작업할 필요가 있는데, 이는 그에 대해 초점을 맞춰 하나의 회기로 다루어질 수는 있지만 심리극은 아니다. 이 점은 작업을 방해하고 주인공의 지지를 방해하는 집단성원들 간의 갈등이 있을 때 중요한데, 따라서 이 집단은 나누기를 하기에 안전하지 않을 수 있다.

주인공에 대한 웜업

흔히 이 과정을 진행할 만한 시간은 거의 없는데, 따라서 다시 디렉터가 이전 3단계를 적절히 진행하는 것이 중요하다. 작업에서 무엇에 초점을 둘 것인지, 어떻게 시작(계약)할 것인지에 대해 디렉터와 주인공이 처음에 이야기하는 것은 디렉터와 주인공이 서로 웜업하도록 시간을 허용해 준다. 즉, 엄마와 아이는 과업을 적절히 완수할 수 있도록 서로 웜업하고 그리고 수유행위를 할 필요가 있다. 그것은 또한 디렉터에게 신체적 접촉이 편안한지 그렇지 않은지를 평가할 시간을 준다. 예컨대, 주인공은 디렉터를 멀리하는가 아니면 가까이하는가? 이 단계에서 알아야 할 또 다른 질문은 다음과 같다. 주인공은 얼마나 불안한가? 주인공은 디렉터가 말하는 것을 얼마나 소극적으로 받아들이고 있는가? 그들은 디렉터와 집단원들에 대해 눈맞춤을 할 수 있는가 혹은 눈을 돌리는가 혹은 심지어 눈을 감아 버리는가? 에너지의 수준이 얼마나 높은가? 즉, 행위를 하고자 하는 욕구가 얼마나 강한가? 말을 어떻게 하는가? 디렉터는 이런 부분들에 주의를 기울임으로써 자신이 주인공과 얼마나 관계하고자 하는가에 대해 보다 강한 느낌을 가질 수 있는데, 이때 두 가지 측면에 대해 어떤 전이적 문제들을 분명하게 할 수 있다. 이는 또한 디렉터로 하여금 주인공을 어떻게 통합시켜야 하는지를 어느 정도 인식할 수 있게 한다.

일단 주인공이 묘사한 각각의 장면을 통해 실연이 시작되고, 작업이 원장면에서 핵심적인 문제로 들어감에 따라 웜업 과정은 지속된다.

집단과정과 웜업

심리극은 집단심리치료의 한 방법이다. 따라서 집단과정을 이해하고 따르는 것이 중요하다. 달미로 부스토스는 제작자, 디렉터를 집단을 공동으로 제작하는 사람으로 일단 정의 내렸다. 그는 디렉터는 집단을 따라야 하며 거기에서 방향을 제시하기보다는 방향을 촉진시켜야 한다고 느꼈다. 비록 집단이 다른 방향을 따른다 해도, 많은 디렉터들은 효과적인 웜업 실제의 목록을 준비할 필요가 있다. 비록 웜업의 실제에 대한 아이디어들을 갖고 준비하는 것이 디렉터를 좀 편하게 하기는 하지만, 이것은 저항을 만들고, 신뢰감, 응집력 그리고 자발성을 떨어뜨리게 만든다. 결국, 디렉터는 무엇이 일어날 것인지에 대한 불확실성을 갖게 되는데, 집단에 대해서도 마찬가지다. 적응하고, 변화하고, 심지어 이러한 생각을 포기할 수 있는 것 그리고 집단에 따르는 것은 보다 자발적일 뿐만 아니라 치료적이 된다. 이는 함께 작업해야 될 집단의 욕구이지 디렉터의 욕구는 아니다.

만일 우리가 집단과정과 관련하여 위밍업의 개념을 생각할 수 있다면, 우리는 좀 더 적절하고 유익한 방식으로 웜업의 기법들을 사용할 수 있을 것이다. '무엇을 위한 웜업인가?' 라고 질문하는 것은 '집단의 웜업이 무엇이며 어디에서 이루어져야 하는가?' 라는 질문과 같을 수 있다. 이것은 재즈의 주제를 정의하는 것과 비슷한 방법으로, 외현적인 주제뿐만 아니라 내현적인 주제에 귀 기울이는 것을 말한다.

우리가 웜업에 대한 모레노의 개념을 배워 왔던 것처럼, 우리 각자는 자신의 개인적 위밍업 과정을 갖고 있는데, 따라서 어떤 의미에서 집단 성원들은 이미 웜업이 된다. 디렉터는 집단에서 나타나는 문제점이 무엇인지를 확인할 필요가 있다. 예컨대 사람들에게 그들이 왜 이 집단에 왔는지 서로 이야기하도록 기회를 주게 되면 필요한 정보를 얻을 수 있다. 이 과정이 시작되면, 디렉터는 그들이 이야기하고 있는 주제들과 메시지들을 잘 듣고 그것을 촉진시키기 위한 웜업의 실제를 만든다. 집단과정에서 '맥락을 고려하지 않는 기법들은 사람들과 집단원을 방해할 수 있다.' (Hollander & Hollander, 1978)

웜업 단계가 필요한 근거

심리극에서 웜업 단계가 필요한 것은 몇 가지 분명한 근거가 있다. 안토니 윌리엄즈(Antony Williams: 1991)는 디렉터가 숙고해야 할 목록을 아래와 같이 제시하였다.

- 집단에 대한 틀을 설정한다. 즉, 이 웜업을 얼마 동안 할 것인지, 이 웜업의 일반적인 목적이 무엇인지, 이 집단이 어떤 종류의 집단인지에 대한 것이다.
- 집단의 과제를 분명히 하고, 이 집단에서 성원들이 갖는 기대를 분명히 하기 위하여 그들을 조력한다.
- 행위, 자발성 그리고 강력한 표현을 받아들일 수 있는 적절한 규준을 마련하고 모델을 제시한다.
- 하나의 체계로서 개인 성원들과 집단에 대해 라포를 형성하고 계약을 만든다.
- 성원들 간의 상호신뢰에 기반을 둔 집단응집력을 만들고 작업한다.
- 집단을 웜업하는 그들의 전문성과 능력을 집단원들에게 확인시켜 주고, 웜업의 결과로 나타날 수 있는 것들을 안전하게 다룬다.
- 말 없고 수줍어하는 행동을 수용한다. 즉, 거리감과 어려움을 참아 내는 것은 성원들에 대한 존경을 나타내는 것이고, 그들에게 집단에 일사분란하게 동조해 주길 기대하지 않는다고 안심시켜 준다.
- 정보교환의 과정을 시작한다. 그렇게 함으로써 새로운 의미들이 현재의 행동과 과거의 행동을 연결할 수 있다.

그는 특히 다음 세 가지 요인을 강조한다.

- 디렉터는 적절한 관리기능과 전문적인 기능이 이루어질 것이라는 확신을 가질 필요가 있다. 이러한 것은 얄롬의 관점을 따른 것이다.
- 디렉터는 각 개인과 전체로서의 집단체계를 다루어 문제가 무엇인

지 혹은 훈련욕구가 무엇인지를 파악하기 위하여 그들의 의미 수
준에서 성원들을 연결시키게 한다.
- 새로운 상황에 새롭게 반응한다는 모레노의 자발성의 정의와 같이
  가능한 한 새로운 의미들로 방향을 설정해 간다.

본질적으로, 디렉터는 집단이 아주 힘들고 심지어는 외상적인 사건도
안전하게 나눌 수 있도록 분위기를 만들어야 한다.

레비턴(Leveton, 1977)은 비밀이 지켜져야 하는 그들 자신과 삶의 일
부를 다른 사람들과 공유해야 한다고 생각할 때 일어날 수 있는 두려
움과 불안을 줄이는 것이 중요하다고 말한다. 심리극은 집단성원들이
역할을 수행함으로써 얻게 되는 행위에 근거한 치료인데, 따라서 행위
나 실연과 관련된 두려움이 나타나게 된다. 디렉터가 초기에 비위협적
이고 비판단적인 방식으로 이러한 두려움을 줄이는 방법을 찾는 것은
중요한 일이다.

체크리스트

켈러만(1992)은 디렉터의 실연과정에 도움이 되는 질문지 체크리스트
를 만들었다. 다음에 나오는 질문은 웜업 장면에 필요한 것이다.

① 디렉터는 각 집단성원들이 행위하도록 충분히 자극하고 웜업시켰
   는가?
② 디렉터는 집단 내에서 응집력과 건설적인 작업 분위기를 만들었는가?
③ 웜업의 유형은 적절하게 선택되었는가?
④ 웜업에 대한 지시는 분명하게 주어졌는가?
⑤ 웜업에 대한 적절한 후속조치가 있었는가?
⑥ 디렉터는 집단이 초점이 될 만한 특별한 주제를 개발하도록 도와
   줄 수 있었는가?
⑦ 디렉터는 회기의 초반에 집단의 역동적 측면과 사회측정학을 충분

히 살펴보았는가?

⑧ 디렉터는 연출을 하기 위하여 충분히 웜업되었는가?

이 여덟 개의 질문을 보다 자세하게 살펴보자. 첫 번째와 두 번째 질문은 함께 고려하여 진행할 필요가 있다. 왜냐하면 만일 디렉터가 불안과 두려움을 경감시키는 방법들을 찾지 못한다면, 그리고 집단 내에서 신뢰감과 응집력을 형성하지 못한다면, 개인 성원들의 자발성은 발휘되지 못하고, 따라서 그들은 행위화하는 데 어려움을 겪게 될 것이기 때문이다. 디렉터는 개인이 집단에서 웜업하는 데 어떻게 도와야 하는지를 알아야 하며, 또한 적정 수준에서 기능하도록 하기 위하여, 안전감을 느끼고 경계들을 알아야 하는 어떤 체계나 유기체로서 집단을 인식해야 할 필요가 있다. 그러므로 웜업의 다른 기능은 응집력의 수준을 증가시키는 집단 규준을 만드는 것이다. 얄롬(1985)은 이러한 집단 규준이 개인들로 하여금 그들 과거의 삶에 관계없이 그들의 사회적 영역에서 위반이나 지각된 실패를 받아들일 수 있게 한다고 말한다.

세 번째 질문은 웜업을 적절하게 선택하였는가를 말한다. 다시 말해, 이는 집단과정에 따르는 문제와 관련이 있을 수 있으며, 그 이상의 탐색을 촉진하기 위하여 집단에서 이미 드러난 주제들을 사용한다. 이에 대한 또 다른 관점은 주인공과 함께 작업을 할 때, '정서적 분위기 (smoke)에 따르기'(M. Karp의 사적 대화)의 은유를 사용하는 것으로, 이는 그들의 정서가 가장 강력한 부분을 경계하는 것이다. 이것은 집단에도 같은 방식으로 적용될 수 있다. 즉, 집단을 이끌어 가는 '정서적 분위기'는 어디에 있으며, 그것을 촉진시키는 최상의 방법은 무엇인가?

네 번째 질문과 같은 분명한 지시는 아주 중요하다. 왜냐하면 집단성원들이 디렉터가 말하는 것을 들을 수 없거나 그에게서 혼란된 정보를 받아들인다면, 그들은 웜업의 실제를 따르지 못할 것이며, 그래서 디렉터와 집단의 관계가 깨지게 될 것이기 때문이다. 이렇게 되면 집단 내에서 저항이 커질 것이고, 또한 그들 서로 그리고 디렉터와 성원들 간에 배척하는 분위기가 형성될 것이다. 다섯 번째 질문은 디렉터가 문제를 인식한 상황에서 효율적일 수 있는데, 이로써 디렉터는 성원들에게 진행된 것을 어떻게 이해했는지 이야기하도록 제시할 수 있다. 또한 디렉터는 잠재적 주인공이 언제라도 나올 수 있도록 각 웜업 후에 짝으로, 소집단으로 혹은 전체적으로 나누기를 할 만한 공간을 마련하는 것이 유용하다.

여섯 번째 질문은 집단과정과 그때 나타나는 주제들의 활용과 연결되며, 디렉터가 개인들이 집단에서 나타나는 특별한 문제에 대해 그리고 개인적으로 그들 간의 관계에 대해 어떻게 초점을 맞추는지에 도움을 주는 것과 연결이 된다.

일곱 번째 질문인, 집단역동과 사회측정학은 집단이 발달함에 따라 더 분명해진다. 윌리엄즈(1991: 98)는 다음과 같이 말하고 있다. "리더들에게 이 무대에서(집단의 첫 번째 회기) '집단역동'에 대해 이야기하는 것은 무의미하며, 심지어 가학적이기도 하다." 그는 시간이 경과하여 집단이 성숙해짐에 따라 집단에 사회측정학을 사용하는 것이 중요하다고 느낀다. 성원들 간의 관계를 분명하게 하도록 만들어진 간단한 사회측정학의 실제는 집단의 활동을 빠르게 촉진시킬 수 있다. 예컨대, 빙 둘러서 있게 한 다음, 먼저 디렉터는 집단성원들이 서로 공유할 있는 독특한 상황, 즉 고양이를 키우는 사람은? 요리하기를 싫어하는 사람은? 등과 같은 상황을 크게 말하면 고양이를 싫어하거나 요리하기를 싫어하는 사람은 원 안으로 들어온다. 웜업을 계속함에 따라, 다른 집단성원들이 어떤 상황을 이야기할 수 있다. 이것은 집단성원들 간의 관계를 확장시켜 줄 뿐만 아니라 서로에 대한 정보를 노출하게 하며, 개인들이 이야기하는 주제를 통해 집단에 존재하는 쟁점들이 무엇인지를 드러나게 한다.

이야기를 계속 이어가기 전에, 필자는 '집단이 어떻게 전개되고 조직되었는지 그리고 그들 내에서 개인이 어떤 위치를 차지하는지'(Moreno, 1953: 51)를 조사하는 분류과학으로 생각하는 사회측정학에 대한 모레노의 정의를 이야기하고 싶다.

또한 사람들의 관계성, 즉 그들은 서로 관심을 가짐에 따라 무엇을 선택하는가? 집단에서 그들의 입장은 무엇인가? 집단에서 그들이 취한 역할은 무엇인가? 등을 측정하는 하나의 방법이라 할 수 있다. 이것은 다음과 같이 표현할 수 있다

> 사회측정학은 동맹관계, 숨겨진 신념, 금지된 의제, 이데올로기의 협약, 겉으로 드러난 '스타', 긍정적이고 부정적인 것 등의 형태를 집단에게 보여 주는 숨겨진 구조이다. 사회측정학은 집단성원들 간에 나타나는 관계성과 그러한 관계성의 이유에 대해 초점을 둔다. 그러나 관계성에 관심을 기울임에도 불구하고, 그것이 본질적으로 반드시 '참만남'을 하는 것은 아니다. 즉 그것은 우리가 존재하고 우리가 하고 있는 모든 것의 사회적 본질을 강조하는 측정도구이며 정보제공자이다. 우리의 행위, 신념 그리고 감정은 다른 사람의 행위, 신념 및 감정에 의해 일어나고 유지된다. (Williams, 1991: 127-128)

이러한 설명은 디렉터가 집단성원들 간의 고리와 관계를 인식해야 한다는 것을 아주 분명하게 해 준다. 따라서 사회측정학을 이해하고 그것이 집단과정과 어떻게 관계되고 관련되는지를 이해함으로써 디렉터는 그러한 웜업을 더 많이 사용하며 집단의 처음부터 끝까지 과정을 계속할 수 있다. 디렉터의 웜업에 대한 마지막 질문은 이미 논의되었는데, 집단의 참여와 상호작용의 수준을 통해 측정될 수 있다.

최적의 응집력

얄롬(1985)은 집단 응집력이 최적의 수준일 때 집단이 어떻게 기능할지를 요약하였으며, 그것은 이 장에서 자주 언급해 왔던 집단의 한 측면으로, 그 중요성을 분명히 밝히는 것이 적절해 보인다.

① 매력적인 성원들은 그들 집단에서도 매력적이고 다른 성원들에게

서도 매력적이다.
② 의미 있는 관계를 만들기 위해서는 보다 수용적이고, 지지적이며, 호의적이어야 한다.
③ 집단성원들은 자신들을 좀 더 잘 표현하고 탐색하고 싶어하며, 지금까지 받아들일 수 없었던 자신의 측면들을 알게 되고 통합하게 되며, 타인과 좀 더 깊은 관계를 갖게 된다.
④ 응집력이 있는 집단은 참석률이 좋고 탈락률이 적어짐에 따라 보다 안전하게 되는 경향이 있다.
⑤ 응집력이 높은 집단이 더 수용적이고 친밀하며 더 깊은 이해를 보임에도 불구하고, 그들 역시 적대감과 갈등을 더 크게 표현하도록 허용한다는 증거가 있다.

치료적 관계

웜업 과정에 대해 결론을 내리기 위하여, 필자는 치료적 관계에 대한 로저스(1959)의 개념을 이야기하고 싶다. 비록 그가 개인 치료적 관계에서 보고 있긴 해도, 이상적인 치료사/내담자 동맹에 대한 설명은 심리극이 '내담자-중심' 치료의 정신을 갖고 있어야 한다고 말한다(Blatner, 1973). 이상적인 치료사/내담자(혹은 디렉터/집단, 디렉터/주인공) 관계의 조건이 있을 때, 로저스는 다음과 같은 특정한 과정이 이루어진다고 말하였다.

① 환자는 자신의 감정을 표현하는 데 점점 자유로워진다.
② 환자는 현실을 검증하기 시작하고 자신의 환경, 자기 자신, 다른 사람 그리고 자신의 경험에 대한 느낌과 지각에 대하여, 또 자기개념에 대하여 보다 잘 식별하게 된다.
③ 환자는 점점 자기경험과 자기개념 간의 불일치를 인식하게 된다.
④ 환자는 의식적으로 이전에 부정하거나 왜곡해 왔던 감정을 인식하게 된다.

⑤ 이전에 왜곡하거나 부정해 왔던 측면들을 포함하여 환자 자신에 대한 개념이 자신의 경험과 좀 더 일치하게 된다.

⑥ 환자는 위협 없이 치료사(디렉터/집단)의 무조건적 긍정적 존중을 점차로 경험할 수 있고, 무조건적 긍정적 자기존중감을 느낄 수 있다.

⑦ 환자는 본질에 대한 평가와 대상이나 경험의 가치에 초점을 둠으로써 점차로 자기를 경험하게 된다.

⑧ 환자는 자신에 대한 타인들의 평가에 대해 자신이 지각한 측면은 덜 경험하게 되고 자신의 발달을 향상시키는 그 효율성 측면은 더 경험하게 된다.

필자의 생각으로, 웜업 과정은 효과적인 치료가 일어나도록 하기 위하여 얄롬과 로저스의 요인을 성취하게 하는 것이 목적이다.

웜업의 실제에 대한 분류

이 절에서는 여러 부류의 웜업의 실제들을 보게 될 것이고, 실례를 통해 여러 장면에 적용하는 것을 살펴보겠다. 이것은 네 가지 주요 부분, 즉 도입 웜업, 신체 웜업, 친밀감 웜업, 주인공 중심 웜업으로 나눌 수 있다.

도입 웜업- '당신을 알고 싶어요'

이 부분은 새로 시작한 집단에서 사람들이 서로 소개할 때 사용하는 방식인데, 비위협적인 방식으로 노출을 시작하게 한다. 집단성원들은 서로에게 좀 더 편하게 느끼게 되고 불안의 수준을 감소시키고 집단 응집력을 촉진시키게 될 것이다.

예를 들어, 디렉터는 각 성원들에게 자신의 이름을 생각하게 하고 그 이름이 그들에게 어떤 의미를 갖고 있는지, 어떻게 그 이름을 정하게 되었는지, 가족 중에서 누가 그 이름을 지어 주었는지를 질문한다. 이 것들을 조합해서 사용할 수 있지만, 그것을 단순하게 이용하는 것이 가장 좋다.

20명 이상의 대집단에서, 즉 일반적으로 주말 워크숍에서 진행되는 경우 모든 사람의 이름을 기억하도록 하는 것은 별로 좋지 않다. 이때 불안 수준이 더 높아질 수 있기 때문에, 모든 사람들에게 다른 사람의 이름을 기억할 필요가 없다고 허용해 주고, 필요하다면 서로에게 질문하도록 격려해 주는 것이 더 자유로울 수 있다. 대집단을 다루는 유용한 방법은 워크숍 과정 처음부터 끝까지 정규적으로 만날 수 있는 소집단으로 나누는 것이다. 소집단의 경우, 성원들은 서로의 이름들을 기억하는 웜업을 할 수 있으며 세상의 삶에 대응하도록 하기 위하여 가족 안에 있는 것과 마찬가지로 좀 더 친밀한 공간에서 나누기를 할 때 좀 더 안전하다는 것을 느낄 수 있다.

신체 웜업-'에너지를 가져 봐요'

이 유형의 웜업은 에너지의 수준을 높이고 접촉하게 하며 집단성원들에게 '놀이'를 하도록 해 주고 불안 수준을 줄일 수 있도록 해 준다. 그렇지만 다음 세 가지 내용을 명심할 필요가 있다.

① 디렉터가 이런 유형의 웜업이 비위협적이라고 느낄 수 있어도, 어떤 집단성원들에게는 그것이 어렵다는 것을 알 수 있을 것이고 혹은 일부를 취할 수 없다는 것을 느낄 수 있을 것이다. 이는 신체적 혹은 성적 상처를 경험했던 사람들에게는 특히 더 그럴 수 있다.

② 집단성원 중에서 누군가가 등, 엉덩이 등과 같은 신체적인 문제를 갖고 있는지를 항상 체크한다. 디렉터는 웜업에서 신체적인 상호작용이 많을 경우에 안경, 긴 귀고리, 시계 등을 풀도록 해야 하고, 활동 공간에 위험을 줄 수 있는 물건들을 확실하게 치워야 한다.

집단은 정서적인 안전뿐만 아니라 신체적인 안전을 느낄 필요가
있다.

③ 절대엄수! 집단성원이 지나치게 열광적일 수 있다. 즉, 지시가 보
통 자기 자신이나 다른 사람들에게 개의치 말고 걸어 다니도록 했
을 때 과장해서 움직이고 뛰어다니는 경우가 있다.

예를 들어, 서로 껴안기에서 어떤 한 사람이 술래가 되어 규칙대로
다른 집단성원을 붙잡아야 한다. 붙잡히지 않으려고 성원들은 짝을 찾
아 5초 이상 서로 껴안고 있어야 하는 데 이때 껴안을 누군가를 찾아야
한다.

친밀감 웝업– '당신을 더 잘 알고 싶어요'

이 범주에 신뢰감을 주는 실제들을 포함시켰는데, 이 웝업들은 집단
성원들 간의 신뢰감을 증진시키고 노출을 촉진시킬 뿐 아니라, 적절하
고 안전한 방식으로 친밀감을 촉진시키도록 만들어졌다. 다시 말해, 디
렉터는 이런 유형의 웝업의 위력을 과소평가해서는 안 된다. 디렉터는
자신이 방에서 집단을 가장 잘 볼 수 있는 위치에 있어서 그가 힘을 갖
고 있다는 것을 집단이 알도록 해야 한다. 이러한 웝업들을 짝 집단이
나 소집단에 실행하는 경우가 많다. 이런 유형의 많은 웝업들은 집단성
원들에게 조용하게 혹은 눈을 감게 해서 실시할 수 있다.

예를 들어, 얼굴 메시지–디렉터는 집단을 두 사람씩 짝을 짓도록 하
고 서로 얼굴을 보고 번갈아 가면서 메시지를 읽도록 한다. 이 웝업에
서 디렉터는 약간의 시간을 통해 얼굴로 다른 정서를 표현할 수 있도
록 하는 가운데 성원들을 촉진시키는 데 도움을 줄 수 있다. 이 웝업
시간의 길이는 성원들이 서로 얼마나 잘 아느냐에 달려 있다. 대개 새
로운 집단은 10분 정도 하고 좀 더 친숙한 집단은 더 길게 할 수 있
다. 이때 디렉터는 성원들에게 짝과 서로 나누기를 하도록 요청할 수
있다.

주인공 중심 웜업 : '누가 주인공 할 준비가 되었나요?'

이 웜업의 목표는 집단성원들 중에서 주인공을 선발하여 과거, 현재, 미래의 갈등을 다루도록 도와주고, 개인적 자각의 수준을 더욱 깊게 하여 기억과 정서를 일깨우도록 한다. 이미 언급했던 것처럼, 집단성원들은 그들에게 일어났던 어떤 것에 의해, 혹은 그들에게 높은 수준의 정서를 일으켜 왔던 작은 사건으로 보이는 어떤 것에 의해 집단 밖에서부터 작업할 문제를 가져올 수 있다. 이런 이유 때문에, 사람들에게 짝으로 혹은 소집단으로 작업하도록 하여 그 순간에 그들에게 일어나는 것들을 나누도록 한 다음, 주인공으로서 작업하고 싶은지의 여부를 묻는 것이 좋다. 그 대안으로, 어떤 주제가 집단에서 분명히 나올 수 있는데, 이것을 구조화된 웜업에 적용하는 것은 그 주제가 나오도록 촉진시킬 수 있으며 이것을 집단성원들에게 연결시킬 수 있겠다.

예를 들어, 주제가 죽음이라고 하자. 디렉터는 집단성원들에게 짝을 지어 그들에게 중요하고 여전히 해결되지 않는 것으로 느끼는 상실에 대해 서로 이야기하도록 할 수 있다.

웜업을 다른 상황에 적용하기

다음에는 심리극 전문가가 흔히 직면하게 되는 네 가지 다른 상황을 워밍업 과정의 예와 함께 제시하였다.

주말 워크숍

심리극을 실연하기 위하여 안전한 환경을 만드는 것이 중요한데, 집단의 생명이 짧기 때문에 빠르게 진행해야 한다. 만일 디렉터가 자신의 워밍업 과정을 통해 진행할 좋은 기회를 가졌다면, 집단의 응집력과 집단의 신뢰감을 높이기 위하여 어떻게 시작할 것인가를 곧바로 고려해야 한다. 집단 초기에 촉진해야 할 일은 성원들이 이야기를 할 수 있도록 하는 것인데, 특히 전에 집단에 한 번도 참여한 적이 없는 사람들에

게는 더욱 그렇다. 언급했던 바와 같이, 워크숍의 구조와 어떤 실제적
인 정보를 연결하는 것이 중요하다. 디렉터와 집단 간에 라포가 시작될
즈음에, 디렉터를 소개함으로써 비밀보장과 집단의 경계를 분명히 하
게 한다. 심리극 전문가의 윤리 규약을 복사해 주고 집단성원들이 읽도
록 할 수 있다.

　새로운 집단에 구조화된 웝업 기법들을 사용하려고 할 때, 두 사람씩
짝으로 과정을 시작하는 것이 도움이 될 수 있으며, 집단 전체가 하나
가 될 때까지 수를 점점 늘릴 수 있다. 이에 대한 예외가 단순히 이름
가지고 하는 실습일 수 있기는 하지만, 이렇게 하는 것이 대집단에서
생기는 불안을 감소시킬 수 있다. 예컨대, 집단성원들이 서로 짝을 지
어 이야기를 하도록 하여 집단을 시작할 때, 이들에게 다른 짝과 합치
도록, 즉 4명 등이 되도록 요구할 수 있다. 이때 4명의 집단으로 모이
도록 한 것은 그들이 이 워크숍에 대해 무엇을 이야기했는지(예, 희망,
두려움 등), 집단에서 어떤 것을 원하는지 등을 나타내는 하나의 방법을
찾기 위해서이다. 행위로 소개하는 것이 유용하고, 가능한 한 빨리 '보
여 주세요.' 라고 하는 것이 유용하다. 심리극은 '무엇에 대해 이야기를
하는 것' 이 아닌 행위와 관련이 있기 때문에, 집단은 초기에 거기에 익
숙해질 필요가 있다.

실연을 위한 웝업의 예
　이름 게임에서, 각 집단성원들은 자신의 이름과 그 이름에서 떠오르
는 연상을 말하거나 또는 각 집단성원들이 자기의 이름에 대해 이야기
하고 난 다음 빙 둘러서서 작은 쿠션을 다른 사람에게 던지면서 던진
사람은 먼저 자신의 이름을 말하고 그 다음 쿠션을 받은 사람의 이름
을 말한다.
　집단 초기에 역할바꾸기를 소개하는 아주 재미있는 도입 웝업은 다
음과 같다. 디렉터는 성원들에게 짝을 짓도록 하고 한 사람이 파트너에
게 자신을 소개한다. 5분이 지나면, 같은 방식으로 다른 사람이 자신을

소개한다. 다른 사람도 5분이 지나 둘 다 소개가 모두 끝나면, 그들은 집단으로 돌아와 역할을 바꾸어 서로를 소개하도록 한다. 예컨대, 매기와 수잔의 경우를 보자. 수잔은 역할바꾸기를 하여 매기가 수잔에게 이야기했던 것을 매기처럼 이야기하고 매기도 같은 식으로 수잔이 되어 이야기를 한다. 모두가 끝났을 때, 디렉터는 덧붙이거나 바꾸고 싶은 사람이 있는지를 확인해야 한다. 이렇게 하는 것은 잘못 설명되었거나 잘못된 정보를 바로잡기 위해서 중요하다. 디렉터는 웜업을 시작할 때 짝들에게 그때 전 집단성원들과 나누지 못했던 어떤 내용이 있는지를 체크하도록 해야 한다. 시작하기 전에 웜업을 마친다고 설명하고, 기억력을 검사한다거나 경쟁을 하지 않는다는 것을 강조하는 것이 중요하다. 이것이 셋 혹은 네 집단에서 실시할 수 있는 웜업이다.

이런 점에서, 워밍업 과정은 집단의 신뢰감과 나누기를 발전시킬 필요가 있다. 성원들에게 가장 어려운 것 중 한 가지는 관객석에서 무대로 이동하는 것이다. 한 가지 유용한 기법은 집단을 향하게 하여 무대에 2개의 의자를 갖다 놓고 한 개의 의자는 디렉터가 다른 의자는 참가자가 앉을 수 있게 한다. 이때 디렉터는 각각의 성원을 초대하여 그쪽 의자에 앉아 집단에게 이야기를 하도록 하거나 단지 잠시 동안 앉아 있도록 할 수 있다. 이렇게 하는 이유에 대해서도 설명을 해 주어야 한다. 집단성원들 각자가 무대를 경험함으로써, 무대에 대한 불안감을 줄일 수 있다.

다른 방법으로는 빈의자기법을 사용할 수 있는데 누구든지 워크숍에 대한 생각, 그들의 불안 등에 대해 말하고 싶다면 빈 의자에 이야기를 하도록 할 수 있다. 여기서부터 짤막한 작업이 실연될 수 있고, 시간상으로 가벼운 휴식을 갖게 할 수 있다.

이에 대한 대안은 집단성원들에게 짝을 짓도록 하고 그들이 집단에 무엇을 가지고 왔는지, 지금 그것을 표현하고 싶은지의 여부를 생각하도록 한다. 이때 이렇게 하는 것이 주인공을 선발하고 심리극에 들어가는 과정을 시작하는 것이다.

도입단계에서 실연단계로 들어가는 것은 어려운 일이다. 그러나 행위가 빠를수록 집단이 빠르게 응집하는 경우가 종종 있다. 심리극 집단 내에서 응집력과 신뢰감을 높일 수 있게 하는 과정들 중에서 한 가지는 주인공이 다 실연한 후에 나누기를 하는 것이다.

워크숍에 어떤 주제가 있다면, 그들이 이 워크숍에 왜 참여하고자 하는지 그리고 무엇을 기대하는지를 간단히 이야기하게 함으로써 워크숍에 대한 개인들의 웝업 정도를 체크할 필요가 있다.

이 집단이 단지 짧은 기간에만 만날 것이라는 점을, 그리고 치료가 이루어진다 하여도 이 집단이 치료집단이 아니라는 점을 항상 명심해야 한다.

일일 워크숍

주말 워크숍과 유사한 형식이 사용될 수 있다. 필자의 견해로, 이 워크숍은 참가자들에게 심리극을 경험하게 해 주고 시간이 짧은 것에 대해 균형을 갖게 해 준다는 점에서 가장 어려운 워크숍이다. 그 방법을 설명할 수 있고 동시에 포함되어야 할 기법들을 사용하는 것이 중요한데, 여기에는 좀 더 완벽한 방식으로 사용할 수 있는 몇 가지 웝업의 실제가 있다.

예-사진기법

① 집단성원들에게 짝을 짓도록 하거나 소집단이 되도록 하고 그들 인생에서 어떤 시기의 자신의 사진에 대하여 이야기하게 한다. 행복하거나 슬픈 때와 같이 중요한 순간을 덧붙여 이야기해 줌으로써 보다 구체화시킬 수 있다.

② 이 웝업의 목적을 집단성원들에게 설명한다. 즉, 성원들에게 심리극의 몇 가지 기법들을 설명하기 위하여 그들의 사진을 집단성원들에게 보여 주도록 한다.

③ 시간에 따라 집단에게 얼마나 많은 사진을 보게 할 것인지를 설

명한다.

④ 누가 거기에 있고, 누가 그것을 가지고 있는지 등 사진의 장면을 설정한다. 다른 사람, 물건, 사진사, 카메라 등과 역할바꾸기를 한다. 주인공에게 거기에서 어떤 것을 바꾸기 싶은지 묻는다. 주인 공이 그에 대해 이야기하고 싶어하거나 특별한 사람을 포함하고 자 한다면, 그들은 사진 장면에 들어가 다시 취할 수 있게 할 수 있다.

어떤 기관에서 일일 심리극 워크숍을 해 달라고 부탁을 받았을 때, 다음과 같은 사항은 명심해야 할 중요한 사항이다. 즉 모든 사람이 거 기에 있고 싶어하는지 혹은 '보내서 온 사람'은 아닌지? 이러한 내용 을 시작할 때 정확하게 체크될 수 있다. 예컨대, 연속선을 정해 놓고 한쪽 끝에 있는 사람은 거기에 있기를 원하는 것이고 다른 한쪽 끝에 있는 사람은 원하지 않는 사람이다. 이때 디렉터는 참가자들이 떠나도 록 허용해 주는 것을 고려하고 싶어할 수 있다. 대안으로 그들이 빈 의 자를 사용하여 집단, 심리극 혹은 그들을 보냈던 사람이 누구인지에 대 해 표현하도록 한다. 집단은 행위로 들어갈 수 있고 또한 거기에 있고 싶어하는 사람들에게 그들의 경험을 고의로 방해하는 분열을 표현할 수 있다. 이런 식으로 작업하는 것은 집단과정에 따르는 것으로, 즉 웜 업이라는 것이 집단에 전달되는 것이고 집단은 그것을 사용하는 것이 라는 점을 발견하는 일이다.

진행 중인 치료집단

이 집단에서, 집단을 위한 워밍업 과정과 방법은 좀 더 편안한 장소 에서 실시되어야 한다. 디렉터는 집단을 시작하기 전 성원들과 면담을 하게 될 때, 집단의 구성과 다른 실제적인 문제들을 훨씬 더 잘 통제하 게 될 것이며, 그렇게 해서 관계와 웜업이 시작된다. 성원들에게 그들 이 경험하고 나누기를 하도록 안전한 환경을 제공하는 것은 정말 중요한 일이며, 이것은 성원들 간의 관계를 구축함으로써 이루어질 수 있다. 따라서 이들은 덜 외롭고 '다르지' 않다는 것을 느끼게 된다. 이때 집단의 정체성이 확립되기 시작하는 데, 이것은 단기 집단에서보다 더 명확해진다. 집단의 계약은 시작부터 모든 집단성원들에게 관계와 정체성을 확실히 제공해 준다.

첫 회기 그리고 가능한 두 번째 회기에서 경계들을 설정하고, 집단의 응집력을 촉진시키고, 성원들에게 방법과 기법들을 교육하는 것이 이루어질 수 있기는 하지만, 집단이 가능한 한 빨리 행위화하도록 이끄는 것은 여전히 중요하다.

일단 성원들이 웜업 단계를 통해 집단 자체에 대해 작업하게 되면, 이는 매 회기를 시작할 즈음 웜업 단계가 된다. 이것이 웜업과 집단과정이 일어나는 것이며, 디렉터는 집단에서 일어나는 주제들을 명심할 필요가 있다. 즉, 누가 작업을 했고 누가 하지 않았는지, 성원들 간의 역동이 무엇인지에 대해 말이다. 치료집단에서 필자는 구조화된 집단을 거의 사용하지 않는다. 이것이 필자가 듣기로 대부분의 치료집단에 보편적인 것 같다. 전 주에 일어났던 것을 간단히 이야기하면서, 각 성원들은 특별한 순간에 그들에게 일어났던 것을 나누기한다. 개인의 심리극에서 진행된 것보다 성원들 간에 나타나는 몇 가지 문제들에 부딪혀 보는 것이 집단에서 더욱 중요하다고 할 수 있다. 집단이 심리극 실연에서 한 개인을 지지할 수 없다면, 성원들 간에 일어나는 것을 표현하지 않고 계속하는 것은 위험할 수 있다.

요점 정리

이 장을 정리하기 위하여, 몇 가지 점들을 다시 언급하고자 한다.

① 무엇에 대한 웜업인가? 디렉터는 어떤 과업에 대해 집단을 준비시켜야 하고 예컨대, 주인공의 출현과 같은 과업을 수행할 수 있

도록 촉진시켜야 한다.

② 각 개인의 웜업 수준과 속도는 다르다.

③ 웜업은 주인공이 꺼낸 주제를 탐색할 수 있는 충분한 기회가 되어야 한다. 그러나 웜업에 있어서 일반적인 실수는 웜업에 너무 많은 시간을 보내 실연을 위한 시간이 별로 없다는 점이다.

④ 디렉터는 웜업을 하는 과정에서 어떤 집단성원이 주인공의 역할을 하고자 하는 준비가 되어 있는지를 알아차려야 한다.

⑤ 집단성원들이 가지고 있는 신체적 문제들에 주의를 기울여야 한다.

⑥ 방에 있는 물건들에 주의를 기울여야 한다. 이것들이 방해가 되어서 집단성원들이 위험한 자세를 취하게 할 수 있기 때문에 넉넉한 방이 좋다.

⑦ 디렉터는 무엇을 할지 결정할 때 웜업의 반응과 결과를 예측해서는 안 된다.

⑧ 웜업을 한 후에 특히 신체적으로, 친밀하게, 주인공을 중심으로 함께 나누기를 하도록 항상 격려하라.

⑨ 디렉터는 웜업에 참여해서는 안 된다. 집단에게 디렉터의 영역이 있다는 것을 알게 할 필요가 있다. 즉, 디렉터는 한 성원이 너무 고통스러워할 때 조치를 취할 수 있고, 집단에서 어떤 일이 일어나는지를 어느 정도 알아야 하며, 자신이 이해하지 못했던, 집단에서 나온 자료를 작업에 활용할 수 있어야 한다.

⑩ 디렉터는 명백하고 확고한 지시를 내려야 하며, 둘 또는 셋 등으로 작업하도록 할 때 집단에 어느 정도의 성원이 있는지를 알아야 한다. 즉, 디렉터가 집단을 둘로 나누도록 했는데 사람 수가 홀수라고 한다면 아주 불편할 수 있다.

⑪ 집단에 웜업을 실시하기 전에 웜업의 실제에 대해 분명히 설명해야 한다. 이것은 '불확실성'과 불안을 줄여 주고, 성원들이 속아서 뭔가를 했다는 느낌을 갖지 않게 한다.

⑫ 웜업을 하는 '이유'를 항상 설명하라. 디렉터는 집단과 함께 자신

의 생각을 나누어야 한다.

⑬ 이 시간 동안에 '환자(집단성원/주인공)가 비자발적이거나 비표현적일 수 있음을 허용한다.' (Zerka Moreno, 1969)

⑭ 아주 큰 집단에서 작업할 때, 좀 더 안전하고 친밀한 공간을 제공하기 위하여 집단을 더 작게 나누는 것은 불안을 감소시킨다.

⑮ 디렉터는 제작자로서 집단을 보아야 하고, 공동 제작자로서 자신을 보아야 하며, 집단과 함께 무엇이든지 촉진시켜야 한다. 웜업은 집단에게 강요하는 것이 아니라, 집단의 과정을 반영하고 강화해야 한다.

마지막으로, 웜업을 기법이 아닌 과정으로 보는 것이 중요하다. 웜업은 집단성원이 집단에 가지고 온 문제와 정서에 대해 참만남을 할 수 있도록 개인을 도와주고자 하는 의도가 있다. 필자는 집단성원들에게 이미 거기에 존재하는 것을 반영하지 못하고, 통합하지 못하며, 그래서 촉진시키지 못한 웜업에 참여하도록 요구하는 것이 점점 더 부담으로 느껴진다.

참·고·문·헌

Blatner, H. A. (1973). *Acting-In: Practical Applications of Psychodramatic Methods*. New York: Springer.

Goldman, E. E., & Morrison, D. S. (1984). *Psychodrama: Experience and Process*. Dubuque. IA: Kendall Hunt.

Hollander, C. E., & Hollander, S. L. (1978). *The Warm-Up Box*. Denver, CO: Snow Lion Press.

Kellermann, P. F. (1992). *Focus on Psychodrama-The Therapeutic Aspects of Psychodrama*. London/Philadelphia: Jessica Kingsley.

Kipper, D. A. (1986). *Psychotherapy through Clinical Role Playing*. New

York: Brunner/Mazel.

Leveton, E. (1977). *Psychodrama for the Timid Clinician*. New York: Springer.

Moreno, J. L. (1946). *Psychodrama, First Volume*. Beacon. NY: Beacon House.

Moreno, J. L. (1953). *Who Shall Survive?—Foundations of Sociometry, Group Psychotherapy and Sociodrama*. Beacon. NY: Beacon House.

Moreno, J. L., & Moreno, Z. (1969). *Psychodrama, Third Volume*. Beacon. NY: Beacon House.

Rogers, C. A. (1959). *Psychology: A Study of a Science, Vol. III*. New York: McGraw—Hill.

Williams, A. (1991). *Forbidden Agendas: Strategic Action in Groups*. London/New York: Tavistock/Routledge.

Yalom, I. D. (1985). *The Theory and Practice of Group Psychotherapy*, 3rd edn. New York: Basic Books.

2

행위–심리극은 어떻게 행해지는가

5

무대 : 심리극 극장

John Casson

무대 위

당신은 지금 극장 안에 있습니다.

무대는 비어 있습니다.

당신은 이 순간 빈 무대 안으로 나아가고 있습니다. 기분이 어떠십니까?

(두려움? 흥분? 외로움? 한바탕 놀아 보고 싶은 욕구?)

누군가 무대 위에 빈 의자를 놓아두었군요. 어떻게 하시겠습니까?

(도망갈까? 그 의자에 앉아 볼까? 발로 차 버릴까? 그 위에 앉아 있으리라고 생각되는 누군가에게 얘기해 볼까?)

관객의 반응은 어떠할까요?

나는 어떤 빈 공간이라도 확보할 수 있다면 그것을 무대라고 부른다.

이 텅 빈 공간으로 어떤 사람이 걸어 나가면 그 밖의 다른 사람들은 그를 지켜보게 되고, 이것이 극장에서의 행위가 시작되는 데 필요한 모든 것이다.

(Brook, 1976: 11)

당신은 치료집단에 있다. 치료사는 그 공간에 빈 의자를 놓고, '이 의자에 당신과 관련하여 누가 또는 무엇이 있습니까? 이 사람과 이야기하기 위해 무엇이 필요합니까?'라고 묻는다.

당신은 누구를 또는 무엇을 상상하나요?
어떻게 느끼시나요?
무엇을 하고 있나요?
관객의 반응은 어떻습니까?

최초의 심리극 무대

심리극은 연극으로부터 시작되었다. 1921년부터 1924년까지 비엔나에서 모레노는 배우들과 함께 자발적인 장면들을 창조해 내는 작업을 하였다(Moreno, 1983: 39). 초기의 이러한 실험들로부터 그는 자발적인 행위의 치료적 가치를 깨달았으며, 무대를 치유의 장소로 이용하는 심리치료의 한 형식을 창조해 냈다. 모레노는 그의 치료적 무대 형식의 근원을 아동들과 함께 스토리텔링을 하고, 극적 놀이를 했던 자신의 초기 경험에 두었다.

내가 가장 즐겨 하는 놀이 중의 하나는 비엔나 공원에 있는 큰 나무 아래에 앉아서, 아이들을 불러 모아 동화를 들려주는 것이었다. 이 이야기의 가장 중요한 부분은 동화 속의 이야기처럼, 내가 나무 아래에 앉아 있었다는 것과 아이들이 마치 요술피리에 홀린 것처럼 나에게 빨려 들어 왔으며, 그들의 재미없고 단조로운 주위환경에서 동화의 나라로 일제히 빠져 들었다는 것이었다. 내가 그들에게 이야기했던 내용 때문이 아니고, 그 동화 자체가 행위였고, 신비한 분위기, 역설 그리고 비현실이 현실로 되는 것이었다. 나는 가운데 있었고, 종종 나무 아래에서 위로 올라가 나뭇가지 위에 더 높게 앉았었다. 아이들은 원을 만들었고, 첫 번째 원 밖에 두 번째 원, 두 번째 원 밖에 세 번째 원, 그리고 이런 식의 중심이 같은 많은 원들……. 그런 자극은 셰익스피어 무대에 근원을 두지 않고, 나는 자연 그 자체로부터의 모델을 택하였다.   (Moreno, 1947: 4-5)

아래 그림은 모레노가 첫 현대식 원형극장으로 디자인한 것이다.

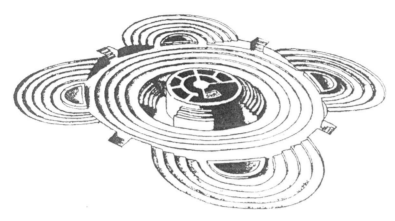

[그림 5-1] 모레노가 디자인한 원형극장

출처 : 비엔나, 1924 : 자발성 극장의 정면 입구 삽화 (Moreno, 1983)

모레노는 치료적 무대의 발견에 대해 재미있게 글을 쓰면서, 무대가 '주인공의 마음속에 있는 씨앗으로부터' 탄생한다는 것을 알게 되었다. 즉, 무대는 마음을 투사하는 장소이며, 무한하고 놀이적인 극적 '잉여현실' 의 장소라는 것이다.

심리극 전문가 자니의 이야기

어느 날 그는 영감을 갖게 되었다. 하나의 씨앗이 그의 마음에서 땅으로 떨어졌다. 그것은 다른 하나 위에 또 하나의 원을 만들었다. 그것은 달이 그 위에 다정하게 빛을 비추고 있는 하나의 무대였다. 그는 무대 위로 올라와 다정한 이웃, 강한 용기가 있는 사람 그리고 행운을 불러오는 사람으로서의 행위를 하였다. 그가 이렇게 했을 때, 그는 변화되어 가는 것을 느꼈고, 그의 밑에 있는 무대는 전에 지어진 어떤 무대만큼 강하고 완벽해질 때까지 점점 더 커졌다. 낮과 밤을 나타내 주는 빛이 있었다. 모든 무대가 필요로 하는 것은 그 위에서 행위하는 세계였다. 이제 그는 그에게 온 모든 사람들이 그의 환상 속에서 그가 되고 싶어하는 것이 되고 이를 행위화하도록 가르쳤다. 모든 사람들을 위하여 무대를 지을 수 있다는 자니의 이야기는 그들 마음속에 있는 씨앗을 밖으로 퍼뜨리고, 무대는 점점 자라기 시작하여 도처에 꽃을 피운다.

(Moreno, 1956: in Fox, 1987: 213-214)

이는 무대가 변형, 확장, 상상, 성장 그리고 광명의 장소라는 것을 암시한다.

연극은 치유행위 의식의 무속적 기원 때문에 정신의 장소가 되어 오고 있다. 즉, 연극적 공간은 항상 심리적, 영적, 상징적이 되었다. 모레노는 감정의 순화인, 정화의 가치를 알게 되었고, 그리스의 고전적 연극을 생각하였다. 소포클레스의 작품 '안티고네(Antigone)'에서 합창단은, '디오니소스'에게 그의 '즉석 치유(shift healing)', 즉 '정화(katharsios)'를 '기원'하면서 성가를 불러 주었다(Sopholcles, 1994: 39 그리고 주석 163). 아리스토텔레스는 그의 『시학』에서 정화를 비극의 효과로 인식하다(Fyfe, 1967: 16).

셰익스피어도 또한 연극의 치유 가능성을 알고 있었다. 『리어왕』에서 왕은 '심리극적' 시도로 빈 의자를 그의 딸 '고네릴'이라고 표현한 한 장면이 있다. 에드가(Edgar)는 후기 작품에서 자살하려는 그의 아버지(Gloucester)를 돕기 위하여 유도된 환상과 실연을 사용하였다. 그가 말하기를 "내가 이렇게 그의 절망을 다루고 있는 이유는 치유하기 위함이다."(4막, 6.33장) 이들 두 심리극적 장면들에서 다른 인물들은 보조자 역할을 한다.

모레노는 그의 저서에서 셰익스피어, 괴테 그리고 앞서 이루어진 심리극의 다른 연극적 공연들을 참고했다(예를 들면, 자발성 극장의 잠재적인 가치에 관해 괴테를 응용하였다; Moreno & Diener, 1972: 10). 그리고 그의 부인에도 불구하고 심리극 무대에 관한 모레노의 디자인은 엘리자베스 시대의 것 그리고 더 오래 전의 무대인 고전적인 그리스 시대와 무속극장들을 그대로 반영하고 있다.

  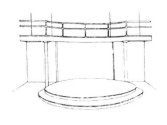

그리스/로마 극장	엘리자베스 극장	모레노의 극장
(재건축)	(백조)	(뉴욕 주, 보우턴)

[그림 5-2] 극장의 유형

모레노가 1936년에 심리극 극장을 지었을 때 그는 '원형의 치료적 원리'에서 처음으로 고안하였으며(Moreno, 1985: 262), 이것을 각각 다른 수준에 있는 세 개의 동심원으로 바꾸었다. 젤카 모레노는 이 세 단계는 어떤 사람이 주인공이 되기 위하여 준비된 정도를 상징적으로 나타내는 것이라고 설명한다. 주인공이 행위할 준비가 되면 첫 번째 단계에 오르게 되고, 주 무대에서 작업할 준비가 되면 그 다음 단계에 오르게 된다(사적 대화). 수직적인 차원을 더욱더 발전시키기 위하여 모레노는 무대 위에 발코니를 첨가했다.

> 디자인은 연극적 기능과 심리적 기능의 양 측면을 다 제공하고 있다. 단계적 장면들을 구조화하거나 내담자나 배우들이 보다 편안하게 느끼는 곳에서 행위를 시작할 수 있도록 도울 수 있다. 복도는 실제 형상들보다 더 크거나 이상화된 것들을 놓아두기 위해 사용된다. (Pendzik, 1994: 30)

뉴욕 비콘에 있는 모레노극장을 묘사하면서, 우만스키(Umansky)는 다음과 같이 기술하고 있다.

> 극장은 대략 70피트 길이에, 넓이는 25피트, 높이는 40피트이다. 극장의 거

의 반을 무대가 차지하고 있다. 동심원의 형태로 세 개의 무대가 있다. 가장 큰 것은 지름이 대략 16피트이고, 위쪽에 지름이 2피트 적은 또 다른 무대가 있으며 주 무대는 지름이 12피트이다. 무대 위로 9피트 높이에 발코니가 있는데 넓이는 극장의 넓이와 같고 벽으로부터 시작해서 무대 밖 앞쪽 가장 자리 윗선까지 3피트 가량 확장된다. 이 발코니는 중간 무대에서 솟아나 있는 두 개의 기둥들로 받쳐져 있고, 나무로 가로지른 난간이 있다.

그는 관중석과 다양한 효과를 만들어 내기 위하여 사용된 조명을 설명하고 있다.

실제적으로 무대의 디자인은 행동을 잘 표현할 수 있도록 넓은 장소를 제공한다. 그것은 장면 설정을 촉진시키고, 굉장한 암시적 유용성이 있다. 이론적으로 무대는 지상이나 천상의 분위기를 상징적으로 표현한다. 예를 들면, 발코니는 신(예수)의 놀이를 소원하는 사람의 경우에 사용될 수 있는 진정한 네 번째의 무대이다. 그는 천상을 상징하는 발코니 위에서 연기하고 나머지 행위자들은 무대(땅) 위에서 연기한다. 만약 그가 지옥에 있는 메피스토 펠레스 역을 원한다면, 무대는 그가 머무는 곳이 되고, 다른 행위자들은 발코니(땅) 위에서 연기한다. 다시 말해, 부적절한 감정의 경우 가장 높은 무대는 완전함을 나타낼 수 있으며, 따라서 배우는 가장 낮은 무대에서 시작하여 점차적으로 높은 무대에 도달할 수 있다.   (Umansky, 1944 in Moreno 1985: 263)

모레노의 최초 극장은 비콘에서 옮겨와 뉴욕 주 하이랜드 시에 있는 부튼 플레이스에 재건축되었다. 그것은 아름답고 조화로운 친밀한 공간이다. 발코니로 올라가는 경험은 놀랄 만한 것이다. 그것은 고조되는 것이며 아래 장면들에 대한 매우 다른 관점을 제공한다.

무대의 건축 디자인은 운영의 필요성에 따라 만들어져 있다. 무대의 원형과 무대의 계단, 열망의 수준을 지칭하는 수직적 차원은 긴장으로부터 이완을 자극하고 행위의 이동성과 유연성을 허용한다.   (Moreno, 1993: 53-54)

왜 심리극 극장이 효과적인가

① 극장은 자발성과 창조성을 자극한다.
② 극장은 내적 이미지들이 외향화되고, 객관화되고, 구체화될 수 있
　도록 만들어 주는 공간이다.
③ 극장에서는 무엇이든지 가능하다. 즉, 잉여현실은 주인공으로 하여
　금 실제 상황에서는 일어나지 않는 것들을 경험하고, 새로운 현실
　을 창조하도록 허용해 준다.
④ 극장은 언어를 넘어 행위와 정서로 들어가게 해 주며 그 사람에게
　(거울기법을 통해) 배우와 관객이 될 수 있는 기회를 제공하며, 그래
　서 관찰자 자아를 강화시키는 경험을 반영한다.
⑤ 극장은 관객들로 하여금 공감과 투사적 동일시를 통해 그들 자신
　의 경험 내용들과 접촉하도록 자극한다.
⑥ 주인공이 자신의 공간감과 상징적 의미로 들어가게 함으로써 극장
　은 그 공간적인 인식과 정서적인 기억을 가진 우뇌를 자극한다.

　왜 무대인가? 무대는 배우로 하여금 최상에 이르는 융통성 있고 다차원적인
삶의 공간을 제공한다. 현실의 생활공간은 좁고 제한되어 있어, 쉽게 균형을
잃을 수 있다. 무대에서 자유스러운 방법– 참을 수 없는 스트레스로부터의 자
유 때문에 다시 균형을 찾을 수 있다.　　　　　　　(Moreno, 1993: 53–54)

　심리극 무대에서 인간은 무엇이든 자기가 원하는 것이 될 수 있다.
심리극은 자유에 대한 미적 표상이다.(Moreno, 1983: 82)

웝업 : 장면 만들기

　연극에서 배우와 관객 모두는 자신의 역할에 대해 웝업한다. 관객들
은 연극에 참여하는 많은 의식적 절차들, 즉 표를 사고 음료수를 마시

고 좌석에 앉는 등에 의해, 배우는 성대와 신체운동을 함으로써 웜업된
다. 모레노는 웜업이 사람들을 그들의 삶에서 더욱더 자발적이 되도록
만드는 가치를 알았고 집단과 주인공을 더욱더 자발적이고 창조적이
되도록 하기 위하여 심리극의 첫 부분을 웜업이라고 간주하였다. 무대
에 대해 기술하면서 모레노는 주인공의 웜업을 위한 장면 설정을 강조
하였다.

공간에 대한 심리치료의 개념은 행위 중심이며, 삶의 모든 차원들을 삶 자체
로 통합하기 위하여 총체적으로 시도하는 심리극에 의해 개척되었다. 만약 내
담자가 치료적 공간으로 들어온다면, 우리는 뒤이어 일어나는 장면이 묘사될
수 있는, 즉 공간의 수평적 · 수직적 차원, 그 속에 있는 사물들, 그것들의 거리
와 서로의 관계 등을 기술하고, 윤곽을 그리고, 구체화하도록 돕는다.

여기에 실제 사례를 들어 설명하겠다. 내담자는 10대 소년이다. 그는 나에
게 '의사 선생님, 오늘 저녁 집에 가는 게 두려워요.'라고 말한다. 나는 그에게
'왜? 무슨 일이 있었어?'라고 물었다. '예, 저…… 실은 오늘 오후에 부모님이
다투셨어요. 아버지가 어머니를 때리셨는데, 계단 아래로 떨어지셨어요. 저는
어머니가 계단 밑 마루바닥에 누워 계시는 것을 보고 아버지에 대해 너무나 화
가 나서 아버지를 때렸어요. 그리고는 겁이 벌컥 나서 옷 가방을 챙겨 들고 집
에서 도망쳐 나왔어요. 그래서 지금 여기 있는 것이고, 저는 감히 집에 갈 용기
가 안 나요.'
　자, 이제 우리는 어떻게 해야 할까? 어떻게 이 사건을 심리극적으로 시작하
겠는가? 내가 그 소년에게 물었다. '잭, 계단이 어디 있지? 그리고 너의 어머
니는 어디에 계시니?' 잭은 무대 주위를 돌면서, 계단의 위치를 가리키며, 그
가 이 에피소드(사건)를 경험했던 공간 주위를 돌아다니면서 그것을 우리들 앞
에 구조화시키기 위해 계단을 정문, 침실, 거실 등과 관련시켜 배치한다.
　이 시점에서 우리는 미래기법을 사용한다. '잭, 네가 지금 집에 가고 있다.
그러나 네가 살고 있는 브루클린으로 실제로 가는 대신, 너는 지금 이 방에 있
는 집으로 간다. 지금부터 한 시간 후에 네가 집에 도착한다고 해 보자. 가능한

한 모든 공간적 형상들을 설치해 봐라. 네가 집에 도착하면 누가 집에 있고 그들은 어떤 공간에서 어디에 위치하고 있지?' 잭은 공간적 배치를 설명하고 실제로 구조화시킨다. '글쎄 무엇보다도 먼저 저는 여기, 문으로 들어와서 거실로 가지요. 아버지가 저기, 방의 구석에 있는 의자에 앉아, 화가 나 계실 거예요. 저의 어머니는 위층 침실에서 울고 계실 겁니다.' 이제 잭은 계속해서 그가 중요하다고 느끼는 모든 것을 포함해서 그 공간의 나머지 것들을 배치한다. 잭은 점차로 워밍업되어 가면서 그 상황에 더욱더 몰입된다. 얼마 안 되어 그는 벽에 걸려 있는 사진들을 본다. 그는 어머니가 어떤 드레스를 입고 있고, 아버지가 담배를 피우고 있는 것을 알아차린다. 우리의 조사에서 치료적 과정의 일부로서 공간의 윤곽이 더없이 중요하다는 것을 더 이상 강조할 수는 없다. 그것은 주인공이 그가 생활하고 있는 것을 모델로 한 환경 안에서 그 자신이 되고 그 자신을 행위화하도록 워밍업시킨다. (Moreno & Moreno, 1975: 13-14)

무대 장면과의 역할바꾸기 : 은유를 구체화하기

주인공이 그 장면의 모습이 되도록 장면을 꾸미는 것이 유용하다. 집, 방, 차, 침대, 거울 등과 같은 무대 장면의 이런 요소들은 주인공이 그것들 안에 담고 있거나 억누르고 있거나 붙잡고 있는 것들을 설명할 수 있다. 예를 들어, 주인공에게 가족이 살고 있는 집과 역할을 바꾸어 보라고 요구하는 것은 유용한 일이다. '당신(집) 안에 이 가족이 있으면 어떤 느낌이 들까요?' '당신(집) 안의 분위기는 어떻습니까?' 이 질문들은 집에게 한 것이지만 그것들은 또한 집처럼 그 마음 안에서 가족들을 포함하고 있는 주인공에게 한 것이다. 물건들과의 역할바꾸기는 분리되었거나 무의식적인 상태에 있는 자기(self)의 모습들을 인정할 수 있다.

불이 되기

조안은 개설된 치료집단에서 그녀의 삼촌과 숙모에 대한 느낌들을 표현하는 작업을 하기로 계약한다. 삼촌은 그녀가 아이였을 때 성적으로 학대했었고, 거만하고 강박적인 숙모는 학대를 은근히 모른 체했으

며 조안을 보호하지 못했다. 장면은 거실에서 설정된다. 폭력의 가능성
이 느껴짐에 따라 디렉터는 집단성원들을 보조자로 사용하지 않고 단
순히 빈 의자들을 사용하기로 결정한다.

　그는 조안을 이들 의자들에게 얘기하게 하고 그들에 대한 감정을 직
면하도록 한다. 그녀는 얼어붙어 꼼짝 못한다. 디렉터는 경험으로부터
이것을 어느 정도 예상하였으나, 그녀가 이 사람들과 어떠한 관계를 맺
고 있으며, 그녀가 자신의 감정을 표현하기 위한 역할에 준비되어 있는
가를 점검하고 싶었다. 가해자들로부터 도망가거나 싸울 수 없는 학대
를 당한 아이들은 얼어붙어서 그들에게 일어나고 있는 것과 분리하여
생각하게 된다. 역할바꾸기가 주인공으로 하여금 갇혀 있는 무기력한
위치에서 빠져 나올 수 있도록 에너지를 증가시킬 수 있다는 것을 기
억하면서, 디렉터는 그녀를 얼어붙은 역할로부터 빠져나오도록 하기
위해 장면에 있는 어떤 사물과 역할을 바꾸도록 하였다. 이것은 치료적
분리이다. 위협당하고 불안한 사람을 떠나 하나의 고정된 사물로 들어
간다는 것은 처음에는 도피처럼 여겨진다. 사실상, TV나 벽에 걸린 석
고로 된 오리가 되는 것이 가해자의 집에서 아이가 되는 것보다 훨씬
더 안전할 것이다. 그것이 그 사람으로 하여금 도망치게(그녀가 아이였
을 때는 할 수 없었던) 허용하는 것처럼 이 기법은 움직일 수 있는 자유
를 줌으로써 힘을 갖고 저항할 수 있게 한다. 또한 사물 그 자체가 그
사람에게 아무 관련이 없는 하나의 죽은 물체라기보다는 상징적일 것
이라는 가능성이 있다. 종종 디렉터는 주인공을 방에 있는 특별한 물건
을 확인하여 그 물건과 역할바꾸기를 하도록 한다. 주인공이 마음속에
떠오르는 물건을 알아차렸을 때, 그것은 그렇게 하지 않았더라면 마음
에 떠오르지 않았을 상징적인 내용일 가능성이 있다. 이 경우에, 선택
된 물건이 불이다. 학대에 관한 드라마에서 불, 벽난로, (가스 또는 전
기) 요리기구는 중요한 상징적인 물건일 수 있다. 필자는 이 심리극에
서 무슨 일이 일어났는지 서술한 후에 그 이유를 생각해 볼 것이다.

　디렉터는 즉시 조안에게 불이 되어 주기를 요구하고 인터뷰한다.

디렉터 : 당신은 어떤 종류의 불인가요?

조안 : 가스 불이에요.

디렉터 : 불이 켜져 있나요, 꺼져 있나요?

조안 : (불로서) 나는 꺼져 있어요.

디렉터 : 우리가 불을 켜 볼까요?

조안 : 아니요.

디렉터 : 왜요?

조안 : 그녀(숙모 의자를 지칭)는 연기를 좋아하지 않아요.

디렉터 : 연기가 되어 볼래요(시범을 보이면서)? 연기처럼 방 안을 돌아다녀
보세요.

(주인공은 수영하는 동작으로 두 팔을 저으면서 연기구름처럼 방
안을 돌아다닌다. 그녀는 15초 내에 얼어붙은 동작에서 자유스러
운 동작으로 바뀐다.)

디렉터 : 연기들을 어떻게 하고 싶어요?

조안 : 그녀(숙모)를 질식시켜 버리고 싶어요.

디렉터 : (디렉터는 큰 쿠션을 가져와서 빈 의자(숙모)위에 올려놓는다.)

디렉터 : 됐습니다. 시작해 보세요. 여기 숙모가 있으니 질식시켜 보세요.

(조안은 두 손을 숙모(쿠션)의 목 주위에 감고, 조여 맨다.)

조안 : 내가 폭발할 것 같아요.

이 마지막 말은 분명히 조안 자신으로부터 나온 말이지만 불에 대한
이 은유는 조안을 위한 안전한 수용체(container)로 봄으로써, 디렉터는
은유를 계속 유지하기로 결정하고 대답한다.

디렉터 : 좋아요. 폭발시켜 봅시다. 집단성원 여러분, 모두 가스 불 주위로
오세요.

(집단의 다른 성원들이 조안을 둘러싼다.) 5, 4, 3, 2, 1, 쾅!

(집단은 조안으로부터 바깥쪽으로 꿍음을 내면서 폭발한다.)

디렉터 : 오 맙소사, 이 난장판을 보세요. 벽면 전부에 그을음이 묻어 있고,
장식품들이 넘어져 부서졌고, 그림들은 바닥에 떨어졌고, 벽지가

찢어져 널려 있군요. (그는 숙모가 강박적으로 깨끗하고 단정한 사람이라는 것을 기억하고 있었다. 그녀 집에 있는 더러움과 난장판을 감추려는 위선자. 이제 방은 상징적으로 인간관계에 있어서 내적 어두움과 추함을 내보이고 있다. 이 간단히 유도된 환상을 보여줌으로써 디렉터는 그녀에게 그 환상 속에 들어가게 하고 그녀에게 일어난 일을 질문한다.)

디렉터 : 무엇을 보나요?

조안 : 폭발이 그녀를 깔아뭉갰군요.

디렉터 : 해 보세요.

(조안은 숙모의 의자를 뒤쪽으로 밀어붙여 넘어뜨렸고 쿠션은 마룻바닥으로 떨어진다. 상징적으로 조안은 거만한 숙모를 권위 있는 자리에서 몰아낸다. 전에 숙모에 대한 감정이 중간에서 가로막고 있었기 때문에, 이제서야 심리극은 삼촌에게로 향한다.)

디렉터 : 삼촌은 어디에 있어요?

조안 : 그는 도와 달라고 숙모를 부르면서 마룻바닥에 힘없이 누워 있어요. (조안은 웃는다.) 그는 힘이 없어요.

(상징적으로 이들 두 가해자 성인들은 지금 힘이 하나도 없다. 조안만이 서 있고, 그들은 마루에 누워 있다.)

디렉터 : 지금 기분은 어때요?

조안 : 그를 때려 버리고 싶어요.

(디렉터는 카드보드 상자를 삼촌의 의자 위에 놓고, 신문지를 말아 두꺼운 테이프로 튼튼하게 만든 바타카를 조안에게 준다.)

디렉터 : 자, 해 보세요.

(조안은 마치 그녀가 그의 학대 행위에 대해 얼마나 화가 났는가를 삼촌에게 말하는 것처럼, 상자를 때려 납작하게 만들고 짓뭉개 버린다.)

이 예로부터, 우리는 사물(불)과의 역할바꾸기가 주인공으로 하여금 어떻게 행위를 웜업시켰는지 볼 수 있다. 역할은 불에서 연기로, 폭발로 옮겨 갔으며, 자연스럽게 그녀를 얼어붙은 힘없는 아이에서 적극적이고 힘 있는 성인으로 옮겨져, 성인으로서의 주인공 자신의 역할로 돌아왔다.

불의 상징화

연극은 단지 무대에서 말로만 얘기하는 것이 아니고, 관객들에게 많은 의미를 갖는 은유를 제공하는 이미지, 상징, 관계 및 행위를 탐색하고, 구체화시키고 보여 줌으로써 관객들은 무대 위로 그들 자신들의 느낌과 환상들을 투사시키는 것이다(Casson in Jennings, 1997: 43-54). 이 심리극에서 불의 상징은 무엇이며 무엇을 성취하였는가? 불이 연상시키는 상징은 극히 원시적이고 강력한 것이다. 불은 따뜻하고 밝다. 불은 사랑과 정욕으로 연상된다. 불은 따뜻하게 하고, 요리할 수 있으며(예, 양육과 영양분 공급), 또한 태우고 소모시킨다(예, 상처, 정제 등). 거실에 있는 벽난로(TV와 중앙난방 시대 전의)는 방의 초점이었다. 실제로 옛날 주택에서 벽난로는 방의 중심에 있었다. '난로(hearth)'라는 말은 바로 '심장'이라는 말과 연결되고, 그럼으로써 난로는 심장의 상징이며 그 사람의 중심이다. 따뜻함, 사랑, 느낌의 자리, 학대받은 사람의 집(또는 가해자의 집)에서 그 안에 어떤 종류의 사랑이 있는가를 말해 준다. 그 사랑은 진실인가, 인위적인가, 죽어 있고 차가운가, 타고 있는가 혹은 꺼져 있는가? 불은 또한 자기의 중심에 힘과 에너지의 원천을 나타내고 이것은 조안이 몇 주 전에 행했던 다른 상징적 작업에 의해 확인되었는데, 그때 그녀는 세상의 창조에 대한 이미지를 그려 보고 글을 썼으며 그녀는 창조적 에너지의 원천으로서 중앙에 불을 갖다 놓았다. 이 심리극에서 가스 불이 꺼진 것은 숙모와 삼촌과의 관계 그리고 집에 냉기가 있음을 나타낸 것이다. 맹독 연기는 억압되고 표현되지 않은 독기 있는 감정들을 상징할 수 있으며, 폭발은 이것의 갑작스러운 방출이었다는 것이 명백해졌다. 조안은 그녀의 극을 긴장감을 느끼면서, 두통으로 시작했다. 그녀는 이완되고, 웃으며 더 가볍고 더 좋은 느낌으로 끝냈다. 여기에서 불이 됨으로써 그녀는 글자 그대로 상징적으로 웜업되었으며, 그녀 자신의 내적 불과 타오르는 화를 발견함으로써만이 공개적으로 타오르는 분노로 터져 나올 수 있었다. 그 다음 주 그녀는 매우 편안해졌다고 말했으며, 그녀가 전에는 그녀의 감정으로부터 숙모와 삼촌을 보호했다는 것을 깨달았다. 그녀는 또한 숙모에 대해 갖고 있는 특정 감정에 초점을 맞추는 것이 가해자인 삼촌에 대한 공격적인 감정을 피할 수 있게 했다는 것을 깨달았다. 그녀 자신의 역할에서 조안은 단지 얼어 있고 힘없는 피해자를 경험하였다. 그녀는 자신의 분노, 폭력, 잠재적 힘 등을 의식하지 못했다. 강한 상징적인 물건과 역할바꾸기를 함으로써 그 에너지가 방출되었다. 『에올리안 방식(Aeolian mode) : 심리치료에서 변화하기 쉬운 은유』에서 콕스와 타일가드(1994)는 본질적인 은유들이 에너지를 주는 힘에 관해 썼다. 불에 관한 이 은유는 몇 주 후, 조안의 창조적 극과 치료회기에서 다시 나타났는데, 이때 그녀는 자신을 따뜻하고 개방된 불 옆에서 사랑하는 할머니의 안전한 보살핌 속에서 자유롭고 쾌활한 창조적인 아이로 상상하였다.

무대에서 연극 디렉터로서의 심리극 전문가

켈러만(1922: 46)은 심리극 전문가의 책임감을 분석하면서 심리극 전문가 역할의 하나는 연출가의 역할, 즉 심리극 방법이 심미적 이상과 그것에 대한 무대연출을 책임지는 연극이라고 말한다. 그렇다면 디렉터가 알아야 하는 심리극 무대 기술의 기본적 요소들은 무엇인가?

무대 관리자의 안내서 지침들

안전성

심리극 전문가의 주된 책임은 주인공과 집단의 안전이다. 행위 기법들은 약간의 위험성을 내포하고 있으며, 디렉터는 그가 일하는 공간의 기본적인 안전성에 주의를 기울이는 것이 중요하다. 덮개 조각이나 머리 높이의 선반 등에 날카로운 모서리가 있는가? 던지면, 상처를 낼 물건이 있는가?

공간 정리

디렉터는 안전한 행위를 위한 공간을 정리함으로써 심리극을 위한 방을 준비한다. 무대는 지상이나 상상 속의 어느 곳이라도 될 수 있기 때문에 특별한 연상을 일으키지 않는 것이 중요하다. 그러므로 평평한 벽과 깨끗한 마루로 된 공간이 가장 좋다. 흰 벽은 다양한 불빛을 비추어 준다.

무대 위의 디렉터

많은 시간 디렉터는 주인공을 지지하면서 무대 위에 있어야 한다. 그러나 디렉터는 무대 중앙을 차지하지 않고 필요에 따라 행위에 들어왔다 나갔다 하면서, 때로는 장면을 멀리서 보기 위하여 관객 속에 앉아 있는 것이 중요하다. 디렉터는 행위에 너무 깊숙이 몰입되어 집단을 보지 못하거나 또는 전이나 극으로 인해 최면에 들어가서는 안 된다. 디렉터가 주인공과 관객 사이에 끼어 관객이 행위를 보지 못하게 하거나 주인공을 집단으로부터 분리시키지 않도록 위치를 잡는 것이 중요하다.

공간 사용

이미 언급했듯이, 공간적인 측면은 중요하다. 극에서 주인공과 다른 인물들 사이에 공간을 얼마나 두어야 하는가? 개인화된 의식의 우뇌 활동인 공간지각(Sachs, 1991. 참조)은 상징적인 과정과 관련되며, 극에서 구체화되고 조각을 통해 표현될 수 있는데, 이는 관계에 관한 공간적 역동을 보여 주고 있다.

연단의 사용

모레노의 디자인은 생활 속의 장소나 '천국'보다 더 큰 발코니를 포함하고 있다. 영국의 노스데본 시에 있는 홀웰 국제심리극 및 사회극센터에는 4피트 높이의 작은 연단이 있다. 심리극 전문가들이 대체로 그런 시설이 없는 방에서 작업을 하는 것도 무리는 아니다. 안전에 관한 우려가 있지만, 테이블을 사용하기도 한다. 심지어는 1피트 높이의 작은 받침대도 매우 유용하다. 그처럼 높이 올라간 주인공은 다른 인물들과의 관계에서 힘을 얻을 수 있고 여러 관점에서 사물들을 볼 수 있다. 연단의 사용을 처음 추천한 사람은 영국의 연극치료 창시자인 피터 슬레이드(Peter Slade)였다(Slade, 1995: 88).

관객과 무대

관객은 행위를 볼 수 있어야 하는데 그렇지 못하면 접촉과 흥미를 상실하게 될 것이다. 만약 장면들에서 주인공의 등이 관객을 향하도록 장면이 설정되었다면 그 장면들은 글자 그대로 앞뒤로 돌아야 한다. 디렉터는 집단으로 하여금 무대를 회전시킨다고 상상하도록 한 후 그 장면을 재설정한다. 관객이 잘 들을 수 있도록 확인하는 것도 중요하다. 만약 주인공이 아주 조용히 이야기한다면 디렉터는 더 큰 소리로 그 말들을 반복해야 한다.

장면 바꾸기

장면은 즉시 사라져 버릴 수 있지만, 만약 가구가 특별한 물건을 나타내도록 사용되었다면, 다른 장면으로 옮겨 가기 전에 그 물건들이 역할을 벗어났는가를 점검하는 것이 필요하다(예, 만약 탁자가 시체보관소의 안치대로 사용되었다면 그 다음 장면에서 저녁을 먹기 위해 식탁에 앉기가 어려울 것이다).

무대 공간의 형태와 크기

어떤 방들은 심리극을 하기에 너무 작은 경우가 있다. 브레트너 (Blatner)는, 공간은 최소한 그 지름이 약 12~15피트 정도 되어야 한다고 언급하고 있다(Blatner, 1973: 8). 영국심리극학회 실천 규약에 다음과 같이 특별히 언급되어 있다. '심리극 전문가들은 치료적으로 안전하고 안정된 공간을 제공하기 위하여 내담자들과 일할 때 물리적 환경에 주의를 기울여야 한다.'(BPA, 1994: 5)

조 명

모레노의 무대 디자인은 여러 가지 조명들이 설치되어 있다. 이것들이 반드시 필요한 것은 아니지만 작업에 많은 도움이 된다. 색깔 상징은 유용하다. 빨간색은 지옥을 예시하거나 분노 표현을 촉진시키고, 파란색은 꿈이나 죽음의 침대 장면, 초록은 정원이나 숲 속을 나타낼 수 있고, 노란색은 햇볕이 될 수 있다. 절정의 순간에 가까워질수록 빛을 어둡게 함으로써 정화를 촉진시킬 수 있고, 색깔은 주인공으로 하여금 감정과 더 잘 접촉할 수 있도록 분위기를 더해 준다. 어둡게 하는 스위치는 무대 옆쪽에 있어서 디렉터가 쉽게 사용할 수 있게 하거나, 집단의 한 성원에 의해 조정될 수 있다. 다른 여러 색깔의 효과는 웜업으로 사용된다. 그런 기구가 없을 때도 조명은 여러 가지로 쓰인다. 전깃불은 스위치를 켜거나 끄거나 하여 활용할 수 있다. 내담자들은 때로 커튼을 열어 빛이 들어오도록 선택한다. 즉 실제와 똑같은 상징적인 행동이 되도록 한다. 켄 스프라그는 자연망을 사용하는 아름다운 예를 『모레노 이후 심리극(Psychodrama since Moreno)』(Homes et al., 1994: 29) 책의 자기가 쓴 장에서 보여 주고 있다.

소품들

어떤 심리극 전문가들은 소품이 필요하지 않다고 말한다. 그러나 약간의 소품들은 유용하다.

- 의자들은 빈의자작업에 필수적이고 많은 것들을 상징화하는 데 사용된다.
- 막대(또는 바타카)는 분노를 다루는 데 사용된다. 이것들은 신문지를 말아 튼튼한 테이프로 감거나 또는 플라스틱 파이프로 강하게 만들고 색깔 테이프로 감은 막대기이다. 이것들은 가끔 사용된다.
- 베개/쿠션
- 사람들이 분노를 표현할 수 있도록 하는 종이 상자는 앞에서 말한 조안의 심리극의 예에서처럼, 주인공이 종이 상자를 박살내 부서 버릴 수 있다.
- 어떤 여성들은 쿠션을 차거나 이불보를 찢기도 한다(낡은 이불보 들은 쉽게 찢어짐.).
- 큰 어른 크기의 인형도 분노 해소작업에 유용하다.
- 몇 개의 색깔 천들 또는 담요
- 약간의 부드러운 장난감들, 인형/테디 곰인형
- 하얀 칠판, 검은 칠판, 한 장씩 넘기는 차트는 그림을 그리거나 회기에 대한 계약을 할 수 있다.
- '테이블은 건물 꼭대기, 책상, 판사의 좌석, 식탁 또는 숨기 위한 동굴이 될 수 있다.' (Blatner, 1973: 7)
- 휴지와 쓰레기통
- 토할 때 필요한 큰 그릇(이것은 내담자들로 하여금 그들이 오물로 더럽히지 않을 것이라고 확신시켜 주는 데 유용하고, 실제로는 사용할 기회가 별로 없다).

무대를 사용할 수 없을 때

리차드는 무대에서 심리극을 하고 싶어하지 않는다. 그는 무대가 너무 비어 있고, 노출되어 있다고 느낀다. 그는 집단이 원을 이루고 앉아 있는 중앙의 공간을 사용하기를 선호한다. 그는 그녀 딸의 살해자에 대한 그의 느낌에 직면하기 위하여 집단원의 지지를 필요로 한다고 느낀다. 그는 일어나 원의 중앙으로 걸어 나간다. 그를 이 장면에 웜업되도록 돕기 위해 리차드는 딸의 죽음에 관한 신문기사를 집단에 돌린다. 집단은 그를 둘러싸고, 그의 고통을 직접 눈으로 보고 그를 감싸 안고 지지하면서 원으로 만들어 둘러앉아 있다.

이것은 심리극에서 자주 보는 패턴-원과 중앙-이다. 그러한 제의식적(ritual) 구조는 전체의 원형이며 집중의 원형이고 초점화의 원형이며 자기(self)를 치유하는 질적 측면과 접촉하는 원형이다. 즉 그것은 부분을 전체에, 개인을 집단에 관련시키며, 사실상 만다라이다. 무대에 대한 모레노의 아이디어가 비엔나 공원에서 그의 스토리텔링을 경청하는 아이들의 동심원들로부터 어떻게 나타났는지에 대한 모레노 자신의 이야기는 그의 아이디어 초기부터 만다라였다는 것을 확신시켜 준다. 우리가 무대를 외관상으로 사용하지 않을 때마저도, 실제적인 무대에서 본래의 원형은 집단의 원에 존재한다. 즉 모레노의 최초의 디자인은 행위 공간을 둘러싸고 있는 둥근 관객석으로 된 원형극장이었다. 그는 집단이 무대 앞 공간에 의해 분리되는 것을 원치 않았다.

사실상 별개의 무대 영역을 사용하는 것이 반드시 필요한 것은 아니다. 몇 명의 심리극 전문가들은 주인공을 다른 별도의 공간으로 이동시키는 것보다는 집단의 원 안에서 일하기를 선호한다. 그들은 집단을 치료의 수용체(container)이며 치료의 장소라고 강조하는 집단-분석적 심리치료에 의해 알려져 있으며, 또한 치료적 공간을 연극화할 필요성에 의문을 제기한 인간중심철학에 의해서도 잘 알려져 있다. 그들은 분리된 느낌의 관찰자 관객을 격려하지 않고 과정에서 집단의 관여를 격려한다. 어떤 것을 잃기도 하고 어떤 것을 얻기도 하지만, 두 방법은 공간사용에 타당한 근거를 가지고 있다. 그러한 원형의 집단에서 주인공을 정면으로 볼 수 없는 성원들은 심리극이 집단의 중앙에서 연기되었을 때보다는 별개의 떨어진 공간에서 연기되었을 때 심리극을 시각화하기가 더 쉬웠다고 필자에게 말하였다. 그때 (집단 중앙 연기 시) 그녀는 그러한 명확한 '무대그림'을 얻을 수 없었다고 말하였다. 집단 공간 안에서 폭력적인 분노를 표현하게 되는 실연 장면에서 갑작스러운 동작은 또한 위험할 수 있다. 집단의 근접은 금지되어야 한다. 그 반대도 마찬가지이다. 집단의 근접은 지지적이고 양육되는 경험이 될 수 있다. 선택은 내담자가 원하는 것이 될 수 있다. 즉, 어떤 경우에 넓게 분리된 공간에서 활동하는 것은 너무 위압적이고 심리극이 실연될 공간을 선택할 수 있는 권한은 당연히 주인공의 몫일 것 같다. 그러나 만약 디렉터가 위험하다는 느낌이 든다면, 주인공과 그를 매우 화나게 하는 인물 사이에 거리를 확보하는 것이 현명하다.

학교 강당이나 극장에서 작업하는 심리극 전문가들은 대체적으로 높은 무대를 사용하지 않고(위로 올려져야 할 장면을 위한 더 높은 플랫폼 사용은 제외) 마룻바닥에서 작업하기를 선호한다. 대안으로서 그들은 모든 집단성원들을 무대 위로 올라오게 하는데, 그렇게 하지 않으면 관객들을 너무 멀리 아래에 남겨 둠으로써 주된 행위로부터 제외되어 보조자들이 관객 속에서 무대로 올라와 다시 자리로 돌아가는 것을 어렵게 만든다. 별개의 무대 공간은 친밀감이 상실되기도 하고 주인공을 너무 노출시키고 격리시킨다.

잉여현실 : 보이지 않는 것을 보이게 만들기

리차드는 어디에도 없는 공간, 즉 연옥에 발을 내딛는다. 그는 살해당한 딸에게 다가간다. 그녀는 거기에 없다. 그는 그가 그곳에 없었기 때문에 그녀를 보호하지 못한 것에 대해 용서를 구하고 싶어한다. 그는 그녀를 잃어버렸다. 그녀는 어디에 있는가? 디렉터는 부드럽게 그에게 그녀와 역할 바꾸기를 요구하고 그의 역할을 하는 보조자는 그가 했던 질문을 한다. 딸 역할에서 그는 그 자신을 용서하고, 그녀는 고통이 없고 자유로우며 그 역시 죄책감으로부터 해방되기를 원한다고 그에게 말한다. 그 자신의 역할로 돌아와서 보조자가 한 말을 듣고서 리차드는 운다. 나중에 그는 전에 경험하지 못했던 평화를 느낀다.

　이 심리극은 집단의 원 안에서 이루어졌다. 집단도 하나의 수용체이고 지지하고 증거가 되어 주는 관객들이 있다.

　　로잔은 세상으로부터 그녀 자신을 보호할 필요가 있다고 느끼고 있다. 그녀는 그녀 주위에 벽을 쳐 놓았다고 느낀다. 집단성원들의 몸으로 성을 쌓고 그런 후에 그 안에 들어감으로써 그녀는 자신의 성을 만들어 보였다. 그녀는 갇혀서 제한되어 있으나 차라리 안전하다고 느낀다. 아직 그녀는 그 성의 보호적인 갑옷을 떠나기를 두려워한다. 그녀는 벽과 역할바꾸기를 하고 그녀(벽)의 보호적 기능, 그녀가 얼마나 강하고 오래됐으며, 그녀를 가장 필요로 했던 때와 그녀가 아직도 필요한지에 대해 이야기한다. 벽과의 역할바꾸기를 통해 그녀는 상처받기 쉽고 두려운 자신으로부터 벗어나 힘과 자신을 보호할 수 있는 능력도 소유하고, 안과 밖 사이의 제한된 공간을 없애고, 상처 받기 쉬운 자신을 들여다볼 수 있고 세상에 나올 수 있는 것이다.

　이 극에서 집단은 글자 그대로 주인공의 내면세계를 감추어 주고 드러내 보여 주는 둘 다를 포함하는 수용체가 되었다. 다른 극에서 수용체는 새장, 우물, 상자, 병 등이 될 수도 있다. 꿈속에서 나타난 상징적 대상이 무엇이든 간에 환상 혹은 언어적 모습이다. 종종 주인공들은 병 속에 물건들이 가득 채워져 있고 마개가 달혀 있고, 그 속에 괴물이 갇혀 있고, 올가미 씌워진 느낌, 갑옷에 의해 죄어진 느낌을 말한다. 심리극에서 이런 이미지들은 외현화되고, 구체화되고, 구체적으로 표현되므로 주인공은 그러한 내적 곤경, 갇혀 있는 것, 경직성을 탐색하고 경험할 수 있으며, 따라서 흐르게 되고, 정화를 경험하거나 그런 이미지에 대한 비밀들이 풀리게 된다.

　켈러만은 다음과 같이 말한다.

　　심리극 무대는 그런 내면화된 정신적 이미지들을 외현화시킬 수 있는 아주 독특하고 강력한 도구이다. 거기에서 그것들은 삶을 드러내고 3차원의 공간

속에 나타나도록 한다. (Kellermann, 1992: 98)

모레노는 '자발성 극장'에서 다음과 같이 쓰고 있다.

> 무대 공간은 인생 자체에 관한 현실 검증력을 넘어선 인생의 확장이다. 현실
> 과 환상은 갈등관계에 있지 않으나 둘은 더 넓은 공간, 즉 대상들, 사람들, 사건
> 들의 심리극적 세상에서 기능한다. 심리극의 논리에서 햄릿 아버지의 영혼은
> 틀림없는 사실이 되고 햄릿 자신으로 존재하도록 허용된다. 망상과 환각은- 무
> 대에서 구체화되고, 정상적인 감각의 지각으로 동등한 위상이 주어진다.
>
> (Moreno, 1993: 53-54)

심리극의 공간은 정상적인 평범한 일상의 공간이라기보다는 상징적이고, 시적이며, 유연하다. 심리극 공간은 한 장소에서 다른 장소로, 과거에서 미래로, 큰 것에서 작은 것, 내부에서 외부로 즉각적으로 변화될 수 있다. 그 경계들은 우리의 상상력에서만 한정된다. 사실상, 연극적인 공간과 심리극적 공간은 근본적으로 심리적이며 상징적이다. 두 의자 사이의 공간은 두 의자에 앉아 있는 두 사람 사이의 관계의 특성을 잘 말해 줄 수 있다. 심리극적 공간의 유연성과 상징적 특성은 다음과 같이 설명될 수 있다.

사회극 웜업에서 집단성원들은 자기가 집단의 몸체와 관련하여 자기 스스로 느끼는 것을 나타내는 신체의 각 부분들의 위치에 서 보도록 한다(누가 그들 자신을 집단의 머리나 심장으로 보고, 누가 경청하는 귀이며, 누가 지지적인 다리인가?). 배치의 결과는 그 공간적인 배치로써 집단 역동의 어떤 측면을 드러낸다. 그 다음 국가, 즉 더 큰 사회의 몸체와 관련하여 그들 자신들을 어디에 배치할 것인지를 찾아 배치하도록 한다. 그리고 그 위치에서 어떻게 느끼는가를 말하도록 한다. 이것은 집단생활의 더 큰 사회적, 경제적, 문화적 그리고 정치적인 측면을 드러낸다. 마지막으로, 그들에게 온 방이 그들의 몸이고, 어떤 치유를 위해서 방

문해야 할 필요가 있는 곳을 상상하도록 한다. 그래서 방은 대우주에서 소우주로 변화되어, 현실의 여러 수준에서 탐색할 수 있고 놀아 볼 수 있도록 확장되고 축소된다.

장면 설정의 변화 : 마리나의 상징적 여행

심리극 전문가는 주인공이 가기를 원하는 곳이면 어느 곳이든, 심지어는 다른 세계까지도 따라가야 하는 그런 장면 변화의 주인이 되어야 한다.

> 마리나는 보살핌을 받을 수 있는 자신의 공간을 만들 필요가 있는 여성이다(그녀는 어머니로서 정상적으로 다른 사람들을 보살피고 있으며 다른 사람들의 요구에 의해 자신의 공간이 침해당하고 있었다.). 심리극 집단성원들은 낙원의 섬을 창조하고, 성을 둘러싼 바다, 섬에 가기 위한 보트, 꽃, 과일, 음악, 춤 그리고 지혜의 선물을 가진 섬 사람들이 되었다. 거의 전체 극이 편히 쉬고 보살핌을 받는 환경 속에서 행해졌고, 마리나가 섬 사람들의 선물들을 가지고 집에 돌아갔을 때, 그녀는 자신의 가족들에게 그들의 도움과 지지와 자신만의 공간이 필요하다고 말하는 것을 극에서 예행연습할 수 있었다.

이러한 상상적인 극은 행동 변화를 위한 순간을 창조하지만, 또한 마리나에게 치유와 보살핌의 경험을 주기 위하여 원형적인 이미지, 즉 바다 여행, 물, 태양, 섬, 지혜의 여인, 나룻배 사공, 젊음의 샘(깨끗이 씻기, 집단에 의해 창조된 시원한 폭포, 부드러운 목욕, 섬세하게 손끝을 사용하여 그녀의 영기와 신체를 마사지하고 두드리기)의 힘을 이용한다. 이 심리극에서 주인공은 두 가지 긍정적인 이미지, 즉 섬에 있는 아름다운 백합과 지혜의 여인과 역할바꾸기를 한다. 즉, 백합과의 역할바꾸기는 성경 말씀을 연상시켰다.

> 들에 핀 백합이 어떻게 자라는지 살펴보아라. 그것들은 수고하지 않고 노력

도 하지 않는다. 그러나 온갖 영화를 누린 솔로몬도 이 꽃들처럼 아름답게 차려입지는 못한다.

마태오 복음 6장 28-29절

백합의 역할에서, 마리나는 자신을 아름답다고 묘사하고 (그녀는 겸손함 때문에 자신의 역할에서는 하지 못했던) 그녀가 끊임없는 활동과 다른 사람들을 돌보는 것으로써 그녀의 존재를 정당화하지 않고도 그냥 바로 자기 자신이 될 수 있다는 것을 받아들인다. 전체 심리극은 그녀가 남에게 뭔가를 해 주는 것보다는, 바로 자기 자신이 되고 보살핌을 받는 양육 경험을 하는 것이었다. 한 어머니로서, 직업적인 양육자로서 그녀는 주는 사람으로서의 역할에 얽매이게 되었는데, 이들 역할 바꾸기를 통해 그러한 고정된 역할 속에서 나와 보살핌을 받고 즐기는 대체적 경험들을 하게 해 주었다. 극은 부드럽고, 논리적이고, 즐겁다.

심리극은 상처받는 외상에 대해서뿐만 아니라 축하할 일에 대한 것이며, 쓰라린 현실에 대해서뿐만 아니라 창조적인, 상상적인 진실에 관한 것이다.

켈러만은 심리극 디렉터의 무대 기술에 관한 글에서 다음과 같이 기술하고 있다.

능숙한 디렉터는 심리극 무대를 '불가능'한 것을 포함해서 어떤 것이든지 일어날 수 있는 장소로 변화시킬 수 있다. 그들은 정열적으로 낭만적이며 현실주의에 거부적인데, 왜냐하면 현실주의는 인간의 영적인 면을 무시하고 경험의 신성한, 제의식적, 초월적, 우주적인 차원에 대한 접근을 허용하지 않기 때문이다. 디렉터들은 시간과 공간이 녹아 있는 우주 속에서, 사실과 허구를 그물로 짜서 어떤 종류의 심미적인 진실을 만들어 낸다. 죽음을 속이는 흉기, 미래를 점치는 도구, 과거를 기억해 내도록 돕는 장치 그리고 마술가게들은 심리극 전문가들이 극적인 기술을 만들어 내는 데 사용하는 몇 가지의 기법들이다. 조각은 말하지 않고, 신은 바겐세일을 하지 않고, 빈 의자는 되받아 이야기하지 않고, 두 사람 사이의 벽은 볼 수 없다는 것을 모든 사람은 안다. 그러나 능숙한 심리극 전문가들은 주인공을 상상의 환상 세계와 현실의 외부 세계를 분리하는 경계를 뛰어넘어 인도할 수 있다. 그들에게 자연스러운 의심이 생기기 전에, 주인공은 현실의 경험이 확장되는 경계 없는 공간에 자신이 있음을 알게 되고 잠시 동안 주인공은 죽음을 초월하게 된다. 이런 방식으로, 죽은 물체들의 살아 있는 영혼을 강조할 때, 심리극 전문가들은 전통적인 이론들이 충분히 설명할 수 없는 예측할 수 없는 변화의 순간들을 만든다.

(Kellermann, 1992: 50)

무대의 철학적 토대

모레노는 그의 우주철학, 즉 자발성/창조성, 시간, 공간, 현실, 우주 그리고 신성(Godhead)으로부터 심리극적 방법을 발달시켰다(모레노가 말한 'Cosmos'는 창조된, 물리적인 우주를 나타내며, 'Godhead'란 인간이든 신이든 간에 '창조자'를 의미한다. 모레노는 사람들이 우주의 공동 창조자와 그들 자신의 삶의 창조자가 될 수 있기를 희망하였다).

① 무대는 자발성이 지금 여기에서 창조적 행위로 나타나는 장소인데, 그렇긴 해도 '극적 시간'에 나타난다(예, 극은 연기를 통해서 과거, 현재 그리고 미래를 탐색할 수 있다.).

② 무대는 두 현실이 만나는 공간이다. 즉 일상적(일치된) 현실과 극적(잉여 혹은 내적, 심리적, 상징적) 현실이다.

③ 무대는 또한 우주의 축소판이며, 무속적이고 치유적인, 신성한 제의식의 가장 오래된 무대들의 특성을 갖고 있다. 그 무대는 세상 어느 곳도 될 수 있고, 여기에서 히말라야, 천국, 인간의 심장 안까지 눈 깜짝할 사이에 변화될 수 있다.

④ 치료적인 창조성을 갖고 있는 이러한 연극은 또한 초월적, 원형적인 깊이와 높이에 도달하며, 신은 종종 행위에서 역할바꾸기를 통해 나타난다. 그는 자기 극의 인간 창조자로서 주인공으로 무대에 선다.

무대의 심리적 토대

무엇보다도, 무대는 창조를 위한 공간이다. 그 공간은 열려 있고, 우주적이고, 비어 있으면서도 가능성과 개성으로 가득 차 있다.

> 철학에서 칸트 혁명의 핵심은, 현실의 외적 형상을 제공하는 것이 인간의 의식, 인간 존재의 정신구조의 특성이라고 하는 그의 입장이다. 칸트에 의하면, 공간 그 자체는 객관적이며 현실적인 것이 아니라, 주관적이며 이상적인 것이다.   (Yalom, 1980 : 220)

올리버 삭스(Oliver Sachs)는 다음과 같이 말하고 있다.

> 뇌 속에 추상적인 '공간'의 표상은 없다. 단지 우리 자신의 개인적인, '사적 공간'만 있을 뿐이다.   (Sachs, 1991 : 188)

> 정체성, 기억과 공간은 …… 함께 이루어진다. 즉 그것들은 최초의 의식을 만들어 내고, 규정짓는다.   (Sachs, 1991 : 186)

삭스는 끊임없이 신체 이미지와 정체성을 공간인식의 감각, 즉 우뇌의 모든 기능들과 연결 짓는다. 심리극 주인공들의 무아지경의 경험들은 우뇌 기능이 자극되는 동안 정상적인 좌뇌 기능의 지배를 미세하게 억제시킨 것에 기인될 수 있다. 감정은 우뇌에서 처리되므로 우뇌의 개입을 통해 기능하는 감정들에 접근하는 것은 장면 설정이 주인공들을 웜업시키는 이유가 될 수 있고 정화를 충분하게 유발시킬 수 있다. '일상적' 현실은 좌뇌의 논리적 현실이 될 수 있고, '극적' 현실은 우뇌의 개성화된 의식이 될 수 있다. 즉, 이 두 가지 현실들이 심리극 무대에서 만난다. 그러나 무대의 현실은 단지 내적 정신상태 또는 상호 간의 정신상태의 표상이 아니고, 모든 가능성에 대한 자유로운 탐색을 위한 놀이 공간이다.

> 연극과 치료는 둘 다 가능성의 공간과 관련되며, 이 가능성의 공간은 위니콧
> (Winnicot, 1980: 30)이 환상과 현실 사이에 놓여 있는 경험의 중계영역을 지
> 칭하는 데 사용하는 용어이다. 상징과 해석하는 자기에 의해 상징화되고 중재
> 된 해설자 사이의 공간은 창조가 가능해지고, 우리가 단순하고 반사적 반응을
> 하는 로봇과는 반대인 인간 존재로서 살아 있는 공간이다.
>
> > (Cox, 1994: 207)

무대는 역할들이 이루어지는 장소이다. 모레노는 다음과 같이 말하
고 있다.

> 역할들은 자기로부터 나오는 것이 아니고, 자기가 역할들로부터 나온다.
>
> > (Moreno, 1993: 47).

빌 라드몰(Bill Radmall)은 자기(self)가 무대로 간주될 수 있다는 것을
시사하였다. 즉 더 많은 역할들이 그 위에서 행해질수록 확대되어 가는
공간이다.

> 내담자의 내적인 무대는 자기개념과 같은 것이다. 그것은 자기(self)의 적절
> 한 은유가 될 수 있다. 왜냐하면 자기는 단일한 하나의 실재가 아니고, 여러 가
> 지 구성요소들 사이의 상호작용이 일어나는 활동영역이기 때문이다.
>
> > (Radmall, 1995: 14)

린다 윈(Linda Winn)은 또한 이 비유를 내적 정신세계에 사용하고 있다.

> 만약 우리가 우리 각자 안에 수많은 부차적인 성격이나 다른 국면들이 있다
> 는 것을 깨닫는다면, 그때 우리의 내부 세계는 여러 가지 갈등, 다툼과 대화들
> 이 행해지고 있는 무대로 생각해 볼 수 있겠다.　　　(Winn, 1994: 85)

모레노는 셰익스피어에 동의하면서

모든 세계의 무대,

그리고 모든 남자와 여자들은 단지 배우들이다.

그들은 그들의 출구를 가지고 있고, 그들의 입구도 가지고 있다.

그리고 그의 시간 속에서 한 사람은 많은 역할들을 한다.

(당신이 그것을 좋아하듯이, 2장 7막, 139-142)

감사의 말

저자는 이 장을 쓰는 데 조언을 준 바니스터(Anne Bannister), 다니엘슨(Clare Danielson), 홈즈(Paul Homes), 카프(Marcia Karp), 모레노(Zerka Moreno)에게 감사드린다.

참·고·문·헌

Blatner, H. A. (1973). *Acting-In*. New York: Springer.

BPA(British Psychodrama Association) (1994). *Code of Practice*. Available from the BPA Office, Heather Cottage, The Clachan, Roseneath, Dumbartonshire, G84 ORF.

Brook, P. (1976). *The Empty Space*. London: Pelican/Penguin.

Cox, M., & Theilgaard, A. (1994). *Mutative Metaphors in Psychotherapy*. London: Tavistock.

Fox, J. (Ed.)(1987). *The Essential Moreno*. New York: Springer.

Fyfe, W. H. (1967). *Aristotle's Art of Poetry*. Oxford: Clarendon Press.

Holmes, P., Karp, M., & Watson, M. (Eds.)(1994). *Psychodrama since Moreno*. London: Routledge.

Jennings, S. (1997). *Dramatherapy Theory and Practice 3*. London: Routledge.

Kellermann, P. F. (1992). *Focus on Psychodrama.* London: Jessica Kingsley.

Moreno, J. L. (1947). *The Future of Man's Self.* Psychodrama Monographs No. 21. New York: Beacon House.

Moreno, J. L. (1983). *The Theatre of Spontaneity.* Ambler, PA: Beacon House.

Moreno, J. L. (1985). *Psychodrama, First Volume.* Ambler, PA: Beacon House.

Moreno, J. L. (1993). *Who Shall Survive?.* Students edition. Roanoke, VA: American Society of Group Psychotherapy and Psychodrma, Royal Publishing Co.

Moreno, J. L., & Diener, G. (1972). *Goethe and Psychodrama.* Psychodrama and Group Psychotherapy Monographs. No. 48. New York: Beacon House.

Moreno, J. L., & Moreno, Z. (1975). *Psychodrama, Third Volume.* New York: Beacon House.

Pendzik, S. (1994). The Theatre Stage and the Sacred Space: A Comparison. *Journal of the Arts in Psychotherapy.* Vol. 21, No. 1: 25−35(Pergamon).

Radmall, B. (1995). The Use of Role Play in Dramatherapy. *Journal of the British Association for Dramatherapists.* Vol. 17, nos 1−2.

Sachs, O. (1991). *A Leg th Stand On.* London: Picador.

Slade, P. (1995). *Child Play.* London: Jessica Kingsley.

Sophocles (1994). *Antigone, Oedipus the King,* Electra. trans, H.D.F. Kitto, Oxford: Oxford University Press.

Winn, L. (1994). *Post−Traumatic Stress Disorder and Dramatherapy.* London: Jessica Kingsley.

Yalom, I. (1980). *Existential Psychotherapy.* New York: Basic Books.

6

주인공

Kate Bradshaw Tauvon

> 주인공은 무대 위에서 자기 자신이 되어 그의 사적 세계를 묘사한다. 배우는
> 극작가가 부여한 역할을 하기 위하여 사적 자기를 희생하지만 주인공은 배우
> 가 아닌 그 자신이 된다. 그에게 자기 자신만큼 권위 있는 사람은 아무도 없다.
> (Moreno, 1934/1993: 54)

주인공이란 무엇인가

모레노가 주인공을 행위자(배우)로 기술한 것은 행위하는 사람이라는
의미를 부여하려 했기 때문이다. '주인공'(protagonist)이라는 말을 그리
스 어로 번역하면, '최초로 행위하는', 또는 '최초로 투쟁하는'을 의미
한다. 그리스 신화에 따르면 프로타고노스라는 신의 이름은 모든 신 중
에서 최초로 태어났다는 것을 암시한다. 심리극 회기에서 주요한 행위
자인 주인공은 집단의 행위 단계 동안 무대에서 작업하는 사람이다.

매 회기 초에 모든 집단성원은 잠재적으로 주인공이 될 가능성이 있

고, 때로 위밍업 단계에서 디렉터에 의해 아주 짧은 시간이라도 모든 사람이 주인공 경험을 하도록 두 사람 혹은 소집단이 이용된다. 각 개인은 자신과 자신의 삶을 보여 줄 수 있는 기회를 갖는다. 웜업 단계에서 행위 단계로 이동하면서, 한 사람이 집단회기의 주체나 주인공으로 선택된다. 그 후 이 사람은 행위 단계에서 작업할 집단의 대표로 나가 무대에서 '최초로 태어난' 사람이 된다. 그 주인공은 집단의 그 순간과 가장 연관되는 주제를 가지고 극적인 방식으로 작업한다. 그리고 주인공은 그 주제를 가지고 작업하기에 가장 준비가 잘된 사람이다. 보통 이 단계에서 주인공은 자신의 웜업에 너무 몰입되어 있기 때문에 과정이 집단과 연관되어 있음을 알지 못한다. 예를 들어, 그는 최근에 동료가 떠나고 새로운 동료가 부서에 들어온 직장상황을 선택할 수 있다. 집단의 다른 성원은 그의 형이 집을 떠났을 때 그에게 일어난 것에 초점을 맞출 수 있다. 아마 한 명의 집단성원이 그 집단을 떠나고 새로운 성원이 들어왔을 것이다. 그 주제는 별거, 유기, 중요한 사람의 상실, 보이지 않는 변화에 대한 적응 그리고 형제관계 등과 관련되는 것으로 묘사될 수 있다.

필자의 견해로 심리극의 주제는 비록 장면이 과거나 미래일지라도 집단에서, 주인공의 삶에서, 그리고 개별 성원들의 삶에서, 항상 지금-여기의 상황을 반영한다. 모든 디렉터가 이런 견해에 동의하는 것은 아니다. 예를 들어, 어떤 디렉터들은 집단과 작업할 때 텔레, 인지 그리고 참만남에 근거한 사회측정학적 관점으로만 작업하는 것을 선호한다. 그래서 전이반응을 일으키는 실체로서의 집단의 개념은 전적으로 부적절한데, 그것은 주인공의 심리극 작업에서의 전이의 개념 때문이다. 또 다른 디렉터들은 집단을 단지 주인공과 보조자를 끌어낼 수 있는 자원으로만 본다. 즉, 한 사람이 그들의 개인적 문제를 심리극적으로 작업할 수 있도록 하며, 집단을 나누기의 원천으로 여긴다. 전이반응을 자극하는 실체로서의 집단 개념은 마찬가지로 여기서는 적절하지 않다. 이 모델은 게슈탈트 접근과 유사하다. 많은 심리극 전문가들에 따르면,

이 방법은 모레노에 기원을 두고 있고 프리츠 펄스(Fritz Perls)와 그 제자들에 의해 발전되었다. 필자의 경험으로 이 모델은 집단 장면에서 개인치료이다. 여기에서 필자의 목적은 현대 심리극 실제에 사용되는 모든 모델들을 정의하는 것이 아니고, 오히려 한 가지를 세부적으로 설명하기보다 다른 패러다임들이 있다는 것을 강조하고자 하는 것이다.

디렉터는 항상 한 회기에 한 명의 주인공과 작업하는 것은 아니다. 어떤 경우에 여러 주인공들을 대상으로, 한 장면 심리극인 '비넷(vignettes)'을 실시할 수 있다. 또한 심리극을 하는 동안 디렉터는 여러 명의 주인공과 동시에 작업할 수 있다. 이것을 다중 주인공 회기라 한다. 후자의 경우는 경험이 많은 디렉터만이 가능하다.

주인공의 위치는 특권이 주어져 있으며 그에게 강요할 수 있는 사람은 아무도 없다. 한 개인이 무대에 들어서는 방법은 그들이 하는 말이나 신체언어를 통해 디렉터에게 많은 단서들을 제공한다. 그 시점에서 형성되는 치료적 동맹이 작업의 깊이에 영향을 줄 것이다. 주인공은 작업을 시작할 때, 작업 시 발생하는 것을 통제할 수 있는 사람은 자신이라는 것과 자신은 경청되고 존중받는다는 느낌을 가져야 한다. 디렉터는 심리극 방법으로 훈련받고 극을 이끌어 가야 할 사람이기 때문에, 디렉터는 디렉터와 주인공과의 작업 관계를 발전시킬 필요가 있다. 이렇게 되기 위해서는 디렉터를 어느 정도 신뢰하는 잠재적인 주인공이 필요하며, 흔히 디렉터를 통해 집단과 극 방법에 대한 신뢰가 발전한다. 디렉터, 주인공 및 집단 사이의 의견 일치는 실연에서 창조성을 이끄는 자발성을 위해 필수적이다. 작업을 잘 진행하기 위하여 집단의 웜업은 매우 중요하다. 바람직하지 않은 주인공은 없다. 단지 충분히 준비되지 않은 집단이나 디렉터가 있을 뿐이다.

진행 중인 집단에서 어떤 사람은 특정한 문제를 가지고 작업하기 위하여 웜업된 집단에 오는 경우도 있다. 디렉터는 그 상황을 다루는 데 충분히 자발적이어야 한다. 개인 성원들은 각각 다른 사람들의 작업 내용에 의해 크게 영향받을 수 있다. 결과적으로 웜업은 오랫동안 이루어질 수 있다. 많은 성원들은 집단의 이야기, 질문들과 가능한 답들을 집단의 생활을 통해서 연기한다.

주인공은 어떻게 선발되는가

디렉터에 의한 선발-모레노의 방법

모레노는 자주 정신과 환자들과 작업을 하였고, 미리 심리극을 계획하곤 하였다. 환자들에게는 상황을 확고하게 구조화할 필요가 있기 때문에 그는 훈련된 보조자를 사용하여 환자 집단과 작업하였다. 오늘날 몇몇 디렉터들은 훈련된 보조자팀과 함께 유사한 방식으로 작업을 한다. 예를 들어, 환자 집단이 무장폭력이나 근친상간의 희생자와 같이 심각한 심리적 외상을 입었을 경우라든지 역동이 압도될 수 있어 제한할 필요가 있는 경우는 훈련된 보조자를 사용할 수 있다.

디렉터는 직접 주인공을 선택할 수도 있다. 필자는 200~300명쯤 되는 대집단에서 젤카 모레노가 이렇게 하는 것을 보았다. 선택을 위한 집단과정이 시간을 많이 소비하기 때문이기도 하지만, 그녀의 판단은 집단의 요구를 매우 정확히 파악하는 능력에 근거하고 있다. 그녀는 주인공의 작업을 지지하기 위한 집단의 웜업 능력에 대해 본질적인 신뢰를 갖고 있다고 전달하였다. 필자의 견해로 이러한 선발 방법은 예외적일 수 있다. 왜냐하면 시간과 집단의 크기가 허용되는 곳에서는 집단이 선택하는 것을 더 선호하기 때문이다. 이때 주인공은 집단의 사회측정학적 선택과 집단과정에 근거한 작업에 의해 선발된다. 심리극 디렉터는 모두의 건강을 위하여 무한한 능력을 보여 주도록 하는 많은 집단원들의 압력이 있다. 특정한 순간에 그 힘이 충분하다는 것과 우리들 중 어느 누구도 결코 확실하지 않다는 것을 아는 것만으로도 큰 경험을 한 것이다. 그러나 경험이 많은 디렉터는 집단 안의 요구를 평가하여 주인공을 선발할 수 있다. 이 선택은 치료적 경험에 기초한다. 예를 들어, 한 집단성원이 미성숙하거나 건강하지 못한 집단의 역동 때문에 또는 집단이 인식할 수 있는 방법으로 그들의 요구를 표현하는 능력의 부족 때문에 집단성원들에 의해 선택될 가능성이 없을 때 이러한 선택이 이루어진다.

집단에 의한 선발

특정 회기에 누가 주인공을 할지 미리 계획하는 것보다 집단원들 간에 텔레관계를 이용하여 주인공을 선발하는 것이 더 보편적이다. 집단은 잠재적인 주인공들이 표현하는 주제들을 먼저 듣고 주인공을 선택한다. 집단이 지지하는 주제나 사람을 선택하는 데는 여러 가지 방법이 있다. 예컨대 사람들은 자신들과 가장 연관이 있는 주제를 표현한 사람 뒤에 설 수 있다. 필자는 자주 사람들에게 그들이 서 있는 곳을 '생각'하기보다는 '느껴' 보라고 요구한다. 이것은 극에서 각 개인의 참여를 촉진시킨다. 주인공 뒤에 섬으로써 집단성원들은 그 주제를 가지고 작업할 때 개인적인 관여를 더 많이 한다. 집단이 독특한 주제를 가장 잘 표현할 수 있는 주인공을 선정하는 데 무한한 지혜를 가지고 있다는 것은 수차례 확인되었다. 집단은 디렉터가 언제나 알 수 없는 지식을 가지고 있다. 창조적인 작업 분위기가 촉진된다면, 현명한 디렉터는 가장 최선의 결정을 할 수 있는 집단의 능력을 신뢰할 것이다.

여러 명의 잠재적인 주인공이 있다면 디렉터는 그들에게 '여러분들이 지금 주인공으로 선정되지 않는다면 어떤 사람이 여러분들과 함께 작업하고 싶은 주제를 가장 잘 표현할 수 있을까요?'라고 질문할 수 있다. 그러면 주인공 후보들은 그 사이에서 지금 작업할 사람을 결정할 것이다. 이러한 방법은 주인공을 하겠다고 한 각 개인들이, 잠재적 주인공의 역할에서 보조자 역할을 요청받을 수 있는 관객의 역할로 되돌아가게 하는 어려운 워밍업을 때로 가능하게 한다. 선택-결정의 과정 밖에 있는 집단성원들, 즉 지금 주인공을 하기에 적당하지 않은 사람들은 때로 배제된 느낌을 가질 수 있는데 디렉터는 이를 잘 관찰하고 필요하다면 행동으로 옮길 필요가 있다.

개인 성원에 의한 선발

집단성원들은 3시간 정도의 워크숍이나 1주일간의 장기 워크숍에서 작업 초기에 자신들의 바람을 표현하도록 요구받을 수 있다. 하나의 주제의 작업이 이루어지고 다음 주제가 이어진다. 예를 들어, 이것은 불안수준이 높은 집단이나 훈련집단에서 바람직할 수 있다. 회기를 통해 집단과정이 발전하고 그 틀 안에서 웜업이 일어남에 따라 새로운 주인공이 선택되지 않고 집단과정이 이루어질 것이라는 것을 안다. 이것은 집단의 에너지와 일치하는 작업에 초점을 둘 때, 그리고 집단 내에서 서로에 대한 경쟁이나 두려움과 관련이 있는 다른 문제들도 다루게 될 때 사용할 수 있는 매우 효과적인 방법이 될 수 있다.

사전 선발

이 방법의 변형은 주인공 중심의 극을 하기 직전에 주인공을 선발한다는 기준이 있는 집단에서도 주인공이 사전에 계획된 회기 동안 선발될 수 있다는 것이다. 어떤 집단성원이 주인공의 역할을 자발적으로 하도록 준비하는 데 우선해야 할 단계는 한 회기를 계획하는 것인데, 그렇게 함으로써 그 사람은 어떤 날에 무대에서 작업하게 될 것인가를 사전에 알게 된다. 디렉터가 그 회기에 적절한 웜업과 초점을 둔 후 집단은 바로 극을 시작할 수 있다. 다음 예는 사전에 계획된 회기를 이끌어 가는 디렉터의 개입을 예시한 것이다.

특정한 회기의 나누기 단계에서, 집단성원 중에 한 명이 내내 침묵하고 있다. 그녀의 치료사로서 필자는 집단의 첫 시간에 그녀의 삶에서 일어났던 외상적 사건과 거의 똑같은 상황이 다른 주인공에 의해 무대 위에서 표현된 것을 알고 있다. 그녀는 아무 말도 하지 않고 있지만 극도로 긴장하고 거의 숨을 멈추고 있다. 필자는 마음속으로 그녀와 역할바꾸기를 하면서 그녀의 마음이 깊게 움직이고, 매우 놀랐으며, 집단의 회기가 끝날 무렵까지 그녀가 감히 다룰 수 없는 두려운 감정을 갖고 있다는 것을 안다. 이러한 감정을 나누기 위하여 그녀를 격려하는 시도는 헛된 것이라고 생각한다. 그래서 필자는 마음속으로 그녀와 역할을 바꾸었을 때 경험한 것을 나누고 다음 회기에 그녀가 주인공을 하도록 제안한다. 그녀는 눈물을 터트리고 집단은 필자의 제안에 지지적으로 반응한다. 그녀는 지금 말하기 매우 어려운 그 주제를 다음 회기의 심리극에서 작업하기로 하였다.

이렇게 침묵하는 집단성원의 생리적인 신호를 무시하는 것은 그녀에게 다시 한 번 심리적인 외상을 입히는 것과 같은 것이다. 그녀의 치료사로서 필자는 그녀의 심리적인 외상의 환경을 알고 있고 물론 그녀도 필자가 알고 있다는 것을 안다. 그녀가 이러한 사건을 집단에서 작업하기를 원하고, 어떻든 집단의 맥락에서 그 정보를 공유할 수 있기를 원하기 때문에 필자는 그녀가 필자에게 말한 것을 이해한다. 집단은 아직 이러한 정보를 갖고 있지 않아서 그녀의 나누기를 촉진시킬 수 없다. 만약 그녀를 압도하는 사건 앞에서 다시 한 번 포기할 거라고 느끼지 않는다면 필자에 의한 어떤 종류의 개입은 절대적으로 필요하다. 필자는 그녀가 이 회기의 결과로 생긴 불안을 가진 채 혼자서 일주일을 지내는 것이 너무 길다고 생각한다. 그래서 필자는 그녀가 다음 주에 작업하기 위하여 그것을 갖고 있도록 지지해 줌으로써 불안은 그때까지 집단에 의해 간직될 수 있다고 생각한다. 이때 그녀가 작업할 시간을 가질 것이라는 것을 아는 것은 되돌아오는 것을 더 쉽게 한다. 그렇지 않으면 그 사건을 이름 붙이는 것에 대한 그녀의 양가감정과 분리하여 애써야 하기 때문에 되돌아오는 것이 대단히 어려울 수 있다. 필자가 마음속으로 그녀와 역할을 바꾸었을 때 필자가 경험한 것을 이야기함으로써, 필자는 그녀의 신뢰를 깨지 않고 집단과 공유될 어떤 것이 있다는 것과 그런 방식으로 그녀를 도울 수 있다는 것을 분명히 한다. 물론 다음 주가 되어서 그녀는 준비되지 않았다면 작업을 할 의무는 없지만 작업할 선택권은 갖고 있다.

필자는 다른 집단성원의 예를 제시하고자 한다. 필자는 집단성원이 주인공이 되기에 결코 적당하지 않을 때 미리 선택하는 문제에 대해 살펴보고자 한다.

특별히 불안 수준이 매우 높은 한 남자가 4년 동안 집단에 참여하였는데 그는 짧은 비넷(한 장면 심리극)으로 무대에서 두 번 작업했을 뿐이다. 나는 때로 그가 역할을 시도하려는 용기를 얻기 위하여 선택된 주인공이라는 것을 미리 알 필요가 있다고 생각하였다. 그러나 그는 분명히 집단으로부터 도움을 받고 있었기 때문에 나는 그에게 강요하고 싶은 유혹에 저항하였다. 그가 잠재적인 주인공으로서 자발적으로 나와 선택되었을 때, 나는 마침내 집단과 함께 그의 문제를 다룰 시간이 되었다고 생각하였다. 극의 주제는 권위적인 인물의 개입 없이 행위를 취할 수 있느냐에 대한 것이었다. 이 예는 텔레에 대한 것뿐 아니라 사람들의 워밍업 비율(정도가)이 얼마나 다를 수 있는지에 대해서도 보여 주었다. 나는 사람들에게 그들 자신의 보폭에 따르도록 하는 것이 현명한 디렉터의 전략이고 집단 초기에 언급될 수 있는 유용한 기본 규칙이라고 확신한다.

이 경우에 디렉터와 집단성원은 일종의 말 없는 의지의 전쟁에 참여하였다. 그 집단성원은 권위를 갖고 있는 인물로부터 직접적인 지시 없이는 행위를 취할 수 없는 집단에서 문제를 매우 빨리 제시하였다. 하지만 그는 자신의 행동을 통하여 선호하는 관계 패턴에 디렉터를 참여시키기 위하여 지속적으로 노력하였다. 문제를 명명하는 것이 원하는 방향으로 변화를 촉진시키는 것 같지는 않았다. 필자가 초기에 관찰했던 것은 그가 자신의 삶을 조정하는 바퀴를 통제하는 방식이다. 그가 만약 '아이'나 '하인(under dog)'과 같이 불편한 역할로 남아 있다면 심한 불안을 유발시키는 어떤 위험에 처한다. 다른 경우에 그는 평형상태를 변화시키는 위험이 거의 없는 '상전(top dog)'이나 '부모'로 이름 붙여진 상대 역할을 취할 수 있다. 디렉터로서 그런 갈등에 직면했을 때 어떤 개입을 할 것인지, 그 개입의 타이밍을 아는 것은 매우 어렵다. 어떤 시점에서 집단성원은 새로운 역할을 취하려는 노력을 하는

데, 그로 인해 불안에 직면하고, 초기에 형성되어 굳어진 관계 패턴을
깬다. 그의 발달에서 의미 있는 변화를 위하여 그는 권위적인 인물의
개입 없이 이 단계를 취할 필요가 있다. 디렉터는 이러한 상황에서 반
드시 '조력하고자 하는' 마음을 누르고 대신 집단성원이 새로운 움직
임을 시작하도록 기다릴 수 있어야 한다. 그런 다음 디렉터는 즉시 그
의 새로운 시작을 지지할 준비를 해야 한다.

전형적인 회기

우리는 연극게임의 형태로 웜업을 하거나 지난 회기까지 각 사람들
에게 반영된 것을 다시 떠올리며 시작한다. 집단성원은 그들이 경험하
였던 중요한 것과 집단이 알았으면 하는 어떤 중요한 것을 말할 것이
다. 이것은 3시간 회기 중에서 1시간 정도 소요될 수 있다. 집단에게
주인공을 할 수 있는 웜업된 사람이 누구라고 느껴지는지를 묻는다. 그
리고 그들이 작업을 하는 데 집단으로부터 어떤 도움을 필요로 하는지
대해 몇 마디 이야기하도록 한다. 때로 필자는 모두에게 그들이 무엇을
작업하고 싶어하고, 무엇을 원하는지 이야기하게 하는데, 이는 저항하
고 두려워하는 참가자들에게 다소 가벼운 압력이 된다. 그들은 지금 경
험한 느낌을 표현하고, 그 느낌과 연결되는 사람이나 장면을 표현하고,
자신들의 작업에 타이틀을 붙인다. 몇 사람의 집단성원들이 잠재적인
주인공이라는 것이 분명해졌을 때, 나머지 집단성원들은 그들이 느낀
것과 유사한 주제를 선택하고 그들이 작업하기를 원하는 주제를 이야
기한 사람의 어깨 위에 자신의 손을 얹는다.

일단 주인공이 선발되면, 디렉터와 주인공은 지정된 무대로 나아가고
집단의 나머지는 그 극을 지켜볼 수 있게 약간의 거리를 두고 작은 반
원을 만들어 앉는다. 어떤 디렉터들은 '원 안에서' 작업하기를 선호하
는데, 그러면 집단은 원을 만들어 앉고 극은 그 가운데에서 실연된다.
작업을 위하여 디렉터는 주인공을 인터뷰하고, 독백하도록 한다. 즉,

무대를 걸어 다니며 큰 소리로 자신의 생각을 말하도록 한다.

첫 번째 장면이 만들어지면, 주인공에게 그 장소의 중요한 측면들을 나타내는 사람이나 사물을 사용하여 장면을 설정하도록 요구한다. 그곳이 집의 방이라면, 문과 창문이 있고 그 방안에 어떤 의미 있는 물체를 설치한다. 주인공이 그 장소에서 일어난 것에 대해 웜업하도록 돕기 위하여, 그리고 그것들의 의미를 알게 하기 위하여 주인공은 그 집, 그 방 또는 그 방 안의 어떤 물체와 역할바꾸기를 할 수 있다. 그 장면의 시점과 주인공의 심리극적 연령이 설정된다. 그 장면에 다른 사람이 필요하다면, 집단성원들은 그들을 표현하기 위하여 선발되고, 그들의 역할에 대하여 웜업되며 무대 위로 초대된다. 주인공은 그 장면에서 중요한 인물들과 역할바꾸기를 통해 또는 예컨대 그들과의 관계에 대해 세 가지 중요한 특성을 제시함으로써 역할들을 설정할 수 있다. 일단 주인공이 시간, 장소 그리고 인물을 장면에 맞게 정하게 되면 행위가 시작될 수 있다. 그가 과거에 일어난 어떤 일을 나타내려고 한다면, 디렉터는 일어난 것을 보여 주기 위하여 그에게 역할바꾸기를 요청할 것이다. 주인공에게 그의 생활 속에서 일어났던 것을 많은 사람들에게 보여 주는 행위는, 특히 그것이 전적으로 지지받지 않았다고 느꼈던 사건이나 너무 두렵고 미칠 것 같아서 진실을 경험하지 못했던 사건과 연결되어 있을 때, 그것을 방출하는 것은 고통스러운 순간으로 받아들여질 수 있다.

만약 상황이 좀 더 호의적이었다면 그가 하고 싶었던 것을 말하거나 행하도록 그리고 거기에 있어야 했던 사람들을 그 장면에 포함시키도록 주인공에게 지도할 수 있다. 꿈 장면이나 환상을 실연하는 장면에서 주인공은 무대에 내면 세계를 표현한다. 그것들을 더 잘 이해하기 위하여 상징을 구체화시킴으로써 디렉터는 장면에서 적절한 것, 지나친 것, 미발달된 것, 갈등하고 있는 것, 혹은 빠져 있는 것을 알아차릴 필요가 있다. 주인공의 작업에 필요한 구성요소가 빠졌다면 부가적인 역할들이 그 장면에 도입될 필요가 있다. 실연을 통해 주인공의 삶에서 실제 또는 상상의 중요한 인물들 간에 대화가 이루어지고, 역할바꾸기는 새로운 통찰을 촉진시킨다. 많은 새로운 관점으로 자신을 바라보는 것은 값진 경험이다. 이 대화는 언어적이기도 하고 비언어적이기도 하며, 신체적으로 때리거나 발로 차고(아무도 해를 입지 않는 방법으로), 다른 사람의 눈을 빤히 쳐다보고, 주인공이 두려워하거나 간절히 바라던 장소를 극적으로 재방문하고, 그곳에서 일어났거나 일어났어야 했던 사건과 장소와 연결된 정서를 경험하는 것을 포함할 수 있다. 심리극을 통해서 주인공은 가능한 모든 수준, 즉 신체적, 정서적, 인지적, 영적인 수준에 참여한다. 웃고, 울고, 공포에 떨고, 소리치고, 이완되고, 편안함을 느끼고, 보고, 보이고, 조용히 바라보고, 말하지 못했던 것을 말하기 등은 종종 되풀이되는 경험들이다. 가장 중요하게 참만남의 정서적 질을 신체적으로 경험하고, 말을 듣고 말을 하며 제한된 맥락에서 타인을 실제로 바라봄으로써 그리고 타인과 역할을 바꾸고 같은 강도로 자신을 바라봄으로써 주인공은 고통스러운 기억을 풀어내고, 고통을 방출하며, 새로운 가능성의 길을 연다. 사고와 감정이 적절한 맥락 내에서 그리고 필요한 사람들이 있는 곳에서 함께 일어나는 이러한 과정은 통합의 정화로 알려져 있다. 학습은 심리극 회기 중에 일어날 뿐 아니라 거기서 시작된 이 과정은 그 후 몇 주, 몇 달 또는 몇 년 동안 지속될 수 있다. 행운은 예기치 않는 순간에 일어난다.

역사적인 장면이 실연되어 온 곳에서 주인공의 현재 삶의 필연적인 결과를 정의하고 그것을 극적으로 표현하는 것은 적절하다. 미래 장면은 새롭게 얻은 기술이나 지식을 적용해 보기 위해 극화될 수 있다. 극이 완성되었다고 느낄 때, 주인공은 나누기를 하기 위해 집단이 원으로 둘러앉기 전에 원래의 시간, 장소, 사람들에게 다시 돌아온다.

회기의 종결인 나누기를 하는 동안, 주인공은 조용히 침묵하고 있고 다른 집단성원은 그들이 나누고 싶은 것이 무엇이든, 극이 그들과 그들의 삶에 영향을 준 방식에 대하여 나누기를 한다. 나누기는 언어적이거나 비언어적일 수 있다. 다른 사람들이 그렇게 많은 방식으로 그와 연결되어 있다는 것과 그가 다양한 방식에서 그렇게 많은 사람들과 유사하다는 것을 듣는 것은 흔히 주인공을 감동시키며 치유의 효과가 있다. 그가 코멘트를 받는 것은 어려울 수 있는데, 이는 아마 그가 유사성보다는 차이점을 볼 것이기 때문이다. 때로 어떤 사람이 그의 생활 경험으로부터 나온 나누기는 자기 스스로 인식하지 못했던 그리고 아직 등록되지 못한 극의 어떤 측면과 연결되어 있고 고려할 만한 가치가 있는 요소가 될 수 있다. 모든 나누기가 반드시 주인공과 관련되어야만 하는 것은 아니다. 주인공이 자기 자신에 대한 방어 없이 나누기한 것을 바로 접수하여 받아들이기는 어려운 일일 수 있다. 그가 이렇게 할 수 있다면 그는 자신의 심리극이 타인들에게 영향을 준 것에 접근하고, 검토하고 숙고할 수 있는데, 그렇게 되면 학습은 계속될 수 있다. 때로는 회기 직후 일어난 것을 회상하는 것은 어렵다. 주인공은 극에서 어떤 단계들이 있었는지 분명히 알지 못할 수 있어 다음 날 집단이나 디렉터와 함께 토론하는 것이 필요할 수 있다. 진행 중인 집단에서는 이것이 문제가 되지 않지만 다음에 다시 만나지 않을 집단에서 주인공은 디렉터와 만날 수 있다는 것을 아는 것이 도움이 될 수 있다. 이러한 약속은 주인공이 집단과 디렉터에 대해 갖는 관계를 확고하고 정중하게 하며 그들이 함께 했던 작업을 지지한다.

주인공은 무엇을 하는가

주인공은 디렉터와 집단의 도움으로 자신의 극을 통해 집단에서 탐색될 수 있는 문제를 제시한다. 주인공은 실연을 하는 가운데 무대에서 중요한 역할을 한다. 역할바꾸기 기법을 통해 주인공은 자신의 역할보다는 다른 사람의 역할을 할 수 있고, 다른 집단성원은 주인공의 사적 역할을 할 수 있다. 또한 주인공은 거울기법을 사용하여 장면 밖으로 나와 거리를 두고 극을 바라볼 수 있다. 젤카 모레노는 '우울한 사람'의 예에서, "만약 당신이 주인공을 그들 자신의 역할에서 벗어나게 한다면, 당신이 보게 될 것은 진단적으로 신뢰로울 수 있다."라고 말하였다.

> 우리는 그 사람을 자신으로부터 벗어나게 하려고 시도한다. 만약 당신이 주인공을 우울한 역할에서 벗어나게 한다면, 당신은 그 우울이 환자 내면에서 어떻게 작용하는지 보게 될 것이기 때문에, 그 기회에 당신이 본 것은 진단적으로 타당한 것이다. 그러나 우리는 어떻게 환자를 우울로부터 벗어나게 할 것인가? 우리는 그들에게 우울하지 않은 의미 있는 사람의 역할을 실연하게 함으로써 그 환자 자신의 정체성으로부터 벗어나게 하는 것이 최상의 해결책이라는 것을 안다. 그것은 어린아이가 될 수도 있고, 그 환자를 사랑하거나 그 환자에게 사랑받는 다른 사람이 될 수도 있다. 우울한 사람이 한순간만이라도 우울로부터 벗어날 수 있다는 것은 놀랄 만한 것이다. 그 환자는 심지어 5~10분 동안 만이라도 우울하지 않은 것 같은 기분을 느낄 수 있다. 그들이 근본적으로 새로운 정서 상태를 웜업할 수 있다는 사실 자체만으로도 놀랄 만한 것이다.
>
> (Zerka T. Moreno, 1975)

주인공의 얼어붙은 자발성과 창조성을 녹여 주는 주된 치료기법은 역할바꾸기인데, 그것은 원칙적으로 개인의 역할 레퍼토리 안에서 변화를 야기시킬 수 있다.

계약하기

디렉터는 초기에 주인공이 탐색할 갈등의 영역에 초점을 맞추도록 돕는데, 이때 언어적 계약이 성립된다. 이것은 주인공이 수행한 것에 대한 책임을 확실하게 하는 데 필요하다. 나중에 주인공이, 그것은 그가 작업하고자 한 것이 아니었다고 말한다면 이 거창한 극은 전혀 쓸모가 없게 될 것이다. 합의된 초점들은 이번 회기에 다루어질 심리극 작업을 위하여 우선순위가 정해져야 한다. 이것은 시간 안에 성취 가능한 목표여야 한다. 개인 삶의 문제, 딜레마 또는 의문은 단 한 번의 회기에 모두 표현될 수는 없지만 언급될 수는 있다.

시간이 지나면서 주인공은 더 큰 역할맡기 기술을 발전시키고 그들의 오래
된 경직된 태도와 역할로부터 해방되어 더 진솔해지고 개방된다. 주인공이 심
리극적 상황에서 새로운 역할을 실험해 보고 그들이 새로운 역할 안에서 기분
과 생각을 바꾸기 시작한다고 추측하는 것은 가능한 일이다. 심리극은 적절한
반응을 만들어 내기 위하여 주인공과 집단성원의 전적인 주의를 요하는 일련
의 새로운 상황을 제시한다. 자발성의 출현 기회는 새로운 행동을 창조하는 가
운데 극대화된다.   (Karp, 1994: 58)

일단 무대에서 작업하기로 하였다면 계약은 전형적으로 다음과 같이
진행된다.

> 디렉터: 당신은 극을 어떻게 시작하고 싶으세요?
> 주인공: 위에 통증이 있어요. 어제 직장에서 일어났던 일에 대해 생각해 봤
>   는데 직장에 돌아가서 어떻게 대처해야 할지 모르겠어요. 저는 동
>   료가 한 것에 대해 너무 화가 났어요.
> 디렉터: 우리는 당신의 위와 역할을 바꾸어, 당신이 느끼는 것을 표현하거
>   나 또는 당신이 일하는 곳을 꾸미며 어제 당신을 아주 화나게 했던 것
>   을 우리에게 보여 주는 것으로 시작할 수 있어요. 어떤 것이 정서적
>   으로 더 가깝게 느껴지나요?
> 주인공: 제 생각에 일어난 일을 가지고 시작하는 것이 가장 좋을 것 같아요.

계약을 체결하는 것이 항상 이렇게 곧바로 되는 것은 아니다. 때로
주인공은 필요 이상의 말을 하고, 매우 세부적인 것까지 말하고 싶어하
고 또는 여러 가지 서로 다른 영역의 문제들로부터 결정을 내리지 못
할 수 있다. 기본 원칙은 주인공이 가능한 한 빨리 행위로 들어가게 하
는 것이다. 이것은 디렉터에게 생각할 시간을 주고, 그 정서적 단서를
추적하는 데 필요한 거리를 제공한다. 흔히 주인공은 디렉터에게 무엇
을 해야 할지 결정하도록 요구하고 그 결정을 위임하고 싶어한다. 당신
이 주인공에게 디렉터와 역할을 바꾸도록 요구한다면, 그들은 우리들

각자가 자신의 삶에서 전문가임을 발견하게 될 것이다. 무엇을 해야 할지 아무도 모른다. 그래서 주인공은 시작점을 제시하기 위하여 더 준비가 필요하다.

디렉터는 주인공에게 그들의 역할이나 이 장면에서 과도하게 발달된 것, 적절한 것, 전혀 발달되지 않은 것, 갈등이 되는 것, 또는 결여된 것이 무엇인지 물을 수 있다. 무엇이 일어났어야 하는지를 실연함으로써 그 장면에서 일어나고 있는 것을 멈추고 교정할 수 있다. 한 '아이'가 강한 척 하기보다 성장을 위해서 필요한 지지를 받을 수 있다. 즉 이것은 그곳에 있어야 할 어떤 사람을 데려오고, 하도록 허용해서는 안 될 어떤 사람을 제외시킴으로써 가능하다. 이것은 삶을 통해 이루어진 대처 전략이지만 앞으로의 발전을 방해한다. 디렉터는 장면을 진행하면서 '바위가 되지 않고 투명하게 되지 않기 위해서 무엇이 필요하지?'라고 물을 수 있고 주인공은 필요한 것을 취할 수 있게 됨으로써 그 장면에서뿐만 아니라 앞으로의 삶에서 더 이상 유용하지 않은 것을 버릴 수 있고 필요한 것을 받아들일 수 있다.

극을 통해서 새로운 정보를 접하는 가운데 그 계약은 흔히 새롭게 된다. 앞에서 제시한 이야기의 예를 보면, 우리가 장면을 극화할 때 주인공은 삶의 초기에 일어났던 어떤 것을 기억할 가능성이 있다. 그를 화나게 한 동료는 형의 어떤 측면과, 그들이 10대였을 때 그와 형 사이에 있었던 어떤 일을 떠올리게 할 것이다.

이 계약은 다음과 같이 바뀔 수 있다.

디렉터 : 당신은 전에 형과의 관계에서 이와 같은 느낌을 가졌다고 말했었죠. 이 문제가 시작된 곳으로 가 보는 것은 이것을 탐색하기에 유용할 수 있는데…… 당신 생각은 어때요?

주인공 : 좋아요.

디렉터 : 그 일이 언제 일어났죠?

주인공 : 제가 14살이었고 우리는 시골에서 사촌들과 함께 있었어요.

디렉터 : 자, 마음의 눈으로 그것을 볼 수 있게 장면을 만들어 봅시다.

다음과 같은 질문을 덧붙일 수도 있다. 우리는 어디에 있습니까? 우리는 어떤 방에 있죠? 이 방은 얼마나 큽니까? 여기에 또 누가 있나요? 무슨 일이 일어나죠? 누가 처음 말하지요? 계약은 좀 더 세부적일 수 있다. 예를 들면 다음과 같다.

디렉터 : 이 회기가 끝났을 때 무엇이 이루어졌으면 좋겠어요?
주인공 : 저는 직장에 돌아가는 것에 대해 더 확신을 갖고 싶어요.
　　　　저는 위의 통증을 없애고 싶어요.
　　　　저는 분노를 더 잘 조절하고 싶어요.
　　　　저는 왜 이렇게 사소한 일이 저를 화나게 하고 두렵게 하는지 알고 싶어요.

회기가 끝날 즈음에 디렉터가 주인공에게 그 목표가 충족되었다고 느끼는지 물어보고 그렇지 않다면 필요한 행동을 하도록 하는 것이 적절하다.

행 위

그 주인공은 한 장면이나 여러 장면을 바로 실연할 수 있는데, 이것은 과거, 현재, 미래의 시점에서 행해질 수 있고 일어났을 수도 있으며 그렇지 않을 수도 있고 또는 실제로 일어날 가능성이 있을 수도 있는 것이다. 주인공의 기초 작업이 상황들을 적절하게 만날 수 있는 그들의 자발성과 창조성을 발전시키는 것이기 때문에, 항상 원래의 행동과 반응으로 시간을 거슬러 돌아갈 필요는 없다. 때로 어떤 사건이 특별히 외상적인 것이었다면 이것은 금지된다. 유사한 자발성 훈련 상황이 잉여현실의 영역에서 즉흥적으로 만들어질 수 있다. 집단에서 작업할 때 주인공과 보조자 또는 관객의 한 성원은 내부 세계와 외부 세계 사이에 어떤 교량이 만들어지면 적절하게 기능할 수 있다. 그 과도기적 공간은 심리극 극장이 될 수 있다.

주인공과 함께 무대에서 작업할 때, 심지어 우리가 어린 시절 장면으로 돌아갔을 때조차도 실연은 현실을 재창조하는 것이 아니고, 현실을 뛰어넘거나 현실 위에 있는 어떤 잉여현실의 장면을 창조하는 것이다. 당신은 심지어 우리가 새로운 현실을 창조했다고 말할 수 있다. 우리 각자는 지금까지 생활을 통해 형성된 세계관을 가지고 집단에 참여한다. 이것은 불가피한 것이지만 부정적인 경험에 기초한 기대는 우리의 인생 극에서 '디렉터(제작자)'의 역할에서 오래되고 부정적으로 부여된 역할에서 인생의 공동 배우를 캐스팅하고 우리 인생의 극을 비극으로 재상연함으로써 부정적인 세계관을 지속시킨다. 간단히 표현하면 우리는 오래된 각본을 재연한다. 이것이 전이의 본질이고 도구는 '투사'이다. 우리는 다른 사람에게 기대한 역할을 투사하는데, 우리가 종종 투사적 동일시의 과정을 지속한다면, 우리는 요구한 것을 얻을 것이다. 이런 식으로 아이일 때 매를 맞아 왔던 어떤 사람은 전에 어떤 사람도 때린 적 없는 파트너로부터 구타를 촉진시킬 수 있다. 심리극에서 우리는 오래된 각본을 버리고 지속적으로 새로운 각본을 창조하는 것을 목표로 한다.

드 렉

드렉은 태어난 지 몇 주된 아이들을 돌보는 어린이집을 그만두었다. 그는 줄곧 한 기관에서 다른 기관으로 옮겨 다녔다(이것은 권위자들이 그 집에 있는 아이가 특정한 직원에게 애착을 갖는 것은 현명하지 못하다고 생각하는 그 즈음에 발생하였다.). 그가 어떤 직원에게 애착을 갖게 될 때마다 다른 기관으로 옮겼다. 그는 삶에서 긍정적인 기억들을 갖고 있지 않았고 어린 시절의 많은 기억들을 억압해 왔다. 성인으로서, 그가 어떤 우정관계도 만들지 않고 결코 어떤 이성친구도 갖지 않았다는 것은 놀라운 일이 아니다. 그는 법률가로서 훈련을 시작하였지만, 그가 그 훈련의 한 부분으로 고려해야 할 의무가 있는 부분에 직면해 깊은 우울에 빠졌을 때 그것을 포기하였다. 그는 여전히 치료사들에 대해 희미한 희망을 갖고 있었음에도 불구하고 집단에 참여하면서 불안해하였고 우리 모두를 불신하였다. '권위자들이 가장 잘 안다.'는 것은 그것이 비참하게 느껴지는 현실임에도 그의 삶을 조종하는 금언이었다. 어린 시절에 그가 가져 보지 못한 슬픔뿐만 아니라 집단에서 몇 해를 보내면서 그는 새로운 기억으로 새로운 어린 시절을 실연하고 만들었다. 그는 부모, 형제 그리고 친구를 갖는 것 같은 느낌을 경험하였는데, 이들은 한결같이 보호자의 역할을 대신하였고 이들은 주인공이 표현했던 거의 모든 극에 등장하였다. 그는 다른 사람들의 극에서 그런 역할을 연기해 보는 경험을 하였고, 마침내 그는 집단에서 다른 사람들이 그를 좋아하고 그도 그들을 좋아하고 신뢰하였던 것에 감사하고 내재화할 수 있었다. 이것은 집단 밖의 다른 사람들과의 우정을 만들도록 이끌었다. 그는 좀 더 친밀한 관계를 시도하였고 나중에 나는 그가 안정적으로 여자 친구를 사귀게 되었고 공부를 다시 시작하였다는 소식을 들었다.

잉여현실 장면에서의 주인공

앞서 필자는 전형적인 심리극 회기를 묘사하였지만 그 행위는 그 사람의 깨어 있는 삶, 합의된 현실 또는 논리와 분명한 연관이 있어야 하는 것은 아니다. 실연 장소는 다른 생애, 다른 행성일 수 있다. 그 사람은 실제적인 관계에서는 존재하지 않는 다른 사람과의 관계에 대해 행위할 수 있다. 주인공이 은유적인 수준, 잉여현실의 영역 또는 환상적인 수준에서 작업하는 것은 전혀 이상하지 않다. 그러한 장면들에서 중재자로서의 디렉터 역할을 논의하면서 프랜시스 바튼(Francis Batten)은 '여러 가지 현실들 사이를 넘나드는' 여행자 역할의 중요성을 인용하였다.

여러 가지 현실들(예, 과학성, 교감적 혹은 신화적), 몽환적 상태들, 초현실적 혹은 명상적 상태들, 사적인 비전, 꿈, 환상과 집단무의식에 대해서 자각하고 개방되어 있는 사람. '여러 현실을 여행하는 사람'은 자기의 신분증을 분실하지 않는다. 즉, 그들은 경계를 넘어 교감된 현실을 떠나고 다시 되돌아올 때 자기의 본성을 유지한다.

(Batten, 1992: 62)

물론 여러 현실들을 여행하는 사람의 역할 역시 주인공을 위해 중요하다. 디렉터는 주인공이 존재하는 곳에서 그를 만난다. 꿈 작업을 할 때, 잉여현실의 상태가 자연스럽게 제공되고, 주인공은 꿈이 회상되는 대로 꿈을 실연한다. 내용은 치료사에 의해 분석되거나 해석되지 않지만 꿈속의 다른 요소들과 역할바꾸기를 통해, 꿈꾼 사람은 그 꿈의 의미를 새롭게 이해하게 되고 깨어 있는 삶에서의 여러 사건들과 연결 지을 수 있다. 실연을 통해 잉여현실의 수준은 유지된다. 주인공과 함께 작업하는 유사한 방법은 신화나 공상이야기를 통해 작업함으로써 이루어질 수 있고 또 다른 가족성원의 역할에서 전체 극을 실연함으로써 이루어질 수 있다.

융학파 분석가인 마리 왓킨스는 모레노의 잉여현실 개념과 일치하는 상상적인 대화에 대한 몇 가지 시각들을 제시하였다.

> 나는 상상적 대화가 단순히 현실을 반영하거나 왜곡하는 것이 아닌 현실을 창조하는 과정을 여러분에게 제시할 것이다. 실제는 반드시 상상에 반대되는 것이 아니라 상상을 포함하는 더 넓은 것으로 여겨질 수 있다. 그리고 의인화는 원초적 마음의 적극적인 증상이 아니라 극적이고 시적인 특성을 표현하는 것이다. (Watkins, 1986/1990: 58)

주인공의 현실 경험을 수용하는 것이 심리극 작업의 시작점이다.

> 집단성원인 캐롤린은 남편이 외도를 하며 만났을 거라고 상상하는 한 여자에 대해 몇 주 동안 이야기해 왔다. 그 관계가 사실이라는 구체적인 증거는 없었지만, 그 여자가 실제로 존재하건 그렇지 않건 간에 캐롤린의 결혼생활에 영향을 미치고 있었다. 그녀는 캐롤린의 현실에 존재해 있었고 캐롤린과 그녀 남편의 삶에 매 순간 영향을 주고 있었다. 우리는 무대에서 잉여현실의 장면을 가지고 작업하였고 거기서 그들 세 사람의 만남이 실연되었다. 다른 여자와의 관계를 만들고, 그녀와 역할바꾸기를 하고, 그녀 자신, 그녀의 남편 그리고 다른 여자들 간의 대화를 함으로써, 캐롤린은

결혼 문제를 다루는 것과 그녀 삶을 방해하는 무기력으로부터 그녀 자신을 자유롭게 할 수 있었다.

캐롤린의 흥미 있는 뒷이야기는 초기 몇 달 동안 남편과 직면했을 때 남편이 다른 여자의 존재를 부정해 왔음에도 불구하고, 나중에 그 여자는 실제로 존재하였고 그가 여러 해 동안 그녀와 성관계를 해 왔다는 것이 밝혀졌다. 그 시점 이후에 그들은 그 상황의 진실에 대하여 이야기할 수 있었다. 그들은 거의 결별했지만 다시 깊은 사랑에 빠졌고 자신들의 관계에 새로운 계약을 만들었다. 남편은 자신을 좀 더 진실되게 하는 새로운 관계를 캐롤린과 갖고자 하였다.

체계 내에서 주인공

이것이 분명한 것처럼 보일 수 있지만 필자는 억압된 고통을 꿈이나 은유적인 형태로 드러나게 하는 의식화 작업이 항상 주인공을 위한 최선책이 아니라는 것을 어떻게든 이야기할 것이다. 전이를 작업하는 방법은 여러 가지가 있다. 은유적인 수준에서 작업함으로써 주인공은 다시 한 번 외상 경험을 하지 않고 꼭 필요한 작업을 할 수 있다. 과학자들은 어떤 체계 기능의 한 수준에서 무언가가 변화되면 그 체계 내의 다른 모든 수준에서 비슷한 변화가 일어날 것이라고 말한다(동일구조의 체계 원리). 자세한 내용은 아가자리안과 피터의 『가시적인 집단과 비가시적인 집단(Visible and Invisible group)』(1981/1989)을 참고하라. 우리가 한 개인을 기능적, 신체적, 정서적, 심리적, 사회적, 정신적인 모든 수준을 가진 하나의 체계로 생각한다면, 우리는 그 개인 내부의 어떤 곳에서 일어난 변화는 그 존재의 다른 모든 수준들에 영향을 미친다고 가정할 수 있다. 예를 들어, 우리가 주인공이 안도감을 느끼고 더 이상 잠자기를 두려워하지 않도록 악몽을 심리극적으로 작업한다면, 그들은 여러 면에서 더 나아진다고 느낄 것이다. 악몽을 꾸도록 한 인생의 사건이 반드시 언급되어야 하는 것은 아니지만 인지적 수준에서의 자각이 흔히 증가하는데 이는 정신 신체적 증상을 감소시킨다. 만약 우리가 집단을 하나의 체계로 생각해 동일한 것이 진실이라고 할 수 있다면,

거기에는 아주 많은 수준이 있을 뿐이다. 이것은 삼차원 체스와 대체로 비슷한 원리이다.

폴 홈즈(1992: 18-29)는 하나의 체계 내에서 '전체는 부분의 합 이상이다.'라는 것을 우리에게 상기시킨다. 그는 작동하고 있는 손목시계는 전체가 버스에 깔린 후 부서진 조각들보다 더 가치가 있다고 지적한다. 그는 심리극 집단이나 가족 집단을 체계로 보고 비교하면서 "집단은 다르며 개인의 집합 이상이다."라고 한다. 홈즈는 계속해서 "체계의 각 부분은 다른 부분에 영향을 미친다."라고 말한다. 그는 디렉터가 디렉팅할 때 유의해야 할 상호작용 체계를 묘사한다. 즉, 수레바퀴 안의 수레바퀴, 은유적인 '내적 세계'를 통해 소우주인 원자, 분자, 유전의 수준으로부터 개인, 가족, 공동체, 국가 및 국제적인 수준에 이르기까지 개인의 신경체계의 변화는 신체의 다른 체계에 영향을 미칠 것이고, 그 다음에는 그들의 정서, 인지, 체계에 영향을 미칠 것이다. 저혈당인 사람은 민감해지기 쉬우며 그 사람은 심하거나 장기간 스트레스를 받게 되면 신체적 증상을 경험하기 쉽다. 심리치료 집단에서 의사소통은 언어적 상호작용이든 비언어적 상호작용(예, 신체언어, 얼굴표정)이든 의식화될 수 있다. 이것은 또한 무의식적 과정을 포함할 수 있다(Holmes, 1992: 19). 체계 역시 폐쇄적일 수 있다. 즉, 이것은 의사소통이 다른 체계와 연결되지 않거나 개방되지 않는다는 것을 말한다. 자동차의 배터리가 닳았을 때처럼 또는 한 사람이 자신을 너무 고립시켰을 때처럼 닫힌 체계는 에너지가 고갈되었을 때 기능하지 못한다. 개방된 채로 남아 있기 위해서 체계는 앞과 뒤의 에너지 흐름이 필요한데, 이것은 인간의 신체와 심리극 집단의 경우에도 마찬가지이다.

다중 주인공

주인공이 실연한 것을 논의하는 과정에서 이따금 둘 또는 다중 주인공이 심리극에 참여할 수 있다고 한다. 이런 경우에 둘 또는 그 이상의 주인공이 동시에 장면을 실연할 수 있다. 이러한 회기를 이끌기 위해서는 뛰어난 경험이 요구된다. 따라서 이러한 작업양식을 확장하기 위해이 장의 나머지 부분을 할애하지는 않겠지만 그것이 하나의 대안이라는 것을 아는 것은 중요할 수 있다. 마샤 카프는 이 과정을 세세하게묘사하였고, 같은 심리극에서 주인공으로 참가하는 것이 한 사람 이상이 적당한지와 언제 적당하지 않은지를 더 명확히 제시해 준다(Karp, 1994: 45). 때로 그녀는 사람은 다른 누군가의 감정에 참여해 봄으로써자신을 표현하는 워밍업을 한다고 말한다. 그들의 정서와 사고는 무대위에서 표현될 준비가 되고 가능해진다.

주인공이 '곤경에 빠지면'

주인공의 에너지가 막히게 되고 그래서 극에서 앞으로 나아갈 길을찾을 수 없다면 디렉터는 여러 주인공들과 작업을 고려하기 전에 선택할 수 있는 많은 대안들이 있다. 정화가 있기 직전에 주인공의 에너지수준이 멈칫거리는 것은 전혀 특별한 것이 아니라는 것을 기억하라. 주인공이 막힌 것처럼 보일 때 디렉터는 다음과 같은 선택사항들을 고려할 수 있다.

- 신체단서와 동일시를 활용한 이중자아를 사용한다. 즉, 주인공이말하지 않았지만 생각하거나 느끼는 것을 말로 표현하도록 하거나주인공이 보다 자발적인 상태로 되돌아가도록 하나의 지지원으로서 단순히 행위할 수 있다.
- 주인공은 장애(구체화)와 역할을 바꾸도록 지시받을 수 있다. 이것이 무엇처럼 보이고 무엇을 말하고 무엇을 행하는가? 누가 그와 같은 소리를 내는가? 보조자는 장애를 표현하는 데 선택될 수 있고그 주인공을 그다음에 이어서 계속할 수 있다.
- 거울기법을 활용하라. 즉, 누군가 그 장면에서 그 사람의 역할을 하도록 하고 주인공이 거리를 두고 서서 바라보게 할 수 있다. 그렇게 함으로써 주인공은 또 다른 수준의 자각을 할 수 있고 잠시 동

안 공동 디렉팅에 참여할 수 있다.

- 다른 집단성원들에게 한 사람씩 차례로 그들이 그 장면에서 할 수 있는 것을 해 볼 수 있도록 지시할 수 있다. 이 방법은 거울기법(주 인공은 빠져나와 바라보는)의 다른 형태이다. 또는 떠돌아다니는 이 중자아(주인공은 장면에 남아 있고 한 번에 한 사람의 집단성원이 나와 주인공의 어깨 뒤에 서서 그들의 반응을 제안하는)를 사용할 수 있다.
- 주인공이 집단을 위해 극을 해야 할 책임이 없기 때문에, 막히는 그 장면에서 중단하라. 이때 나누기는 더 분명해 질 수 있다.

디렉터는 주인공으로부터 나오지 않은 장면들을 하게 해서는 안 된다.

나누기 단계에서의 주인공

극이 종결에 가까워질 때, 주인공은 대개 조용하게 집단의 나누기를 받아들이게 된다. 주인공은 다른 집단성원들이 그를 동일시하였던 내용을 들음으로써, 무대에서 정서적으로 다소 벌거벗겨진 체로 집단으로 되돌아간다. 흔히 주인공은 이러한 과정을 통해 정서적으로 다시 옷을 입는다. 때로 단지 눈맞춤만으로도 많은 것을 전달할 수 있고 회기에서 치유가 이루어진다. 때로 타인들이 말하거나 행하는 것을 받아들일 수 있는 주인공의 능력은 소진되므로 디렉터는 그들이 할 수 있을 만큼만 받아들이라고 말한다. 그러한 경우에 어떤 디렉터들은 다음 날, 다음 회기가 시작될 때까지 나누기를 미루고 싶어한다. 나누기는 주인공을 위해서뿐만 아니라, 집단성원들이 집단에서 유도된 것을 혼자 가져가 도록 하기보다 집단에 되돌려 놓고 가도록 계획된 것이기 때문에, 일반 적으로 집단이 즉시 나누기를 하는 것이 더 현명하다.

이 시점에서 주인공이 분석되거나 판단되도록 노출되어서는 안 된 다. 때로 피드백을 위한 잘못된 시간일 수 있으므로 디렉터는 이 회기 단계에서 주의 깊게 디렉팅해야 한다. 심리극은 외과수술과 같은데, 나누기는 주인공이 흔히 취약하고 일시적으로 낮은 방어체계를 가지고 있는 동안인 수술 후 보호단계이다. 디렉터는 주인공이 회기 후에 할 것에 대해 계획하는 것을 자각하고 '사후관리'를 증진시켜야 한다.

결 론

주인공은 '행위에서 처음'을 의미하는데, 집단의 행위 단계 동안에 무대에서 작업하는 사람이다. 그들은 집단의 대표가 되어 그때 집단과 가장 연관 있는 주제로 작업하는 자신들 극의 공동 제작자와 공동 디렉터이다. 그 주인공은 디렉터에 의해 집단이나 집단 안에 있는 집단성원 중에서 미리 선택될 수 있다. 디렉터와 계약을 한 후 그들은 새로운 현실을 창조하고 새로운 각본을 개발하는 잉여현실영역에서, 실제 사건이나 상상적인 사건을 나타내는 과거, 현재, 미래로부터 장면을 실연할 수 있다. 역할바꾸기를 통하여 그들은 그들 자신과 집단 모두를 위해 그 상황에 새로운 빛을 던져 준다. 그들은 새로운 역할을 시도하고, 그들의 역할취하기 기술을 개발하며, 역할 레퍼토리를 확장시키고, 자발성의 수준을 높이며 더 진실하고 개방하게 된다. 주인공은 흔히 과도하게 발달된 것, 적절한 것, 발달되지 않은 것, 갈등하는 것, 역할이나 장면에서 빠진것을 분명하게 혹은 은밀하게 탐색한다. 주인공은 자신의 생물학적, 정서적, 심리적, 사회적, 영적 체계 안에서 그리고 그 체계와 상호작용하면서 작업한다. 모레노는 무대 위의 주인공 작업은 사랑으로 기술하였고 집단나누기는 분석이나 피드백보다는 '사랑−되돌려주기'로 기술하였다. 집단의 나누기 단계에서 주인공의 역할은 조용히 경청하는 것이며, 다른 사람의 삶이 자신의 삶과 관계성이 있다는 것을 받아들이며, 심지어 이 관계에서 주인공은 집단의 삶을 통해 이어지고 있는 연결끈을 붙잡게 된다.

참·고·문·헌

Agazarian, Y., & Peters, R. (1981/1989). *The Visible and Invisible Group*. London: Routledge.

Batten, F. (1992). Magister Ludi, the Master of the Play—A Role of the Playwright. Thesis submitted as a partial requirement for ANZPA accreditation as a psychodrama director.

Holmes, P. (1992). *The Inner World Outside: Object Relations Theory and Psychodrama*. London: Routledge.

Karp, M. (1994). The River of Freedom. In P. Holmes, M. Karp, & M. Watson(Eds.), *Innovations in Theory and Practice: Psychodrama since Moreno*. London: Routledge.

Moreno, J. L. (1934/1993). *Who Shall Survive?*. Student edn. Ambler, VA: American Society of Group Psychotherapy and Psychodrama.

Moreno, J. L. (1977). *Psychodrama, First Volume*(4th edn). New York: Beacon House.

Moreno, Z. T. (1975). An Interview with Zerka T. Moreno. Dean of Training, the Moreno Institute, Beacon, NY. *Practical Psychology for Physicians*.

Watkins, M. (1986/1990). *Invisible Guests—The Development of Imaginal Dialogues*. Boston, MA: Sigo Press.

7

집단

Anne Bannister

장면 묘사 : 치료사가 정신분석에 참여하고 있는 몇 사람들을 함께 모은다. 그는 그들을 한 방에 있는 각자의 '지정된' 분석 의자에 앉게 한다. 그는 분석회기에서 했던 것과 똑같이 각자에게 '자유연상'을 하도록 요구한다. 놀랄 것도 없이, 그 결과는 혼란스럽다.

물론 이 초현실 극의 치료사는 모레노 박사(1977: xix)였고, 그해는 1921년이다. 이러한 방식으로 모인 집단은 공통된 무의식이 없으며, '자유연상'을 위해서 엄격하게 규칙을 적용함으로써 어떠한 집단 상호작용도 방해하기 때문에 집단 텔레가 작용할 수 있는 여지가 없다고 그는 결론지었다.

모레노는 이미 그의 사회측정학적 선택이론에 근거하여 작업하고 있었다. 그는 텔레라고 말한, 2인 이상 사람들 간의 상호작용이 어떤 개인의 동기를 이해하는 데 매우 중요하다는 사실을 알았다. 몇 년 앞서 프로이트는 이미 치료사와 환자 간의 관계에서 나타나는 전이와 역전이에 대한 이론을 발표하였다. 전이는 보통 부적절한 사람에 대한 강한 감정으로서 경험되고 환자 혹은 내담자 내부의 어떤 사람으로부터 감정이 이동되는 것이다. 역전이는 종종 비슷한 이유로 내담자에 대하여 치료사가 갖는 경험이다.

텔레는 치료사와 환자에게만 한정되어 나타나는 상호작용이 아니라 학교에서, 직장에서, 가정에서 존재하며 우리가 친구를 어떻게 사귀고, 어떤 선생님에게 얼마나 더 잘 배우고, 배우자를 어떻게 선택할 것인지를 결정하는 데 중요한 역할을 한다는 것을 모레노는 깨달았다. 그는 텔레의 힘을 이용함으로써 사람들이 새로운 방식들을 배울 수 있고 그들의 행동을 변화시킬 수 있다는 것을 알았다.

모레노 이론의 많은 부분은 그가 비엔나 공원에서 아이들이 함께 노는 것을 관찰한 것에 기초하고 있다. 한 아동이 자기 자신의 개체와 분리된 존재에서 편안하게 느끼게 되고, 자신을 돌봐 주는 주요한 사람과의 관계에서 안전하게 되면, 그는 집단의 힘을 인식한다. 아동들이 다른 아동들과 연계를 맺음에 따라 텔레가 작용하게 되고 아동 집단이 개개 아동의 욕구를 보호하고 증진시키는 데에 '어머니'나 '아버지'와 같이 강력해질 수 있다는 것을 깨닫게 된다. 놀이를 통해, 아동들은 집단의 형성과 재형성을 연습한다. 때로 집단들은 근본적으로 '소무리'를 형성하기 위해서 또는 다른 집단을 공격하기 위해 형성된 과업집단이다. 평소에 집단은 집단 자체의 목적을 위해 존재한다. 어떤 어린이가 열정적으로 새로운 행동을 연습함으로써 역할이 채택되고 나중에는 사라지게 된다. 만약 그 아동에게 주어지는 보상이 바람직한 것이 아니라면 새로운 행동은 잠시 후에 사라지고 다양한 상호작용이 일어날 것이다.

이것은 집단이 개인들에게서 변화의 매개체로 어떻게 작용하는지를 보여 주고 있다. 아동은 1차 집단, 보통 가족에게서 조작하는 것을 배우고, 나중에 또래집단에까지 조작의 영역을 확장하여 역할 레퍼토리를 획득하게 된다. 성인 역할 모델은 청소년에게 대단히 중요하지만(예를 들어, 팝 스타, 스포츠 스타), 그들의 행동이 청소년의 집단 상황 안에 수용될 수 없으면, 그들의 영향력은 지속되지 않는 것 같이 보인다.

그러나 사람은 단지 역할들의 집합은 아니다. 실제로 모레노는, "역할이 자기(self)로부터 나오는 것이 아니라, 자기가 역할들로부터 나온다."고 말한다(1993, 47). 역할은 대개 의식적 행동 영역에 포함되어 있는 데 반하여 우리 모두는 우리의 성격에 깊이와 자발성을 더해 주는 개별 혹은 개인무의식을 가지고 있다.

치료집단에서의 무의식적인 영향

디렉터를 포함해서 집단성원들의 무의식적 행동을 인식하는 것은 집단 내에서의 행위들을 충분히 이해하는 데 중요한 역할을 한다. 무의식적 행동에는 적어도 세 가지 수준이 있다. 대부분의 심리극 전문가들은 개인무의식에 억압된 자료가 행동에 영향을 끼친다고 알고 있다. 대부분의 집단치료사들도 원형적인 이미지들이 집단 전체에 영향을 주는 집단무의식이 있다는 것을 잘 알고 있다. 심리극 전문가들은 디렉팅할 때, 가끔 개인적 자료를 사용하는데 그들은 또한 우리의 가족, 우리 선조의 뿌리 그리고 집단 자체 내의 관계가 우리의 행동을 형성하는 데 중요한 역할을 하는 공동무의식의 영향을 인식하여야 한다.

개인무의식

프로이트는 무의식적 행위는 과거에 억압되었던 개인적인 자료에 의해 야기된다고 가정하였다. 융은 이러한 가정에 동의하였으며 순수한 자발성은 의식적 동기화가 아니고 자동적으로 작용하는 무의식적인 마음이라는 개념에 동의하였다. 모레노는 심리극을 자발성 극장이라고 불렀다. 심리극은 그 자체가 창조성의 시작인 자발적 행위의 표현을 북돋아 준다. 물론 창조성은 적어도 창조자에게는 새롭거나 뭔가 다른 성장이며 그것은 또한 변화의 매개체이기도 하다.

극은 자발적, 창조적 행위이고, 작가나 디렉터 없이 배우들 간에 이루어지는 공동의 활동이라고 할 수 있다. 특별히 배우들의 훈련이 '연출론' 적 행위(Stanislavski, 1936)라면, 어떤 역할 혹은 행위를 묘사하기 위하여 그들의 개인적 경험을 끌어낼 수 있지만, 가끔 이러한 행위들은 다른 배우, 관객에게는 자발적인 반응들을 이끌어 내고 이것들은 정화나 변화와 창조성이 가능한 상태를 만들어 낸다. 희랍의 연극은 창조적 행위의 전형인데, 때로 배우들에 의해 시작되었으며, 배우들과 관객의 분명한 구분이 없고, 관객이 자발적으로 반응하는 극장에서 이루어졌다. 이러한 변화의 매개체는 희랍 문화에서 광범위하게 이용되었다.

머레이 콕스(Murray Cox)는 폐쇄 정신병동의 셰익스피어 공연에 대한 해설에서 그와 비슷한 상호작용을 기술하고 있다(Cox, 1992). '원형' 무대에서, 강간과 살인의 묘사는 관객들 속의 살인범들과 강간범들의 마음에 깨달음을 주었다. 자발적으로 그들은 그들의 희생자의 역할과 역할바꾸기를 하였고, 아마 처음으로 희생자의 고통과 공포 그리고 그들이 어린 시절에 고통당하였을 때 느꼈던 자신의 고통과 공포 사이의 관계를 인식하게 되었다.

존 케이슨(John Casson, 1977)은 셰익스피어가 이러한 상호작용을 완벽하게 이해하였음을 우리에게 상기시키고 있다. 셰익스피어가 '연극 속의 연극'을 자주 활용하여 관객들이 그들의 무의식적 감정을 다른 배우들에게 투사하는 것을 보여 줌으로써, 다른 방법으로는 접근할 수 없는 개인적 자료를 어떻게 다루는지 그 과정을 관객에게 보여 주는 것이다.

우리에게 최신의 것을 제공하기 위하여, 케이슨은 또한 '플레이백 시어터'(모레노의 아이디어로부터 발전되었으며, 조나단 폭스에 의해 시작됨.)에서, 관객은 개인적 경험을 말하고, 이것이 배우들과 '화자'에 의해 자발적으로 행위화된다는 것을 우리에게 상기시킨다. '플레이백 시어터'의 정화와 치료적 경험은 심리극과 연극치료에서의 집단경험과 유사하다.

최근 제2차세계대전 종전 50주년 기념식에서 있었던 전쟁에 대한 연극에서 필자는 연기를 하였다. 작가는 그 시기에 살았던 지역 사람들의 개인적인 이야기를 듣고 극본을 썼다. 한 가지 이야기는 네 살 때인 1939년에 폭격을 피하여 도시에서 시골로 피난하였다가, 종전 후에 그곳에서 그의 양어머니와 함께 살기로 하였던 한 아동의 이야기이다. 어린 소녀임에도 불구하고, 그녀는 가난하고 식구가 많은 집에서보다는 그녀의 미래에 좀 더 많은 기회들이 있다는 것을 알 수 있었다. 그 장면을 보는 동안, 어머니가 아동의 어쩔 수 없는 상황을 받아들이는 장면을 보면서 지금은 60세인 한 여인, 즉 과거의 아동은 정화적 반응을 경험하였다. 그녀는 처음으로 그 어머니의 감정을 이해하였고, 그녀에게 아동으로서 그녀 자신의 결정에 관한 어떤 해결되지 않은 죄책감, 고통과 화해하도록 도움을 주었다고 나중에 필자에게 말하였다.

　연극에서 연극의 구조가 정화를 경험할 수 있는 형식을 제공한다는 것을 기억하는 것은 중요하다. 치료집단에서는 주인공(혹은 주연)이 처벌받지 않고 실수하면서 여러 방식을 시도해 볼 수 있도록 그를 지지하고 배려할 것이다. 많은 연구에서 정화(Kellermann, 1992)만으로는 심리치료적 치유를 경험하는 데 충분하지 않다는 것을 보여 주고 있다. 그러나 그것은 문제의 원천이 될 수 있는 무의식적 과정을 상기하게 할 수 있다. 특히 집단 상황에서 많은 여러 가지 요소들이 치유과정에 기여한다.

집단무의식

　집단무의식은 또한 우리 성격의 중요한 부분이며, 이것은 집단의 상호작용에서만 발달될 수 있다. 융은 이것이 의식적인 것이 아닌 마음의 일부분이라는 개념을 발달시켰는데, 집단무의식은 개인무의식에 존재하지 않기 때문에 억압되지 않는다. 그것은 원형들, 유전으로부터 유래된 마음의 부분이다(Jung, 1964). 때로 이것은 본능이라고 말한다. 융은 문화적 규범이나 금지가 아니라 여러 세대 동안 횡문화적으로 존재해 온 보편적인 형태들과 이미지들이라고 말한다. 십자가, 뱀, 혹은 용, 만다라, 생명의 원천으로서 물 등과 같은 불변의 상징들은 신화, 전설, 종교, 요정 이야기와 그림 속에서 나타난다. 이러한 재료를 수용하면서, 융은 우리가 마음의 과정들을 이해하는 데 필요한 형상을 제공하는 꿈, 망상, 환각을 설명하고 있다.

이러한 횡문화적인 이해는 연극치료 전문가인 알리다 저시(A. Gersie, 1992)가 언급한 이야기들에서 잘 드러나 있다. 그녀는 모든 사람들에게 친숙한 보편적인 주제나 개념을 보여 주기 위하여 아프리카, 남·북아메리카, 오스트레일리아, 아세아와 유럽의 이야기들을 활용하고 있다. 다른 문화의 영향을 받은 적이 거의 없는 오스트레일리아 원주민의 구전된 옛이야기들이 특히 흥미롭다. 그녀는 우리 세계의 생태-체계의 중요성을 강조하기 위하여 모든 이야기들을 활용하며 그것들이 우리의 보편적인 이야기라는 것을 보여 주기 위하여 개인적 그리고 집단적 이야기들을 연결시킨다.

공동무의식

모레노는 또한 사람들 간에 함께 연결된 무의식의 형태를 논의하였다. 그는 그것을 공동무의식이라 하였다(Moreno, 1977: vii). 공동무의식은 텔레를 포함하지만, 또한 집단무의식의 요소들을 가지고 있다. 모니카 주레티(M. Zuretti, 1994)는 인류의 지구상 생존과 일치하는 이러한 경험들의 저장소인 '우주적 모체'를 기술하고 있다. 그녀는 이것이 어떤 문화에서는 영혼으로 불린다고 말한다. 그녀는 공동무의식은 집단과정을 지탱해 주는 에너지라고 말한다.

주레티는 우주적 모체 혹은 공동무의식을 출생 혹은 수태 이전에 일어난 사건들의 기억 속에서 인식하고 있다. 심리극 집단에서, 우리는 자주 주인공에게 아버지나 할아버지와 역할바꾸기를 하도록 요구한다. 그러한 역할을 하는 동안에 주인공은 그 역할에 속해 있는 기억들이나 설명할 수 없는 느낌을 가질 수 있는데, 그것은 그 자신의 현재 행동을 설명한다. 주인공이 직접 경험할 수 없는 먼 옛날의 이러한 기억들은 개인적으로 억압된 기억들(무의식)과 다르고, 또한 인류학에서 배울 수 있는 원형적인 기억들(집단무의식)과도 다르다. 그래서 공동무의식은 텔레의 확장이고, 그것은 개인의 역사이며 가족의 역사이고 집단의 역사이다. 이것이 우리가 심리극을 지도할 때 작업하는 소재이다.

디렉터

집단이 존재하기 전에는 아무것도 없었다. 안토니 윌리엄스(Antony Williams, 1991)는 심리극 전문가들은 아무것도 없는 공간으로 뛰어 들어가서 집단성원들이 그들의 과거 사실들을 방출할 수 있는 수용체를 만들도록 도와준다고 말한다. 필자는 학대받은 성인과 아동들을 대상으로 심리극을 할 때, 안전한 분위기를 만드는 것은 특히 중요하다고 생각한다. 이러한 분위기를 만들기 위하여 구조와 경계들에 주의를 기울이고 집단이 진전됨에 따라 발달되는 개인과 집단의 주제를 깨닫는 것 또한 중요하다.

모레노는 집단이 시작될 때 나타날 수 있는 이러한 양 측면의 문제들을 해결할 수 있는 방법을 제안하였다. 이것을 웜업이라고 한다. 신체적 활동을 의미하는 '웜업'은 심리극 초심자들에게 가끔 잘못 이해되고 있다. 그것은 이 책의 수지 테일러(Susie Taylor)가 쓴 장에 분명하게 소개되어 있다. 그러나 여기서 필자는 개인을 위한 웜업보다는 집단을 위한 웜업의 목적에 초점을 맞출 것이다.

'아무것도 없는 공간으로 뛰어들기' 위해서, 디렉터는 어떤 이야기를 할 수 있고, 전체 집단을 위한 단순한 활동을 제안하거나 집단성원들로부터 특정한 정보를 요청할 수 있다. 그렇게 하면서, 디렉터는 집단이 집단문화, 집단준거, 집단 정체성을 결정할 수 있도록 틀을 준비한다. 초점을 개인에게 두지 않고 집단에 맞춘다. '나는 누구인가? 보다는 '이 집단은 누구이고 무엇인가?'를 집단성원에게 묻는다. 윌리엄스(Williams, 1991: 89)는 이때 디렉터의 태도가 중요하다고 말한다. 자발성은 무엇이든 일어날 수 있음을 의미하지만, 집단이 자발성을 다루는 디렉터의 역량을 신뢰하는 것이 중요하다. 또 디렉터는 변화를 격려하기 위해서 개인뿐만 아니라 집단과 방법을 신뢰해야 한다.

집단을 신뢰하지 않는 디렉터는 통제적이며 독재적일 수 있다. 그래서 집단은 파괴적이거나 억압적으로 반응하게 될 것이고, 이는 디렉터가 집단을 신뢰할 수 없게 만들 것이다. 어떤 집단성원들은 생존을 위해 투쟁한 자신의 삶이 지나치다고 생각하기 때문에 투쟁하지 않으려 한다.

방법을 신뢰하지 않거나, 방법을 운용할 수 있는 자신의 역량을 신뢰하지 않은 디렉터는 확신을 갖지 못할 것이다. 또한 그들은 집단을 즐겁게 디렉팅하지 못할 것이다. 그들은 우울하거나 강하게 집착되어 있는 집단성원들을 깜짝 놀라게 하는 방식으로 '부정성' 혹은 '경직성'을 투사할 수 있다. 집단은 절망적이라는 그들의 견해를 확신할 수 있다. 역설적으로, 때로는 집단성원들이 자기 자신의 희망과 확신의 저장고를 발견할 수 있지만, 결과적으로 이것은 우울한 내담자 집단에게 임상적으로 수용할 수 없는 위험이 초래될 수 있다.

집단을 신뢰하기 위하여, 디렉터는 변화를 위한 모든 요소와 씨앗이 집단 속에 포함되어 있다는 것을 믿어야 한다. 이것은 각 개인이 그 자신을 치유할 수 있는 힘을 가지고 있다는 믿음을 의미한다. 그러나 그 힘을 갖기 위하여, 사람은 그 자신의 무의식적 욕구, 인간의 집단적 무의식, 그리고 집단의 공동무의식을 알아차릴 수 있어야 한다. 디렉터가 이러한 가능성들에 민감하다면 집단 자체는 변화뿐만 아니라 치유를 위한 도구가 될 수 있다.

웜업을 하는 동안에, 디렉터와 집단은 경계들을 만들게 되는데, 그것들은 행위를 위한 수용체 형성에 도움이 된다. 수용체 형성은 웜업 동안에 그리고 집단이 이루어지는 동안에 거듭해서 나타나는 집단의 주제에 의해서 결정된다. 디렉터는 집단성원들이 그 순간에 느끼는 것을 각자가 말하도록 하는 간단한 점검 웜업을 할 수 있다. 가끔 느낌이나 상태가 집단에서 꽤나 공통적이거나 혹은 강력한 사건에 의해 촉발된다.

예를 들어, 4일 동안 진행되는 훈련집단에서, 한 성원이 가족의 장례식에 참석하느라 하루 늦게 도착한다. 이 집단은 새로운 집단이기 때문에 그녀가 참석할 가능성이 있다는 것과 그녀의 불참 이유를 사람들에게 알리는 것이 중요하다. 우리는 집단을 둥글게 앉히고 그녀가 앉을 의자를 준비하고, 경우에 따라서 그녀가 참석할 것을 기억하도록 집단성원에게 그녀와 역할을 바꾸도록 요청한다. 비록 그녀는 하루 빠진 것에 대해 염려를 하였지만 나중에는 편하게 참여할 수 있었다고 말한다. (가족의 장례식 때문에) 죽음의 주제가 집단의 마음을 빼앗지는 않을지 우려하게 되었는데, 처음 이틀간은 그랬다. 그러나 3일째에, 주제가 상실한 것에 대한 일종의 슬픔으로 약간 변하고 우리가 가끔 과거 행동들을 떨쳐 버리기 전에 그것들에 대해 슬퍼할 필요가 있다는 것을 깨닫는다. 4일째 되는 날 그런 애도는 부활과 새로운 학습과 생활의 새로운 방식들을 훈련할 열망으로 대치된다. 집단은 그들의 가족 장례식과 같은 개인무의식적 주제, 훈련에 의해 제시된 새로운 것들을 학습하기 위하여 과거 행동들을 떨쳐 내는 집단무의식적 주제와 집단 창조성의 공동무의식 주제를 연결하였다.

집단심리치료의 장점과 단점

치료집단은 집단성원들과 디렉터에게 모든 치료적 인자들이 포함되어 있다. 여러 심리치료학파들은 이러한 치료인자들의 상대적 중요성에 대하여 논쟁해 왔다. 집단치료는 개인심리치료로부터 발달되었는데, 분석가들은 치료집단에서 개인의 정신역동의 중요성을 강조하곤 한다. 우리가 이 장의 서문에서 언급하였듯이, 모레노는 아마 정신역동의 중요성에 대해 동의하지 않았을 것이다. 예를 들어, 바이언(Bion, 1961)과 같은 사람들은 집단 그 자체에서 과정의 중요성을 강조한다. 오늘날은 개인과 집단의 과정을 수용하지만, 집단 내에서 대인관계의 가치에 중점을 두는 중간 방식이 더 받아들여진다.

그의 시대보다 앞서 모레노는 1946년에 처음 출간된 심리극 제1권(Moreno, 1977)에서 이러한 접근을 주장하였다. 그는 심리극 집단은 모든 심리치료적 요소들을 포함하고 있다고 설명하였다. 독백극(불교적 명상의 요소를 가지고 있는) 혹은 독백은 두 사람 사이의 대화이기 때문에 모든 개인치료의 기본적 요소들을 가지고 있다. 더구나 그는 집단이 모든 계층의 사람들에게 훨씬 더 접근하기 쉽다고 느꼈다. 명상적 접근은 선택된 몇몇 사람들에게만 성공적으로 이루어진다. 모레노는 2인 접근(개인치료)은 너무 비용이 많이 들고 대부분의 사람들에게는 이용될 수 없을 가능성이 있다고 느꼈다. 그러나 집단방법은 모든 사람에게 이용될 수 있다.

이러한 절충주의적 접근은 순수성이 없는 것으로 비춰질 수 있으나, 여러 학파의 집단치료가들에게 현재 수용되고 있다. 그런 까닭에 집단분석가와 심리극 전문가, 인간중심 치료사와 심리극 전문가, 그리고 연극치료 전문가와 심리극 전문가 간의 성공적인 동맹이 이루어졌다. 이러한 대부분의 사람들과 다른 집단 작업가들은 집단심리치료의 장점에 대한 얄롬의 기술에 동의한다.

얄롬(1970)은 다음과 같이 집단심리치료의 치료적 요인을 기술하고 있다.

① 정보제공
② 희망의 고취
③ 보편성
④ 이타주의
⑤ 일차가족 집단의 재창조
⑥ 사회적 기술의 발달
⑦ 모방행동
⑧ 대인학습
⑨ 집단 결속력
⑩ 정화

처음의 두 요인과 마지막 요인은 물론 개인치료에서도 마찬가지로 일

어날 수 있다. 우리가 앞에서 이미 논의했듯이, 심리극 집단에서 제3요
인인 보편성은 특히 강조되고, 제5요인인 가족집단의 재창조는 심리극
적 재실연에서 불가피하게 나타난다. 제6요인과 제7요인은 주인공이
자신을 관찰할 수 있도록 집단성원들이 주인공에게 어떤 장면을 다시
보여 주는 '거울기법' 과 같은 심리극 기법에 의해서 신중하게 격려된
다. 때로 주인공이 집착되어 옴짝달싹하지 못하고 있다면, 다양한 해결
책들이 집단으로부터 제시된다. 이 시점에서 대인관계적 학습(제8요인)
이 일어난다. 이것은 이타주의(제4요인)와 집단 결속력(제9요인)으로 이
어진다.

그러나 집단심리치료가 때로 너무 위협적일 수 있다는 것이 필자의
경험이며 다른 연구자들의 경험이기도 하다. 많은 가족 비밀이 있는 상
황에서 비밀보장의 이슈는 대단히 중요할 수 있다. 예를 들어, 어린 시
절의 성적 학대 상황에서 혹은 다른 성적인 문제가 얽혀 있는 곳에서,
많은 사람들은 더 큰 집단에서 다시 그 이야기를 하려면, 그들의 이야
기를 증명할 수 있고 그것을 확인할 수 있는 '단 한 사람의 청중' 의 개
인적인 경험이 있어야 한다.

요즘에는 비록 어린 시절의 성적 학대의 문제가 훨씬 더 개방적으로
이야기되지만, 제의식적으로 성적 학대를 경험한 적이 있는 사람들이
집단적 상황을 재경험하는 것은 커다란 고통이 될 수 있다. 이런 종류
의 성적 학대는 거의 집단 상황에서 일어나고, 가끔은 확대가족 집단에
서 일어난다. 그러므로 많은 사람들이 집단치료에 들어가는 것은 너무
나 큰 고통이 된다. 유사하게 학교나 어린이집과 같은 시설에서의 학대
는 그런 환경을 계속해서 만드는 어떤 상황이 있다는 강한 의심을 품
게 할 수 있다.

최근 나는 자신의 남편이 소아기호증상이 있다는 사실에 관해 점차 알게
된 한 여성과 심리극을 하였다. 비록 그녀의 남편이 범죄(아동학대)로 한
번 이상 수감된 적이 있었지만, 그의 많은 확대가족성원들에게 비밀을 잘

지켰다. 나는 내담자와 몇 번의 개별 치료를 한 후에, 그녀에게 유사한 상황 속에 있는 여성 집단과 함께 작업하기를 제안하였다. 그녀의 즉각적인 반응은, 그녀가 알고 있는 어떤 사람들과 만나게 될 수 있다는 것에 대해 전율적인 반응을 보였지만, 더 깊은 논의를 통하여 그녀는 자신의 과잉반응이 '가족 비밀'을 지킬 필요가 있다는 자신의 생각의 틀을 반영하는 것이라는 인식을 하게 되었다. 점차적으로 그녀는 이것이 남편에 대한 그녀의 보호와 연결되어 있다는 것을 깨달았다. 그녀가 치료에 대한 동기를 갖게 된 것은 그녀의 손자를 보호하고 싶은 욕구와 연결되어 있고, 그녀가 이 점을 깨달았을 때, 그녀가 남편을 더 이상 보호할 필요가 없다는 것을 알게 되었다. 그녀는 자신과 비슷하게 고통을 당할 수 있는 다른 여성에게 결코 말한 적이 없었으며 그녀는 집단의 장점을 깨달았다고 말한다.

집단치료의 단점은 문제들이 가족 내에 혹은 '부부' 관계 속에 바로 존재하는 사람들에게서 분명하다. 비록 가족의 한 성원 혹은 부부의 한 배우자가 가족의 다른 성원들 혹은 다른 배우자보다 가끔은 훨씬 더 동기화되어 있다는 것이 필자의 경험이라고 하더라도, 가족치료 회기에서 대표적인 문제를 다루는 것이 더 적절할 수 있다. 집단치료, 특히 심리극에서는, 집단 내에서 배우자나 가족은 보통 재창조된다. 비록 집단성원들이 다른 사람들의 행동이 아니라 단지 그들 자신의 행동만을 변화시킬 수 있다는 것을 안다고 하더라도, 그들은 그들의 행동이 자신과 가장 가까운 사람들에게 어떻게 영향을 미치는지 알 수 있다. 그들은 그때 더 바람직한 입장에서 스스로 변화된 행동을 시험해 볼 수 있고 그들의 미래에 대한 의사결정을 할 수 있게 된다.

집단규범과 집단문화

모레노는 창조적 · 자발적 행위가 나중에 시간이 지나면서 어떻게 문화를 위축되게 할 수 있는지 그리고 어떻게 문화의 많은 본래의 의미를 잃게 할 수 있는지를 설명하기 위하여 '문화 보존성'이라는 용어를 사용하였다. 폭스(Fox, 1987)는 모레노의 저서로부터 대단히 우수한 것들을 골라내어 우리들에게 이론을 제공하고 이러한 개념의 중요성을 설명하고 있다. 켄 스프라그(Ken Sprague, 1994: 20)는 우리에게 문화 보존성의 아주 좋은 전형적인 실례를 제공하고 있다. 그는 치과병원 대기실에서 폭스의 책인 『본질적인 모레노(The Essential Moreno)』를 읽고 있는 자신을 기술하고 있다. 그는 그 책의 '문화 보존성'을 탐구하고 있었다. 모레노의 초기 창조적 사고가 책의 내용 속에서 의미가 고정되어 버렸다. 또한 대기실에서 아주 작은 어린아이가 켄 스프라그에게 그의 생각을 세 개의 인형으로 제시하였다. 여기서 어른과 아동 사이에 더 깊은 상호작용의 기회가 주어졌더라면, 더 창조적으로 될 수도 있었을 자발적인 행위가 있었다. 이것은 본질적으로 어떻게 한 개인(이 경우에는 아동)의 자발성이 다른 사람(스프라그)에게 창조적 행위로 연결될 수 있는 기회를 제공하는지를 실증하고 있다. 결국 그 행위는 아동에게는 친숙한 행동에 대해서 걱정을 할 수도 있는 어머니에 의해 그리고 스프라그를 치료실로 부르는 치과의사에 의해서 중단되었다.

심리극 집단에서 자발적 행위는 그것이 디렉터에 의해 시작되든 다른 집단성원에 의해 시작되든 창조적 행위가 될 수 있는데, 그것은 나중에 집단문화의 일부가 될 수 있다. 각 집단은 집단 자체의 문화를 갖고 있는데, 그것은 부분적으로 사람들이 자신의 가족과 사회적 문화로부터 가져온 개인적 규범들로 구성되고, 또 심리극을 실행하면서 키워진 문화적 기대로부터 형성될 것이다.

디렉터가 이러한 상호작용을 알아차리고 만약 그것이 치료적일 수 있다면 집단규범에 언제 도전하는 것이 안전한지를 아는 것은 중요하다. 터크만(Tuckman, 1965)은 잘 알려진 논문에서 집단 상호작용의 단계들을 "형성단계(forming), 동요단계(storming), 규범화단계(norming)와 수행단계(performing)"로 기술하고 있다. 대부분의 집단 촉진자들은 이러한 단계들을 잘 알고 있다. 형성단계(forming)가 최소한 표현된 뒤에 도전이 나타날 수 있고, 만약 형성단계가 완성되지 않으면 디렉터로부터 혹은 다른 집단성원들로부터 도전이 나타날 수 있다. 사실 집단성원들이 스스로 집단규범에 도전하기로 결정함에 따라서 이것이 '동요(storming)'의 개념을 설명한다. 터그만은 필자가 믿기에 역할바꾸기에서 제공하는 개방된 도전이 집단을 더 만족스러운 '수행'으로 나아가게 하는 심리극을 제외하고 집단들은 '수행단계'에 결코 도달하지 못한다고 말한다.

모레노는 심리극을 추진시키는 엔진이 역할바꾸기라고 기술하였다. 어떤 사람이 역할바꾸기를 할 때 그들은 다른 사람의 눈을 통해서 자신을 보게 되지만 또한 그들은 전혀 뜻밖의 새로운 세상을 바라보는 색다른 방식을 경험할 수 있다. 몇 년 전에 여성주의가 남성 문화 보존성에 문을 두드렸을 때, 교통사고 후에 응급센터에 실려 온 한 어린이의 생명을 구하는 수술을 하도록 요청받은 한 외과의사의 이야기가 떠돌았다. 그 외과의사는, "이 아이는 나의 아들이기 때문에 나는 할 수 없다."고 말하면서 거부하였다. 그때 이야기하는 사람은 그 외과의사가 그 아이의 아버지가 아니라고 진술하였고, 이야기를 듣는 사람은 외과의사가 남성이라는 문화적 기대에 혼동스러워하면서 그 관계가 어떤 관계인지를 설명해야 했다. 많은 사람들은 그 외과의사가 여성이었다는 사실을 알기 전에는 의붓아버지, 양아버지 등으로 추측하였다.

성, 종족 그리고 계층 역할들에 대한 이러한 기대는 공적인 부분에서는 점차로 도전을 받고 있지만, 개인 자신의 문화적 기대는 쉽사리 바뀌지 않을 것이다. 필자가 심리극 집단에서 특별히 하고 싶은 한 가지 훈련은 이러한 기대들에 도전하는 것이다. 그것은 사회극으로부터 유래되었는데, 모레노는 사회극을 집단 간의 관계들과 집합적인 이념들을 다루는 깊은 행위 방법으로 정의하였다. 필자가 제시하는 훈련방법은 집단성원의 구성에 따라 다양할 수 있다. 예를 들어, 필자는 때로 교사들, 사회복지사팀, 혹은 건강 전문가와 사회 서비스 전문가들로 구성된 혼합팀의 '팀 구축' 훈련을 제공해 달라고 요청을 받는다. 팀은 오랫동안 정적인 상태에 있었을 수도 있지만 최근에 상실의 고통을 경험하였거나 환경의 변화를 경험하였을 수도 있다. 그래서 훈련은 집단의 현재 문화에 초점을 맞출 것이다.

> 필자가 작업했던 한 집단은 수년 동안 엄격한 위계를 가지고 운영되었는데, 그 위계질서는 그들이 책임을 져야 하는 젊은 사람들을 잘 통제하는 상황에서 이루어지고 있었다. 그러나 최근에, 젊은 사람들이 생명을 위협하는 상황들을 야기한 수많은 위험한 사건들이 있었는데, 그 사건들은 아동들과 직원 모두에게 생명의 위협이 되었다. 오전 항해 동안에, 어떤 직원들은 귀향하고 싶다고 필자에게 말하고, 다른 사람들은 배가 흔들려서 두렵다고 말한다. 몇몇 사람들은 물속으로 점프를 하며 공포를 야기시킨 아동들을 비난한다. 필자는 유행하는 집단문화의 일부인 뱃사람의 은유를 들어서 그들에게 바다를 항해하는 배로서 출항하도록 요청한다.
> 그들은 그들이 가장 편하게 느끼는 역할들을 맡는다. 조타실에 서 있는 선장, 그의 옆에 있는 부항해사 그리고 요리사에서 수습선원까지 모든 사람들이 자리를 잡았을 때, 의외의 사실들이 드러난다. 물론 이 훈련에 참가하지 않은 아동들은 '갑판 밑'에 있는 창고로 보내진다. 사람들이 다른 사람들과 역할바꾸기를 요청함에 따라 수많은 의외의 사실들이 드러난다. 때로는 그들이 통찰을 얻을 수 있도록 어떤 역할을 시도하게 한다. 배의 규율을 깨는 아동들의 작은 변혁은 더 대담해지고, 그들을 억압하는 사람들도 도전에 대한 반응으로 그들의 억압이 얼마나 심하게 이루어졌는지를 알게 됨에 따라 더 당황하게 된다. 더욱 중요한 것은, '갑판' 밑에 있는 어린 사람들이 갑판 위에 있는 사람들의 행위를 잠재의식적 방식으로 어떻게 반영하고 거울처럼 보여 주는지를 팀이 깨닫는다는 것이다.

새롭게 형성된 팀에서나 은유가 분명하지 않은 집단에서, 필자는 그들의 특수한 상황과 잘 어울리는 주제를 선택할 수 있다. 성적 학대를 경험한 사람들의 집단은 그들의 신체에 대하여 많은 관심을 가질 가능성이 있다. 사람들에게 머리, 발, 심장, 입, 생식기 등을 선택하여 위치에 서도록 하고, 집단에서 '신체'를 재창조함으로써, 성원들은 역할놀이와 역할바꾸기를 통하여 그들 집단과의 관계(필자는 마우스피스이다.)와 신체에 대한 그들의 개인적 감정 모두를 탐색할 수 있다.

집단경계

필자는 집단이 치료적 수용체, 특히 정화를 위한 수용체로서 작용한다고 이미 제안하였다. 수용체의 개념은 경계들을 의미하고 필자는 이러한 경계들이 명백하고 함축적이어야 한다고 생각한다. 모레노는 무대 공간을 사용하는 것에 대해 유별나다고 케이슨은 이 책의 4장에서 이 점을 분명하게 말하고 있다. 공간 내에서 수용되는 행위를 가지고, 둥글게 모여서 하는 심리치료집단은 로저스 등에 의해 안전한 구조로 이용되었다.

또 다른 명백한 경계는 많은 디렉터들이 집단의 규칙에 대해서 집단성원들과 함께 이루어 낸 동의로 만들어진다. 이것들은 기록될 수도 있고 그렇지 않을 수도 있지만 항상 분명해야 한다. 대부분의 집단들은 비밀보장, 느낌의 존중, 성과 문화의 존중 그리고 널리 확산되어 있는 의견과 다른 관점을 표명할 수 있는 자유에 관한 동의를 원하는 것 같다.

세 번째 경계는 심리극의 관례에 의해서 만들어지는데, 그것은 다양한 문화에서 반드시 똑같을 필요는 없다. 국제회의에서 보면, 심리극의 호주학파와 스칸디나비아학파 혹은 남미학파 간의 차이는 매우 분명하다. 자기 문화적 배경이 서로 다른 디렉터들에 의해서 이루어지는 심리극 워크숍에 참가하는 사람들은 이러한 점을 고려해야 하고 그것들이 불확실하게 느껴진다면 자신의 경계를 만들어야 한다. 방문 디렉터들은 학회를 주최하는 사람들로부터 윤리적 설명을 들음으로써 도움을 받을 수 있다. 그러한 설명은 주최국의 규범들을 준수하면서 친숙하지 않은 문화에서 작업하는 디렉터를 도울 수 있다.

게다가 디렉터는 집단에 맞는 적절한 심리극 기법들을 선택함으로써 안전함과 경계들을 창조할 수 있다. 예를 들어, 새롭게 형성된 집단에서 두 사람 혹은 세 사람 간의 상호작용을 강조하는 훈련이 전체 집단 앞에서 노출을 요구하는 어떤 것보다 더 선호될 것이다. 아동이나 젊은 이들은 은유적으로 혹은 상징적으로 활동하는 것을 더 선호한다. 청년 집단에서 실제적인 부모/아동 장면을 행위화하기는 너무 위협적일 수 있다. 신문의 이야기, 'TV 일일 드라마'의 주인공을 이용한 극본을 행위화하기 혹은 가면이나 인형을 사용하여 작업하기가 더 잘 수용될 수 있다. 대부분의 아동들은 골목에서 괴롭힘당하는 것을 경험하였고 이러한 사적인 내용이 집단에 공표되는 것을 두려워한다.

때로 디렉터는 창조적인 도약을 하고 주인공이 허용하지 않았던 개입을 부추긴다. 예를 들어, 자기 동료와의 어려운 장면을 재실연하고 있는 주인공에게 그의 아버지와 대화가 필요하다고 디렉터는 지각할 수 있다. 디렉터는 즉각적으로 그 장면으로 들어가기를 원할 수 있고 때로는 협상 없이 그렇게 할 것이다. 이는 주인공이 만들어 둔 방어나 장벽을 무너뜨리는 데 효과적일 수 있다. 때로는 이러한 저항을 깨뜨리는 것이 특정 주인공에게는 정당화될 수 있다. 특히 디렉터가 그를 잘 알고 있고 그들과 전에 작업을 한 적이 있다면 더욱 더 그럴 수 있다. 그러나 필자가 생각하기에 이 기법은 집단의 안전성과 경계들을 파괴할 수 있고 보다 근심이 많은 집단성원들은 자신의 저항 뒤로 더 깊이 물러날 가능성이 있다. 그것은 어떤 디렉터에게는 유혹적이다. 그래서 그는 거의 '마술적인' 해결책을 이루어 낼 수 있지만 그것은 모레노 전통의 집단심리치료와 배치된다. 비록 심리극 집단을 이끄는 사람을 '지휘자' 혹은 '촉진자'보다는 디렉터라고 부르지만, 그 단어는 힘 있는 위치라기보다는 그 방법의 연극적 기원을 나타내 주는 것이다.

모레노의 미망인인 젤카는 가끔 책임 있고 배려하는 방식으로 그녀의 권위를 이용한다. 주인공은 그녀의 어머니와의 고통스러운 장면을 기억할 때 울 수 있다. 디렉터로서 젤카는 그녀에게 역할바꾸기를 요청한다. 그 주인공은 어머니의 역할로 들어가려고 노력한다. '지금 울고 있나요?'라고 젤카가 묻는다. '아니에요, 물론 아니죠. 그렇지만 코를 풀고 어머니가 되어 보십시오.' 여기에서 디렉터는 주인공과 집단 둘 모두에게 그녀가 보호적이고 배려적이라는 것을 보여 주면서 주인공으로 하여금 행위하도록 촉진한다. 이것이 일단 확립되면 집단은 보다 더 새롭고 창조적인 개입으로 대처할 수 있다. 디렉터는 집단 텔레를 무시하면서 디렉터와 주인공 간의 텔레에 집중해서는 결코 안 된다. 디렉터는 위험을 무릅쓰고 이것을 할 수 있다. 그는 그와 주인공이 집단 없이 진전되고 있으며, 이것은 좋지 않은 것이라는 것을 알고 있다.

조나단 모레노(Holmes et al., 1994: 106)는 디렉터와 주인공이 도약을 하고 주인공이 잠시 동안 '통제력을 상실'할 때 가끔 일어나는 현상을 표현하기 위하여 '심리극적 쇼크'라는 표현을 사용한다. 그는 전에 '망각하였던' 어머니의 말투로 말할 수 있거나 갓난애 같은 목소리나 행위로 전환될 수 있다. 그는 그러한 쇼크의 해소 필요성을 지적하고 집단은 주인공을 보호할 수 있는 신체적으로 편안하게 감싸 안아 주는 자궁을 제공할 필요성이 있다고 제안한다. 이것은 심리극 기법을 사용함에 있어서 주인공뿐만 아니라 집단의 신뢰를 유지하는 것이 항상 중요하다고 예시하고 있다.

집단주제

어린 시절에 성적 학대 경험이 있는 사람들의 집단에서처럼, 개인력에서 공통된 유사성이 있는 내담자 집단에서 어떤 주제들이 규칙적으로 나타난다. 상실감, 친밀감, 분노와 죄책감은 집단무대에서 매우 잘 공연된다. 필자는 다른 곳(Bannister, 1992: a)에서 디렉터가 통제와 권력이라는 집단주제를 인식하지 못하는 위험성들을 기술하였다. 어린 시절에 성적 학대 경험을 갖고 있는 여성을 대상으로 필자가 이끌었던 치료집단에서 이러한 일이 일어났다. 단지 디렉터의 바람직한 지도감독, 혹은 디렉터를 위한 자문에 반드시 필요하다는 점을 설명하기 위한 것이라면, 이 과정에서 주요한 요인들을 반복하는 것은 가치가 있다.

이 집단에서 여성들은 어떤 희생을 치르더라도 그들의 취약성을 보호함으로써 초기의 학대와 이후 관계에서의 상실들에 대처하였다. 당연히 이것은 집단 상황에서 계속되었다. 필자는 디렉터의 권위를 남용하지 않기를 바랐기 때문에 필자의 취약한 어떤 것과 그들이 가지고 있는 취약성의 작은 부분을 거래하려고 하였다. 필자는 보통 그러한 상황에서 하는 것 이상으로 필자 자신에 대한 많은 정보를 나누어 줌으로써 거래를 하였다. 필자는 곧 자신이 집단 내에서 '희생자' 역할을 하고 있음을 알게 되었는데, 그 역할은 집단성원들의 보호적 역할을 격려하였던 것이지만 사실은 그들의 학대적인 감정에 계속적으로 참여하고 있었다. 특히 성적 학대가 가족 내에서 일어났을 때, 잠재적으로 어머니의 '보호적인' 역할이 또한 아동에 의해서 상처 받기 쉬운 것으로 보일 수 있다는 것을 기억해야만 한다. 대부분의 집단성원들은 그들의 어머니를 비보호적이고 약한 사람으로 경험하였다. 이 집단에서는 더 안전하였는데, 집단은 항상 학대자를 확인하기 위해서 어느 정도 가족 집단을 재창조해야 한다.

필자의 지도감독자는 필자의 권력과 책임감을 버리고 매우 공개적으로 집단성원들에게 일어나고 있는 것들을 토의할 수 있는 방법들을 지적하였다. 이처럼 짧은(6개월) 치료집단에서, 완전한 해결책과 권력의 완전한 균형은 일어나지 않았다. 그러나 집단은 이미 학대받은 적이 있는 사람들에게 필자가 권력을 남용하는 것에 대한 필자 자신의 두려움을 이해하는 데 도움을 주었다. 더 중요한 것은 집단성원들이 권력의 역동을 공개적으로 토론함으로써 그들이 그 자신의 취약성과 자신의 보호적이고 학대하는 특성에 대해 어떤 통찰을 얻었다고 진술한 것이다.

집단신화와 이야기

집단규범과 집단문화를 살펴보면, 행동 패턴이 가정에서 형성되듯이 집단에서도 형성된다. 윌리엄스(Williams, 1989)는 어떤 사람들이 집단에서 생활 중에 한정된 역할들(희생자, 구조자, 학대자)을 하는 이유를 이해하기 위하여 심리극에서 체계이론을 이용하듯이 양자의 유사성을 비교하고 있다. 그 신화는 역할들이 배타적이어서 서로의 요소들을 포함하고 있지 않다는 것이다. 희생자들이 다소 괴롭힘을 당한 필자가 기술했던 집단은 신화의 정체를 폭로한다.

가족 패턴에 대한 신화는 심리치료에서 빈번하게 일어난다. 가족들은 가끔 문화가 받아들이는 패턴들을 강조한다. 예를 들어, 강한 북부적 전통에 근거한 이야기인, 영국의 일일 TV드라마 〈코로네이션 스트리트(coronation street; 대관거리)〉에서, 많은 여성들은 강하고, 용감하고 매우 지배적인 것으로 묘사된다. 반면에 많은 남성들은 나약하고 도박과 음주에만 관심이 있다. 이런 문화에서 자란 일부 여성들은 여성들의 표면적인 힘과 그들이 가부장적 세계에서 여성으로서 가끔 경험한 무능과 억압 사이에서 딜레마를 느낄 수 있다.

모레노는 자발성이 가족 패턴 속에 고유하게 내재돼 있는 신화를 해체하는 중요한 역할을 한다고 강조한다. 마샤 카프(1994: 53)는 자발성을 설득력 있게 논의하고 있다. 그녀는 심리극을 "사소한 이야기로부터 출발하여, 자발성의 엄청난 분위기에 흠뻑 젖게 하여, 창조적 해결로 나아가게 하는 것"이라고 기술한다.

자발성은 대부분의 문화에서 지지받지 못한다. 예를 들어, 켄 스프라그가 말하는 세 개의 인형을 가지고 그에게 다가가는 걸음마하는 아이의 이야기는 엄마가 그 행위(자발성)를 효과적으로 멈추게 하는 것을 포함하고 있다. 심리극 집단에서 행위는 항상 지지되고, 자발성은 환영을 받으며, 창조성은 존중된다. 마샤 카프의 '사소한 이야기'는 성공적인 해결을 위한 기본 요소이다. 그래서 스토리텔링은 집단문화 속으로 들어오게 되는 최초의 기회인 것이다

그것은 웜업으로부터 시작될 수 있다. 디렉터는 '집단에 오는 과정'에서 일어났던 일들에 대한 짧막한 이야기를 한다. 아마 집단성원들은

유사한 이야기들을 하거나, 디렉터는 그의 최초 일화에 근거한 즉흥적인 환상적 이야기를 격려할 것이다. 이것은 심리극에서 재실연을 위해 제시된 가족 이야기의 자발적 회상을 자극한다.

그러나 필자는 집단의 정체성과 문화가 일단 형성되기 시작하면 집단 결속력의 개발과 창조성의 자극은 집단 자체에 대한 이야기를 이끌어 내는 데에 중요하다고 느낀다. 필자는 아동, 청소년과 작업할 때 흔히 사용되는 기법들을 활용함으로써 이렇게 하지만, 또한 성인 집단과의 작업에서도 그것들을 사용한다. 집단은 좋아하는 옛날이야기나 다른 어린 시절의 이야기를 생각하고 둘 혹은 세 사람과 함께 이것들을 나누도록 한다. 결국 '집단이 좋아하는 것'이 드러난다. 가끔 이것은 여러 가지 이야기를 결합한 것이다. 그것은 반쯤 기억나는 이야기, 어린 시절의 중요한 사건이나 꿈의 혼합이고, 전체의 혼합된 이야기가 집단에 의해서 실연된다. 물론 성원들이 역할을 선택하고, 때로는 한 사람 이상이 역할을 연기한다. 창조성은 어떤 특성을 나타내는 '장난기 있는 단역' 혹은 영웅이나 여걸의 '어두운 측면'을 연기하도록 제안할 때 확장된다.

그러한 즉흥 연기를 격려하면서, 집단은 각 개인이 역할을 하게 될 집단 자체의 이야기를 만들어 가기 시작한다. 때로는 개인의 심리극들이 그 이야기로부터 이루어질 수 있고, 때로는 집단이 상상적인 구조 안에 머무르도록 할 수 있다. 최종적인 결과는 유사하고, 집단성원들은 깊은 감명을 받고 주제들을 생각하게 된다. 어떤 심리극적인 작업은 항상 마지막 날에 일어날 것이다.

이야기의 주제를 더 깊이 있게 하기 위하여, 필자는 또한 종결이 다가올 때 종결의 한 방법으로 집단의 이야기를 사용한다. 이는 집단을 유도된 환상으로 안내하는 디렉터에 의해 이루어질 수 있다. 이야기는 기본적인 요소들을 포함하고 있어야 한다. 이러한 요소들은 다음과 같다.

- 중심인물들(즉, 모든 집단성원들)
- 과업(이것은 '잃어버린 아이 찾기'에서 '현명한 사람을 만나기'까지 다양할 수 있다.)
- 여행(집단의 생활로부터 나온 사건들을 포함하고 있는)
- 장애물(다시 실제적인 사건들이 상기될 것이다.)
- 해결책(본질적으로 집단이 문제들을 해결하는 방법)
- 그리고 가장 중요한 미래의 희망

유도된 환상 대신 대안으로, 디렉터는 집단이 어떤 장면들을 다시 연기하도록 격려하기 위하여 보조적인 것을 이용할 수 있다. 아마 하루 혹은 하루 이상 이루어지는 다소 긴 훈련은 단지 기본적인 요소들을 제공하도록 디렉터에 의해 분할되거나 집단성원이 원하는 방식으로 이야기를 분할하도록 집단에게 맡길 수 있다.

집단 특성

각 집단은 개인처럼 집단 자체의 독특한 특성을 가지고 있지만, 아동발달에 관한 지식은 가끔 디렉터에게 집단 행동 양식 이해에 도움을 줄 수 있다. 필자는 이러한 지식이 심리치료사에게는 필수적이며 모든 훈련의 과정들이 아동관찰과 아동발달에 관한 토론을 포함하여야 한다고 제안한다. 『아동놀이』(1995)에서 피터 슬래이드는 대부분의 교육 장면에서 놀이를 하는 아동과 함께 상호작용하고 아동을 관찰함으로써 연극치료를 개발하였다고 설명한다. 물론 모레노는 놀이에서 아동들을 관찰하고 놀이와 관련한 아동의 기억으로부터 심리극을 개발하였다. 필자는 자기 자신의 작업을 통해 놀이의 중요성을 깨달았다(Bannister, 1992b).

치료집단에서 어린 아동들은 혼자 혹은 짝을 짓거나 소집단에서 자발적으로 놀이를 개발시킬 것이다. 어떤 아동들은 우선 자신이 알고 있는 성인들과 상호작용하기를 선호하기 때문에 두세 명의 치료사들이 필요하다. 게다가 아동들에게는 그들의 놀이를 보는 사람들이 있어야 한다는 것이 중요하다. 어떤 성인들은 항상 간섭하려 하지만 치료적인 성인은 그가 개입할 필요가 있는지 혹은 그가 단순히 반응만 해야 하는지를 알게 될 것이다. 조금 더 나이가 든 아이들(6~10세)은 그들이 수행하고 완성하기 위해서 협동할 수 있는(학교에서처럼) 과제들이 주어지기를 요구할 것이다. 또 두세 명의 치료사들이 필요한데, 주로 그들이 요구할 때 이용할 수 있는 자원으로서 어린이들이 필요하다. 성인들 역시 한 명 이상의 치료사가 필요한데, 때로는 자원으로서, 때로는 관찰자로서, 때로는 특히 경계를 설정하는 사람으로서 필요하다.

『아동과 성인이 함께 하는 연극치료』의 한 장(章)에서, 필자는 분노, 적대감, 공감 혹은 공포로 특징지어진 몇 가지 아동 집단의 예들을 보여 주고 있다. 혼성 집단에서, 아동과 성인 모두에게 성 갈등은 중요한 문제이다. 디렉터들은 많지 않지만 집단성원들이 제시한 문제들만큼이나 집단에 영향력을 가지고 있다. 그러나 디렉터가 집단이 발달해 가는 방식에 전적으로 책임을 지는 것은 잘못이다. (청년 집단을 포함해서) 집단에게 더 많은 책임을 지도록 요청하는 것은 어려운 상황에 대해 미약하게 대처하는 것보다는 오히려 강력한 면을 띨 수 있다. 디렉터가 집단에게 신뢰를 보여 주고, 집단은 반응을 하고, 상호 '비난하기'는 금지되고, 갈등은 건설적인 행위에 힘을 얻어 사라지게 된다.

청소년 집단과 성인 집단은 치료과정에서 초기의 발달 수준으로 가끔 퇴행한다. 만약 '너저분한' 재료들(점토, 핑거 페인팅)을 사용하면, 이러한 퇴행에 도움이 될 수 있다. 이렇게 초기 시절을 구체화하는 놀이는 때로 어린 시절에 박탈되었거나 방해되었던 것이고 '너저분함이 계속되는' 몇 회기는 의미 있는 회기가 될 수 있다. 집단은 체현놀이에서 꼭두각시 인형, 인형 그리고 동물장난감과 같은 투사적인 놀이로 진행됨에 따라 '성장'하기 시작한다. 이야기들이 여기에서 시작되고, 환상적인 상호작용은 놀이를 통하여 역할들의 발달을 도우면서 심리극은 이렇게 무한하게 확장된다. 이러한 체현-투사-역할(EPR) 발달 모델은 수 제닝스의 작업으로부터 나왔다(Jennings et al., 1994).

만약 성인 집단이 한 번 이상 이러한 무대를 경험한다면 디렉터는 성원들이 어린 시절의 발달에서 빠진 부분들을 채우기 위한 커다란 욕구, 즉 모레노가 명명한 대로 '행위갈망'을 어떻게 해서 갖게 되었는지 이해할 수 있다. 이를 인식하고 있는 디렉터는 집단이 결정적인 단계에서 포기하지 않도록 책임을 갖고 있어야 한다. 포기한다면 이것은 초기에 일어났던 부모의 유기를 단지 되풀이하는 것이고, 더 깊은 상처를 야기할 수 있다. 성인 대상의 집단을 숙련되게 운영하는 것은 디렉터 직무의 일부분이다.

디렉터가 해야 할 중요한 직무는 바로 디렉터의 보호적 역할이다. 아동 집단에서는 이 점이 분명해질 수 있다. 괴롭힘은 알려져야 하고, 만약 그것이 개방된다면 집단은 집단 자체의 해결책을 발견할 것이다. 동일한 것이 성인 집단에서도 적용된다. 주인공이 노출한 외상적 사건에 대해서 집단성원들이 받아들이기를 힘들어한다는 것을 필자는 초기 '심리극적 쇼크'를 토론할 때 경험했었다. 그것은 학대받은 경험이 있는 집단에서 특히 어려워했으며, 만약 학대받은 경험이 있는 몇 사람이 자신들을 보호하기 위해서 가해자의 특성들을 가지게 된다면 특히 그렇다. 필자는 심리극을 하고 싶은 열망으로 가득 차 있는 주인공에게 행위를 잠시 연기시키는 것이 걱정되지는 않지만 고통을 당한 집단성원에게는 가끔 가치가 있다는 것을 기억하는 게 유용하다는 것을 알게 되었다. 고통을 알게 하는 것, 무엇이 필요한지를 묻는 것(누군가가 손을 잡거나 단순히 옆에 앉는 것)은 본질적으로 도움이 된다. 행위가 끝나고, 매우 중요한 나누기에서 이러한 초기 개입은 집단성원에게 그들의 감정을 말로 표현하도록 도울 수 있다. 희생당했다고 느끼는 사람으로부터의 이러한 나누기는 역할을 강하게 억누르고 있는 주인공에게 가끔 큰 도움이 된다.

요 약

이 장에서는 각 성원들의 개인적이고 집단적인 무의식에서부터 집단 자체의 공동무의식까지 집단의 구성요소들을 살펴보았다. 또한, 집단 내에서 심리극 디렉터의 역할이 치료집단의 특성에 어떤 역할을 하는 지에 대해 알아보았다. 집단심리치료의 장점과 단점을 스스로 상기하면서, 이러한 방법들의 한계점들을 인식하였다. 집단 자체의 규칙과 문화 형성하기, 집단의 경계 설정하기, 집단의 주제와 이야기 개발하기 등의 집단 성장의 윤곽이 그려졌고, 이것이 아동의 성장과 비교되었으며, 놀이에서는 아동에 의해 표현되는 방식과 비교되었다. 아동이 독특한 특성들을 발달시키는 것과 똑같이 집단도 그렇게 발달시킨다. 디렉터가 인식의 과정을 통해서 각 성원 자신의 어린 시절로부터 간격들을 좁히고 집단경험의 전체성을 통하여 존재하는 여러 가지 방식을 경험하도록 집단을 도울 수 있는지를 보았다.

참·고·문·헌

Bannister, A. (1992a). The Seductive of Power. *Changes, 10*(4), 299-304.

Bannister, A. (1992b). *From Hearing to Healing*. Harlow: Longman.

Bannister, A. (1995). Images and Action. In S. Jennings (Ed.), *Dramatherapy with Children and Adolescents*. London: Routledge.

Bion, W. R. (1961). *Experiences in Groups*. London: Tavistock.

Casson, J. (1997). The Therapeusis of the Audience. In S. Jennings (Ed.), *Dramatherapy, Theory and Practice, 3*. London: Routldege.

Cox, M. (1992). *Shakespeare Comes to Broadmoor*. London: Jessica Kingsley.

Fox, J. (1987). *The Essential Moreno*. New York: Springer.

Gersie, A. (1992). *Earthtales: Storytelling in Times of Change*. London:

Greenprint.

Jennings, S., Cattanach, A., Mitchell, S., Chesener, A., & Meldrum, B. (1994). *The Handbook of Dramatherapy.* London: Routledge.

Jung, C. G. (1964). *Man and his Symbols.* London: Aldus Books.

Karp, M. (1984). Psychodrama and Piccallilli. In P. Holmes, M. Karp and M. Watson (Eds.), *Psychodrama since Moreno.* London: Routledge.

Kellermann, P. F. (1992). *Focus on Psychodrama.* London: Jessica Kingsley.

Moreno, J. L. (1977). *Psychodrama, First Volume* (5th edn). New York: Beacon House.

Moreno, J. L. (1993). *Who Shall Survive?* Students edition, Roanoke, VA: Royal Publishing.

Moreno, J. L. (1994). Psychodrmatic Moral Philosophy and Ethics. In P. Holmes, M. Karp and M, Watson (Eds.), *Psychodrama since Moreno.* London: Routledge.

Slade, P. (1995). *Child Play.* London: Jessica Kingsley.

Stanislavski, C. (1936). *An Actor Prepares.* New York: Theatre Arts.

Sprague, K. (1994). Everyday's a Somebody. In P. Holmes, M. Karp and M. Watson (Eds.), *Psychodrama since Moreno.* London: Routledge.

Tuckman, B. W. (1965). Developmental Sequence in Small Groups. *Psychological Bulletin, 63,* 384–399.

Williams, A. (1989). *The Passionate Technique.* London: Tavistock/Routledge.

Williams, A. (1991). *Forbidden Agendas.* London: Routledge.

Yalom, I. D. (1970). *The Theory and Practice of Group Psychotherapy.* New York: Basic Books.

Zuretti, M. (1994). The Co-Unconscious. In P. Holmes, M. Karp ans M. Watson (Eds.), *Psychodrama Since Moreno.* London: Routledge.

8

보조자

Paul Holmes

이번 회기에서 집단에 의해 주인공으로 뽑힌 사람은 메리이다. 그녀는 그날 사무실에서 자신의 상사와 벌였던 입씨름에 대한 불평으로 모임을 시작하였다.

> 메리 : 우리 직장 상사는 사람을 너무 몰아세워요. 항상 서류들을 다시 타이핑하게 만들고는 내게 이렇게밖에 못하냐는 식으로 이야기해요. 그리고 정작 자기는 회의 때마다 빠지곤 하죠. 너무 화가 나는데 나로서는 달리 어떻게 할 방법이 없어요.

메리는 자기의 상사가 무슨 이유로 자기를 화나게 만드는지 알고 싶다고 말한다. 디렉터는 집단 중의 한 성원이 그녀의 상사 역할을 하는 사무실 장면에서 심리극을 시작하고 싶다는 메리의 의견에 동의하였다. 극의 장면은 근무 중에 있었던 사건에서부터 재연된다. 잠시 후 디렉터는 메리에게 묻는다.

디렉터 : 전에도 이런 기분을 느낀 적이 있나요?

메리 : 예, 어렸을 때 제가 숙제를 해 놓지 않으면 아버지가 몹시 화를 내
곤 했었어요.

메리와 디렉터는 그녀의 어린 시절로 돌아가 왜 이런 잘못된 관계가
생겼는지에 대하여 알아볼 필요가 있다는 데 동의하였다.

디렉터 : 좋습니다. 메리, 누가 당신의 아버지 역할을 하면 좋겠어요?

메리 : 존, 부탁해도 될까요? (존은 좋다는 뜻으로 고개를 끄덕거린다.)

디렉터 : 메리, 역할을 바꾸어 당신이 아버지가 되어 보십시오. (메리는 시
키는 대로 한다.)······ 이제, 우리에게 당신 자신에 대해서 말해 주
세요.

메리 : (아버지로서) 음, 난 굉장히 바쁜 사람이지요. 내게는 운영해야 될
가게도 있고······ 늘 돈 문제를 걱정해야 하고······ 정말로 메리가
좋은 직업을 얻어 우리를 도울 수 있다면 좋겠어요. 하지만 메리는
그보다는 어떻게 하면 재미있게 놀까만 궁리하는 것 같아요.

디렉터 : 다시 역할을 바꾸고요. 자, 존, 이번에는 당신이 메리의 아버지 역
할을 해 주시겠어요?

메리 : 아빠는 왜 늘 집에 안 계시는 거죠?

존 : 내가 열심히 일하지 않으면, 누가 우리 식구들을 먹여 살리니?

서 론

모레노는 심리극의 네 번째 필수 요소인 보조자에 대해, "부재자, 개
인, 망상, 상징, 이상, 동물 그리고 사물 등을 나타내는 것으로, 주인공
의 세계를 실재적이고 구체적이며 만질 수 있는 것으로 만든다."고 기
술하였다(Moreno, 1969/1975: 17).

이 심리극에서 존은 극에 참여하기를 동의하거나 메리의 아버지 역
할을 맡음으로써 보조자가 되었다. 어떤 사람이 다른 사람의 역할을 맡

아 마치 그 사람인 것처럼 **행동한다**는 것은 심리극을 진행하는 데 있어서 핵심적인 기법이다. 실제로 보조자 개념은 독특한 것이며 모레노가 치료를 위해 만든 것 중에서 가장 중요한 것이다.

심리극이 진행되면서 무대 위 주인공의 인생(과거, 현재, 미래)이 극적으로 다시 전개되는데, 집단의 다른 사람들은 치료 목적의 극에 있어서 중요한 여러 인물들의 역할을 맡게 된다. 이 장의 후반부에서 다시 언급하겠지만, 치료기법들은 주인공의 내적 정신세계를 외부로 나타내고, 탐색하고 변화시킨다.

이 장에서 필자는 '보조자아'*라는 용어를 쓰고 있지만, 켈러만을 포함한 오늘날의 몇몇 심리극 전문가들은 '보조자'라는 것이 '자아' 뿐만 아니라 내적·외적 '대상'과 더 큰 '상징적 내적 세계'까지도 도와주는 맥락에서 '자아'라는 용어를 덧붙이는 것이 적절하지 않다고 주장한다(Kellermann, 1992: 106). 이것은 나름대로 논리적인 견해인데, 그 이유는 많은 정신분석가들에게 있어 '자아'란 개인의 마음이나 정신세계의 일부만을 의미하기 때문이다(Laplanche & Pontalis, 1967/1973).

그럼에도 불구하고 필자는 심리극에서 계속 '자아'라는 용어를 붙이는 것을 더 좋아한다. 그 이유는 '자아'라는 용어를 씀으로써 다른 집단성원들(보조자)에 의해 '맡고', '갖게 되고', '연기하는' 역할이 주인공의 내면세계나 정신세계 속에서의 어떤 측면이나 역할들을 외현화시킨다는 사실을 분명히 강조한다고 믿기 때문이다. 이것은 단순히 누군가를 보조하는 역할(예를 들면 간호사 보조원 혹은 보조 소방수)을 하는 것과는 매우 다른 것이다. 독자들은 간혹 간단히 하기 위하여 필자가 의도적으로 '자아'라는 단어를 생략한다는 것을 알 수 있을 것이다.

심리극의 초창기(1930년과 1940년대) 시절에 보조자의 역할은 모레노의 요양원에서 훈련받은 정신간호사들이나 사회복지사들에 의하여 수

---

* 역자주: 이 장에서 필자는 '보조자'라는 용어보다 '보조자아'라는 용어를 선호하였으나 역자는 다른 장과 일관성 있게 사용하기 위하여 '보조자아'를 '보조자'로 번역하였다.

행되었다(Moreno & Moreno, 1969/1975: 184; J. L. Moreno in Fox, 1987: 68-80). 이런 측면에서, 보조자는 수술 장면에서 외과의사를 중심으로 한 전문가 팀으로 이루어져 있었고, 그 집단의 성원들은 각자의 역할을 갖고 있으면서 자신의 환자를 돕기 위하여 업무 수행을 하는 외과의사를 보조하는 역할을 하고 있었다.

그러나 현대 심리극에서는 극의 진행상 집단성원들이 주인공의 보조자 역할을 하는 것이 더 일반적이다. 이것은 심리극의 과정을 과거 팀에 의한 개인치료방식에서 총체적인 집단치료방식으로 전환시켰다(집단심리치료는 모레노에 의해 최초로 시작된 개념임).

이 책은 주인공 중심의 심리극에 초점을 맞추었다. 이는 한 회기에서 단 한 사람의 쟁점을 연극적인 행위를 통해 직접적으로 탐구하는 것이 보통이다. 집단의 다른 성원들은 극의 진행을 지켜보거나 보조자로 보다 적극적인 참여를 할 수 있다. 주인공을 선택하거나 역할을 결정하는 문제는 이 책의 다른 장에서 케이트 브래드쇼 토우본(Kate Bradshaw Tauvon)에 의해 다루어질 것이다.

집단이 선택한 주인공은 집단의 관심사와 요구의 초점이 되며, 그들의 심리극은 여러 방법으로 집단의 '공통적인 관심사'를 반영하게 된다. 실제로 보조자로서의 역할을 하도록 주인공이 선발한 집단성원들의 실제적인 선택은 주인공뿐만 아니라 보조자들의 쟁점들도 반영하고 선택된 성원들은 주인공과 마찬가지로 극을 통해 치료 효과를 경험하게 된다. 이러한 종합적인 치료방법은 디렉터, 주인공 그리고 모든 집단 내 성원들의 완벽한 팀워크에 의해서만 성공할 수 있다.

보조자의 개념 정의

보조자에 대한 모레노의 정의는 다음과 같다.

보조자는 문제점을 탐구하고 이끌어 가는 디렉터 역할의 연장이면서 자신의 실제 혹은 상상 속의 인생 드라마를 재현하는 주제(주인공)의 역할 연장이기도 하다. 보조자의 기능은 3가지로 나눌 수 있다. 첫째, 주인공의 세계에 의해 요구되는 역할을 연기하는 연기자의 역할, 둘째, 주인공을 인도하는 상담자의 역할, 셋째, 특별 탐구자의 역할이 그것이다.　　　　　(Moreno, 1946: 15)

모레노는 앞 글에서 보조자 역할을 맡은 사람이 심리극에서 특정 인물을 연기하고 있는 상황을 기술하고 있다(메리의 극에서 존의 역할처럼). 하지만 경우에 따라서 보조자는 주인공(6장 참조)의 이중자아 역할을 하거나, 극에서 생명이 없는 대상(5장 존 케이슨의 설명 참조)을 연기할 수도 있다.

이렇게 집단의 성원들은 다양한 방법으로 주인공을 보조할 수 있다. 그러나 성원들이 이러한 기능을 어떻게 하는지에 대하여 상세히 기술하기에 앞서, 필자는 주인공을 위하여 심리극 회기에서 보조자들이 수행하는 과업의 심리적 중요성을 충분히 고려할 필요가 있다고 믿는다.

이론적 탈선

내면세계의 외현화

심리극과 관련한 필자의 경험에 비추어 보면 몇몇 디렉터들은 그저 임상치료상의 직관만을 따르는 듯한 인상을 주며 임상치료 행위를 수행하기 위하여 분명한 이론적 틀을 갖추거나 심리학적 이론의 도움을 그다지 필요로 하지 않는 것처럼 보인다. 그러나 필자는 만약 디렉터가 심리학적 '안내'나 '지도'를 제공하는 일관성 있는 이론을 갖고 있지 않다면 회기에서 방향을 상실할 수도 있다는 것을 말하고 싶다.

여러 심리극 전문가들은 그들 자신의 치료적 작업에서 그들에게 도움을 주는 여러 이론들을 사용해 왔다. 이들 가운데는 모레노, 칼 로저스, 융 등의 이론들이 있다.

필자는 개인적으로 1940년대 미국과 영국에서 프로이트를 계승한 이론들, 즉 멜라니 클라인(Melanie Klein), 페어베언(W. R. D. Fairbairn), 해리 건트립(Harry Guntrip) 그리고 오토 컨버그(Otto Kernberg) 등 정신분석가들에 의해 점진적으로 발전해 온 이론들이 가장 유용하다고 생각한다. 필자는 심리극에 영향을 끼친 이들의 공헌을 과거 필자의 저서인 『내면세계의 외현화(The Inner World Outside)』(Holmes, 1992)에서 언급하였다.

일반적으로 대상관계이론이라 알려져 있는 이론들은 복잡하고, 정신분석가들마다 어느 특정 부분에 있어 상반된 견해를 보이기도 한다. 그러나 중심개념은 개인의 마음(필자는 이것을 정신세계라고 부른다.)은 유년기 이후부터 계속된 자신과 타인과의 관계가 내면화된 것이라는 것이다.

정신의 발달은 아동이 외부 세계에서 관계 맺고 있는 사람들(예컨대, 부모, 형제자매, 선생님)에게 절대적으로 영향을 받는다. 그러나 이러한 것들 이외에도 출생 순간부터 존재하는 요소들, 즉 개인적인 성향과 기질 등에 의해서도 영향을 받는다.

많은 방식에서 내면화 과정은 기억의 과정과 흡사한데, 이는 경험이 아동의 발달에 영향을 미치고 경험이 회상될 수 있는 기억된 사건들을 분리하기보다 성격의 통합적 측면이 된다는 점을 제외하고 말이다. 말하자면 그것들은 '자아 이질적'(자기와 다르거나 자기와 분리되는 것을 경험하는 것)이 되기보다는 자아의 일부가 된다.

오토 컨버그(1976: 26)는 외부 세계와의 모든 상호작용이 어떻게 마음의 저변에 깔린 '기억의 흔적'이 되는지에 대하여 기술하고 있다. 이런 정신적인 기록은 타인과의 관계에서 자기를 내면화하는 것으로 이루어져 있고 그 당시 느꼈던 감정이나 정서의 기억과 연관이 있다. 이런 양자관계(자기와 타인)의 각 부분은 관련된 역할들(예, 받는 아기와 주는 엄마의 관계)이 있다. 정신분석적 용어에서 보면 이러한 기억된 관계의 모습들은 마음속의 '내적 대상'들이 된다(Hinshelwood, 1989: 366 참고).

필자가 전에도 다른 곳에서 언급한 적이 있는데(Holmes, 1992), 심리극의 진행 과정은 주인공의 정신세계 내부를 주인공의 내적 대상관계들의 무대로 외현화시키는 것이라고 볼 수 있다. 어떤 장면에서든지 보조자는 '상대', 즉 양자관계에서 나머지 한쪽 역할을 한다. 예로 들었듯이, 극은 아기에게 젖을 주는 엄마의 모습을 보여 준다. 두말할 나위없이 주인공은 '아기'(즉, 영아로서의 자기)가 되고 보조자는 회기에서 엄마의 역할을 하게 된다.

　그렇지만 필자가 지적하였듯이, 정신세계 속에 내재된 대상관계는 자기와 타인의 두 부분으로 구성된다. 디렉터가 주인공에게 역할바꾸기를 요구하면 주인공은 그들 마음속에 내재화된 동일한 관계의 상대방 역할을 하게 된다. 그러므로 보조자는 심리극에서 주인공의 내면세계의 2가지 요소인 자기와 타인을 심리극 무대에서 극적으로 외현화시킨다.

기술적인 고려사항

　모레노가 기술한 보조자의 기능을 살펴보기 전에 몇몇 기술적인 문제점들이 어떻게 심리극의 임상적 실천 속에서 해결되는지 알아보기로 하자.

보조자의 선택

　그렇다면 선택된 집단성원들은 심리극에서 주어진 역할들을 어떻게 해낼 것인가? 심리극의 행위단계는 특정 극에서 이루어질 디렉터와 주인공이 동의한 치료 목적(혹은 '계약')에 대해서 함께 이야기하고 결정함으로써 시작될 것이다. 예를 들어, 메리는 직장에서 자신의 상사와의 불편한 관계를 개선하고자 하는 자신의 바람을 디렉터와 상의하였다.

　이후, 이렇게 이루어진 심리극에서 주인공은 디렉터와의 대화에서 행위화하도록 격려받게 된다. 주인공은 자기의 인생(과거, 현재, 미래) 중 한 특정 장면을 결정하여 극을 시작한다. 메리의 심리극은 그녀가 일하는 사무실에서부터 시작된다. 디렉터는 그녀에게 그 방에 대하여 설명하고 의자나 쿠션 같은 간단한 소품들을 사용하여 가구가 배치된 모습을 그리도록 한다. 그리하여 현실과 가상 사이의 공간, 즉 메리의 외적 세계의 의미 있는 장소가 심리극 무대 위에 만들어진다.

여러 다른 형태의 심리치료로부터 갈라져 나온 심리극의 치료과정 핵심이 바로 여기에 있으며, 집단의 다른 성원들도 행위에 직접 참여하게 된다. 메리는 찰스에게 자신의 상사 역할을 맡아 달라고 부탁하고 사무실에서의 장면을 둘이 함께 재연하였다.

심리극은 과거의 장면들을 탐색함으로써 어떤 문제의 역사적 뿌리를 찾을 수 있는 잠재력을 가지고 있으며(Goldman & Morrison, 1984), 이제 메리가 청소년 시절 아버지와의 관계를 연구해 볼 필요가 있다는 것이 분명해졌다. 디렉터는 이 장면에서 어떤 인물이 필요한지 알 필요가 있다.

> 디렉터 : 좋아요, 메리. 아버지 역할은 정해졌고, 또 누가 있어야 될까요?
> 메리 : 물론 엄마도 있어야 하고요, 엄마는 늘 아버지한테 화가 나 있었죠.
> 디렉터 : 집단에서 누가 메리의 엄마 역할을 맡으면 좋을까요?

보통 보조자를 연기할 인물은 주인공이 선택한다. 이렇게 하는 것은 극에서 주인공이 자신의 요구에 만족하는 방식으로 이 역할을 맡거나 연기하거나 수용할 수 있는 잠재력을 갖고 있는 누군가를 선택할 수 있도록 해 준다.

> 메리 : 이런, 아무도 없네요. 우리 엄만 좀 지독한 사람이거든요……. (메리는 몹시 걱정스러운 표정이다). 자, 만약 할 수 없이 선택을 해야만 한다면, 제니가 하는 게 좋을 것 같아요. 제니, 당신이 해 주겠어요?
> 제니 : 물론이죠.

주인공이 보조자를 선택하는 데는 복잡한 이유가 있다. 집단성원이 특정 인물을 맡게 되는 데는 나이가 비슷하다거나, 성별 혹은 체격 조건이 일치하는 것과 같은 확실한 이유가 있다. 주인공이 어느 특정 인물을 지정하는 이유는 그 인물이 비슷한 성장 배경 또는 경험을 갖고 있다는 것을 알고 있기 때문이다. 때로 집단성원은 극 중에서 '나쁜 아버지' 혹은 '좋은 어머니' 역할을 함으로써 좋은 것에 대해서 알게 된다.

하지만 경우에 따라서 이러한 범주를 벗어난 선택이 이루어질 수도 있으며 집단성원들은 오히려 덜 구체적이고 덜 명확한 특성 때문에 역할을 맡게 될 수도 있다. 이렇게 텔레의 과정은 매우 중요한데, 그것은 주인공이 단지 자신의 '감각'에 의해 어느 특정 인물이 그의 나이나 성별과는 관계없이 그의 개인적인 삶의 과정 혹은 성격이 때로는 표현되지 않은 특정 역할에 잘 어울릴 것이라고 느낄 수 있기 때문이다.

꼭 이 역할을 해야만 할까

비록 주인공을 위해 집단성원들이 어느 특정한 역할을 맡아 줄 것이라는 것이 일반적인 기대이긴 하지만, 경우에 따라서는 이를 거부할 수도 있다. 예를 들어, 어떤 사람이 늘 유사한 역할을 맡게 되어 이런 류의 고정된 배역(예컨대, 좋은 엄마 또는 학대하는 아빠)에 싫증이 날 때 거부할 수 있다.

또는 어떤 집단성원은 심리극이 자신의 감정적인 문제와 너무 흡사하여 불편할 수 있다. 이런 경우 디렉터는 주인공에게 다른 사람을 선택하도록 요구한다. 그러나 회기가 끝났을 때 역할 요청을 거부한 성원은 그 역할을 왜 거부했는지 그 이유를 나누도록 하는 것이 바람직하다.

때로 어떤 집단성원은 보조자로 선택될 당시에 자신의 문제와 걱정거리에 너무 정신을 빼앗긴 경우가 있다. 이런 경우에 다른 성원들은 인내심과 이해심을 갖고 그 사람의 요구를 존중해 주어야 한다.

보조자를 역할에 들어가게 하기

일단 보조자가 선택되면 그 다음 할 일은 가능한 한 충분하게 배정된 역할을 할 수 있도록 돕는 것이다. 그들이 해야 할 일은 가능한 한 주인공의 기대에 가깝게 역할을 연기하는 것이다. 왜냐하면 분명히 이 역할에 어떤 실제적인 지식을 갖고 있는 유일한 사람은 극의 중심에 있는 집단성원이기 때문이다. 이러한 진행 과정을 돕기 위해 디렉터는 주인공에게 역할바꾸기를 하도록 요구할 수 있고 주인공 자신의 삶에서 다른 사람이 되도록 할 수 있다.

디렉터 : (메리에게) 메리, 역할을 바꿔 당신의 아버지가 되어 보세요.

메리는 무대 위에서 몇 걸음 옆으로 비켜선다. 이것은 극 속의 인물들이 공간에서 각자 다른 물리적 위치를 갖게 하는 것이다.

디렉터 : 고맙습니다. 자, 만나서 반가워요 (디렉터는 악수를 청할 수 있다.).

디렉터는 주인공이 여전히 자신의 자세로 서 있다는 것을 알 수 있다.

디렉터 : 자, 아버지, 보통 서 계실 때의 모습을 좀 보여 주시죠.

메리는 황급히 등을 꼿꼿이 세우고 한 손을 허리에 올린 뒤 자기 아버지가 서 있을 때의 모습을 취한다. 아버지의 신체언어를 사용하기 시작한 바로 그 행위는 주인공에게 아버지의 역할로 들어가도록 도와준다(물론 아버지의 역할은 그녀의 내면세계 속에 '내적 대상'으로 확고하게 자리잡고 있었던 것이다.).

디렉터 : 자, 아버지 되시죠. 이제 당신에 대해 설명을 좀 해 주시겠어요?

주인공은 이 역할에서 쉽게 이야기를 시작할 수 있으며, 실제로 몇몇 사람들은 자신의 역할에서보다 오히려 다른 사람의 역할에서 더 편안하게 이야기하는 것처럼 보인다. 그러나 결국 그들은 디렉터의 도움과 격려를 필요로 하게 되며 디렉터는 극의 과정을 촉진시키기 위하여 몇 가지 질문을 할 수 있다.

> 디렉터 : 나이는 어떻게 되십니까? 무슨 일을 하고 계시죠? 당신의 딸 메리
> 에 대해서 어떻게 생각하나요?

물론 디렉터는 질문에 대한 답을 하나하나 듣고 질문을 해 나가는데 그 다음 질문은 앞선 답변에 기초하여 이루어진다. 이러한 과정을 통해 아버지에 대한 인상이 더욱 분명해진다. 좀 더 심리학적으로 바꿔 말하자면, 메리의 마음속에서 그녀가 기억해 오고 내면화해 온 바로 그 아버지의 모습이 표현되는 것이다.

잠시 후 디렉터는 메리에게 다시 역할을 바꿔 자신의 역할로 돌아가도록 하고 보조자가 다시 아버지의 역할을 계속하게 한다.

극이 빠르게 진행되어야 할 경우, 디렉터는 주인공에게 그 사람에 대해 가장 중요한 세 가지 특징을 설명하도록 요구하고 보조자가 곧바로 그 역할에 들어가도록 한다. 이런 간단한 언급만으로도 집단성원이 극에서 보조자 역할을 수행하는 데는 충분하다.

물론 필자의 임상 실천에서는 드물지만 때로 디렉터 자신이 직접 보조자를 선택하는 경우도 있다. 이런 경우는 주인공이 자신의 역할에 너무 몰입되어 있어서 스스로 인물을 선택한다는 것이 회기의 흐름을 방해하거나 보조자가 주인공에게 중요하지 않은 역할을 하도록 요구할 수도 있기 때문이다.

> 디렉터 : 좋아요 메리, 미래의 장면으로 가 봅시다. 어디서 당신의 아버지를
> 만나게 될까요?

메리 : 우리 아버지가 제일 좋아하는 음식점에서요. 아마 깜짝 놀라실 거
　　　 예요.
디렉터 : 짐, 웨이터 좀 해 주시겠어요?

　생활 속에서처럼, 심리극에서도 주인공은 그 주위에 많은 인물들을
등장시킬 수 있다. 즉, 어머니, 아버지, 남자 형제들과 여자 형제들, 이
웃들, 폭력적인 학교 선생님들, 심지어 때로는 신과 악마까지도 말이
다. 집단성원들은 보조자로서 그들의 역할이 주인공의 관심 안에 있도
록 심리극에서 이런 중요한 역할을 잘 수행했는지 조심스럽게 지시받
을 필요가 있다.

보조자의 치료적 기능

　보조자의 역할들이 정해졌으므로 앞으로 진행될 심리극에서 보조자
의 임무에 대해 자세하게 알아보기로 하겠다. 모레노의 실존주의 철학
이 강조하는 바는 지금-여기의 참만남에 있어 우리 모두는 동등한 입
장이므로, 디렉터가 반드시 인정해야 할 것은 디렉터 또한 집단의 다른
성원들과 동등하다는 것이며, 이들과 다른 것은 디렉터가 더 많은 책임
감을 가져야 한다는 것이다. 이는 집단의 모든 성원들이 모두 동일한
역할을 한다는 뜻은 아니다. 실제로 심리극 과정에서 각 성원들은 각기
다른 시간에 여러 다른 역할들을 함으로써 집단의 삶에 참여하게 된다.
여기서 다른 역할들이란 '지지자', '가까운 친구', '집단의 자극제 역
할', 그리고 필요한 경우 보조자의 역할을 의미한다.
　심리극이 공동 창조 과정의 결과이므로 많은 이러한 역할들은 디렉터
와 함께 공유하게 되는데, 이런 공동 창조의 과정에서 디렉터, 주인공,
집단성원의 창조적이고 자발적인 기여는 주인공에게 정서적으로 의미
있는 극을 만들도록 하며, 그래서 치료적 변화가 일어나도록 한다.
　이는 심리치료사와 집단 리더의 역할을 하는 디렉터가 심리극의 치

료과정 속에서 모든 집단성원들을 도와주는 특별하고 중요한 업무를 갖고 있다는 것이지, 집단의 모든 사람들이 디렉터와 똑같은 역할과 책임을 갖고 있다는 말은 아니다.

집단성원들이 직접 심리극을 이끌어 갈 수도 있다. 이렇게 역할을 공유하는 것은 훈련집단에서 굉장히 중요한 측면이다. 그러나 때로 치료집단 내에서 정해진 집단 리더보다 집단성원 중에서 '심리극의 디렉터'가 되는 것이 적절한 경우가 있다. 그러나 이런 경우에는 보다 신중한 고려와 집단 리더에 의한 지도감독이 필요하다.

심리극 디렉터와 집단성원들 간의 관계는 매우 복잡하다. 어떤 회기에서는 '디렉터'의 역할이 분명하지만, 다른 회기에서는 '아버지'나 '어머니'의 역할이 집단의 마음을 사로잡을 수 있는데, 정신분석가들은 그것을 '전이'라고 말한다. '지금-여기'라는 현실과 반대인 전이가 어떤 집단성원과 디렉터의 관계를 지배하기 시작할 때, 디렉터가 어떻게 그 상황에 대처해야 하는지에 대한 해답은 간단하지 않다.

보조자의 역할

켈러만은 심리극 디렉터에 대해 네 가지 원칙적 역할을 부여하였다. 즉, 연출가, 치료사, 분석가 그리고 집단 리더가 바로 그것들이다(1992: 46). 그중 분석가와 치료사의 역할은 일대일로 하는 치료이든 집단치료이든 모든 심리치료사가 수행하는 역할들이다. 어떤 학파의 집단치료사들은 '집단의 리더'라는 세 번째 역할을 추가한다. 심리극 디렉터는 '극 연출가'라는 또 다른 중요한 네 번째 역할을 더하게 된다. 모든 회기에서 디렉터는 이 네 가지 역할들에 충실해야 되는데, 필자의 견해로 이 네 가지 요소들은 치료사에게 있어 심리극을 심리치료 중에서 가장 어려운 형식의 하나로 만든다.

심리극에서 다른 성원들은 복잡한 임무를 수행하는 과정에서 디렉터에게 도움을 준다. 켈러만이 말한 디렉터의 역할 중 다음 세 가지는 모레노가 본 보조자의 역할과 일치한다.

보조자의 역할	디렉터의 역할
(Moreno, 1946: 15)	(Kellermann, 1992: 46)
카운슬러	치료사 (사람들에게 영향을 주고 치유하는 변화의 촉진자)
특별 탐구자	분석가 (공감하고 이해하는 사람)
배우	연출가 (무대 설치와 심미적 안목을 갖고 연극 연출가로서 행위하는 사람)

켈러만이 말하는 네 번째 임무는 집단 리더의 역할이다. 필자는 집단의 모든 성원들이 집단의 정식 리더(혹은 디렉터)가 아니라 하더라도, 집단의 생존을 위해 어느 정도 책임감을 갖고 있다고 생각한다. 말하자면 모든 사람은 집단의 리더십 과정에 어느 정도 관여한다.

그러므로 심리극에서 집단 전체는 각각 정도의 차이는 있지만 극을 치료적으로 이끄는 다양한 역할을 나누어 맡는다. 집단의 모든 성원들의 활동성, 창조성 그리고 자발성의 정도는 실로 회기의 결과가 얼마나 질적으로 가치가 있고 성공적이냐와 아주 밀접한 관련이 있다. 이러한 상황은 의학적 또는 정신분석 모델과 대조가 되는데, 그러한 모델들에는 의사(또는 정신분석가)와 환자들 간에 분명한 역할 구분이 있다. 전자는 보통 능동적(그리고 힘이 있는)인 반면 후자는 수동적으로 자신의 담당 의사(또는 분석가)의 보살핌과 치료를 받아들인다.

이제 보조자의 임무를 디렉터 역할의 확장과 주인공 역할의 확장이라는 두 가지 다른 관점에서 살펴보자.

디렉터 역할의 확장으로서의 보조자

일반적으로 회기가 두 명의 공동치료사에 의해 운영되지 않는 한, 한 사람만이 집단의 디렉터 역할을 맡게 된다. 이 역할은 합의된 치료 임무를 수행하기 위하여 모인 집단의 모든 사람들과의 접촉을 통해 주어진다. 그러나 이미 언급하였듯이, 보조자들은 디렉터 임무 중 다른 측면들에 대해 함께 '공유' 할 수 있다.

특별 탐구자 되기

주인공, 집단 그리고 디렉터는 심리극 과정에서 집단의 모든 성원들의 내면세계를 탐색한다. 집단의 각 성원들은 심리극의 독특한 기법을 통하여 '정신적' 탐구자 역할을 한다. 훈련된 심리치료사로서, 디렉터는 주인공이 생활에서 기능하고 있는 심리적 방식들에 대하여 분명히 이해하도록 진행할 수 있다. 정신분석적 치료에서 이러한 아이디어들은 해석을 통해 환자들에게 제공된다.

심리극에서 보조자 역시 '특별 탐구자' 또는 '분석가' 와 같은 공감적 역할을 활용함으로써 주인공을 이해하게 될 것이다. 더욱이 보조자는 역할을 수행하는 과정을 통해 그들이 연기하는 사람에 대한 정보를 얻게 되며, 연기하는 사람의 신체 자세를 취할 수 있고, 감정과 생각도 발전시킬 수 있으며, 심지어 그 사람의 역할 안에 있기 때문에 가능한 것들을 이야기할 수 있다.

> 메리 : 왜 항상 제게 그렇게 심한 부담을 주시는 거죠?
>
> 아버지 : 너도 알다시피 난 좀 더 잘 살고 싶었다. 하지만 난 네가 가진 기회를 갖지 못했어. 넌 나를 위해 성공해야만 해!
>
> 메리 : 이게 바로 우리 아버지가 내게 가졌던 감정이라고 생각해요. 하지만 아버진 제가 어렸을 때 이런 말을 결코 한 적이 없으셨어요.

주인공을 안내하는 카운슬러 되기

일단 보조자의 역할을 맡게 되면, 집단성원들은 주인공이 그 인물과 역할바꾸기에서 처음 준 기본 대사 외에 그들 역할의 각본을 발전시켜 즉흥 대사(ad lib)를 할 수 있다. 이 과정에 주어진 자유로움을 통해서, 보조자는 심리극 과정에 영향을 줄 수 있고, 더 나아가 주인공 치료에도 영향을 줄 수 있다. 보조자는 주인공에 대한 이해의 수준을 점차 높여 가고(텔레와 공감을 통해), 이렇게 얻은 이해를 통해 디렉터나 주인공에 의한 부가적인 지시 없이 자신의 치료적 과정의 폭을 넓혀 결국은 주인공을 치료하는 데 도움을 준다.

보조자의 창조적 잠재력은 조심스럽게 이루어져야 한다. 왜냐하면 때로 주인공은 상처받기 쉬운 자아의 경계를 갖고 있으므로 보조자의 행위에 의해 오히려 혼란을 겪을 수 있기 때문이다. 이런 경우 디렉터는 그들의 혼란과 고통을 명확히 하여 보조자가 가능한 한 원래 주인공이 준 대사대로 하도록 지시할 필요가 있다.

그러나 보조자는 흔히 디렉터의 지시를 따르지 않기도 하는 데, 그렇다 하더라도 이는 극 중의 자발적인 반응이며 극을 더 폭넓게 전개시키고 주인공으로 하여금 잊었거나 억압된 자기 인생 극의 일부분에 다시 접근하게 한다. 그러므로 그들은 회기에서 실제로 이런 말들을 하게 될 때 '카운슬러'나 '치료사'로서의 역할을 한다. 예를 들면, 주인공의 이중자아 역할을 하는 보조자는 주인공이 감히 하지 못했던 또는 생각조차 못했던 표현을 함으로써 오히려 치료과정을 지지하거나 영향을 줄 수 있다. 이런 방식으로 주인공은 심리치료사나 디렉터의 분석적인 해석 없이도 자신과 대상 세계와의 관계를 이해하고 통찰을 얻게 된다.

존 : (아버지 역할) 너도 알겠지만 난 한 번도 아이를 갖고 싶어한 적이 없었다. 네 엄마를 기쁘게 해 주려고 너를 낳게 된 거다.

디렉터 : (메리에게) 맞습니까? 당신의 아버지가 이런 말을 한 적이 있나요?

메리 : (디렉터에게) 네, 하지만 전 한 번도 그런 생각을 해 본 적이 없어요. 아마도 그런 생각을 한다는 것 자체가 너무 고통스러웠기 때문일 거예요.

메리 : (아버지에게) 어떻게 그런 말을! 엄마도 마찬가지야! 난 아버지가 날 정말로 사랑한다고 믿었어요!

디렉터 : (메리에게) 역할을 바꾸세요. 당신이 아버지가 되세요.

메리 : (아버지 역할) 난 널 사랑했다. 하지만 그것을 너에게 이야기하기는
　　　너무 어려운 일이었단다.

　그러나 중요한 것은 디렉터가 극 전반에 걸쳐 모니터하고, 무대를 관
리하고, 필요하다면 보조자의 자발적인 행위를 유도할 최종 책임이 있
다는 것이다. 때로 어떤 집단성원은 과도한 열정이나 자신의 문제로 인
한 혼란 때문에 극 속에서 주인공이 의도하는 자기의 역할을 다하지
못할 때가 있다.
　이런 경우 디렉터는 보조자의 행위에 대해 주인공에게 확인하기도
한다.

존 : (아버지 역할) 하지만 너는 나에게 늘 특별하고 소중한 존재였다.

　메리는 다소 걱정스러운 표정이다. 보조자의 대사가 그녀를 당황하
게 했던 것이다. 디렉터는 그녀와 함께 그 상황을 점검한다.

디렉터 : 당신의 아버지라면 과연 그렇게 얘기했을까요?
　메리 : 아니요.
디렉터 : 그럼 역할을 바꾸어서 과연 아버지가 어떻게 하셨을지 보여 주세요.
　메리 : (아버지 역할) 난 널 사랑했다. 하지만 넌 한 번도 내가 기대하는 대로
　　　　살지 않았다. 네 오빠는, 난 늘 그 애가 성공하리란 걸 알고 있었다.

배우 되기
　매우 모호한 말처럼 들릴지 모르지만, 심리극은 심리치료의 적극적이
고 극적인 형태라는 것을 잊어서는 안 된다. 이러한 관점에서 디렉터는
주인공 그리고 집단성원들과 공동으로 극적인 순간들을 창조해 내야
한다. 그 속에서 치료적인 과정이 마법처럼 전개될 수 있다.
　일단 보조자의 역할이 주어지게 되면 보조자는 디렉터의 지시하에

회기의 극적인 흐름을 유지하는 임무를 갖게 된다. 보조자는 주인공이 부여한 기본적인 내용에서부터 자신들의 역할을 발전시켜 나가도록 격려받는다. 보조자는 그러한 역할의 발전이 주인공의 요구와 개인의 극과 일치되는 한 자신들이 말하거나 행동하는 것에 일종의 위험부담을 가질 수 있다. 디렉터는 이러한 극의 전개가 주인공이 느끼기에 합당한지 주인공과 함께 점검해야 한다.

보조자들은 심리극의 극적 측면에 참여함으로써 극의 형태와 회기의 형식에 지대한 영향을 미치게 된다. 예를 들어, 극 중에서 식당의 웨이터 역을 맡은 보조자는 메리와 그녀 아버지의 다소 긴장된 만남을 위해 목소리 톤도 그에 맞춘다.

결국 보조자의 역할은 주인공의 극에서 그들로 하여금 분석가, 카운슬러 그리고 창조적인 배우의 역할을 하게 한다. 그러나 다시 한 번 강조하지만 디렉터는 이 모든 것이 주인공의 의도나 기대에 부합되는지 점검해야 할 책임이 있다.

주인공 역할의 확장으로서의 보조자

보조자들이 디렉터의 어떤 임무를 공유하듯이, 그들은(동시에 또는 따로따로) 주인공의 심리적 측면을 적극적으로 확장하기도 한다. 그들은 이것을 극 속의 어떤 역할에서 할 수 있고 혹은 주인공의 이중자아로서 이러한 임무를 수행할 수 있다.

심리극에서 보조자의 기능은 주인공의 삶 속에 있는 내적 대상들을 회기 내의 외부 현실로 끌어내는 것이다. 그들은 극이 진행되는 동안 주인공의 아버지, 어머니, 형제나 자매가 되어야 한다. 모레노의 표현을 빌자면, 그들의 임무는 '주인공의 인생극 속의 실제 혹은 상상의 인물'을 묘사하는 것이다. 필자가 앞 절의 이론적 탈선에서 언급하였듯이 극 중의 인물들은 사실 주인공의 정신적인 측면(흔히 '자기'의 일부라기보다 '타자'라고 생각되지만)들을 나타낸다.

일단 보조자가 주인공 삶 속에 있는 인물들의 역할을 맡게 되면 보조자들은 심리극의 진행 과정을 보조할 책임이 있다. 결국 보조자들은 가능한 한 자신의 외현적인 정서적 욕구보다는 주인공의 정서적 욕구에 충실해야 한다. 보조자들은 이 부분의 주요 역할들에 대하여 주인공이 지시한 내용을 따라야 한다. 보조자는 주인공의 요구에 맞게 연기하고 말하는 것이 필수적이다. 어떤 이유에서건 보조자가 자신의 본래 역에서 탈선하는 경우 디렉터가 취해야 할 행동은 이미 앞서 설명하였다.

심리극 경험이 없는 사람들은 아마 보조자 역할을 제대로 소화해 내기 위해서 그들이 아카데미상을 수상할 수 있을 정도의 연기력이 필요하다고 생각할지 모른다. 심리치료집단의 평범한 사람들이 어떻게 이런 능력을 가질 수 있겠는가? 중년의 뚱뚱한 남자가 주인공이 30년 동안 만나지 못한 젊고 잘 생긴 그녀의 남자 친구 역을 어떻게 할 수 있겠는가? 또는 젊고 똑똑한 성원이 주인공의 늙은 조부모 역할을 어떻게 해낼 수 있겠는가?

실제로는 아주 간단하다. 누가 보조자 역할을 맡든 이런 임무를 수행해 낼 수 있다는 것이 바로 심리극이 갖는 놀라운 면이다. 심리극의 진행 과정은 어떻게 보면 마술 같다고도 할 수 있다. 그리고 괄목할 만한 것은 누가 집단의 성원이 되든지 이런 현상은 모든 심리극에서 항상 일어난다는 것이다. 심지어 보조자는 단지 주인공에 의해 주어진 정보 그리고 주인공에 대한 텔레와 공감만을 가지고도 자신에게 주어진 역할을 수행해 낸다.

이러한 기제는 주인공과 보조자가 심리극 과정에서 유도된 가벼운 몽환상태와 환상의 세계에 들어가 있다고 생각하면 쉽게 이해될 수 있다. 한때 필자는 최면이 극장에서 볼 수 있는 깊은 몽환상태나 텔레비전의 가벼운 오락 프로와 같은 것이라고 생각했다. 몽환상태는 그 깊이에 있어서 다양하다는 것을 최근에야 깨닫게 되었다. 즉, '내가 손가락을 딱 하고 부딪히면 당신은 이 모든 것을 잊어버리게 될 것입니다.'와 같은 깊은 수준에서부터 가벼운 의식상태의 변화에 이르기까지 다양하다. 심리극을 작업할 때는 후자의 상태에 속한다. 심리극에서 주인공은 완전히 깨어 있는 상태, 지금-여기의 현실감 있는 상태 그리고 가벼운 몽환상태 사이를 오락가락한다. 심리극 초반부에 그들은 디렉터와 협력적인 관계에 있지만 후반부에 가서는 극을 '마치' 실제인 것처럼 느끼게 된다.

그러나 몽환상태는 가볍고 현실은 늘 가까이 있다. 진행 과정이 '마치 ~인 것처럼(as if)'인 단계에서 계속되는 것은 매우 중요한 일이다. 모레노에 따르면, '심리극은 망상, 환각 또는 착각의 심연에 빠지지 않고 상상의 기본적인 규칙을 사용하여 지금-여기에서 세계를 바꾸는 방법이다.'(Moreno, 1969/1975)

좀 더 주목할 만한 사실은 이러한 마법의 세계 속에서 보조자는 주인공을 만날 수 있다는 것이다. 그들은 함께 심리극에서 주인공의 치료적 요구에 부응하는 장면을 만들어 낸다. 극의 초기 단계에서 보조자는 주인공이 주로 쓰는 단어들을 반복적으로 사용해서 그저 주어진 '원본'에 따라 연기한다. 그러나 보조자가 그 역할을 맡게 되는 데는, 주인공이 그 보조자가 지속적인 도움 없이도 스스로 그 역할을 해낼 수 있으리라는 느낌을 갖고 있기 때문이다. 이러한 방식으로 보조자는 주인공의 내면세계를 확장시키고, 내면의 역할을 외현화시키고, 그것을 심리극 무대 위에서 극화시킨다.

이 단계에서 극은 다소 현실적인 기반 위에서 이루어진다. 그러나 행위가 진행되어 감에 따라 보조자는 주인공과 디렉터와 함께 극의 출발점과는 다른 장면을 공동으로 창조하기 위하여 그들 자신의 감각(텔레, 직관 그리고 공감에 기초한)을 점점 더 사용하여야 한다.

심리극에서 접촉의 문제

심리극은 적극적이고 신체적인 형태의 치료법이므로 접촉과 움직임의 문제는 특별한 주의를 요한다.

인간관계에 대한 심리극적인 접근 방식에 있어 우리는 실제 삶의 모델 그 자

체를 그대로 따르는 데 관심이 있다. 신체적 접촉 기법을 제한하여 사용하더라
도 치료사의 만족을 위한 것이라면 이는 명백히 잘못된 것이다.

(Moreno, 1969/1975: 17)

　다른 집단성원들에게도 역시 동일한 규칙이 적용된다. 보조자의 역
할로서, 그들은 주인공의 엄마처럼 주인공의 몸에 손을 대고 주인공을
포옹하기도 한다. 그러한 신체 접촉은 '어머니'로부터 느낄 수 있는 것
처럼 심리극 과정에서 가슴 깊게 느낄 수 있고 경험될 수 있다. 그러나
한계는 분명해야 하며 집단성원들은 치료 목적 그 이상의 범위를 벗어
나서는 안 된다. 예를 들어, 디렉터는 어떤 두 성원이 극 중 역할에서
실제로 입맞춤을 하려고 한다면 개입할 필요가 있다.

　신체적 접촉이 항상 애정 어린 관심을 내포한 행위만은 아니다. 때로
는 폭력적이고 학대적인 것이기도 하다. 디렉터는 주인공의 삶 속에서
그러한 에피소드를 탐색하는 것이 치료 임무의 핵심이라고 느낄 수 있
다. 그렇지만 부적절한 신체 접촉(지나치게 친밀하거나 또는 지나치게 폭
력적인 것 모두)으로부터 모든 집단성원들을 보호하기 위하여 분명한 지
시를 해야 한다. 극적 과정의 마술적인 '마치 ~인 것처럼'의 측면이
그대로 지속되는 것은 필수적이다. 쿠션(집단의 다른 성원들이 갖고 있는)
은 화가 난 주인공의 공격으로부터 보조자를 보호하는 데 쓰일 수 있
고, 쿠션만으로도 쾅쾅 때려 정화를 경험하도록 할 수 있다. 그러나 중
요한 것은, 심리극에서 이러한 쿠션이 보통 주인공의 분노나 혈기를 무
조건적으로 받아들여야 하는 수용체라기보다는 어떤 사람이나 어떤 사물
을 나타낼 수 있다는 것이다.

보조자가 심리극을 통해서 얻는 것은 무엇인가

　지금까지 이 장에서는 주인공의 요구를 충족시키기 위한 심리극의
과정과 보조자들이 역을 맡고 그 역을 함으로써 주인공의 치료과정에
참여한다는 것에 초점을 맞추었다.

그러나 분명한 것은 여러 방면에서 보조자 역할을 하는 집단성원들도 혜택을 입는다는 것이다. 앞에서도 설명하였듯이 이러한 보조자들은 흔히 그들 나름대로 드러나거나 드러나지 않은 개인적 특성 때문에 특정한 역할에 선택된다. 보조자가 자기 성격의 어떤 내면적인 측면과 매우 유사한 역할을 맡는 것이 매우 부담스러울 수 있지만, 깊은 보상이 될 수도 있다. 심리극의 가장 마지막 단계인 나누기에서 보조자는 자신과 주인공과의 관계 그리고 자신이 중요한 역할을 맡았던 극과의 관계를 탐색할 기회를 갖는다. 실로 이 과정은 다음 회기에 이러한 공유된 주제를 가지고 보조자가 자신의 심리극을 할 때 그를 더 잘 준비시킬 수 있다.

보조자는 또한 일상생활 속의 자신의 역할과 전혀 다른 역할을 해 봄으로써 도움을 받을 수 있다. 예를 들어, 필자는 아주 친절하고 조용한 성격의 사람이 치료집단에서 매우 공격적이고 잔인한 역을 아주 열정적으로 해냈던 것을 기억한다. 이렇게 함으로써(주인공의 심리극을 돕기 위한 과정에서) 그 사람은 자기 내면 속의 주장적이고 직선적인 면을 좀 더 잘 경험할 수 있었다. 물론 그 후 그가 자신의 실제 생활에서 그런 면을 표출할 수 있었던 것은 아니다. 그러나 그는 다른 사람과의 대인관계 양식에 대한 문제를 제기할 수 있었고 이것은 나중에 자신의 심리극에서 좀 더 잘 탐색할 수 있는 계기가 되었다.

보조자의 역할 벗기

이미 언급하였듯이, 보조자에게 특정 역할이 요청되는 데에는 여러 가지 이유가 있다. 그중 어떤 것은 주인공의 극적 요구와 연결될 수 있듯이 그들 자신의 성격과도 연결될 수 있다. 그러므로 집단의 한 성원이 맡은 역할을 벗는 방식은 그들이 처음에 그 역할을 맡는 방식만큼 중요하다.

극이 진행됨에 따라, 흔히 많은 상이한 장면들을 통해서, 특정한 보조자의 필요성은 변할 수 있다. 그래서 디렉터는 감사를 표한 뒤 그들

에게 무대에서 물러나 자리에 앉아 주기를 요구하기도 한다. 이러한 지
시는 그들로 하여금 역할에서 물러나 본래의 자신으로 돌아가게 한다.

그러나 이런 절차만으로는 디렉터의 그런 의도를 전달하는 데 충분
하지 않아 보조자들은 역할에서 물러난 후에도 여전히 극 중의 자신의
모습, 나쁜 아버지 또는 죽은 엄마인 것처럼 느낄 수 있다. 어떤 역할
에 매달리는 이런 경향성은 바로 그들이 주인공에 대한 이러한 역할을
맡았던 극적 강도를 반영할 수 있다. 그러나 필자가 앞서 밝힌 바와 같
이, 이는 또한 극에서 취했던 역할에 대한 어떤 동일시와 관련될 수 있
다. 이것은 분명하고 직접적일 수 있다(예를 들어, 존은 한 아버지이면서
자신의 아버지를 갖고 있다.). 때로 이 연결 고리는 덜 명확할 수 있고 좀
더 깊은 동일시와 연결되어 있는 경우도 있다.

이런 관계의 본질이 어떠하든지 간에, 극이 끝남과 동시에 보조자가
그 역할에서 완전히 떠나는 것은 매우 중요한 일이다. 심리극에서 역할
벗기 과정은 극의 마지막 단계인 나누기 과정에서 이루어진다. 보통 각
집단성원들은 그들이 맡았던 역할에서 그리고 자기 자신의 역할에서
나누기를 한다. 디렉터는 모든 보조자들이 가능한 한 자신의 느낌을 다
른 사람들과 나누어야 하고 끝난 후에는 다시 원래의 자기 자신으로
돌아가는 것을 확인해야만 한다. 이 중요한 주제는 길리 루스콤-킹이
쓴 10장에서 좀 더 심층적으로 다룬다.

참·고·문·헌

Fox, J. (Ed.) (1987). *The Essential Moreno, Writings on Psychodrama, Group Method and Spontaneity by J. L. Moreno MD.* New york : Springer.

Goldman, E. E., & Morrison, D. S. (1984). *Psychodrama : Experience and Process.* Dubuque, IA : Kendal Hunt.

Hinshelwood, R. D. (1989). *A Dictionary of Kleinian Thought.* London: Free Association Books.

Holmes, P. (1992). *The Inner World Outside, Object Relations Theory and Psychodrama.* London: Routledge.

Kellermann, P. F. (1992). *Focus on Psychodrama : The Therapeutic Aspects of Psychodrama.* London: Jessica Kingsley.

Kernberg, O. F. (1976). *Object−Relations Theory and Clinical Psychoanalysis.* New York: Jason Aronson.

Laplanche, J., & Pontalis, J. B. (1967/1973). *The Language of Psychoanalysis.* London: Hogarth Press.

Moreno, J. L. (1946). *Psychodrama, First Volume.* Beacon, NY : Beacon House.

Moreno, J. L., & Moreno Z. T. (1969/1975). *Psychodrama, Third Volume.* Beacon, NY: Beacon House.

9

디렉터 —행위에서의 인지

Marcia Karp

엄마, 난 내 안에서 안전한 느낌이 들어요. 내가 내 다리와 그 부위들을 부러 뜨릴 거지만, 난 항상 안전할 거라고 생각해요. 나는 커다란 튜브 같아요. 지금까지 알려져 있는 모든 것과 앞으로 알게 될 모든 것이 나를 통해 지나가거든요. 난 그저 그것을 받아들였다가 지나가게 하지요.

(Poppy Sprague 8세, 1985)

철학 : 당신이 아는 것을 행할 때 인지하게 된다

존재한다는 것의 본질적인 핵심은 아는 것이고, 당신이 알고 있다는 것을 인식하는 것이다.

인지란 생활 경험의 총체를 통합하는 복합적인 과정이다. 그것은 당신이 알고 있는 모든 것을 신뢰할 때 일어난다. 통합되어 용해되는 그 순간에, 당신은 더 높은 깨달음의 상태에 이르고 당신의 모든 경험이 활성화된다.

경청의 질은 순간 몰입하는 능력이며 역으로 순간 몰입하는 능력은 경청의 질과 같다. 필자의 친구인 미지는 '내가 아주 잘 경청하게 되면 글쎄 나도 놀랄 만한 것을 말한다니까.' 라고 말하였다.

인지는 알고, 지각하고, 생각하는 행위나 능력이라고 정의할 수 있다. 이는 감정이나 의지와는 정반대이다. 인지란 지각이고, 감각이며 또는 관념이거나 직관이다.

앎과 행위를 통해 이루어지는 이러한 용해는 우리가 삶을 살아가는 방법의 일부로 인정되지 않는다. 그래서 우리가 그것을 명명하고 믿는 것이 어렵다.

우리는 그것을 명명하는 법을 모르기 때문에, 그것을 직관이나 예감이라 부른다. 인지는 앎의 가장 깊은 최고의 자발적인 형태이다. 그것은 우리 존재의 본질과 충만함을 제공할 수 있다. 아마 우리는 '순간'의 삶을 기술할 수 있는 새로운 언어가 필요할지도 모른다(J. Krishnamurti, 1991). 영적 지도자들은 우리가 끊임없이 순간에 충실한 삶을 살아가야 한다고 말한다.

예를 들어, 한 여성은 배우자가 막 때리려고 하는 순간을 알 수 있다. 즉, 그녀는 그 순간을 비언어적인 의미를 통해 알 수 있다. 그녀는 무슨 일이 일어날 것인지에 대해 인지한다. 그녀는 알고 있거나 모르고 있는 것에 따라 행위를 선택할 수 있다. 전화가 울리면 받기 전에 전화를 건 사람이 누군지 아는 것과 같다.

심리극의 디렉터는 주인공의 주된 문제가 자존감의 결핍인지 알 수 있다. 디렉터는 그것을 보고 듣고 느낄 수 있다. 디렉터는 '알고 있는' 것에 따라 선택할 수도 있다. 디렉터는 의심을 자주 할 수 있는데, 그렇게 해야 의심스러우면 쉽게 점검할 수 있다. 예를 들면, '당신이 말할 때 나를 바라보기 어려워하는 것을 알았습니다. 내가 당신을 어떻게 생각할지 걱정되나요?' 이러한 부드러운 탐색으로 의심이 해소될 때 확증을 갖게 된다.

이 장에서는 심리극에서 디렉터의 역할을 살펴보고, 디렉터의 직관과 기술이 어떻게 인지의 더 큰 과정의 일부가 되는지 살펴보기로 한다.

　디렉팅의 주제를 시작하기 위해서, 이 장의 끝부분에 제시되어 있는 앤 슈첸베르거(Anne Schutzenberger)와 필자가 나눈 대화를 인용한다. 슈첸베르거는 필자에게 다음과 같이 이야기한다.

> 앤 : 심리극은 실존적 심리치료입니다. 심리극은 주인공과 함께 지금-여기에서 자유로운 흐름 속에 존재해야 합니다. 당신은 때로 주제와 함께 해야 하고 때로 자신 속으로 들어가서 그것을 단절하고 변화시켜서 새로운 어떤 것, 미래의 어떤 것, 색다른 그 무엇을 만들어 내기도 합니다.
> 마샤 : 너무 잘 짜인, 미리 생각한 회기는 작업이 잘 이루어지지 않습니다. 지금-여기의 개념은 단순히 지금이고 여기일 뿐입니다. 그때-거기가 아니죠. 이는 집단의 장점이 아닌가 합니다. 새로운 것이 매 순간 창조되는데 디렉터의 역할은 그 새로운 것을 붙잡는 것이지요.

앎에 대한 이야기

　디렉팅에 대한 장을 펼치자마자, 1996년 스코틀랜드에서 던블레인의 비극적인 사건이 일어난 다음 날 아침 택시 운전사가 필자에게 했던 말이 생각난다. 그곳에서 소년과 총에 집착한 의심 많은 고독한 사람이 체육시간에 5세 된 16명의 남자 아이들을 사살한 사건이 있었다. 사건 후 24시간 동안, 이웃, 부모, 의회의원이 토마스 해밀턴이라는 범인에 대해 진술을 하였다. 어떤 사람은 "범인은 우리를 소름끼치게 만든다."고 말하였고, 어떤 사람은 "그는 원한을 푼 사람으로, 자신에 대해 거대한 음모가 있다고 믿고 있었다."라고 말하였다. 이웃 사람들은 "그는 벼랑 끝을 걷고 있었다.", "그는 매우 불안정했다."고 말하였다. 학교에서 살인사건이 일어나기 전에, 범인이 운영하고 있던 청소년 클럽에서 여러 학부형이 그들의 자녀들을 탈퇴시켰다. 한 학부모는 "최근에 나는 그를 경찰에 신고했고, 경찰은 그가 뭔가 잘못이 있다고 확신하지만, 증거가 없다고 나에게 말하였다."고 보고하였다. 경찰은 '어느 날 범인이 증거를 남기면, 그때가 바로 그를 체포할 때다.'라는 것이다. 그러나 이미 때는 늦었다. 이미 그가 16명의 소년들과 함께 자살했기 때문이다. 범인의 모친은 아들이 이 학살의 주범이라는 이야기를 듣고 충격을 받았다. 그녀는 "나는 내 아들이 분노하고 있다는 것을 전혀 몰랐다."고 말했다. 범인은 어머니를 그의 누나로 믿고 있었고, 자신을 키워 준 조부모를 부모라고 믿고 있었는데, 그가 이러한 관계의 진실을 아는 데 조금 늦었던 것이다.

택시기사와 필자는 이 참사 소식을 라디오를 통해 말없이 들었다. 택시기사는 "많은 사람들이 자기 본능에 귀 기울이고 실제적인 반응을 근거로 하여 행위하고 싶어한다고 확신해요."라고 말하였다. 무언가를 알고 그 앎에 근거하여 행위하고자 하는 끝없는 투쟁이 얼마나 어려운지. 세련된 학습, 규칙, 가르침이 우리의 기본적인 지혜를 조금씩 무너뜨리고, 곧 우리는 어느 발을 먼저 내딛어야 할지 혼동스러워하다가 걸을 수 없는 지네가 된 느낌이다.

인지와 정서는 형제와 같다. 훌륭한 결정을 하기 위하여 급속히 진행하는 공황은 가끔 근원(인지)을 짓밟을 수 있다. 인지는 그의 지혜를 듣기 위해 기다리는, 대단한 끈기이다. 만약 이웃, 경찰 그리고 부모가 그들의 본능적인 느낌에 따라 행동하고 창조적인 지혜를 가지고 있었더라면, 교사와 아이들이 아직 살아 있을 수도 있다. 아이러니컬하게도, 비극이 있기 수개월 전에, 그 자신의 반대운동에서 공격을 당한 사람도 그리고 그의 오명을 씻기 위해 그가 던블레인에서 운영했던 청소년 클럽의 유망한 부모들에게 7,000부의 리플릿을 보낸 사람도 바로 범인이었다. 오명을 씻기 위한 끈기는 비극이 일어나기 전에 그에게 오명을 씻을 필요가 있었던 바로 그 인내였다.

인지를 믿는 것은 디렉터의 자발성을 높인다

심리극 디렉팅에 대한 이 이야기가 지니는 중요한 관련성은 인지를 신뢰하는 것에 있다. 인지를 신뢰하면 사람들이 자발적으로 된다는 의미이다. 자발성은 기술들을 신뢰롭게 한다. 신뢰성이 바람직한 디렉팅의 초석 중의 하나이지만, 자신의 육감을 신뢰하고, 직관과 인지를 신뢰하도록 디렉터들을 가르치는 것은 어려운 일이다. 생각하는 것을 줄이기 위하여, 단순한 행위를 관찰하고 알기는 어렵다. 즉 타이밍을 맞추기는 거의 불가능하다. 그러나 던블레인 참사에서처럼, 타이밍을 맞추는 것이 가장 중요하다. 디렉팅에서 매번의 역할바꾸기, 매번의 장면 전환, 매번의 보조자 선택은 다소 조용한 응급상황이라 할 수 있다. 역할바꾸기가 늦으면, 그 의미를 상실하고, 너무 이르면 비효과적이거나 무례가 될 수 있다. 장면 전환이 너무 빠르면, 부적절한 타이밍이 빛나는 훌륭한 보석을 먼지로 덮어 버릴 수 있다. 보조자를 너무 늦게 선택하면 이야기는 이미 너무 진행되어 효과와 실연의 필요성이 사라진다.

디렉터의 역할은 무엇인가

디렉터는 도움을 구하는 사람이 내놓는 단서들을 수집하는 극의 공동 연출자이다. 대부분의 치료에서 디렉터는 치료사, 촉진자 혹은 집단지도자이다. 심리극에서의 디렉터는 행위를 안내하는 훈련을 받은 사람이다. '디렉터는 아무것도 작업할 것이 없다. 그러므로 디렉터는 연출을 점차 구조화시켜 갈 뿐이다.' (Moreno, 1942)

디렉터의 주된 역할은 극에 참여하는 집단과 극을 실연하는 사람에게 자발성을 유도하고, 공부하고, 안내하며, 심리극을 구조화하여 의미 없어 보이는 것을 실제 의미 있는 것으로 만드는 것이다. 매 순간 마치 지금-여기에서 일어난 것처럼 살아야 한다. 주인공은 내부 세계와 외

부 세계에 대한 열쇠를 쥐고 있다. 디렉터는 여닫는 문을 잡고 집단은
틀을 제공한다.

디렉터는 무엇을 하는가

집단 디렉팅하기

디렉터의 중요한 관심은 집단이 보이는 즉각적인 행동이다. 집단을 시작할
때, 디렉터는 함께 앉아 있지만 서로의 접촉을 피하고 있거나 한 사람,
혹은 두 사람이 다른 사람들과 신체적으로 서로 떨어져 있는 것을 볼
수 있다.

디렉터는 즉각적인 집단역동을 관찰하면서, 비언어적 신체언어를 통
해 집단에서 누가 다른 사람들 앞에서 자신의 삶을 드러낼 준비가 되
어 있는지 알게 된다. 집단역동을 재는 도구를 사회측정법(sociometry)
이라고 한다. 모레노는 이러한 역동을 나타내는 사회도해나 지도를 만
들었는데, 이는 특정영역에서 집단원 간의 선호와 배척을 나타낸다. 예
를 들어, 누구의 옆자리에 가장 앉고 싶은지? 누구의 옆자리에 가장 앉
고 싶지 않은지? 결국 주인공이나 주제는 집단, 디렉터 또는 자기-선
택에 의해 이루어지고 다른 집단성원들에 의해 지지된다. 집단은 주인
공을 돕고 정말 실제상황과 같은 세계를 제공한다.

심리극에서, 디렉터는 사람을 무대 위에 그 사람의 개인 공간으로 데
려와서 주인공을 이끈다. 그들은 주인공의 삶을 나타내는 상황을 함께
설정한다. '장면은 주제에 의해 만들어진다. 디렉터는 주인공이 자신의
문제를 자연스럽고 자발적으로 행위하도록 격려한다. 주인공은 자신의
치료를 이끌어 가고, 중단하고 싶을 때 중단한다.'(Moreno & Moreno,
1977) 디렉터의 주된 기능은 연출가, 치료사, 행위분석가, 집단지도자와
같은 것이다.

연출가로서 디렉터는 주인공이 제공하는 모든 단서를 극적인 행위로 바꾸어 주인공의 삶을 작품으로 만들고 관객과의 라포 형성에도 주의를 기울이도록 한다. 때로 디렉터가 비지시적이고 수동적일 수도 있어서 실제적인 목적을 위해서는 주인공이 회기를 이끄는 것처럼 보일 수 있다. 분석가로서의 디렉터는 청중으로부터 나오는 반응으로 자신의 해석을 보충해 가기도 한다.

(Moreno, 1953: 83)

한 편의 특별한 이야기가 실연된다고 하더라도, 심리극은 집단과정이다. 각 사람은 다른 사람의 치료적 동인이고, 집단성원도 가끔 회기에서 주인공만큼 많은 것들을 배우기도 한다. 치료사로서 디렉터는 치료적 선택을 하고 주인공에게 정보를 주고 교육하기도 한다. 적절할 때 디렉터와 주인공은 협력하여 작업한다. 또 어떤 때는 한 사람이 다른 한 사람을 이끌 수 있다.

이야기와 장면을 디렉팅하기

디렉터는 집단성원으로부터 이야기를 듣고 행위를 통해 숨겨져 있는 이야기들로부터 주제를 분리해 낸다. 디렉팅은 나란히 가는 활동이다. 이야기가 실연되면서 동시에 일어나고 있는 것에 대한 훈련된 평가가 함께 이루어진다. 디렉터는 주인공으로부터 나오는 단서에 따라 끼어들고, 중지시키고, 장면을 극적으로 재정비한다.

장면을 디렉팅할 때, 극의 극적 효과보다는 그 장면이 얼마나 삶에 진실한 것인지에 초점을 두도록 한다. 훌륭한 연극은 목적에 따라 진정으로 숨죽이는 작품이다. 상세하게 표현하는 것이 중요하다. 디렉터가 순수하게 알고 싶어하고 훌륭한 사회적·환경적 탐구자라면, 주인공은 그의 생활과 작업현장에서의 구체적인 내용을 자발적으로 표현하게 될 것이다. 예를 들어,

디렉터 : 어머니가 계시던 병실을 보여 주세요.

주인공 : (방을 꾸민다.)

디렉터 : 침대에 누워 있는 어머니가 되어 보실래요?

주인공 : 나는 누워서 천정을 바라보고 있어요.

디렉터 : 통증을 느끼십니까?

주인공 : 아니요. 신체적으로는 아니에요. 그저 살고 싶지 않아요. 사고로 죽
　　　　은 남편을 만나고 싶어요.

디렉터 : 사고요? 무슨 일이 있었나요?

　이는 다섯 살 난 어린아이나 대답할 수 있는 순진한 질문이다. 타이
밍이 적절했다면, 순진한 질문이라도 주인공에게 잘 수용될 수 있다.
주인공이 사고의 주제를 꺼냈다. 많은 디렉터들은 질문하는 데 과감하
거나 경제적이지 못하다. 어떤 디렉터들은 단순성과 강요를 혼동한다.
그러나 만약 주인공의 맥락이 이끄는 대로 따라간다면, 디렉터로서 당
신은 이미 주어진 것을 따라갈 수 있다. 주인공도 초조해하는 자신의
아이를 걱정한다. 그는 그녀의 어머니 역할을 맡는다.

주인공 : (어머니로서)내 남편은 안개 속에서 차 사고가 났어요. 내게 어떻게
　　　　그럴 수 있었는지 모르겠어요. 나를 홀로 남겨 두고 떠났고 그 사람
　　　　없이 어떻게 살아가야 할지……. 그가 모든 것을 해 주었는데…….

디렉터 : 당신은 화가 났군요.

주인공 : 그 사람에게는 전혀 아니에요. 다른 사람들에게요.

디렉터 : 누구에게요? 가령 여기에 있는 당신 딸 말인가요?

주인공 : 그래요. 그 아이에게 항상 남편의 이야기를 했지요.

디렉터 : 딸에게 뭐라고 했는지 보여 주실래요? 당신 어머니 역할을 할 사람
　　　　을 뽑아 주시고, 이젠 당신 자신이 되세요.

주인공 : (약간 뚱뚱하고 친절한 얼굴의 집단성원을 한 명 뽑는다. 그녀는 어
　　　　머니가 병원 침대에 누워 있는 것을 보고 울음을 터뜨린다.)

디렉터 : 당신이 우는 까닭을 어머니에게 이야기해 주실래요?

주인공 : (어머니를 보며) 어머니가 우리 아이에 대해 행복해하시길 바랐어

요. 나는 임신 6개월인데 나도 슬프고 어머니도 슬프고 아버지는 결코 이 아이를 보실 수 없을 거고요.

디렉터 : 아버지에 대해 가장 그리운 것은 무엇인가요?

주인공 : 나를 안아 주시던 것이요. 아버지는 나를 사랑하셨어요. 우리 아이도 할아버지의 사랑을 느끼기를 바랐어요. 그러나 그러지 못하고……. 나는 어릴 때 아버지의 무릎에 앉아 있곤 했지요. (미소 짓는다.)

디렉터 : 당신의 아이가 할아버지 무릎에 앉아 있을 수 있기를 바라시는군요.

주인공 : 그게 제 꿈이지요.

디렉터 : 우리 그렇게 해 볼까요?

주인공 : 어떻게요? (슬프지만 관심을 보이는 표정으로) 아이는 아직 태어나지도 않았어요.

디렉터 : 당신이 아직 태어나지 않은 아이 역할을 해 보세요. 그것이 어떤 것인지 느껴 보시겠어요?

주인공 : 그래요. 나는 지금 임신 6개월째인데, 우리 아이는 행복해하면서 약간 어리둥절해하네요. 지금 시점에서 시작하면 좋겠어요. 나도 입원실에서 행복해하고 있고 약간 흥분되네요.

지지하고, 격려하며, 따라가기가 장면에 끼어들고, 전환시키고, 추가하는 것과 함께 이루어진다. 주인공은 배 속의 아이가 되었다. 다음 장면에서는 죽은 아버지의 무릎에 앉아 있는 미래의 아이를 보게 된다. 나중에 그녀는 아버지의 무릎에 앉아 있는 아이의 역할을 맡을 것이고 어린이일 때 결코 해 보지 못한 말을 아버지에게 한다.

주인공을 디렉팅하기

극적인 장면구조에서 연출된 것은 일반적으로 주인공 혼자서는 만들지 못하는 것, 즉 행동패턴에 대한 통찰이라 말할 수 있다.

앞의 사례에서 주인공은 흥분되어 있으며 행복한 느낌을 갖고 있는

6개월 된 아이를 임신하고 있는 문제를 실연하였다. 부모의 사고가 있는 동안, 그녀는 스스로 '흥분되고 행복'하였는데, 이는 그녀 어린 시절의 부분적인 반복이었다.

회기가 끝난 후, 주인공은 "내가 그 사건을 알고 있었지만, 내 딸에게 부모 노릇을 하는 것과 내가 가지고 있었던 모성이 그것들과 연결되었으리라고는 생각하지 못하였다. 이는 거기에는 있었지만 아직 완성되지 못한 나의 일부를 발견한 것이다. 마치 내가 다시 깨어난 것 같았다."고 말했다. 심리극은 삶이 제공하지 못하는 실연의 기회를 준다. 디렉터는 실연을 형상화하도록 돕는다. 위의 사례에서 주인공은 무의식적으로 모친의 역할에 반복적으로 몰입하였다.

모레노의 자발성 훈련의 본래 목적을 여기에 적어 보는 것도 흥미로운데, 이는 심리극에 앞서 필요한 것이다.

① 활동하고 있는 성격의 정서적 기제들을 좀 더 잘 통합하기 위하여
② 활동하고 있는 성격에서 지식의 통합을 위하여
③ 즉흥적인 환경에서 활동하고 있는 성격으로써 타인들에게 잘 적응하기 위하여　　　　　　　　　　　　　　　　　　　　(Moreno, 1942)

세 번째 항목의 의미는 주인공의 무의식적인 행위가 의식화되어야 한다는 것이다. 의식적인 행동은 좀처럼 반복되지 않는다.

주인공은 이 행동을 지속할지 중단할지 선택할 기회를 갖는다.

무의식적인 내용을 디렉팅하기

디렉터는 주인공의 내부에 지금까지 갖고 있는 생존과정을 존중하는 것이 중요하다. 정보는 어떤 이유 때문에 마음속에서 억압된다. 모레노가 자발성 훈련에 대해서 말했던 것은 심리극에서도 진실이다. '그러므로 보통 생략된 일들에 대한 상세한 표현이 바로 초점이 될 수 있다.'(Moreno, 1942)

이러한 생략은 때로 의식의 저항으로 잘못 해석될 수 있다. 바로 저항의 본질은 흔히 저항하는 사람도 모르는 과정일 수도 있다는 것이다.

프로이트의 위대한 공헌 중의 하나는, 피암시성을 만들어 내는 최면과 마사지의 이용을 중단한 후에, 무의식적인 저항을 발견한 것이었다. 전에는 환자를 이완시켜서 피암시성을 증가시킴으로써, 그가 탐색하고자 했던 바로 그 과정을 무시하였다. 그는 저항을 해석하기 시작하였고 환자는 그렇지 않으면 잊혀지거나 저항하였을 자료에 대하여 말하였다(Jacobs, 1996).

보조자 디렉팅하기

보조자 디렉팅은 폴 홈즈가 쓴 7장에서 잘 다루고 있다. 거기에서 그는 집단성원이 맡아서 연기하는 역할의 연기이며 '주인공 자신의 내적 세계 혹은 정신 내에서의 관점 혹은 역할의 확장'이라는 사실을 강조하면서 보조자라는 용어를 설명하고 있다.

낯선 사람이 주인공에게 잘 알려진 역할을 연기하도록 하는 시도는 매우 도전적으로 보일 수 있다. 보조자 역할을 시작할 때, 집단성원들의 가장 큰 두려움은 잘못하면 어쩌나 하는 점이다. 이는 매우 당연한 것으로 디렉터가 유념하고 고려해야 할 점이다. 주인공과 마찬가지로 보조자에게 그러한 도전적인 과업을 지속할 수 있도록 격려하고 인정을 표현해야 한다. 개인적인 친숙함(주인공의 과업)을 표현하는 것과 미지의 역할에 친숙함을 표현하는 것(보조자의 과업)은 디렉터에게는 매우 일상적일 수 있으나 주인공과 보조자에게는 그렇지 못할 수 있다.

격려하며 중립적으로 디렉팅하기

디렉터는 안내하고, 반영하고, 격려하고, 강화하며 주인공의 관점으로부터 드러난 인간사를 보려고 애쓴다. 삶에서 어려움을 당하는 것도 흔치 않지만 누군가가 그 고난의 시기 내내 그곳에 있다는 것도 흔치 않은 일이다. 근본적으로 디렉터는 전문적인 옹호자이며, 이야기하는 사람의 증인이다. 주인공은 상처받기 쉽고, 암시에 걸리기 쉬우며(피암시성이 있고), 궁핍하다. 치료사는 주인공의 주관성과 편견, 강한 의견을 다루면서 객관적이고 비편파적이며 중립적인 위치에 서 있으려고 노력한다. 모든 것을 고려하고 들으면서 작업을 하게 된다.

디렉터의 중립성은 고요한 백지 캔버스로 주인공이 궁극적으로 진짜 자신의 색깔로 색칠하도록 한다. 예술가의 조수로서, 디렉터는 팔레트를 집어 주고 주인공이 색을 고를 수 있도록 한다.

비슷한 색깔의 실증적인 특별한 이야기가 있는데, 이는 앤 슈첸베르거가 필자에게 한 이야기이다. 그녀는 미국에서 달라이라마와 함께 작업을 하고 있었다. 그들에게 한 만성 환자가 들것에 들려 왔다. 그녀는 수년간 입원해 있었고 팔다리의 기능을 잃은 사람이었다. 앤이 그녀에게 팔다리가 왜 검냐고 묻자, 이 여성은 40여 년 전 여동생이 죽었을 때부터 사지가 검게 되었다는 것이었다.

"그때 무슨 일이 있었어요?"라고 앤이 물었다.

주인공은 동생이 죽은 후의 장면을 연출하였다. 주인공이 네 살이고 죽은 동생은 두 살이었는데 아이가 관보다 컸다. 장의사가 죽은 아이를 관에 넣기 위해 팔다리를 부러뜨리는 것을 보았다. 그때 주인공은 말없이 공포에 떨면서 주시하고 있었을 뿐이었다. 40년이 지난 지금 어린 아이는 심리극 전문가의 안내로 지금 그 상황에 다시 들어와 있는 것이다.

디렉터는 "당신이 말할 수 없는 감정은 어떤 것입니까?"라고 물었다.

주인공은 동생을 위해 흐느끼면서 동생의 몸을 부러뜨린 사람에게 소리를 지르고 그렇게 하도록 허락한 그녀의 부모에게 분노를 드러내자, 주인공의 검은 피부는 핑크빛으로 변하기 시작하였다. 그녀가 40여 년간 잃었던 팔다리의 색깔이 원래의 색으로 되돌아왔다. 죽은 동생의 팔다리가 부러졌을 때 주인공은 자신의 사지를 가두는 동정적인 반응을 드러냈다. 숨겨진 가족의 충실성(loyalty)은 가끔 슈첸베르거가 작업하고 저술했던 주제이다(Schützenberger, 1996).

좋은 디렉터의 조건

디렉팅 : 기술과 성격

심리치료에서 치료사의 성격과 기술을 분리시키는 것이 불가능하지는 않지만 매우 어렵다. 기술과 성격은 수행하는 과정에서, 최소한 분리될 수 있는 하나이다.

성격과 기술 간의 긴장상태는 디렉터의 4가지 주요한 역할, 즉 연출가, 집단지도자, 행위분석가, 치료사의 역할에 영향을 미친다.

디렉터는 처음에 집단지도자의 역할로서 집단과 만난다는 것을 기억하라. 지위의 동등성이 확립되어야 하는데, 이는 집단의 모든 성원이 동등하다는 의미이다. 각자는 그가 무엇을 하는 사람인지에 따라서 스스로를 표현하고 삶의 웜업이 일어나는 것이면 어떤 내용으로라도 표현할 수 있다. 디렉터는 창조의 선두에서 순수하고 참신하게 새로운 매 순간을 발견하고 함께 책임을 진다. 바로 여기가 자발성이 자발성을 낳는 장소이다. 디렉터가 자유롭고 편안하다면 어떤 느낌도 일어날 수 있고 어떤 일도 가능하다는 것이 전달된다. 집단은 수동적으로 그저 놀이에 참여하기보다는 함께 매 순간을 창조하는 데 자유로움을 느낄 것이다.

필자는 수년 동안 무엇이 좋은 디렉터를 만들까? 라는 질문에 대하여 곰곰이 생각하였다. 심리극 디렉터의 훈련가로서, 수련생에게서 기술과 성격이 함께 발달하는 것을 볼 수 있어 흥미로웠다. 성격이 개인치료, 주인공으로서의 작업, 시험과 사회측정학적 지위상의 변화를 통해서, 슈퍼비전, 수용, 훈련가의 권위에 대한 편안함을 통해서 개선되고 명확해지며, 그렇게 됨에 따라서, 기술도 개선되어 간다.

1996년 1월 남캐롤리나의 마이틀 비치에서 네 명이 모여 아침식사를 하면서 좋은 디렉터와 그렇지 못한 디렉터의 자질에 대하여 곰곰이 생각하고 표로 작성해 보았다.

좋은 디렉터의 자질목록
(Zerka Moreno, Marcia Karp, Poppy Sprague, Deborah Smith)

- 용기
- 정서적 에너지
- 두려움이 없음
- 방해하지 않는 접근
- 상상력
- 법률이나 관습의 타파
- 제3의 귀로 경청하기(언급하지 않은 것을 듣기)
- 주인공이 말로 표현하는 것을 중단시키고 행위로 들어갈 시기를 아는 능력
- 주인공의 편에 서 있기 그리고 필요하다면 그것을 뛰어넘기
- 우아한 종결로 마무리할 시점 알기(대부분의 디렉터는 시작하는 시점은 잘 아는데 끝낼 시점은 잘 모른다.)
- 적절한 복장과 표현방법을 알기
- 인내심과 호기심(한 학생이 젤카에게 말하기를, "당신처럼 질문하기가 어려워요."라고 하자, 젤카는 "부드럽게 묻고 많은 것을 알려고 하기보다는 감정과 일치된 것을 알아라."라고 대답하였다.)
- 주인공의 준비를 아무 소용이 없도록 흔들어 버리기
- 열정과 타이밍의 감각
- 인정할 수 있기 : '잘 이해하지 못했는데 다시 한 번 말씀해 주시겠어요?'
- 정직성
- 주인공을 전적으로 대변하기
- 주인공의 입장을 존중하기
- 결정적인 판단을 버리고 불필요하게 만들기
- 일어날 수 있는 일에 대한 열정

- 부드럽게 주인공과 보조자를 인터뷰하여 좀 더 큰 시각을 갖도록 하기
- 유머감각
- 유연성과 겸손

논의가 끝나면서 젤카는 '개인적으로 내가 누구이고, 나의 한계가 무엇인지를 아는 것보다 더 중요한 것은 없다고 생각한다. 나의 영역/나 아닌 영역은 디렉터에게 상황을 조사할 수 있는 거리를 제공한다. 방해 없이 표현하도록 하는 것이 중요하다.'고 말하였다.

바람직하지 않은 디렉터의 특성

- 판단적이고 인내하지 못하는 것
- 환자가 치료사보다 더 영리할 때
- 자신이 모른다는 것을 인정할 수 있는 자신감이 부족할 때
- 주관적/객관적 축이 뒤섞이고 심리극이 주인공의 것인지 디렉터의 것인지의 영역을 모르는 것(나의 영역/나 아닌 영역)
- 주인공의 말하기 훈련에 휘말리는 것. 결국 주인공은 우왕좌왕하는 디렉터를 비난할 것이다. 흔들리는 주인공에게 분명한 초점과 구조가 필요하다.
- 사랑 없이 기술을 사용하기. 열정과 사랑이 전해지지 않는다면, 주인공은 부적절한 기법을 사용하고 있음을 느끼고, 그것은 주인공에게 무력감을 증가시킨다. 디렉터가 사면초가에 빠지게 되면 함께 어떻게 해야 할지 말해야 한다. 많은 주인공은 이미 지나친 보살핌을 받았고, 그래서 그들이 필요로 하는 궁극적인 것은 그들이 해야 하고, 말해야 하는 것을 미리 생각하는 것이다. 즉, 미리 예견하고 있는 것이다.
- 집단이 초조와 불안을 쉽게 느끼고 비협조, 주저함 또는 집단이탈과 같은 상응하는 반응을 보인다.

- 두려움은 디렉터를 죽인다. 예전에 어떤 환자가 젤카에게 말하기를 "당신이 내 정신병으로부터 도망치지 못해서 내게 도움이 되었어요."
- 훈련가로서, 나는 그곳에 있고 싶지 않다고 말하는 디렉터가 가장 싫다. 만약 그렇다면 그곳에 있지 말라고 말하고 싶다.
- 심리극을 감상주의적으로 끝내는 것

고정관념은 디렉터가 쉽게 갇히는 덫이다. 고정관념에 사로잡혀 있는 디렉터는 경청을 하지 않고 자신이 사전에 설정한 방향으로 행위를 끌어가기 시작한다. 회기를 전적으로 끝내는 것을 포함하여 어디든, 어느 때든 갈 수 있다는 느낌을 가지고 있어야 한다. 어떤 일도 일어날 수 있다는 분위기가 있으면, 이러한 행보의 자유로움이 고양된다. 그러면 사람들이 참여할 특권을 느끼게 되고 독자적인 회기를 만드는 데 도움이 된다.

디렉터에 대한 반응

프로이트와 모레노의 전이

집단지도자에 대한 반응들은 가끔 바로 그 순간에 시작된 것이 아니라는 것을 기억하는 것이 중요하다. 집단에서 사람들은 이전의 생활 속에서 그들에게 일어났던 행동을 반복할 준비가 되어 있다.

집단성원은 권위에 저항할 준비, 부담스럽고 착취당했다고 느낄 준비 그리고 도울 수 있는 것은 아무것도 없다는 기대를 가지고 올 수 있다. 저항은 인식할 수 있고 이용할 수 있다. 모레노는 치료사도 때로는 환자에게 전이를 할 수 있다고 설명하였다.

디렉터의 마음속에서 환자와 관련되어 있는 정신적 과정은 심리극 작업을 하는 동안 디렉터의 행위에 분명히 영향을 미친다. 그가 환자에게 하는 제안들, 그가 행위하는 역할, 그가 하는 분석적 해석은 치료의 결과에 영향을 준다. 전이는 양쪽 모두에게 일어날 수 있다.　　　(Moreno & Moreno, 1977: 227)

모레노는 비록 전이가 집단작업 이전 자기의 치료사에게 작용될 수 있다고 하더라도 그것이 그가 앞으로 만날 수 있는 어떤 새로운 사람에 대한 전이로부터 자유롭다는 것을 의미하지는 않는다고 지적한다. 그래서 그는 성인(聖人)의 갑옷을 입어야 할지도 모른다.

　　그의 갑옷은 어느 때라도 새로운 환자가 진군해 오면 부서질지 모르며, 환자가 그에게 보내는 일종의 콤플렉스의 종류는 그의 행동에 커다란 영향을 줄 수 있다. 모든 새로운 환자는 치료사와 자발적인 관계를 만들고, 어떠한 분석으로도 갑작스럽게 나타나는 정서적 어려움들을 미리 살펴보거나 검토해 볼 수 없다.　　　(Moreno & Moreno, 1977: 227)

길리 루스콤-킹이 10장(나누기)에서 전이에 대해 언급하겠지만, 여기서 필자는 디렉터와 관련된 모레노의 전이개념을 다루고자 한다.

영국심리치료사협회의 최근 지침서처럼, 모레노는 1950년에 치료사가 다른 사람을 치료하는 동안 자신을 치료할 것을 추천하였다. 특히, 디렉터가 초기의 집단 웜업을 지도하고, 대표적인 목소리로 행위 장면을 통해서 문제해결의 방향으로 나아가도록 도우며, 충분한 종결이 이루어진 후에 집단성원들이 비슷한 생활 경험을 나눔으로써 이루어진 심리극에 동일시하도록 돕는다는 것을 우리는 알고 있다.

디렉터는 전이의 양방향의 과정을 활용하면서 그들 작업에서 적절성과 일관성을 찾는다

디렉터는 적절하고 일관되도록 자신의 행동을 끊임없이 점검할 필요가 있다.

　　디렉터가 집단을 시작할 때, 그는 집단성원들과 긍정적 동맹관계를 맺는다. 디렉터는 매우 넉넉한 부모 모델을 제공하는 데, 끝까지 진솔하고 안정감을 유지하면서 때로는 주인공의 편에 서기도 한다.

　　여기에는 양방향의 과정이 나타나는데, 하나는 디렉터에 대한 환자의 반응이고 다른 하나는 주인공에 대한 디렉터의 반응이다. 모레노는 이것을 역전이라 하지 않고 전이의 양방향이라 보았는데, 이는 생산적일 수도 있고 비생산적일 수도 있다. 디렉터의 과업은 그것을 생산적으로 만드는 것이다(Hare & Hare, 1997).

　　필자는 가끔 힘을 남용한 부모 때문에 상처받은 주인공을 만나면, 작업을 하면서 필자의 낙관성, 희망, 격려, 성실 그리고 그 사람에 대한 존중감을 의식적으로 전달하려고 한다. 짧은 시간이지만 이러한 긍정적인 흐름은 심리극 과정 동안 주인공에게 새로운 부모를 경험하도록 한다. 가끔 그들은 자존감이 낮고 부모에게 학대를 받은 사람들에게 흔히 나타나는 '나는 할 수 없어. 나는 안 돼, 나는 결코 할 수 없어.' 와 같은 식의 감옥으로부터 자유로워진 자신을 발견하기도 한다.

온전한 몰입과 모레노의 신성 개념

　　　나는 집단을 진행하는 중에 자발적이고 창조적인 주인공으로서 치유자를
　　마음속에 떠올렸다. 이론도 방법도 없는 치유자는 팔이 없는 화가와 같다.

(Moreno, 1955: 19)

　　어떤 이념들이 디렉터의 역할을 지탱해 주는지 살펴보는 것은 도움이 될 수 있다. 디렉터는 단순히 실연하는 기술을 가지고 있는 치료사인가? 아니면 행위-중심의 집단작업을 민주적으로 적용하는 전반적인 철학을 실행하는 사람인가?

　　신성이라는 개념은 모레노의 핵심 개념들 중의 하나이지만, 지금껏 자주 간과되어 왔다. 왜냐하면 사람들은 이 신성의 개념을 이기주의로,

다른 사람들보다 더 나은 존재로, 신과 같은 존재로 실제의 사람들과는 너무나 동떨어진 것으로 혼동하였기 때문이다. 진실과 멀리 떨어져 존재할 수 있는 것은 아무것도 없다. 모레노의 신성에 대한 개념은 상당히 잘못 이해되었고, 거의 사용되지 못하였다. 이는 보통 사람들이 보통의 삶에 대해 책임을 지는 것이다.

신-놀이에 대한 창조적인 정의는 전적인 몰입, 즉 탄생되지 않은 모든 것을 존재의 최초 순간으로 변화시키는 것이다. 모레노는 우리들 모두가 문명의 밖에서가 아닌 문명 안에서 충분히 실현되기를 원하였다.

> 나의 방법과 기법에 대한 모든 나의 영감은 신성이라는 나의 생각과 창조의 원리로부터 직접적으로 나왔다.   (Moreno, 1955: 8)

필자는 모레노가 우리 모두에게 개인적으로든, 직업적으로든 삶의 모든 면에 좀 더 온전히 참여하도록 돕기 위하여 신성에 초점을 두었다고 생각한다. 마치 우리가 창조의 시작에 있는 것처럼, 그렇게 되기 위하여, 새로운 매 순간을 순수하고, 새롭게 발견하고 책임질 필요가 있다. 창조의 첫째 날에 신이 무엇을 닮았는지 곰곰이 생각했을 때, 신에 대해 모레노는 다음과 같이 생각했다.

> 신은 우주의 심연을 관통하는 능력을 가진 현명하고 박식한 분이다. 첫째 날 혼돈의 세상을 날아다니면서, 그는 거기서 분석하거나 분해하지 않고 창조하였다. 신은 첫 번째 창조자이며, 행위자이다. 그는 세상을 분석하기 전에 세상을 창조하였다. 그는 혼돈의 모든 부분을 모아 용해되는 도가니에 넣었다. 모든 사건들은 동등한 장점을 갖고 있는데, 즉 미움과 어리석음은 곧 사랑과 지혜처럼 그의 가슴에 다가온다.   (Moreno, 1955: 8)

신성의 주요 개념

① 그가 어떤 사람이냐는 각자에게 달려 있는 것이다.

② 신이 각 개인에게 자발성과 창조성을 부여하였다면, 무수히 많은 반대의 것도 만들었을 것이다. 신은 모든 사람들에게 달려 있다.

③ 신-놀이는 최대한의 몰입이며 인간의 의지를 신뢰하는 것이다.

④ 자발성과 창조성은 인류 발전의 추진력이다.

⑤ 공간상의 근접성에서 당신과 더 가까이 있는 사람일수록 더 많은 관심을 받게 되고, 수용이 이루어지며, 필요로 한다. 시간상으로 당신과 더 가까이에 있는 사람일수록 더 많은 시간을 보낸다. 지금-여기가 최초로 다가온다.

⑥ 모레노는 인간 존재를 창조한 책임을 공유하고 있는 인간 존재에 관심을 가지고 있다. 그래서 그것을 한 사람에게 책임지우지 않고, 공유하였다. '신이 다시 돌아온다면, 그는 집단의 모습으로 돌아올 것이다.'(Moreno, 1955: 12)

⑦ 창조자는 창조물에만 관심이 있을 뿐, 소유물에는 관심이 없다. 이는 소유적이고 보호적일 수 있는 '아버지'의 개념과 반대이다.

⑧ 익명성이란 집단적으로 그리고 자동적으로 작동하는 자연스러운 형태이다. 모레노는 『아버지의 말씀』(1941)이라는 책을 썼는데, 여기서 그는 신과 역할바꾸기를 하였다. 그는 그것을 익명으로 출판하였다.

⑨ '행위'란 창조의 분위기이지 내용이나 결과가 아니다.

⑩ 모든 살아 있는 것들에 대한 책임을 공유한다.

⑪ 우주의 대표가 된다. 그리고 우리들 각자가 '대표임무'에 대한 권리가 똑같다는 것을 안다. 관심을 갖고, 부지런히, 주의 깊게, 조심하면서 역할을 잘 수행한다.

⑫ 신성의 힘이 우리 각자에게 있다. 우리 각자는 그러한 잠재력을 갖고 있다.

마샤 카프와 앤 슈첸베르거의 디렉팅에 대한 토론
(1996년 4월)

이 장을 준비하면서, 필자는 당시 78세로 지혜로운 학자이며, 실천가인 모레노의 직계제자 앤 슈첸베르거와 토론을 하였다.

앤 : 심리극 디렉터는 배의 선장이나 주인과 같고, 자신이 하고 싶어하는 것을 하는 것이라고 생각합니다. 중요한 것은 디렉터가 무엇이든 가능하다고 느끼는 것이죠. 디렉터는 새로운 기법을 만드는 데도 자유로워야 합니다. 나에게 심리극의 회기는 예술, 과학, 창조성, 심리치료 그리고 훈련을 혼합한 것인데, 그래서 그것은 독특한 창조여야 하고, 그 자체로서 매우 아름답습니다.

마샤 : 저는 느낌을 주는 그런 집단을 좋아하며, 이런 집단은 우리와 함께 이루어집니다. 이처럼 완벽하고 독자적으로 창조된 그러한 종류의 집단과 같은 또 다른 집단은 있을 수 없었습니다.

앤 : 내가 보기에 모레노의 천재적인 주요 발명품 중 첫 번째는 역할바꾸기입니다. 즉, 다른 이의 눈으로 세상을 보는 거죠. 두 번째는 잉여현실이나 미래로 투사하는 것입니다. 이것은 주인공에게 삶이 주지 않았던 것을 주기 위해서이며, 미래를 위하여 그를 개방하는 것입니다. 세 번째는 가장 중요한 것으로, 집단의 공동-무의식을 발견한 것입니다. 프로이트가 개인무의식을 발견하고 융이 집단무의식을 발견했다면, 모레노는 집단무의식과 공동-무의식을 발견하였습니다. 디렉터는 연출을 할 때 집단의 느낌과 집단의 사회측정학에 귀를 기울이고 집단의 의사소통 밑에서 무엇이 일어나는지를 이해할 수 있습니다.

마샤 : 선생님께서는 디렉터로서 자신을 어떻게 웜업시키나요?

앤 : 보통 조용히 앉아 바라봅니다. 집단을 경청하며 바라보죠. 비언어적 의사소통을 더 눈여겨봅니다. 사람들이…… 가끔 사람들이 색깔별로 앉아 있는 것을 봅니다. 즉, 푸른 셔츠는 푸른 셔츠끼리, 푸른 블라우스는 푸른 블라우스끼리 말입니다. 또 여자는 여자끼리 남자는 남자

끼리 함께 하죠. 집단이 어떻게 앉아 있고 어떻게 말하고 어떻게 말을 시작하는지를 보고 있노라면 작업할 준비가 됩니다.

마샤 : 저의 웜업은 저 자신을 비울 장소를 찾는 것입니다. 산책을 하러 나가기도 하는데, 이것은 자연이나 침묵과 같은 것일 수 있죠. 전에 매우 많이 준비한 회기도 있었어요. 지금 제가 하는 웜업은 좀 더 자신에 관한 것으로, 집단과 상호작용하는 것입니다. 제가 받아들일 준비가 되어 있다면, 그 상호작용은 분명합니다. 집단이 음악이나 행위 중심의 게임을 하는 유감스러운 웜업의 형태도 있습니다만 모레노가 이런 방법을 사용하였는지 모르겠습니다.

앤 : 전혀 그렇지 않아요. 내 기억으로 모레노는 주인공을 지금 진행되고 있는 것보다 더 자주 가라앉게 한 것을 봤습니다. 그는 주인공이 작업할 준비가 되었는지 안 되었는지를 결정합니다. 그는 자유로웠고, 전혀 회기에 말려들지 않았습니다. 이것은 내가 그에게서 배운 주된 학습내용 중의 하나죠. 나는 진행되는 심리극에 말려들지 않았습니다…… 나 자신, 주인공, 집단에게 공정하고 거기에 있으려고 애썼습니다.

마샤 : 또는 드러난 것이 거짓인 경우도 있지요. 모레노는 이를 매우 잘 가려냈습니다.

앤 : 디렉터, 주인공 그리고 집단 간에는 화학적인 작용이 있습니다. 그것이 없다면 모든 것은 거짓입니다. 나쁜 연극이 되는 거지요.

마샤 : 좋은 디렉터가 되는 것 중의 한 가지는 몰입, 호기심, 어디에 에너지가 있는가를 알아내는 능력과 어디서 에너지가 나오는지를 아는 능력이죠.

앤 : 바로 그겁니다. 집단의 에너지를 움직이는 사람은 집단이 선발하거나 선택하기보다는 디렉터가 더 잘 가려내지요. 그들이 느끼지 못하도록 하는 것이 필요할지도 모르죠. 내 생각에 사소하고 보잘것없는 것을 하는 것이 집단에게는 더 좋은 웜업입니다. 모레노가 내린 심리극에 대한 정의 중의 하나는 한 사람의 삶을 무대 위에 올리는 것이지만, 잘 알려지지 않은 다른 정의는 디렉터와 주인공의 저항 사이의 몸과 마음의 싸움이라고 했죠. 따라서 좋은 심리극을 만드는 방법 중 하

나는 주인공이 깨닫지 못한 부분을 붙잡아 방어를 하지 못하게 하는 것입니다. 사소하고 보잘것없는 것들과 한 장면 심리극을 하는 것이 주인공이 문을 열고 방어를 하지 않게 하는 방법입니다. 사람들은 가끔 완전한 심리극을 하는 것을 두려워할 수도 있지만 작은 한 장면 심리극을 거절하는 사람은 별로 없습니다.

마샤 : 그렇습니다. 제 생각으로도 비방어적인 장소가 중요하다는 것은 분명합니다. 회기의 진행에 대해 지나치게 형식적인 생각을 갖고 회기를 진행하는 사람들이 있다고 생각해요. 그래서 그들은 주인공이 보조자가 되도록 하면, 보조자가 올라와 그 역할을 하고, 그 다음, 그 다음 등으로 하게 하는데, 이는 지루해지기 쉬워요. 언젠가 메를린 피첼이 이런 이야기를 한 적이 있어요. "나는 지루한 심리극을 본 적은 없지만, 지루한 심리극 디렉터를 본적은 있다."라고 말입니다. 가끔 사람들은 기법은 기억하지만, 그들이 무엇을 하고자 했는지는 잊어버립니다. 심리극을 하는 근본적인 이유 중의 하나는 자발성을 훈련하는 것입니다. 심리극에서 해결을 향해 진행해 갈 때, 디렉터는 주인공과 다른 역할을 하는 사람들의 자발성을 훈련시킨다는 것을 기억해 둘 필요가 있습니다. 디렉터의 경우에도 신선한 느낌을 유지할 필요가 있지요. 따라서 집단의 모든 사람들이 자발성을 훈련하는 것입니다.

앤 : 디렉팅에 대해 할 이야기가 또 한 가지 있어요. 1시간 동안 한 장면에 매달려서는 안 된다는 것이지요. 작업을 재미있게 하는 방법은 정화를 달성하고 나서 중단하는 것입니다. 그리고 다른 방법은 집단 웜업 20분, 심리극 20분, 나누기를 40분 하는데, 이 나누기에서 여러 개의 한 장면 심리극을 하는 것이죠. 관객의 정화도 매우 중요합니다. 내가 볼 때 주인공이 되는 것이나, 정화를 경험하고, 말하고 울고, 또는 집단과 함께 나누기를 하는 관객이 되는 것은 차이가 없다고 생각해요. 1시간 내에 많은 것을 할 수가 있지요.

마샤 : 그래서 주인공 중심의 심리극에 대해 말할 때, 사실 주인공은 매 순간 항상 변한다는 거지요. 주인공의 관심사항은 변할 수 있는데, 그렇게 되면 행위와 에너지도 변하거나 바뀌게 되죠. 디렉터는 이 관심사항이 한 부분에서 다른 부분으로 변하는 것을 볼 수 있을 만큼 유연해야

합니다.

앤 : 두 가지 예가 생각나는군요. 돌아가신 아버지에 대한 잉여현실에서 심리극을 하고 있었죠. 주인공은 비행기표를 구하지 못해 아버지의 임종을 보지 못했습니다. 그는 그 다음 날 도착했는데, 아버지는 이미 돌아가셨어요. 우리는 잉여현실을 찾았고, 주인공은 아버지가 돌아가실 때 거기에 있었던 것처럼 돌아가신 아버지에게 말했습니다. 많은 감정이 쏟아져 나왔고 엄청난 정화가 있었지요. 나누기를 하는 동안 일부의 집단성원들이 울었기 때문에, 우리는 돌아가신 아버지, 어머니, 할머니, 이웃, 죽은 고양이 등에 대한 예닐곱 개의 한 장면 심리극을 했습니다. 관객으로 있던 그들은 심리극으로 감동을 받았고 자신의 한 장면 심리극을 1~3분 정도 아주 자연스럽게 했지요. 그래서 당신이 이야기한 것처럼 그 관심사항은 움직인 거지요. 그러나 동시에 그것은 주인공에게 서로 다르고, 중요하며, 아주 짧고도 좋은 나누기가 된 것이랍니다. 다른 한 가지는 당신이 이야기했을 때 떠오른 것인데요. 내 생각으로 그것은 코펜하겐의 의회에서였지요. 우리는 강렬한 심리극을 했고, 한 장면 심리극으로 나누기를 했습니다. 얼마 후에 부에노스아이레스에서 온 한 여성이 다가와 "코펜하겐을 기억하시겠어요?"라고 물었어요. 내가 "예. 그런데 무슨 뜻이죠?"라고 하자, "선생님은 나누기 시간에 관객으로 있던 저에게 한 장면 심리극을 하도록 하셨는데, 그때 저는 대학공부를 중단할 무렵이었어요. 선생님은 몇 분 동안 제 작업을 하셨고, 그 후로 저는 대학에 다시 들어가 졸업을 했습니다. 지금 저는 심리학자이자 심리치료사입니다. 그 모든 변화는 나누기 때 했던 한 장면 심리극 덕분이에요." 관객 속에서도 중요한 많은 것들이 일어난다는 것을 아는 게 중요합니다.

마샤 : 그것은 심리극을 디렉팅하는 중에 충분히 말하지 못한 그 무엇을 실제로 확인하는 순간입니다. 누군가 문제를 가지고 왔을 때 이런 질문을 하는 게 중요합니다. 왜 지금이죠? 왜 이 특별한 문제를 지금 내게 가져온 거죠? 그러면 그 사람은 생각하기 시작합니다. 내게 무슨 일이 있어 그 문제가 지금 그렇게 중요하지? 나누기를 하는 동안 한 장면 심리극에서 일어난 것은 그 사람의 타이밍이 점차 고조되고 있다

는 것입니다. 그것들은 인지적, 정서적으로 합쳐져, 억제될 수 없는 진실을 점화시키는 연소의 형태를 갖지요. 디렉터는 집단의 에너지를 붙잡기 위해 운동화를 신고 있어야 한다고 생각합니다. 많은 사람들이 저에게 "그때 선생님이 저를 못 보거나 격려하지 못하셨다면, 저는 결코 그것을 말할 수 없었을 거예요."라든가 "결코 저는 그렇게 할 수가 없었을 거예요."라고 말했어요. 아마 디렉터로서, 우리는 언제 초점이 변하는지 볼 준비를 해야 하고, 또한 '나는 결코 말할 수 없어.', '나는 결코 할 수 없어.'에서 '나는 지금 할 수 있어.', '나는 지금 이것을 생각하고 있어.', '지금이 그때야.'로 이동해 가는 내적 타이밍을 다루어야 합니다. 아인슈타인은 "상상이 지식보다 더 중요하다."고 말하곤 했지요. 예컨대, 어떤 사람이 다른 사람이 하는 역할을 지켜보면서, 그들이 결코 이야기할 수 없었던 돌아가신 어머니에게 이야기하는 자신을 보고 있는 장면을 상상할 때가 있는데, 그때가 바로 그 타이밍입니다.

앤 : 그들은 그렇게 행위하고 있는 자신들을 마음의 눈으로 바라보죠.

마샤 : ……그리고 그 일이 일어나기 전에 그들 대부분은 그 광경을 시각화하지요. 자신이 시각화한 것을 실연해 옮길 정도로 준비가 되었기 때문에, 그 시점에서의 희망이 최고조에 이릅니다. 누구나 인생에서 변화하기 위해서는 희망과 변화하고자 하는 동기가 필요하지요. 그렇지 않고서는 변화하지 않습니다.

앤 : 조금 전에 당신이 말한 것으로 되돌아가고 싶네요. 근래 내 친구인 에듀어도 코티사르는 집단치료사는 그 무엇을 개혁하는 눈을 가져야 한다고 말하곤 합니다.

마샤 : 등대 불빛처럼?

앤 : 그렇죠. 집단을 돌아다니면서 말이죠. 그러면 누구의 호흡 패턴이 달라지고, 누가 창백해지는지, 누가 눈물을 글썽이거나 얼굴을 붉히는지, 누가 의자 앞으로 바싹 다가앉는지, 또는 누가 뭐라 말할 것처럼 입을 벌리기 시작하는지를 발견할 수 있을 것입니다.

마샤 : 앤, 우리는 가끔 말했지요. 디렉터가 되기 위해서 약간은 마녀처럼 되어야 하고, 제 생각에 그 마법이란 일종의 열린 현실인데…… 보통보

다도 좀 더 열린 눈과 귀를 갖고 단서를 찾아내는 거지요. 아르헨티나에서 심리극을 했던 한 여성이 생각나는군요. 그녀는 키가 아주 작았는데, 제가 "미숙아였나요?"라고 묻자, "네. 그래요."라고 했지요. 그 여성은 워낙 키가 작았기 때문에 저는 그렇게 이상하게 보지 않았고 오히려 작은 아이라고 생각할 수 있었어요. 그래서 제가 "안데스에서 태어났나요?"라고 묻자, 그녀는 "그래요. 그런데 선생님이 그것을 어떻게 알아요?"라고 하더군요. "잘 모르지만, 당신이 산이나 언덕, 그런 비슷한 이야기를 하는 것을 보고 알았어요."라고 대답했어요. 세 번째 질문으로 제가 "장녀인가요?"라고 묻자, "네."라고 대답하더군요. 이 세 번째 질문을 통해 저는 확신할 수 있었어요. 그렇지만 다른 사람들은 저를 마법사처럼 생각했었지요. 당신에게도 이와 같은 경험이 많으리라고 생각해요. 언어적, 비언어적 단서에 귀를 기울이노라면 분명히 시각적으로 눈에 보일 거라는 생각이 듭니다. 디렉터의 관찰의 질이 높을 때 정보가 쏟아져 들어옵니다. 디렉터는 다음과 같이 아이들이나 할 수 있는, 순진한 질문을 할 수 있어요. '오! 당신이 작지 않나요? 아이 때도 작았나요?'

앤 : 나는 모레노의 공동-무의식이 융의 집단무의식보다 더 강하다고 생각합니다. 더 복잡하지요. 내 생각에 당신이 충분히 오랫동안 집단을 진행해 왔다면, 충분히 오랫동안 무대에 있어 왔을 때에만 이런 식으로 마음을 열 수 있을 거라 생각해요. 당신은 그것에 대해 생각할 필요도 없겠죠. 그것은 당신에게 자연스러운 것이니까요.

마샤 : 증명할 것이 없다면요. 가끔 경험이 많지 않은 디렉터들은 증명하려 드는데, 치료사가 지니는 위대한 치유적 특성 중의 하나는 증명할 필요 없이 바로 치유가 필요한 사람과 함께 하는 것입니다. 이 '함께 하는 것' 이야말로 공동-무의식이 작용하기 때문에 심오한 것입니다. 상호 간에 신뢰가 생기고 사랑과 배려가 흐르며 '함께 하는 것' 이 치유과정의 창조성을 가져온다고 봅니다. 경험이 많지 않은 디렉터들은 곧잘 반대편에서부터 시작하려 합니다. 그들은 창조적인 사고로 시작하는데 그것이 신뢰와 공동-무의식을 생겨나게 할 거라고 생각하는 것 같습니다. 그러나 그것은 조금 다르지요. 창조성이란 서로 신

뢰하는 사람들이 창조하여 만들어 내는 발명품이라고 할 수 있어요.

앤 : 당신이 당신의 이론과 기법들을 잘 익힌다면, 주인공을 중심에 두는 것이 편안해질 것입니다.

마샤 : 제가 작업하는 그 사람의 입장이 되면, 그들 내부로부터 나오는 욕구를 볼 수 있지요. 제 기술은 단지 내담자, 환자, 주인공의 욕구를 촉진시키는 것입니다.

앤 : 심리극은 실존적 심리치료입니다. 주인공과 함께 지금-여기에서 움직이고 자유롭게 흘러가도록 해야 합니다.

마샤 : 미리 계획하거나 미리 생각해 둔 회기를 진행해서는 안 됩니다. 지금-여기의 개념은 '지금', '여기' 이지 '그때', '거기' 가 아니거든요. 그것은 아마 새로운 것이 매 순간 생겨나기 때문에 집단이 지닌 장점일 거예요. 디렉터의 역할은 그 새로운 것을 붙잡아 내는 것이지요. 우리는 그 사람이 준비하도록 돕습니다. 좋은 디렉터는 생산적인 순간이건 비생산적인 순간이건 주인공과 함께 합니다. 디렉터란 아직 태어나지 않은 것과 필요한 것을 끌어내는 조산사와 같다고 하겠습니다.

디렉터의 종결 : 행위에서의 인지

디렉터란 눈과 귀를 십분 사용하여 집단의 성원들과 주인공이 말하지 않고 숨겨진, 비언어적인 단서를 관찰하고 그에 근거하여 행위한다.

지난 30여 년간 수많은 디렉터를 훈련하면서 그들이 자주 말한 것은 '나는 그것을 막 하려고 했어요. 다음에 하려고 했어요. 당신이 말하는 그 순간 그걸 생각하고 있었어요.' 이었다.

우리는 우리의 자신감을 좀먹게 하고 우리가 할 수 있다고 생각하는 것들을 하는 데 주저하게 하는 거대한 비판을 불행하게도 내재화하여 왔다. 우리는 이러한 비판에서 벗어날 필요가 있고 그렇게 해야 한다.

미루는 버릇에 대한 좋은 이야기가 있다. 93세와 96세 노부부가 소란을 피워서 이웃 사람들을 깨웠기 때문에, 새벽 3시에 경찰과 사회복지사가 그들을 방문하였다.

남편이 "저 할멈 정말 지겨워, 이혼해야겠어."라고 하자,

93세 된 부인이 "나도 더 이상 저 사람과 같이 살 수 없어요."라고 말했다.

"왜 지금인가요? 왜 여태까지 기다려 왔나요?"라고 사회복지사가 묻자,

"우리 자식들이 모두 죽을 때까지 기다려야 한다고 생각했죠."라고 말했다.

타이밍을 사용하고, 상대방의 진짜 반응에 대한 확신을 이용하며, 직관을 신뢰하고, 직관으로 기술을 특징지으며 삶의 경험을 인지의 순간에 합하여 그것에 의거하여 행위하는 것, 그것이 심리극에서 디렉터가 할 일이다. 여러분이 용기와 영감, 기술을 갖고, 그것을 즐기기를 바라며 행운을 빈다.

참·고·문·헌

Hare, P., & Hare, J. (1997). *Biography of J. L. Moreno*. London: Sage.

Holmes, P. (1998). This volume.

Jacobs, L. (1996). *Freud*. London: Sage.

Krishnamurti, J. (1991). *Commentaries on Living*. 3rd series, Ed. D. Rajagopal, London: Gollancz.

Moreno, J. L. (1941). *The Words of the Father*. New York: Beacon House.

Moreno, J. L. (1942). *Introduction to Psychodrama*. Produced 1997 by Ren Marineau. Universitédu Québec à Trois-Riviéres.

Moreno, J. L. (1953). *Who Shall Survive?*. New York: Beacon House.

Moreno, J. L. (1955). *Preludes to my Autobiography*. New York: Beacon House.

Moreno, J. L., & Moreno, Z. (1977). *Psychodrama, First Volume*. New York: Beacon House.

Schützenberger, A. A. (1996). *Aïe, mes Aïeux, liens transgénérationnels, secrets de famille, génosociogrames*(Ouch, My Ancestors). Paris: DDB.

10

나누기

Gillie Ruscombe-King

진실을 주면 진실을 받는다. 집단에게 사랑을 주면 그것은 당신에게 사랑으로 되돌아올 것이고, 자발성을 주면 자발성이 되돌아올 것이다.

(Moreno, 1953: 114)

심리극의 방법 가운데 나누기(Sharing) 과정은 심리극에서 핵심적인 요소이다. 이 장에서는 나누기의 과정이 어떻게 일어나고, 나누기가 어떻게 진행되는지 그리고 그 과정에서 디렉터는 어떻게 반응하는지를 살펴볼 것이다.

정통 심리극의 실연은 세 단계, 즉 워밍업, 행위 및 나누기로 이루어지는데, 각 단계에서 작업의 강도는 적절해야 한다. 따라서 나누기의 장을 이 책의 후반부에 배치하는 것은 당연하다. 심리극 실연 후에 디렉터는 참가자들에게 이제 막 끝난 실연에 대해 언어적으로 혹은 비언어적으로 느낌과 생각과 연상되는 것들을 '나누도록' 초대한다. 나누기는 여러 방식으로 진행될 수 있다. 대개 행위나 장면 설정이 끝나게 되면 장면에서 중요한 대상(예컨대, 나의 가장 소중한 곰인형 또는 분노의 가방)으로 사용되었던 쿠션이나 장난감 같은 소품들은 역할을 벗는다. 말하자면, 그렇게 하는 것은 그것들이 실제로 무엇인지를 분명히 기술하는 것이다. 그런 다음, 집단은 집단과정의 '행위'를 재창조하기 위하여 시작할 때처럼 다시 원으로 모인다. 각 개인이 집단성원으로 되돌아가게 하는 한 방법으로 주인공과 모든 보조자들은 원 안에 들어온다. 나누기는 둥그렇게 앉아 마주보면서 진행된다. 집단이 너무 커서 나누기를 할 만한 원을 만들 수 없다면, 주인공은 무대 위에서 디렉터와 나란히 앉아 나누기를 할 수 있다. 이때 집단성원들은 나누기를 할 때 무대 위로 올라오도록 초대받는다. 만일 이런 방법으로 진행한다면, 주인공이 한 집단성원으로서 집단 안에 되돌아가도록 하는 것과 자신의 정체성을 되찾도록 하는 것은 중요하다. 나누기 과정에서 핵심적인 부분은 한 사람 주인공 중심의 실연을 집단심리치료의 과정으로 이끌어 가는 것이다.

나누기는 어떻게 이루어지고 왜 해야 하는가

디렉터가 주인공을 집단으로 돌려보내기

주인공을 시간, 공간 및 상황에서 현재의 시점으로 되돌릴 필요가 있다. 예컨대, 주인공이 자신의 내부에서 상처 입은 3살 된 아이를 발견했다고 해 보자. 이 집단의 목적은 그녀가 자신의 그러한 측면을 경험하도록 도우며, 10대의 두 아들을 가진 성숙하고 결혼한 여자로 그것을 통합하도록 돕는 것이다. 그녀는 자신의 모든 측면에서 새 옷을 입을 필요가 있다. 격렬한 심리극 작업을 한 후에는 멍한 느낌과 심지어 감각이 상실되는 경험을 하게 되는데, 디렉터는 진행된 작업을 통합하기 위하여 시간과 공간을 촉진할 필요가 있다. 미국의 심리극 전문가인 일레인 골드만(Elaine Goldman)은, 본질적으로 디렉터는 주인공을 집단으로 돌려보내야 한다고 말한다. 예를 들면 다음과 같다.

헬렌의 심리극에 참여한 후, 메리는 "당신이 그런 식으로 아들을 키웠다는 것을 보고 너무 놀라웠어요. 우리 어머니는 당신이 했던 것처럼 나를 위해 결코 그렇게 하지 않았어요. 그래서 나는 우리 아이들과 너무 힘든 싸움을 해 왔어요."라고 말하였다.

나누기는 주인공이 수용적인 느낌을 갖도록 돕는다.

다른 집단성원들 내에서 강력한 동일시가 자극될 수 있을 것이다. 이러한 동일시의 나누기는 집단치료 작업에 매우 중요하다. 그것은 주인공을 덜 고립되게 하고 혼자가 아니라는 것을 느끼게 할 수 있다. 골드만(1984: 15)은 '주인공을 그의 환경에서 멀어지게 하기보다는 환경과 연결시키는 것'이 중요하다고 기술하였다. 얄롬의 업적은 집단심리치료의 치료적 요인을 기술하면서 '보편성'을 중요한 것으로 언급한 점이다. 그는 많은 내담자들이 치료가 다음과 같은 느낌으로 다가온다고 믿는다.

> 그들은 자신의 고통이 독특하며, 그들 혼자만이 놀랍거나 받아들일 수 없는 문제, 충동, 사고 및 환상을 갖고 있다. 그들 자신과 비슷한 고통을 갖고 있는 다른 성원의 이야기를 들은 후에, 내담자들은 '자기가 독특하다는 것을 인정하지 않는 것이 위로의 강력한 원천'이라고 보고하고, 그들은 '대상세계와 더 많이 접촉을 하게 됨'을 느낀다고 보고한다.　　　　　(Yalom, 1975: 7-8)

제임스는 가정폭력에 휩싸였을 때의 자신의 고통을 이야기한다. 전적으로 제임스가 이야기한 것 때문만이 아니라 다른 사람들도 집에서 당해 왔다는 것을 알게 된 안도감으로 조셉은 흐느껴 울기 시작한다.

정 화

얄롬은 또한 집단치료에서 중요한 치료적 요인인 '정화'를 언급하였다. 정통 심리극에서의 정화가 행위 단계에 속해 있다는 것을 인정하는 한, 집단성원들은 주인공과의 동일시를 통해서 정서적으로 매우 부담스러워질 수 있으며, 그래서 자신들의 느낌들을 표현하고 싶어한다 (Yalom, 1975: 83).

나누기에서 조나단은 간단히 말한다. "조, 나는 당신의 심리극을 통해 깊은 감명을 받았어요. 나 역시 군중 속에서 상실감이 무엇인지를 알게 되었어요."

집단성원들로부터의 나누기의 힘

집단성원이 작업하도록 워밍업된 그 장소인, '무대 위'에서 실연된 정서적 반응은 주인공이 표현한 것보다 더 강할 수도 있다. 예를 들어,

앤이 할머니의 죽음을 이야기한 후, 루시는 주체할 수 없이 울기 시작하였고 말을 할 수 없었다.

이런 것이 동일시의 힘이다. 이러한 시나리오에 대한 디렉터의 관리는 이 장의 후반부에서 논의할 것이다. 나누기의 과제는 내적인 것을 외적인 것으로 만들기, 사적인 것을 공적인 것으로 만들기, 소외되고 무감각한 느낌을 보편적이고 자유로운 것으로 연결하는 것이다. 그것이 집단에서 나누기의 목적이다.

지적 정화

지적 정화는 정서적 방출만큼 중요하다. 행동이나 정서적 반응의 지속적인 패턴으로 지적 이해나 통찰은 안도감을 가져올 수 있다. 얄롬을 다시 인용하면, 자기 이해는 개인적 성장과 변화에 많은 영향을 끼친다. '왜 내가 그런 식으로 생각하고 느끼는지를 배우는 것, 즉 문제의 원인과 원천을 배우는 것은 갈등을 상당히 줄일 수 있다.' (Yalom, 1975: 84)

로저에게 나누기를 할 때 조안은 다음과 같이 말했다. "저는 우리 엄마가 왜 제 동생과 저에게 그렇게 잔인하게 했는지 이해할 수가 없었어요. 외할

머니는 엄마가 3살이었을 때 엄마를 거부했어요."

나누기의 목적은 무의식적인 것을 의식적인 것으로 만드는 것이고, 가능하다면 집단성원들이 이러한 인식의 일부 혹은 모든 측면들을 분명히 이야기하도록 기회를 만드는 것이다.

나누기에서 디렉터의 임무는 무엇인가

무 대

정통 심리극에서의 '나누기' 단계는 집단의 마지막 부분에서, 사람들이 서로 볼 수 있고 들을 수 있도록 참가자들이 앉아 있는 곳에서 진행된다. 나누기의 무대와 신체적인 기술은 친밀감을 높이고 때로 어려운 노출을 촉진시키기 위하여 주의가 필요하다. 무대는 모든 사람들이 작업하는 장소가 된다. 그렇지만 각 성원의 무대에서 공간적 위치는 그 자체가 비언어적 나누기이며 그런 것으로 인식될 필요가 있다.

> 자신감 부족에 대한 베로니카의 심리극에 참여한 후 제인은 둥그렇게 모여 앉으려 하지 않고 머리를 손으로 감싼 채 앉아 있었다. 디렉터는 제인에게 가능할 때 언제라도 집단에 들어오도록 제안하고 자리를 남겨 두었으며, 아마도 그녀가 베로니카의 심리극이 그녀를 얼마나 감동시켰는지에 대하여 중요한 무엇인가를 말해 줄 거라고 덧붙였다.

나누기를 위한 무대는 행위를 위한 무대만큼 중요하고 디렉터의 욕구가 아닌 집단의 욕구를 반영해야만 한다.

분석 대 나누기

나누기는 실연과 관련이 있는 개인적인 경험과 연합 그리고 전체 집단경험과 관련이 있는 시간이다. 웜업, 개인적 상호작용, 보조자 역할

이나 보조자에 대해 나누기를 하는 것은 중요한 어떤 것일 수 있다. 그
것은 자기-반영을 위한 시간이다. 주인공이 행동하거나 행동하지 않은
혹은 말하거나 말하지 않은, 또한 디렉터나 보조자가 행동하거나 행동
하지 않은 혹은 말하거나 말하지 않은 것에 대한 행위를 분석하기 위
한 시간이 아니다. 그것은 다음 장에서 다루게 될 과정분석(훈련 상황에
서)이거나 지도감독의 부분이다. 만일 과정분석이 시작된다면, 디렉터
는 주인공에게 옷을 다시 입히기, 동일시한 것을 이야기하기 및 집단의
상호작용과 과정을 증진시키기와 같은, 나누기의 과제를 집단성원들에
게 교육하거나 상기시킴으로써 중재하는 것이 매우 중요하다.

> 헬렌 : (주인공인 폴에게) 당신은 왜 항상 벽난로에 그렇게 많은 석탄을 집
> 어넣어요?
> 디렉터 : (헬렌에게) 나는 당신이 그러한 행위의 특별한 부분을 어떻게 찾아
> 낼 수 있었는지 궁금하네요. 여기서는 우리가 본 것을 분석하려는
> 것이 아니라는 점을 기억해 두세요.

마찬가지로 디렉터가 어떤 판단 없이 명확하고 민감하게 중재하는
것이 중요하다. 분석을 하게 될 때, 그것은 각성된 연상의 고통에 대한
방어 책략일 수 있으며, 그러한 고통을 탐색하는 데 심리적인 저항을
만들어 낼 수 있다. 이러한 방어가 투사기제일 수 있다. 투사는 자신에
게서 볼 수 없는 다른 사람의 행동, 태도 또는 정서상태의 어떤 측면에
대해 보고, 느끼고, 반응하는 것으로 정의될 수 있다. 그것은 무의식적
과정이다. 예컨대, '그 사람은 정말 지루해.' 와 같은 그 자신에게 확인
된 행동이 자신의 탓으로 돌리기 힘든 것에 대한 하나의 방어로서 무
의식에 남아 있을 것이다. 치료의 과제는 개인에게 자신의 그러한 측면
이 있다는 것을 알 수 있게 해 주는 것이다. 말하자면, '나는 아마도
내가 지루한 사람이라고 생각한다.' 라는 것을 스스로 인정해서 변화할
기회를 갖게 한다.

위의 예를 계속 이어가면,

> 헬렌 : (디렉터에게) 그래요, 저는 석탄을 낭비하는 것이 어리석은 짓이라는
> 걸 알고 있어요.

　헬렌은 아마 우리에게, 그녀가 '너무 많은 석탄을 집어넣고 있고, 그래서 그것을 낭비하고 있다.'는 이미지를 갖고 있다는 불안에 대하여 말하고 있지만 불안이나 두려움이 너무 커서 일시적으로 그것을 받아들일 수가 없다. 비록 주인공에게 어떤 수준에서 동일시가 여전히 남아 있지만, 그녀는 부모의 역할을 하면서 그 두려움으로부터 자신을 방어한다. 디렉터는 즉시 시각화할 필요가 있으며, 이 문제에 대한 헬렌 자신의 심리극은 그녀로 하여금 이 방어를 해결할 수 있게 해 준다.

> 디렉터 : (헬렌에게) 당신이 석탄을 낭비한다는 이야기를 듣는다면 어떨지
> 궁금해요.

　그녀의 투사를 인정하는 것은 헬렌의 능력에 달려 있기 때문에, 그녀는 다음과 같이 이야기할 수 있다. '제가 바로 우리 엄마처럼 말하는 것 같아요! 엄마는 항상 우리들에게 석탄을 낭비한다고 말씀하셨어요. 알다시피 우리는 가난했어요.' 또는 그녀는 이것을 좀 더 길게 작업하고 싶어할 수도 있고 다음과 같이 말할 수도 있다. '모르겠어요. 정말로 그것에 대해 생각해 본 적이 없어요. 그러나 제가 말한 것이 사실이지 않나요? 그는 석탄을 너무 많이 낭비하고 있잖아요.'
　그녀는 이제 디렉터로부터 인정을 기대하고 있다.

> 디렉터 : (헬렌에게) 당신이 이야기한 것을 잘 들었는데, 그것을 생각하는 데
> 좀 더 많은 시간이 필요할 것 같군요.

어떤 투사도 그리 쉽게 다룰 수는 없다. 주인공, 보조자 또는 디렉터에 대한 적개심, 심지어 분노 폭발도 드문 것은 아니다.

> 조 : (존에게 소리치며) 당신은 당신 아내에게 어떻게 그렇게 대할 수가 있어요? (그런 다음 디렉터에게) 그리고 선생님(지적하며), 선생님은 그를 그만두게 해야 할 거 아니에요!

분명히 그런 도전적인 행동을 투사하는 장면은 조심스럽게 주의해서 풀어 나갈 필요가 있다. 나누기에서 분노감정이 비록 환영받을 수 있는 감정이 아니더라도 눈물만큼 의미 있는 것이기 때문에 환기를 위한 시간이 필요하다. 이해할 시간이 필요하다. 그것은 새로운 주인공이 출현했고 이제 투사와 전이의 문제를 포함하는 한 장면 심리극을 실시해야 한다는 것을 말한다. 주인공은 냉혹하게 공격받는 것을 수용하지 못한다. 그러므로 디렉터는 그에게 물어봐야 한다. 즉, '조가 정말로 무슨 이야기를 하고 있나요?' 라고 말이다.

조에게 마음속 이중자아를 붙임으로써 그는 말하고 생각할 수 있다. '제기랄! 내가 정말로 그렇게 해 왔나?' 그리고 디렉터를 향해서 마치 부모에게 하는 것처럼(전이) '왜 선생님은 그에 대해 저를 보호하거나 도와주지 않았죠?' (두려움, 불안전 그리고 안전의 결핍) 여기서 디렉터의 분석적인 감각은 나누기의 과정을 분명하게 하는 데 도움을 줄 수 있다.

> 디렉터 : (조에게) 어떤 것이 당신을 놀라게 했는지 궁금하네요.

이러한 개입에 대한 조의 반응과 상당히 높은 그의 방어를 누그러뜨리려는 디렉터의 능력으로 인해, 이 장면은 여러 방식으로 진행될 수 있었다.

조 : (디렉터에게) 선생님은 말씀하시는 게 참 세련되셨군요!

이는 초점을 디렉터에게로 옮기려는 조 자신에 대한 생각이며, 그로 인해 주인공은 공격을 받지 않는데, 조는 진정으로 무엇을 말하고 있는가?

디렉터 : (조에게) 당신이 나를 믿을 수 없는 사람이라고 느끼는지 궁금하군요.…… (조는 이것이 매우 어렵다는 것을 알 수 있으며 디렉터는 집단이 수용과 동일시를 위한 중요한 도구라는 것을 기억할 필요가 있다.) 그리고 다른 사람들도 중요한 사람들을 믿지 못하는지 궁금합니다.

다른 집단성원들이 경험을 나누고 나자 존이 조에게 말한다.

존 : 그러나 조, 내가 그녀를 그처럼 싫어하는 데는 이유가 있어요. 그녀는 언제부터인가 나를 무시했고 나는 그것을 참을 수가 없었어요.

조는 어떤 동일시와 싸우고 있을 수도 있고 그렇지 않을 수도 있다. 그는 집단을 떠나서 생각할 필요가 있다. 그러나 본질적으로, 디렉터는 주인공에 대한 투사를 풀어내는 작업을 계속하도록 하고, 동일시를 촉진하였으며 조가 작업하려고 선택한 것에 대해 의식 속에서 두려운 갈등을 해석하도록 조에게 공개 토론을 제공하였다.

비언어적 나누기

때로 나누기를 말로 하는 것이 어려울 때가 있다. 눈짓하기, 주인공과 악수하기 또는 껴안는 것과 같이 비언어적으로 하는 것은 유용한 표현일 수 있다. 이러한 행위는 말로 표현하도록 하는 데 도움을 줄 수 있고, 말로 나누기하는 과정을 촉진시킬 수도 있다. 간혹 깊게 감동받은 집단성원을 껴안는 것은 아마 이제까지 경험해 보지 못한 수용의 느낌을 줄 수 있을 것이다. 수용과 지지는 집단과정의 주요 과제이며 더 깊게 탐색하기 전에 내부의 힘을 통합하는 데 필요한 단계를 제공할 수 있다. 비언어적 나누기는 편안한 느낌, 환영받는 느낌 그리고 따뜻한 느낌을 줄 수 있다.

투사와 동일시

디렉터는 나누기의 어떤 행위가 동일시라기보다는 투사의 한 요소일 수 있다는 사실을 경계해야 한다. 앞에서 제시한 바와 같이, 투사는 자신에게서 볼 수 없는 다른 사람의 행동, 태도 또는 정서상태의 어떤 측면에 대해 보고, 느끼고, 반응하는 것으로 정의할 수 있다. 따라서 디렉터의 과제는 이러한 과정을 확인하고 그것에 대해 개인작업을 하도록 돕는 것이다.

> 어머니와의 어떤 갈등을 실연한 후, 주인공이 편안해지자 조안은 다소 압도되었다. 그녀의 행위 중에서 어떤 것은 디렉터에게 아주 옳지 못한 것으로 지적되었으며, 조안과 주인공의 솔직한 이야기를 통해서 조안은 한 어머니로서 자신의 죄책감을 볼 수 있었고, 주인공을 그녀의 딸처럼 봄으로써 그녀의 고통을 동일시할 수 있었다.

모든 상호작용은 더 깊은 작업을 가능하게 하는 데, 모든 집단성원들이 주인공(그리고 보조자)으로부터 그들 자신의 투사를 갖는다는 것과 그 투사들이 동일시로 바뀐다는 것을 분명히 하는 것은 디렉터의 임무이다. 실연에 대한 모든 반응들은 중요한데, 이는 깊은 개인 내적 학습과 개인 간 학습이 일어날 수 있는 집단 모체를 만들기 때문이다. 모니카 주레티는 나누기를 '성숙이 일어날 수 있는 공간'으로 기술한다 (Zuretti, 1994: 213).

보조자 역할에서 나누기

집단심리치료의 모든 방법에서, 집단성원들은 알게 모르게 역할을 배정받는다. '당신은 바로 내 여동생처럼 말합니다.' 또는 '왜 당신은 그렇게 완고하죠?' 심리극에서, 역할은 행위 단계에서 의도적으로 그리고 직접적으로 배정된다. '당신이 우리 아버지의 역할을 하면 좋겠어요.' 모레노는 '텔레'(알거나 알지 못하는 경험의 상호관계)의 개념이 보조자 선발에서 잠재적인 힘으로 작용한다고 주장하였다. 보조자, 주인공 및 전체 집단을 위하여 보조자의 역할을 함으로써 개인적인 이해가 가능하다.

> 레이첼 : (크리스에게) 당신의 여동생처럼 난 정말 무기력했고요, 내가 무슨 말을 했는지조차 몰랐어요. 난 이 집단에서 화가 날 때 간혹 너무 무기력해져요.

보조자 역할 속에서의 나누기는 집단과정을 건설적으로 노출시키고 사용하도록 할 수 있다. 그러므로 디렉터의 임무는 보조자가 역할을 벗기 전에 그 역할에서의 경험과 피드백을 요구하는 것이다.

> 제인 : (주인공에게) 당신의 어머니로서, 나는 당신에게 무척 두려움을 느꼈어요. 그래서 나는 당신을 보호하고 싶은 강한 충동을 느꼈지요.
> 존 : (주인공) 그래요, 당신이 보았던 것처럼, 나는 종종 나를 보호할 여자들을 찾았어요.
> 제인 : (역할을 벗고, 그녀 자신으로서) 나 역시 항상 내 남동생 미첼을 보호하려 했다는 것을 깨달았어요. 그 애는 이제 29살이죠! 그렇게 한 것은 비열한 우리 부모님이 그 애를 결코 돌봐 주지 않았기 때문이었어요.

이 나누기 과정에서, 디렉터는 이 상황에서 자신에 대한 전이에 주의를 기울일 필요가 있다. 이제 다시 어머니 역할을 한 제인의 연기를 보자. 아마 그녀는 무의식적으로 아주 쉽게 이 역할에 빠져 들어갈 것이다. 옆에 서 있는 디렉터에 대한 그녀의 느낌은 무엇이고 그것이 무엇을 야기시켰는가?

누군가가 '나쁜' 역할을 배정받는다면, 즉 '나는 누구에게도 그 사람의 역할을 부탁할 수 없어요!'라고 했다면, 이 역할에서 민감한 나누기는 지각을 변화시키는 데 매우 중요할 수 있다.

> 제임스 : (조슈아에게) 당신의 의붓아버지로서, 나는 부적절하고 불안전하고 압도된 느낌을 받았기 때문에 당신에게 무척 화가 났어요.
> 조슈아 : 나는 결코 그가 화낸 것 이외의 다른 어떤 감정을 가졌다고 생각해 본 적이 없어요!

그러나 다시 디렉터는 보조자의 역할로부터 투사를 면밀하게 살펴볼 필요가 있다.

> 안드리아 : (주인공에게) 당신은 어린아이를 짜증나게 했어요.
> 디렉터 : 당신은 조슈아의 어머니로서 이야기하고 있나요? 아니면 안드리아로서 이야기하고 있나요?
> 안드리아 : 조슈아의 어머니로서요. 내 말은, 그를 보면, 그는 그런…….
> 디렉터 : 이것이 당신의 삶과 비슷한가요?

그러한 동일시에 대한 방어의 강도에 의해, 안드리아는 그녀 역시 매우 들러붙는 아이였거나, 자신의 아이들이 참을 수 없게 들러붙는다는 것을 알게 될 수 있다. 만일 그녀가 그것을 바꿀 수 없다면, 디렉터는 투사를 확고하게 명료화해야 한다. 이것은 집단에서 함께 작업할 수 있는 시간이 올 때까지 집단에서 다루어질 수 있다. 그가 '그대로 묵인할 수 없던' 보조자를 선택하는 것을 보는 것은 조슈아의 학습에 도움이 될 수 있다.

보조자 역할 벗기

보조자의 역할 벗기는 나누기에서 기본적인 부분이다. 역할을 연기한 사람이 그 역할과 어떻게 다른지를 분명히 이야기하는 것은 집단성원들에게 자신의 정체성을 재수립하고 자기를 해명하는 데 필수적이다. 이것은 역할을 연기한 사람이 그 역할에서 갖고 있었던 느낌들과 생각들을 나누기한 후에 이루어질 수 있다.

> 디렉터 : 좋아요 제인, 당신은 남동생에게 보호적이었다는 것을 알게 되었지요. 당신은 어떤 점에서 존의 어머니와 다른가요?
> 제인 : 존의 어머니는 그녀를 지지해 주는 사람이 아무도 없어요. 저는 제 파트너인 피터가 있어요. 그리고 저는 잉꼬새를 좋아하지 않아요!

집단에서 개인의 정체성을 분명히 하는 것은 각 개인으로 하여금 '전체' 앞에서 자신의 원래 모습을 유지할 수 있게 하는데, 따라서 반복적으로 역할을 배정하는 집단의 위험을 제한해야 한다. 말하자면, '보호적인 역할'일 때 제인을 선택하는 것처럼 말이다. 예를 들어, '히더'는 항상 여동생으로 선택되는 일이 일어날 수 있다. 만일 나누기와 역할벗기가 만족스럽게 이루어진다면, 디렉터는 이것이 불완전한 과정의 결과라기보다는 '히더'와 집단 사이의 역동적인 문제라고 볼 수 있다.

피드백을 통한 나누기

집단심리치료에 대한 얄롬의 치료적 요인의 목록에서, 그는 대인관계학습의 중요성을 부각시켰다. 그는 이 안에 다음과 같은 내용을 포함시켰다.

- 다른 성원들은 그들이 나에 대하여 갖고 있는 생각들을 솔직하게 말해 준다.

- 집단성원들은 다른 사람을 귀찮게 하는 내 습관이나 반복행동들을 지적해 준다.
- 집단과 다른 사람들을 더 신뢰할 수 있게 느낀다.
- 집단은 나에게 다른 사람들에게 접근할 기회를 만들어 준다.

(Yalom, 1975: 79)

모든 대인관계 행동은 학습을 향상시킬 수 있는 역동을 창조할 것이다.

존과 제인의 '보호성' 나누기의 예로 다시 한 번 돌아가 보자.

> 존 : 나는 항상 당신이 나를 자극하는 것 같은 느낌이 드는데 왜 그런지 설명 좀 해 주세요.
> 제인 : (크게 웃으며) 피터는 항상 내가 법석을 떤다고 말해요.

이 예는 분명한 역동적 요소를 갖고 있으며, 제인이 어떤 인상을 주는지를 그녀에게 알려준다. 좀 더 솔직한 예는 집단성원이 항상 일찍 오거나 같은 자리에 앉거나 말하기 전에 코를 긁거나 하는 것을 관찰할 수 있다. 좀 더 감정을 일으키는 피드백은 다음과 같은 이야기일 수 있다. '나는 당신이 한 말을 이해할 수 없어요.'

집단을 통한 나누기

이와 같은 상호작용은 집단에서 언제라도 일어날 수 있으며 집단의 종결 단계에 국한되지 않을 수 있다.

집단 맥락에서 개인의 반응

마가렛은 집단 상담실로 걸어 들어와 이렇게 말한다. "오 이런, 여긴 추워요!" 간단한 이 말 한마디는 아마도 어떤 진실을 근거로 할 것이다. 그렇지만 마가렛은 "당신은 항상 춥다고 불평하는군요."라고 말한 자넷과 몇

마디의 대화 후에 '춥다' 라는 것이 그녀가 몇 년 동안 투쟁해 온 어떤 것
이고 부모를 사랑하지 않는 냉담함과 관련이 있다는 것을 알게 되었다.

'지금 이 순간' 의 행위에 대한 반응, 즉 '추위' 는 어떤 연상을 유발
시킨다. 집단에서 그에 대한 연상과 나누기를 분명히 함으로써, 그것은
그녀와 집단에게 의식화되고, 따라서 그것을 작업할 수 있게 된다. 집
단은 그녀의 '냉담함' 의 문제에 대한 반응으로 따뜻하고 수용적일 수
있다. '냉담함' 에 대해 나누기를 하고 그것을 수용하는 가운데, 이것이
집단에 대한 전이 현상이라는 것을 깨달을 수 있다. 말하자면, 그녀는
집단을 '마치 추운 것처럼' 지각한 것이다. 그녀가 집단을 따뜻하고 우
호적으로 경험하기 시작한다면, 그녀의 지각은 바뀔 수 있고 그녀가 받
았던 느낌을 가지고 작업할 수 있을 것이다.

> 치료적 장면의 현실은 만족할 수 없는 욕구를 드러냄으로써, 사람들로 하여
> 금 양가적인 불확실성이나 아동기의 고립 또는 외상 경험으로 되돌아가게 하
> 지만, 이 시기는 다른 집단성원들의 지지와 인식을 통해 그러한 욕구들과 타협
> 할 가능성을 높게 한다. 자기를 해롭게 하고 파괴하는 이 모든 것들이 내부에
> 서 일어난다는 진실을 알게 된다. 왜냐하면 우리는 우리 자신의 대상세계를 성
> 장시키고, 그것들이 우리와 함께 하기 때문이다. 군중에 더 가까이 가면 갈수
> 록 덜 위협적인 무리라는 것을 알게 된다. 오히려 군중은 여러 수준에서 의사
> 소통할 수 있는 느슨하게 엮어진 일군의 사람들이다.
>
> (Marie Stride, n.d.: 37)

집단과정을 확인하기

개인들이 표현한 것들은 언급될 필요가 있는 집단과정의 몇 가지 측
면을 디렉터에게 전달할 수 있다.

아만다는 집단에 참여해서 심하게 짜증을 냈다. 그녀가 직장에서 집으로
돌아가는 길에 누군가가 그녀 앞을 가로막았고, 그래서 기분이 언짢았다.

디렉터는 왜 그녀가 분명히 이런 작은 사건을 집단에 가져오기로 선택했는지를 생각할 필요가 있다. 디렉터나 집단성원이 약간 촉진시켜 줌으로써('나는 당신이 이 집단에서 어떤 문제를 표현하고 있다는 생각이 드는데요?') 그녀는 항상 '1등'으로 지각하는 다른 집단성원들에 대하여 매우 경쟁적으로 느낀다는 것을 드러냈다. 그녀의 공헌은 형제자매와의 경쟁 문제에 대하여 그녀와 집단 전체가 중요한 작업을 하도록 개방하게 한 것이다.

폴크스(Foulkes)는 집단-분석적 심리치료를 기술하는 그의 중요한 연구에서, 전경-배경 관계에 근거하여 집단 안에서 그 과정을 볼 수 있는 가능성을 이야기한다. 말하자면, 어떤 경우는 집단을 배경으로 하고 전경으로 개인 혹은 개인들에게 초점을 둘 수 있고, 어떤 경우는 이와 반대로 전체 집단을 전경 형태로 보고 개인의 상호작용을 배경으로 볼 수 있다. 이것은 우리가 집단에 대한 개인의 관계를 다루어야만 할 때 혹은 그 반대의 경우에도 이론적으로나 실제적으로 모두 중요하다. 그는 '의사소통'의 과정과 흔히 배경이 되는 '친교'를 우리가 고려해야 할 중심에 두는 것이 가장 유용하다고 믿는다(Foulkes & Anthony, 1973: 20).

상점에 대해 이야기를 하고 있는 집단은, 집단에서 '거래를 잘하는' 사람에 대해 이야기할 수 있다. 이는 결코 어떤 것과도 거래하지 않고 그의 아버지와도 매우 '잘못 거래한' 제이콥 이야기가 집단에 공헌한 것이다.

따라서 집단은 디렉터에게 작업을 성숙하게 하는 것이 무엇인지 그리고 한 집단으로서 그들이 탐색하고 싶어하는 것이 무엇인지를 이야기한다.

전이 문제를 확인하기

피터에게는 포악한 아버지와 미숙한 어머니가 있다. 피터는 긴장되어 있고 넋이 빠져 있으며, 비록 그가 극을 할 수 있고 보조자의 역할을 할 수 있다 하여도, 스스로 어떤 것도 요청할 수가 없다. 예컨대, '난 괜찮아, 다른 사람이 하도록 내버려 두자.' 이런 식이다. 조심스럽게 이중자아를 붙이고 따뜻한 집단 나누기를 통해, 그가 정말로 다음과 같이 말하고 있는 것이 분명해졌다. '나는 결코 나를 표현할 수 없는 것처럼 편하지 않아요. 나는 여기서 그렇게 할 수 없어요.'

사람들은 이러한 전이의 문제를 해결하는 데 오랜 시간이 걸릴 수도 있다. '지금-여기'의 실연에 대한 디렉터(혹은 다른 집단성원)의 끈기 있고 주의 깊은 관찰이 이 작업을 가능하게 할 것이다.
전이 현상은 아주 빨리 일어날 수 있다.

> 그것은 톰이 참석한 첫 번째 집단이다. 이 집단은 불안하고 말이 많다. 집단이 좀 더 개인적인 상호교환에 초점을 두도록 하기 위하여 디렉터는 집단의 성원들에게 쿠션을 던지라고 요구한다. …… 몇 번의 상호교환이 일어난 뒤에 쿠션은 다시 톰에게 던져졌다. 그 후 그는 구석에 몰려서 쿠션을 안고 떨면서 말을 하지 못하였다. 그는 모든 도움의 제안을 거절하였고, 디렉터가 앞으로 다가갔을 때 소리쳤다. "저리 가요, 저는 이 우스꽝스러운 놀이가 싫어요. 이런 것이 저를 도울 수가 있어요? 선생님도 역시 계모와 똑같아요, 그 여자는 저를 막대기로 때렸다구요!" (Ruscombe-King, 1991: 163)

디렉터는 이런 강력한 나누기를 통해 톰과 집단이 주의 깊고 신중하게 작업하도록 도울 필요가 있다. 심리극 실연은 '현재에서' 일어난다.

> 디렉터는 집단성원들에게 톰의 주위에 원을 만들어 앉도록 하고 다음과 같이 말한다. "저는 여러분들이 잔혹하고 생각하기조차 싫은 지난 일들이 떠올랐을 거라고 생각합니다. 우리는 그러한 경험을 함께 나눌 수 있는데, 톰이 우리에게 그가 지금 느끼고 있는 고통에 대하여 좀 더 이야기할 수 있도록 도와줍시다." 완고한 부모에 대해 몇 사람이 시험적인 나누기를 한 다음, 톰은 좀 더 편안해졌고 그가 몇 년 동안 가지고 온 아주 고통스러운 몇 가지 기억들을 덜어 낼 수 있었다. 그는 더 안전하다는 것을 느끼기 시작하였고 그로 인해 권위에 대한 경험을 천천히 작업하기 시작하였다.

자기의 본 마음을 알게 되고, 그래서 디렉터와 분리하는 것은 진정한 자유를 줄 수 있다.

샘은 스무 살로, 지배적인 부모와 살고 있다. 집단에 참여한 지 약 6개월이 지났을 때, 그는 집단에 지각하였다. 예전의 그였다면 무척 불안하고 심한 죄책감을 가졌을 것이다. 이번 경우에 버스가 고장 났고, 이 사건은 그의 책임을 완전히 벗어난 것이었다. 처음으로 그는 상황의 실체를 알 수 있었다. 즉, 그는 사과하고, 그의 입장을 주장하며, 더 적절히 적응하면서 집단에 참여하였다.

집단을 종결할 때 전이를 종결하고 완결하는 것은 중요하다.

톰의 예로 돌아가자. 그는 비록 숙박설비가 있는 장소에서 제한되고 정해진 기간에 있었지만, 끝까지 집단에 머물러 있었는데, 디렉터에게 훨씬 덜 적대적이 되었고, 집단으로부터 온정, 용기 및 도움을 받을 수 있었다. 그는 그의 인생에서 그를 양육하고 보호해 준 사람들을 확인할 수 있었다. 따라서 그는 강력한 부정적 투사를 교정할 수 있었고 자신의 내부에 있는 몇 가지 양육과 긍정적인 경험들 또는 자신의 내부에 있는 '역할들'을 확인할 수 있었다.

디렉터에 의한 나누기

가끔 이러한 까다로운 문제에 대해 서로 다른 양식과 접근이 있다. 몇몇 심리극 디렉터들은 무슨 일이 일어나든 매우 개방적으로 나누기를 한다. 어떤 디렉터들은 '비내담자'의 역할을 유지하면서 너무 '정서적으로 부담'이 되지 않는 자신의 과거 상황들을 나누기할 것이다. 또 어떤 디렉터들은 거리를 유지하면서 자신의 인생 경험들에 대해 어떤 것도 나누기를 하지 않는다.

많은 디렉터들은 작업의 맥락에 따라, 나누기 과정에 대한 그들의 영향력이 달라질 것이라고 말한다. 말하자면, 임상 장면에서 그들은 훈련 장면에서와 같은 방법으로 나누기를 하지 않을 수 있다. 아마 거기에는 '옳고 그른' 것이 없을 것이다. 그렇지만 건전한 심리치료의 실제에서 중요한 것은 다음과 같다.

① 디렉터가 취한 행동이 무엇이든, 의식적 동기를 분명하게 인식하고, 그에 따라 그 행위에 대한 결과를 작업한다.
② 무의식적 동기는 지도감독하에서 주의 깊게 탐색된다.
③ 디렉터는 자신의 중재(치료)에서 일관성을 갖는다.

> 루신다는 어색하고 때로 어려운 실연을 해 왔다. 나누기는 억제되고 딱딱하였다. 디렉터는 루신다에게 "나는 때로 어색한 느낌이 들 때가 있었어요."라고 말했다. 곰곰이 생각해 보면, 이러한 코멘트는 어색한 상황을 모면하고자 하는 디렉터 자신의 불안에 의해 동기화된 것이 분명하다. 이는 역전이의 표시이다. 아마 여기저기에서 문제가 된다고 느끼는 디렉터 자신의 기술은 자존감을 '구제'하려는 무의식적 욕구이다. 집단에서 어색한 느낌을 파악하는 것이 더 도움이 될 수 있으며 다른 집단성원들은 그것을 표현할 수 있다. '루신다, 나는 당신의 어색한 느낌은 당신 혼자만 갖고 있는 것으로 생각하지 않아요.'

위의 예는 디렉터가 매 회기 후에 주인공과 나누기를 하기 위하여 전문적이고 사려 깊은 결정을 했었더라면 그렇게 강력하지는 않았을 것이다. '때로 나는 면담을 할 때 어색한 느낌이 듭니다.' 이때 디렉터는 그러한 정보를 어떻게 받아들였는지 생각해야 한다. 디렉터 역할의 힘은 결코 과소평가될 수 없고 디렉터의 나누기는 종종 그 내용에 의해 지나치게 무거울 수 있다. 디렉터와의 관계에 의존한 몇몇 사례의 경우, 그러한 나누기는 받아들여지지 않을 수 있고 솔직하게 믿기지 않을 수도 있다.

이를 역할이론의 관점에서 보면, 디렉터 역할에서 나누기를 하는 것은 '실제 인물'이 되도록 디렉터의 역할을 그만두고 역할을 벗는 것으로 볼 수 있다. 이러한 생각은 가치 있을 수 있으며 흥미로운 모델을 제공할 수 있다. 그렇지만 전체적으로 명료하게 하기 위하여, '길리(Gillie)로서 이야기를 한다면'과 같은 말은 집단성원들에게 역할에 대한 그들의 지각에 대해 확실하게 책임지도록 하는 것이다. 경계를 분명하게 하지 않는 것은 좋은 실제가 아니다. 어떤 사람들은 디렉터의 나누기가 좋은 역할 모델을 제공한다고 주장할 수 있다. 다시 말하지만, 그러한 관점의 결과를 명심할 필요가 있다. 그것은 부적절성, 질투, 불신, 과장된 칭찬을 초래할 수 있다. 훈련이라는 관점에서 보면, 디렉터의 나누기는 분명한 실제의 모델을 증진시키기 위하여 주의 깊은 논의와 탐색을 필요로 한다. 나누기의 목적은 동일시를 높이는 것이다. '경계를 뚫고 들어가는 것은 일방적인 행위이며, 서로 간의 장애물을 뛰어넘는 것이다.' (Stride, n.d.: 31)

종 결

집단에서 함께 하는 시간이 길어지고 집중력이 떨어지면 참가자들은 싫증이 날 수 있다. 집단을 종결시킬 때, 성원들이 떠나기에 충분히 안전하다는 느낌을 가질 수 있도록 하는 것은 매우 중요한 디렉터의 임무이다. 그러한 임무는 매우 간단할 수도 있고 매우 복잡할 수도 있으며 집단이 진행되는 맥락이나 장소에 따라 다양할 수 있다. 원칙적으로, 모든 회기가 끝날 무렵에 성원들은 그들의 생활을 되찾도록 하기 위하여 적절한 방식으로 '충분히 안전한' 느낌을 갖고 떠나도록 할 필요가 있다.

심리극은 지시적인 방법이고 강력한 힘이 있으며, 통제력은 디렉터의 영역에 있고 집단을 통해 디렉터에게 넘어가 있다. 이러한 힘은 모든 집단성원들이 일시적으로 투사된 그들의 일부를 교정할 수 있도록 하기 위하여 그들에게 '되돌려 줄' 필요가 있다. 사람들이 나누기를 함으로써 재통합은 아주 분명해질 수 있다.

> 존 : 던칸, 당신이 말한 것을 듣고, 나는 내 아내에게 가는 것과 이야기하는 것이 훨씬 더 자유로워졌어요.

또는 훨씬 더 복잡하고 곤란해질 수 있다.

> 제인 : 그레햄, 나는 당신이 말한 것 때문에 무척 혼란스러워졌어요.

'나' 또는 자아 강도를 명료화하기 위하여 간단한 지시가 필요할 수 있다.

> 디렉터 : 제인, 끝내기 전에 당신에게 혼란스럽지 않은 한 가지 일을 찾을 수 있나요?

전이 문제는 확실히 복잡하고 사실 종결의 과정을 알려 주며, 이 문제를 분명히 하는 데 좀 더 긴 시간 걸릴 것이다. 집단성원들이 교정하거나 재통합하는 방법에 달려 있기 때문에, 디렉터는 해결되지 않고 남아 있는 전이 문제의 특성을 알 수 있다.

> 조 : 나는 집에 가고 싶지 않아요. 당신만이 나를 도울 수 있는 유일한 사람이에요(전이의 전형).

또는

> 제인 : 우리가 나누기를 할 때에도 나는 이 집단에서 아무것도 얻지 못했어요(집단과 디렉터의 관계에서 해결되지 않은 거부감).

독자는 다음과 같은 질문을 할 수 있을 것이다. 즉 "나누기가 '충분히 안전할' 때 나는 어떻게 이야기할 수 있을까?' 종결을 적절히 작업하는 것은 집단을 끝내는 데 중요한 영향을 미칠 수 있다. 집단이나 회기에서 시간의 한계를 정하는 것은 중요하다. 시간은 우리 사회에서 어떤 사건을 준비하기 위한 하나의 수단으로 사용된다. 모든 심리치료 방법들에서, 회기의 길이는 내담자로 하여금 회기를 끝낼 준비를 하고 치료사와의 이별을 준비하도록 하기 위하여 분명하게 규정하고 있다. 내담자는 '외부 세계'를 다루는 데 필요하고 치료 장면에서 낮아진 방어를 복원시키기 위하여 준비할 수 있다. 모든 심리극의 회기는 종결 과정이 진행될 수 있도록 시간의 한계를 정할 필요가 있다.

심리극 회기의 맥락은 이용할 수 있는 시간이 어느 정도인지를 알 수 있게 한다. 외래환자 집단은 대개 전제를 두어서는 안 된다. 즉 병원, 개인진료소와 같은 거주지 장면에 있는 집단은 점심시간 등과 같은 특정한 시간에 진행할 수 있다. 어떤 거주지 장면에서는 그러한 제약이 있을 수 없고, 회기는 그 회기가 종결될 때까지 지속될 수 있다. 능력을 부여하기 위한 유연성과 자유에 대한 입장을 지지하면서도, 이러한 작업 방식은 힘을 교정하고, 방어를 복원시키는 중요한 생각을 간과할 수 있다. 더욱이 심리극의 어떤 훈련은 유연성이 준비된 장면에서 이루어진다. 훈련과정에서 훌륭한 심리극의 실제를 교육하기 위하여 종결에 대한 입장과 시간제한의 중요성을 언급하는 것은 매우 중요하다. 아마 유연성이 있는 장면에서, 새로운 시간제한은 디렉터가 재빨리 결정하기보다는 디렉터와 집단성원들 간의 동의를 통해 분명하게 협의될 필요가 있다. 모든 심리치료사는 종종 회기가 끝날 무렵에 중요한 자료가 나온다고 말한다. 이는 시간제한의 부담에 대한 안전성 때문이다. 심리극도 마찬가지다. 모든 디렉터는 이러한 현상을 인식하는 것이 중요하다.

종결에서의 문제점들

나누기에서 강력한 자료가 나온다면 어떻게 할 것인가? 나누기의 과제는 투사를 동일시로 바꾸는 것이다. 때로 동일시는 압도될 수 있다. 원래 나누기에서는 느낌을 말하고, 두려움을 나누고, 포옹이 있게 된다. 만일 느낌이 압도되고 '말할 수 없을 정도'가 된다면, 이때 어색해지고 어려워지며 불안이 유발될 수 있다. 필자는 집단의 안전이 집단 경계로 인해 만들어진다고 주장해 왔다.

　　　디렉터 : 제임스, 당신은 아주 힘든 문제와 싸우고 있다는 것을 알아요. 우리
　　　　는 당신을 돕는 데 이제 10분 정도의 시간이 있어요.

　시간이 제한된 공간은 분명해질 수 있다. 어떤 사람들에게 그것은 제한된 느낌을 줄 수 있다. 이러한 반응은 전이의 문제, 즉 괴롭히지 않기 위하여 시간과 인내를 필요로 하는 문제를 나타낼 수 있다. 또는 디렉터가 모르는 사이에 내담자에게서 자기의 어떤 측면을 보고 있는 역전이의 문제가 일어날 수 있다. 경계를 명확하게 지킴으로써, 제임스는 부가적인 작업을 통해 어떤 선택을 하게 되고 행위하려는 힘을 갖게 된다.

　　　제임스 : 나는 누나를 얼마나 싫어하는지 알게 되었어요.

　이렇게 이야기가 되었고, 거기에는 약간의 해방이 있다.
　디렉터는 다음과 같은 생각을 하도록 유혹받을 수 있다. '아하! 아마 우리는 이것으로 제임스를 도울 수 있을지 몰라.' 제임스는 이 문제를 되돌아보도록 권유받을 수 있다. 실로 그것은 완전히 새로운 심리극으로 뒤바뀔 수 있다. 이것은 한 가지 수준에서 칭찬받을 만하지만, 심리극 전문가는 모든 것을 고치고, 모두를 구하고, 모든 일을 해결하는, 전지전능해지려는 위험에 처하게 되고, 개인의 불안을 안전하게 만들려고 하는 위험에 처하게 된다. 감동시키고, 존경하게 하고 또는 역동적이거나 무의식적인 불안을 극복하게 하기 위하여 디렉팅하는 능력을

무의식적으로 과도하게 사용할 수 있다. 모든 디렉터들은 그러한 힘에 노출되어 있다. 디렉터는 마치 자신이 내담자인 것처럼 내담자에게 반응하는 역전이 현상에 빠져들 수 있다. 내담자는 분명하지 않고 실제로 알려지지 않은 디렉터의 어떤 측면을 나타낼 수 있다. 제임스의 예에서, 디렉터는 그를 무의식적으로 '무기력한 아동'이거나 '버림 받은 동생'으로 규명할 수도 있고 제임스의 표현된 욕구라기보다는 그러한 역동의 결과로써 극을 준비할 수 있다.

제임스가 자신의 마음을 깊게 움직이게 한 이러한 문제를 다룰 수 있었던 것은 집단이 끝나 가고 있고 분리가 임박했기 때문일 수 있다. 집단과 디렉터는 항상 그를 돌보지 않았던 그의 누나를 극에 올렸다. 조용한 곳에서, 나누기와 이야기를 통한 반영적 명료화는 자기능력 부여의 경계 내에서 자기 이해를 증진시킬 수 있다. 제임스가 지금 여기에서 작업을 종결시키고 그동안 진행된 작업을 알도록 하기 위하여 그 의도를 이야기하게 하는 것이 도움이 될 수 있다.

> 제임스 : 나는 매우 화가 나고 왜 내가 이런 식으로 누나에게 반응하는지를 알고 싶어요.

그러므로 디렉터는 항상 나누기 과정에 대한 자신의 개인적 반응을 주시해야 하고 지도감독(슈퍼비전)할 때 그것을 논의할 수 있어야 한다.

만일 제임스가 10분 후에 아무것도 개방하지 않고 여전히 버둥거리고 있다면 어떻게 되었을까? 비록 '돕기 위하여' 정해진 시간을 연장하려는 유혹을 받을 수 있지만, 준비되도록 하기 위하여 디렉터가 이러한 시나리오를 통해 생각하는 것은 중요하다. 여기에는 다음과 같은 몇 가지 가능한 선택들이 있다.

• 집단과 함께 시간 연장에 대하여 협상한다.
• 집단이 끝난 후에 제임스와 개인적으로 시간을 보낸다.

- 성원들에게 회기가 끝난 후 그와 함께 시간을 보내도록 부탁한다.
- 제임스가 자신의 고통에 대해 책임지도록 하고 그가 겪고 있는 문제들을 탐색하도록 집단에 되돌아가게 한다.

물론 회기가 진행되는 상황은 디렉터에게 가장 좋은 행위의 방향을 제시해 줄 수 있다. 거주지 장면에서, 이러한 상황은 집단이 그와 함께 참여하기 때문에 좀 더 쉽게 다룰 수 있으며, 필요할 때 지지를 제공할 수 있다. 디렉터가 후속 만남을 가질 수 없는 대중 워크숍이 끝날 무렵에 이런 일이 일어난다면 사정은 매우 어렵다. 상황이 어떻든지 간에 기본적인 심리치료의 원리들을 받아들이는 것이 도움이 된다.

- 항상 시간을 염두에 두어라.
- 각 회기의 종결은 중요한 작업이다.
- 디렉터는 집단성원들이 마음의 옷을 다시 입도록 협의된 경계들을 지킬 필요가 있다.
- 디렉터는 집단성원들의 안전을 위하여 그리고 디렉터에 대한 불안을 감소시키기 위하여 안전한 분위기를 만든다.

전문적인 운영의 문제로, 심리극 전문가는 필요하다면 심리극 회기와 외부 세계 사이의 공유 영역에 안전한 분위기를 만들고, 그러한 분위기를 증진시키기 위하여 심리극 회기 밖의 집단참여자들, 예컨대 가까운 친척, 형제자매, 친구, 일반의와의 접촉지점에 가까이 가도록 책임감을 가질 필요가 있다. 분명하고 안전한 실천은 디렉터의 불안을 줄일 것이고, 그렇게 되면 더 창조적이고 더 전문적인 생각을 만들어 낼 것이다.
　그렇다면 제임스의 사례에서 안전하고 민감한 전문적 실천은 무엇인가? 우리가 그를 만나고 있는 상황에 있다고 하면, 다음 몇 가지 사항들을 고려해야 한다.

- 거주지, 병원 장면, 개인진료소에서 팀 접근을 하기 위하여 그를 보살펴 온 다른 직원들에게 자문을 구한다.
- 거주지에서 하는 심리극은 종결을 위해 충분한 시간을 확보할 수 있다. 하루 종일 프로그램 하는 것이 그리 긴 시간은 아니다. 유대와 나누기의 강한 감정은 정서적 퇴행과 밖에서 해야 할 책임을 포기하면서, 그런 시간들을 통해 발달한다. 이별을 이야기하는 과정을 통해 개인적 통합과 힘을 교정하는 것은 시간과 민감성을 필요로 하는 매우 중요한 과정이다. 제임스는 그러한 시간을 필요로 할 것이다.
- 주말 워크숍을 할 경우, 모든 사람들의 욕구를 충족시키려는 유혹을 너무 많이 받는다. 위에서 언급한 이유들 때문에 마지막 날에는 시작할 때부터 마음의 종결을 준비해야 한다.
- 외래환자 집단의 경우, 그에게 다음 주에도 이 집단에 참여할 수 있고, 그가 중요한 작업으로 많은 노력을 하고 있다는 것을 상기시켜 준다.
- 다른 사람들과 의논하는 것이 적절한지 평가한다.

이러한 결정들은 광범위한 작업과 지도감독에서의 논의를 필요로 하는 여러 가지 어렵고 불편한 감정을 야기할 수 있다. 이 장의 목적을 위해, 디렉터는 충분히 안전하게 나누기를 하도록 하고, 관심 있는 모든 것들에 대해 수용과 안전한 느낌을 주도록 그들의 전문적인 실천을 확장할 필요가 있다.

저항 또는 어려운 나누기

'고쉬, 정말 좋은 집단이었어요! 모든 사람들이 마지막엔 울고 있었죠!' 너무 자주, 심리극 집단은 나누기의 깊이에 의해 '판단될' 수 있다. 너무 자주, 심리극 전문가의 존경은 그 같은 현상에 의해 올라가거나 내려갈 수 있다. 정화의 중요성 및 고통과 슬픈 감정에 대한 나누기를 포함시키는 것이 중요하지만, 사려 깊고 침묵하는 반영도 치료적일 수 있다. 때로 나누기는 긴장되거나 불편할 수 있다. 집단성원들은 거북한 느낌과 해결되지 않은 문제를 갖고 있을 때, 그들이 생각하거나 느끼는 것을 말할 수 없다. 이유는 다양할 수 있다. 아마 극의 주제가 거북했을 수도 있고, 제기된 문제가 말하기에 너무 고통스럽거나 이해하기에 너무 깊어 덮어 둘 수밖에 없었을 수도 있다. 브라질의 정신분석학자이며 심리극 전문가인 달미로 부스토스(Dalmiro Bustos)는 가끔 '저항이 클수록 고통도 크다.'(사적 대화)고 말하였다. 따라서 디렉터가 하는 일은 집단을 반영하고 어려움이나 저항의 특성을 이해하려고 노력하는 것이다. 다음과 같은 논평이 도움이 될 것이다.

> 디렉터 : 존이 자기 가정에 대해 이야기할 때, 우리 모두가 약간 당황해 한다는 느낌이 들었어요.

또는

> 디렉터 : 프레드가 말한 것에 대해 어떤 불편함이 있는 것 같군요.

분명히 디렉터의 존경은 집단이 그것을 좋게 만드는 것에 의존하지 않는 것이 중요하다. 디렉터는 집단과업의 일부가 수용체로서 행위하는 것이거나 그러한 감정들이 작업될 때까지 불편함, 불확실성, 양가감정을 유지하는 것임을 기억할 필요가 있다. 많은 사람들은 결코 그러한 기회를 갖지 못했을 수 있다.

필자는 항상 침묵했었고, 심지어 매 회기가 끝날 무렵에 어색해하고 언어적으로 의사소통할 수 없었던 내담자를 기억한다. 그가 집단으로부터 거의 도움을 받지 못하고, 필자가 그를 잘못 이끌고 있다는 생각이 들었다.

그 순간에, 그 생각은 투사된 반응으로 전이될 수 있고(말하자면 그는 나를 곤란하게 하고 있고, 따라서 이것은 시간낭비다.), 부정적인 치료적 반응이 시작될 수 있다. 사실, 집단의 마지막 날에 이 남자는 별 특색이 없는 화려한 타이를 착용하고 있었고 그 집단이 그의 인생에서 매우 의미 있는 경험이 되었다고 친구에게 말하는 것을 들었다. 어려운 감정을 다루는 것은 치료적 작업에서 중요한 부분이고, 어려운 시간들을 통해 나누기를 촉진하는 것은 필수적이다.

도날드 위니컷(Donald Winnicott, 1971: 43) 박사는 그의 저명한 책 『놀이와 실제』에서 이러한 부분을 매우 잘 묘사하고 있다. 그는 다음과 같이 말한다.

> 사람들이 이전 회기의 작업이 큰 효과가 있었다고 주장하는 것이 이번 회기가 끝날 무렵 나에게는 아니었던 것 같다. 다른 한편, 나는 확신을 하게 되거나 심지어 유쾌하게 되는 것에 큰 위험이 있다는 것을 분명히 알았다. 어디에서든 모든 치료는 분석가의 중립성이 필요하다. 이런 류의 작업을 통해 우리는 항상 다시 시작하고 있다는 것과 기대가 적을수록 더 좋다는 것을 안다.

결 론

따라서 심리극 집단에서 나누기 단계의 임무는 집단성원들이 주인공과 다른 집단성원들과 함께 그들의 느낌, 생각, 동일시한 내용을 이야기할 수 있는 안전한 공간을 제공하는 것이고, 집단과정의 경험을 공유하는 것이다. 디렉터의 도움으로, 무의식적인 것을 의식적인 것으로 만들 수 있고, 변화를 향한 여행을 계속하기 위하여 투사된 것을 요구하고, 인정하고 그리고 작업하게 된다.

위니컷의 말을 다시 인용하면 다음과 같다.

> 심리치료는 놀이의 두 가지 영역 즉, 놀이의 영역과 치료사의 영역이 중첩된

곳에서 이루어진다. 심리치료는 두 사람이 함께 놀이하는 것과 관계가 있다. 이러한 추론(corollary)은 놀이가 불가능한 곳에서 이루어지는데, 이때 치료사에 의해 이루어진 작업은 환자를 놀이할 수 없는 상태에서 놀이할 수 있는 상태로 이끄는 방향으로 이루어진다.   (Winnicott, 1971: 44)

 나누기의 중요성은 전체 집단성원을 함께 '놀이할 수 있는 상태'로 이끌 수 있게 한다는 점이다.

참·고·문·헌

Foulkes, S. H., & Anthony, E. J. (1973). *Group Psychotherapy: The Psychoanalytic Approach.* London: Penguin.

Goldman, E. G., & Morrison, D. S. (1984). *Psychodrama: Experience and Practice.* Dubuque, IA: Kendall Hunt.

Moreno, J. L. (1953). Who Shall Survive? *Foundations of Sociometry, Group Psychotherapy and Sociodrama.* New York: Beacon House.

Ruscombe-King, G. (1991). Hide and Seek. In P. Holmes and M. Karp (Eds.), *Psychodrama: Inspiration and Technique.* London: Routledge.

Striede, M. (n.d.) Reflections of the Experience of Group Analytic Psychotherapy. In T. E. Lear (Ed.), *Spheres of Group Analysis.* Naas, Co. Kildare: Leinster Leads Ltd.

Winnicott, D. W. (1971). *Playing and Reality.* London: Pelican.

Yalom, I. (1975). *The Theory and Practice of Group Psychotherapy.* New York: Basic Books.

Zuretti, M. (1994). The Global Task: Sharing Time and Space. In P. Holmes, M. Karp and M. Watson (Eds.), *Psychodrama since Moreno.* London: Routledge.

11

과정분석

Gillie Ruscombe-King

과정분석에 대한 소개

'과정분석'은 디렉터에 의해 인도된 심리극 집단이 심리극을 하는 동안에 일어났던 단계들을 세부적으로 논의하는 과정으로, 심리극에서 일반적으로 사용된다. 전통적으로 과정분석은 심리극이 끝난 후에 이루어진다. 심리극에서 사용된 많은 용어들처럼 과정분석은 그 자체의 정의를 갖게 되었는데, 그 용어를 사용하는 사람 그리고 그 용어가 사용된 맥락에 따라 다를 수 있다. 골드만과 모리슨(Goldman & Morrison)은 그 용어를 다음과 같이 사용하고 있다.

- 심리극을 실연하는 동안 서로 관계를 맺고 있는 주인공과 다른 사람 사이에 일어나는 역동을 과정분석하기
- 문제의 선택에서 해결에 이르기까지 주인공의 여정을 관찰하기
- 수련 디렉터들을 위한 학습 경험으로서 심리극 회기를 비평하기

(Goldman & Morrison, 1984)

반면에 켈러만은 '수련 디렉터가 디렉팅 기술을 배우고, 이해하며, 분석하고, 평가할 수 있도록' 하기 위한 수련 목적으로 심리극에 대한 비평과 관련하여 이 용어를 사용하고 있다(Kellermann, 1992: 164).

윌리엄스(Williams)는 과정분석을 심리극의 역할 안에서 활동하는 보조자들의 경험을 검토하는 것이라고 하였다. 과정분석은 주요 보조자들이 역할을 하면서 경험하였던 것을 말하고 개입하는 동안의 활동과 느낌에 대해서 반영하는 시간이다. 즉, 그들이 어떻게 역할을 하였는가에 따라 회기가 끝난 후 그들의 상호작용에 영향을 준다. 그것은 또한 주인공에게 어떠한 변화들이 일어났는지, 문제들이 현실 속에서 어떻게 해결되었는지를 검토해 보는 시간이다(Willams, 1989).

이 장에서 필자는 심리극 회기에서 주인공, 디렉터 그리고 집단에 의해 이루어진 행위 과정을 평가하는 데 이 용어를 사용할 것이다. 필자는 또한 무엇이 '과정분석' 에 포함되고, 언제 디렉터, 주인공과 수련생이 훈련에 참여하고, 어떻게 과정분석에서 관련된 모든 것들을 회기 동안에 일어났던 것과 통합하도록 할 수 있는지 살펴볼 것이다.

왜 과정분석을 하며 누구와 함께 하는가

모레노는 심리극을 '꿈을 다시 꾸게 하는 기회' 라고 말하였다. 어떤 사람들은 과정분석의 행위가 풍부함과 경험의 매력을 떨어뜨린다고 주장한다. 그들은 회기의 과정을 평가함으로써 무엇인가 상실되고 달아나 버릴 것이라고 두려워한다. 이러한 두려움과는 반대로, 필자는 과정분석의 행위가 관련된 모든 것에 대하여 관찰된 현상들을 반영하고, 그리하여 경험의 가치를 떨어뜨리기보다는 다른 어떤 면을 덧붙여 줌으로써 거울들로 이루어진 큰 방으로 비유될 수 있다고 느낀다. 필자는 과정분석이 지지적이고 설명적이며 도움이 된다는 견해를 갖고 있다.

'과정분석 단계' 는 '나누기 단계' 와 명백히 구분할 필요가 있는데, 이는 서로 다른 목적을 갖고 있다. 심리극에서 '나누기 단계' 는 개인적, 정서적 면에서 주인공과 동일하다는 것을 격려하는 것이지만, '과정분석 단계'는 객관적인 방식으로 심리극에서 일어났던 것을 평가하고 분석함으로써 학습과 이해에 초점을 맞춘다. 과정분석은 주인공에게 초점을 맞추지 않는다. 이는 치료사와 다른 집단성원들 사이에 일어났던 집단과정을 피드백해 주거나 해석을 하는 시간으로 생각된다.

켈러만은 '과정분석'을 심리극의 평가와 교육에 한정하였다. 그는 과정분석을 수련 디렉터의 기술에 초점을 두어야 하고, 디렉터가 주인공과 집단을 분석하는 것은 가능하지만 과정분석을 하는 동안 언어적으로 표현된 내용을 재교육(working through)해서는 안 된다고 본다. 그는 주인공이 회기 중에 일어났던 문제들을 부가적으로 재검토하고 재통합하는 것이 도움이 될 수 있다는 것은 인정하지만, 이것이 과정분석에서 이루어져서는 안 되고 이후의 회기에서 다루어져야 한다고 믿는다. 같은 이치로, 집단 발달을 저해할 수 있는 갈등들도 다른 시간에 다루어져야 한다고 믿는다. 더욱이 그는 피드백이 전문적인 기술과 방법론적인 문제들로 국한될 때, 과정분석이 비방어적으로 더 쉽게 동화되는 경향이 있고 전체 집단에서 나누어질 수 있어서 더 건설적인 학습 경험이 된다고 믿는다(Kellermann, 1992: 1641).

필자는 과정분석에서 '재교육'을 배제하는 것에 찬성하지만, 이 과정분석을 전문적 기술과 방법론적인 문제들에 대해 피드백하는 것에만 국한하는 것은 약간의 문제가 있다고 본다. 만약 과정분석을 하는 이유가 단지 심리극의 교육에 있다면, 그 다음은 '심리극을 교육한다는 것이 무슨 의미가 있는가?'라는 질문에 답해야 할 필요가 있다. 만약 심리극이 집단과 개인의 문제들을 탐색하고 명료화하고 해결하는 데 사용되는 강력한 치료방법이라면, 수련 디렉터는 주인공과 집단이 현재의 어려움에 이르게 된 역동을 이해해야만 한다. 필자는 디렉터의 기술이 어떻게 평가되고, 치료과정의 분석과 어떻게 분리되는지 알 수 없다.

다른 심리극 전문가들은 과정분석에서 무슨 일이 일어났는지, 왜 일어났는지, 어떻게 일어났는지를 심층 분석해야 한다는 데 동의하지만, 그들은 주인공이 '과정분석'에 참여함으로써 그가 경험한 어떤 부분들이 상실될 것이라는 두려움 때문에 주인공이 참석하지 않아야 한다고 느낀다(Williams, 1989). 필자는 주인공을 참여시키지 않는 것은 그 주인공에게 작업의 정서적인 요소와 인지적인 요소들을 통합하고 행위로부터 일어났던 모든 요소들을 소화하며, 경험을 반영하고 내재화할 수 있는 기회를 빼앗을 수 있다고 생각한다. 주인공의 경험은 역할바꾸기, 이중자아, 거울기법, 정화, 구체화, 역할훈련 등 혼란스러운 기법들의 사용으로 거의 숨쉴 만한 틈을 갖지도 못한 채 한 차례의 '정신적 수술'을 받게 되는 것에 비유할 수 있다. 주인공은 치유과정을 완성하기 위해 심리극 경험 이상의 것들이 필요하다고 말한다. 분명히 우리는 체험해 왔던 작업에 참여하고 통합하는 주인공의 능력을 평가하는 데 민감해질 필요가 있다.

집단의 과정분석

모레노가 발달시킨 사회측정학은, 집단은 그 자체에 내적 생명을 가지고 있고, 이러한 생명은 서로 관련된 어느 순간에 이루어진 어떤 선택들을 살펴봄으로써 가장 잘 이해될 수 있다는 신념에 근거하고 있다. 그는 모든 집단은 가시적 구조 밑에 현실적이고 살아 있고 역동적이지만 보이지 않는 내부의 구조를 가지고 있다고 주장하였다.

모레노는 집단과의 작업을 위한 이론적 토대를 제공하였다. 그는 '주인공은 집단의 도구이어야 하고, 선정된 주제는 참가자들이 실제 경험한 문제여야 한다.'라고 말하였다(Fox, 1987: 13).

워싱턴 D.C. 성 엘리자베스 병원의 에니스(Enneis, 1951)에 의해 개발된 '중심적 관심 모델(central concern model)'은 집단에서 자발적으로 일어난 상호작용으로부터 심리극 공연을 구조화시키는 뼈대를 제공한다.

집단 과정분석에 참여하는 것은 집단의 계약상의 관계, 집단에서 형성된 목표들과 특별한 목적들 그리고 특수한 영역들의 내용을 검토하게 한다. 집단의 생명이 유지되는 동안 주제들이 나오게 된다. 이 주제들은 의존, 독립, 힘, 무기력, 포기와 같은 문제들일 것이다. '중심적 관심 모델'은 집단의 가장 '화제가 되는 관심'을 확인하는데, 말하자면 그것은 집단이 특별한 치료 회기 동안 흥미를 나타내는 구체적 관심거리이다. '중심적인 관심'은 폭넓은 기반을 갖고 있으며, 집단성원들 서로 간의 상호작용으로부터 자발적으로 발생한다. 화제가 되는 관심을 확인하는 과정에서 '분명한 내용'(집단에서 이루어진 실제적인 말들)과 '정체성의 모체'(집단의 '지금-여기'에서의 관심과 일치하는 개인적 동일시의 발달)를 구별할 필요가 있다.

> 집단과정은 생생하게 살아 있고, 변화하는 과정이며, 집단의 사회측정학에서의 변화와 정서적 주제에서의 변화는 물론, 회기 중과 회기 후의 '화제가 되는 관심'에서의 변화도 있을 것이다. 이 과정을 관찰하고 촉진시키는 것이 디렉터의 역할이다.
> (Buchanan, 1980: 45)

주인공의 과정분석

윌리엄스는 "만약 심리극이 계시, 신학 또는 서사적 표현으로서보다는 하나의 치료로 사용될 수 있는 것이라면, 문제의 지속에 대한 체계적 특성을 충분하게 설명할 필요가 있고, 그 문제를 주인공이 인식하도록 해야 된다."(Williams, 1989: 80)라고 주장한다. 골드만과 모리슨은, 다른 전통적인 심리치료 방법들과 마찬가지로, 집단과 함께 작업하든 개인과 함께 작업하든 심리극도 내담자가 그의 삶의 과정을 이해하도록 도울 필요가 있다고 주장한다(Goldman & Morrison, 1984).

심리극은 '지금-여기'의 순간이 미래에 대한 불안뿐만 아니라 과거의 관계들과 경험들에 대한 기억 흔적들과 어떻게 연결되는지를 탐색하는 심리치료의 진정한 실존적 방법이다. 심리극은 개인과 집단의 상호작용, 보편성의 철학적인 문제와 실존적 유효성에 대해 관심을 갖고 있다. 정통 심리극은 내담자로 하여금 이러한 모든 측면들을 탐색할 수 있게 하는 그 자체의 구조와 과정을 갖추고 있다. 이 구조 내에서 내담자는 자신의 문제를 무대 위에 올려놓는다. 치료사로서 우리들은 내담자들이 경험한 문제들을 이해하도록 관찰하고 돕는 데 관심이 있다. 우리는 무엇이 일어나고 있는지 또 무엇이 일어나지 않고 있는지 알고 싶어한다. 즉, 우리는 내담자들이 자신이 처해 있는 상황을 어떻게 인식하고 다른 사람들의 상호작용에 대해 어떻게 반응하는지 알고 싶어한다. 그리고 행동적 반응을 동기화시키는 신념체계가 무엇이고 선택된 방법으로 반응한 그 결과가 무엇인지를 알고 싶어한다. 물론 우리는 내담자가 과거 상황에서 다른 사람들과 유사한 어려움을 경험했는지, 다른 이야기이지만 비슷한 맥락의 문제로 유사한 어려움을 경험했는지를 아는 데 관심을 가질 것이다.

관찰을 계속함에 따라 우리는 내담자들과 함께 그들의 자각을 높이기 위하여 그 과정을 드러내는, 관찰된 내용들을 나누고 싶어할 것이다. 이에 대한 예는 다음과 같다.

사례연구 1 : 에릭의 심리극

주인공인 에릭은 성 범죄로 종신형을 받은 죄수이다. 그는 여자 친구가 면회 왔을 때의 장면을 집단에게 보이고 있다. 그녀는 그가 감옥에 있는 동안 그녀가 만났던 남자들, 그녀가 참석했던 파티, 다른 남자들이 그녀에게 제의했던 프러포즈 등에 대하여 이야기하면서 면회시간을 보낸다. 에릭은 자신이 얼마나 화가 났는지를 우리에게 보여 주면서, '만약 간수가 없었더라면 나는 탁자 위로 상체를 구부려 그녀를 때렸을 것이다.' 라고 방백한다. 그가 하지 못하는 것은 그녀에 대한 배반과 모욕감에 대해 자신이 얼마나 상처 받고 화가 났는지 그녀에게 말하는 것이다.

에릭은 같은 맥락의 다른 장면, 즉 자신이 예전에 어떤 여자한테 거절당하고 모욕당했다고 느꼈던 장면을 찾아보도록 요청받는다. 그는 우리에게 범죄 장면을 보여 줬는데, 그 장면에서 그는 그의 발기불능을 비웃고 그를 다른 손님들과 비교했던 창녀를 공격한다. 그 결과 그는 그녀를 잔인하게 살해한다.

　　디렉터 : 당신이 한 여성에게 거절당했거나 모욕당했다고 느낀 상황(맥락)
　　　　　　에서, 어떤 여성도 신뢰할 수 없다고 믿고, 심하게 상처받아 울분이
　　　　　　터졌다고 느꼈습니다. 그러나 당신은 이것을 나누는 대신에 심하
　　　　　　게 화를 내고 복수심이 가득 차 있는 것처럼 보이는군요.

관찰된 현상을 주인공과 함께 나누는 것은 유익한 경험이었다. 그것은 에
릭으로 하여금 여자 친구의 면회에 대한 그의 현재 행동과 감정을 그의 범
죄 행위와 연결시킬 수 있도록 하였다. 지금까지 그는 왜 자신이 범죄를
저질렀는지 거의 이해하지 못하였고, '그 인물로부터 벗어나서' 그것을
보기로 선택하였다. 그의 현재 '기능하고 있는 모습'을 반영하는 심리극
은 맥락을 통해 확인된 상황 속에서, 그가 15년간 아무런 변화 없이 감옥
안에서 시간만 허비하였다는 것을 보여 주었다.
에릭의 계속되는 심리극은 이러한 관계들을 둘러싼 전이 문제들과 '복수
에 가득 찬 살인자'의 역할 주변에 있는 원인과 기여 요인들을 탐색하는
것이었다. 에릭의 과거 경험들과 신념체계가 자신의 현재 상호작용에 어
떻게 영향을 끼쳤는지, 다시 말해 그러한 상호작용들이 왜, 어떻게 문제가
되었는지, 그리고 그가 상황들에 대해 왜, 어떻게 파괴적으로 반응하기로
선택했는지를 이해하는 것은 중요하다. 그러한 파괴적인 방식에는 완결되
지 않았거나 해결되지 않은 문제들에 관한 기억 흔적이 남아 있다. 우리는
그가 어머니에게 모욕당하고 거부당했던 어린 시절의 장면들을 탐색하였
다. 주인공으로서 그의 심리극 과정의 일부는 어머니에 대해 억압받았던
분노와 격노 그리고 수용받지 못하고 사랑받지 못했던 것에 대한 고통을
인정하고 표현해야 할 필요가 있다는 것을 이해하는 것이었다.
이러한 심리극 과정에서 에릭은 그의 생각과 느낌을 통합하였고, 문제를
다루는 다른 방법을 연습하기 위하여 현재의 장면으로 되돌아왔다. 에릭
은 자신이 거부당하고 모욕당했다고 느끼는 부분에 대해서 여자 친구가
다음에 방문을 하면 이야기하기로 결심하였다.

사례연구 2 : 스튜어트의 심리극

스튜어트는 그의 여자 친구와의 관계에 대한 심리극을 하게 되었다. 그는

강간죄로 11년간 수감 생활을 했다. 범죄 당시, 그는 그녀가 정말로 자신과 일생을 같이하고 싶어하지 않는다고 믿었기 때문에 그녀를 바로 떠났던 때였다. 그는 그녀의 전 남편과의 사이에서 낳은 아이를 받아들이고, 힘든 일과 후에도 부업을 찾아다니면서, 그 관계를 힘겹게 유지해 왔다. 그가 하는 무슨 일이든 결코 충분하지는 않았지만, 그녀는 그의 복역 기간 동안 쭉 관계를 유지하고 있었다. 그러나 그는 출감이 가까워지면서 그녀가 자신과 함께 할 것인지에 대해 걱정하고 있다.

문제를 탐색하면서 우리는 스튜어트에게 주디와 역할을 바꾸도록 권하였다. 그 역할에서 그는 자신에 대한 그녀의 지각된 양가감정, 즉 그녀가 자신과 일생을 함께할 계획인지, 그렇지 않은지에 대해 솔직하게 말하지 않은 것을 드러낸다. 한편 그녀는 그가 출소할 때 누군가를 찾을 것이라는 것을 암시하고, 그래서 그들이 미래에 함께 할 수 있다는 것을 넌지시 나타낸다. 그의 반응은 두 가지이다. 한편으로 그는 '착한 사람'이 되어, 그녀가 원하는 것을 하고 장사도 하고 관계 안에서 더 열심히 일하고 관계가 잘 되지 않은 것에 대해서는 모든 것을 자기 탓으로 돌리기로 약속한다. 다른 한편으로 그는 화가 나서 그녀에게 '꺼져 버려.'라고 말한다. 디렉터는 지난 11년간 그들 관계에서 어떤 변화가 있었는지 궁금하겠지만, 이 순간 스튜어트가 알아야 할 필요가 있는 과정은 그녀의 행동에 대한 자신의 두 가지 반응이다. 그는 이러한 반응들을 구체화시킴으로써 도움을 받고, 거울기법으로 다른 집단성원이 그의 역할을 다시 보여 줄 때 놀라게 된다.

제안한 것에 대하여 거절당하고 자신이 충분히 좋은 사람이 아니라는 경험을 한 일과 맥락상 유사한 가까운 과거 장면들을 찾기 위하여, 우리는 스튜어트가 충분히 잘 하지 못한 것 때문에 책망을 당했던, 범죄 행위 이전 과거의 관계로 되돌아가야 한다. 이때 그는 여자 아이들을 데리고 있는 상황에서 집 전체를 장식해야 하고 그 일을 계속해야 하는 장면을 진행한다. 그는 감사히 여기지 않는 것에 대해 상처받고 화가 나서, 그가 어떻게 느끼는가를 말하거나 그의 분노를 표현하는 대신에 짐을 싸서 떠나 버린다. 이 장면이 끝날 즈음에 그는 놀라서 집단과 디렉터를 쳐다본다. 그는 두 장면이 놀랄 만큼 유사하다는 것을 발견하고 깜짝 놀란다. 그러나 그는 자신의 과정을 알게 됨에 따라, 이제 에너지와 열정을 가지고 우리는 더 어렸을 때의 관계로 안내하려고 한다. 여기서 우리는 지역 슈퍼마켓의 예비 관리인의 직업을 갖고 있는 청순한 얼굴의 젊은 스튜어트를 보고 있다. 그는 노동복을 입는 대신에 양복을 입고 기뻐한다. 그의 여자 친구이자 약혼할 사람이 그를 기다리고 있다. 그녀는 그가 양복을 입으니까 얼마나 멋있게 보이는지 말하면서 인사한다. 그들이 공공주택에서 살지 않고 좋은 집에서 살려고 하면 그가 뭔가 더 큰 포부를 가져야 할 거라고 그녀가 말하기 전까지, 그는 즐거웠다. 그는 집단을 향하여 "그때 나는, 그녀가 내가 제공할 수 있는 것보다 더 많이 원했고, 나는 그녀가 원하는 것을 해줄 수 없고, 내가 아무리 노력해도 그녀가 원하는 것을 다 채워 줄 수 없다는 것을 알았다."라고 말한다.

스튜어트의 심리극에서 왜 그가 하는 것마다 결코 잘 되지 않을 것이라고 믿는지 그 과정을 이해하도록 돕는 또 다른 장면이 있었다.

어릴 적 스튜어트는 어머니가 재혼할 때, 다섯 아이들 중에서 아동시설로 보내진 유일한 아이였다. 그가 인생 후반부에 이혼한 사람들의 아이들을 보살핀 것은 놀라운 일이 아니다. 그는 가끔 집에 갈 때 집에 머물고 싶고 아동시설로 되돌아가고 싶지 않아 '착한 아이'가 되려고 무진 애를 썼다. 그러나 그의 어머니는 그가 집에 머무는 것에 대하여 양가적이었다. 그가 집에 있기를 원하였지만 한편으로는 새 남편이 화를 낸다는 것을 알고 있었다. '착한 아이'가 되려고 노력했고, '어머니의 작은 도우미'가 되려고 많은 노력을 했음에도 불구하고, 그는 아동시설로 돌아가야만 했다. 집에 머물러 사는 것과 그가 좋은 아이가 되는 것과는 아무 관계가 없었다. 그러나 그의 노력이 아무런 변화를 가져오지 못했고 실제적인 요인들을 인식하지 못했기 때문에, 그는 파괴적이고 화내고 다루기 어렵게 되었다. 그는 어머니가 옳은 결정을 내렸다고 확신하고, 그를 수용하지 못한 것은 자신이 충분히 착하지 못했기 때문이라는 그의 신념을 확신하게 되었다. 스튜어트는 그가 더 착한 행동을 했더라면 오랫동안 집에 머물렀을지도 모른다고 믿었다.

스튜어트는 약 35년쯤 후에, 매우 유사한 상황에서 자신을 발견함으로써 그 과정과 유발 요인들을 이해하는 것이 도움이 된다는 것을 알았다. 이제 그는 출소하기 전에 그의 현재 여자 친구를 만나기로 결심하였다. 그는 자신의 반응, 그녀의 양가감정을 탐색하기 위하여, 그리고 그들 사이의 일들이 달라질 수 있을지를 결정하기 위하여 집단의 지지를 요구하였다. 그는 오래된 패턴들을 반복하는 것이 그의 분노를 바꿀 수 있다는 것을 다시 한 번 알게 되었다.

스튜어트의 심리극 과정분석은 우리가 장면에서 장면으로 이동함에 따라 대부분 회기 내에서 이루어졌다. 또한 그에게 무슨 일이 일어났는지를 심사숙고하고 디렉터와 집단의 질문에 답하기 위하여 그 다음 주에 다시 오는 것은 중요하다. 그는 심리극 회기 내에서 스스로 발견하게된 것들과 관련이 있는, 이전 집단에서 그가 제시하였던 다른 소재들을 가져옴으로써 그리고 그의 과정에 대해 그들이 관찰한 것을 집단에서 나눔으로써 도움을 받았다.

디렉터의 과정분석

만약 심리극이 분별없이 이야기를 이끌어 내거나 많은 장면들을 무차별적으로 탐색하고 표현된 정서들을 공개하는 것 이상이라면, 디렉터는 집단의 정신역동 과정, 심리극의 정신역동 과정, 자기의 회기를 촉진시키는 정신역동 과정에 참여해야 한다.

디렉터 과정에 대한 분석은 훈련과 관련되어 왔다. 필자는 실천가로서 우리들 각자 회기 전, 중, 후 자신의 작업에 대해 과정분석할 책임이 있다고 주장해 왔다. 이것은 집단과 주인공에 대한 회기의 과정분석에 추가된 것이다.

집단 과정분석

집단과 관련하여 부케넌(Buchanan)은 디렉터에게 집단 과정분석에 참여하면서 자신에 대하여 과정분석을 하도록 권하고 있다. 집단이 모이기 전에 디렉터는 자신의 웜업과 집단의 계약 관계를 탐색해야 한다. 디렉터는 자신의 사적 관심들이 자신의 개인적이고 직업적 생활과 관련되기 때문에 자신의 사적 관심들을 인식해야 한다. 그리고 초점이 되는 '중심적인 관심'이 디렉터의 투사가 아닌 집단의 관심과 감정을 명료화하고 반영하도록 하기 위하여 집단치료사의 역할에 대해 웜업을 시작하고 집단의 관습과 감정을 일괄하여 다룰 준비를 해야 한다(Buchanan, 1980).

실연 과정분석

현재 실천가들인 우리들 모두는 이야기 내용에 매혹되어 꼼짝 못하고 서서 장면을 바라보던 옛날 디렉팅 시절들을 기억한다. 우리가 다음에 무엇을 하고 여기에서 어디로 갈 것인가의 딜레마에 직면했을 때, 행위는 중단되고 공황상태의 느낌은 밀물처럼 밀려온다. 각각의 심리극은 어떤 과정을 갖고 있는데, 그 여정은 개별적으로 독특하지만 모든 심리극과 유사하다. 그것은 인생경험의 어떤 측면이 탐색되어야 하는가에 대해 디렉터, 주인공 및 집단 간의 합의인 계약으로 시작된다. 행위를 통한 발견 과정, 즉 디렉터와 주인공의 과정이 이루어져 왔다. 심리극은 골드만과 모리슨의 유명한 책인 『심리극의 경험과 과정(Psychodrama Experience and Process)』(1984)에 있는 방식을 따를 수 있다.

어떤 사람들은 디렉터의 과정이 직관의 과정, 즉 냄새를 따라가는 과정이라고 주장한다. 필자는 심리극 디렉팅이 '인디언들이 하는 것처럼 연기 신호를 따르는 것'과 비슷하다는 말을 들은 적이 있다(Karp와의 대화). 물론 디렉터 과정은 자발성과 창조성을 수반한다. 그러나 브레트너와 브레트너는 우리에게 다음과 같이 상기시켜 주고 있다. 즉, '자발성은 단지 충동성이나 아무렇게나 하는 행동이 아니다. 이는 심미적, 사회적 또는 실제적이건 간에 건설적인 결과를 위하여 어느 정도 의도성이 있어야 한다.'(1988: 64) 이러한 자발성과 창조성이 제기된 문제를 경감시키는 데 의도를 가지고 있는 것처럼, 심리극도 건설적인 결과를 목적으로 하고 있다.

이를 성취하기 위해서, 디렉터는 심리극 기법들에 대한 지식과 심리극의 치료적 요소들에 근거가 되는 이론적 개념에 대해 이해해야 하고 그것들을 언제, 어떻게 이용할지 알아야 한다. 게다가 디렉터는 성격발달과 치료적 원리들에 대한 일반적인 이해가 필요하다. 그는 전이와 역전이, 방어기제와 같은 개념은 물론, 집단역동에 관한 지식을 이해함으로써 도움을 받게 된다. 이미 언급하였듯이 심리극 전문가는 집단뿐만 아니라 집단의 관심을 유지하고 있는 개별 주인공에게도 관심을 갖고 있다. 심리극은 수많은 기대 섞인 눈들 앞에서 많은 공을 가지고 재주를 부리는 위압적인 작업이다.

실연회기에서 디렉터의 과정은 그 자체가 무엇이 잘못되고 무엇이 바르게 되어야 하는지 분명하고 구체적인 결정과 관련이 있다. 심리극 역할이론의 적용은 두 종류의 기술, 즉 동일시와 개입이 필요하다. 우선 디렉터는 맥락을 정의하고 그러한 맥락 안에서 그 사람의 다음 사항을 고려하여 역할분석을 할 필요가 있다.

- 타인과의 관계에서의 행동
- 행동을 동기화시키는 신념체계
- 일어나고 있는 것과 일어나고 있지 않는 것에 대한 느낌
- 그리고 부적절한 반응결과

개입을 위하여 디렉터는 인간발달단계에 대한 지식을 갖출 필요가 있다. 부스토스(Bustos)는 이러한 발달단계를 기술할 때 '역할군'에 대한 모레노의 개념을 발전시켰다(Holmes et al., 1991: 69). 개입에 있어서 디렉터의 과정은 역기능적 역할을 확인하는 것이고, 주인공이 어려움을 경험하는 특정한 역할군이 어떤 것인지 확인하는 것이다.

역기능적 역할과 '역할군'을 확인하기 위하여 디렉터의 과정은 역할반응이나 방식이 만들어지는 상황적 요인군(역할의 소재)을 조사하는 방향으로 이루어진다. 그리고 그 사람이 현재의 자극을 생기게 하는 특정한 반응을 결정하는 요인들(역할의 모체)을 조사하고, 그 반응이 일어날 때의 특정한 순간(역할의 원상태)을 조사하는 방향으로 이루어진다.

물론 디렉터는 실연하는 동안 이 진행 과정에 대해 알고 있어야 할 필요가 있지만 또한 그가 그 진행 과정을 얼마나 잘 촉진시켰는가에 대해서도 나중에 반영할 필요가 있다. 그는 무엇이 결정적인 문제였는가

에 대해 정확한 분석을 했을까? 그의 개입을 과정분석하면서, 디렉터는 그들이 정확한 역할분석을 했는지, 맥락으로부터 내용을 구분할 수 있었는지, 주인공을 위해 맥락을 분명하게 만들었는지 물을 필요가 있다. 그가 어떻게 주인공의 역기능적 역할을 확인하고, 그 소재를 발견하고, 필요한 개입을 할 수 있었을까? 그가 어떻게 방어기제를 잘 다루고, 전이 문제를 잘 처리하고, 자신의 역전이에 대해 작업을 잘 해냈을까?

 방법에 관한 기술적 측면에서, 우리는 여러 가지 기법들, 우리들의 자발성과 창조성 수준, 주인공과 함께 형성된 관계들을 어떻게 그리고 왜 사용했으며, 어떻게 우리가 집단을 이끌어 가고 종결을 하고 나누기를 하였는지에 대해서 독자들은 켈러만의 디렉터 체크리스트를 참고하기 바란다. 이 체크리스트는 디렉터가 그들이 웜업 단계로부터 나누기 단계에 이르기까지 회기 내에서 의식하고 있어야 할 부분들이 포함되어 있다(Kellermann, 1992: 169).

수련 디렉터의 과정분석

 우리 모두는 어디서든 시작할 수 있어야 한다. 우리에게는 기술을 실습하고 실수를 범하고 다른 사람들로부터 배울 기회가 필요하다. 이렇게 하기 위해서 필수적으로 우리는 수용되고 지지받으며 판단받지 않는다고 느껴야 한다. 우리가 심리극을 처음 할 때, 비틀거리고 넘어지며, 망각하고 공황상태에 빠지기도 한다. 이 모든 것들은 관객석에 앉아서 보면 너무 쉽게 보인다. 심리극을 처음 시작할 때, 우리는 디렉터가 되기 위한 과정으로 선배 훈련가들의 지식에 의존한다.

 이것이 어떻게 수행되는가는 각자 다양한 훈련가들의 접근방식에 달려 있다. 골드만(E. Goldman)은 수련생들에게 회기 동안의 내용을 기록하게 하고 자신들이 디렉터라고 생각하고, 미래에 심리극을 진행할 때 어떻게 단서를 잡고 어떻게 디렉팅 방향을 할 것인지를 생각하도록 요구한다.

그들은(수련생들) 동료 학생들은 물론 훈련가들을 비판하고 질문하면서 그들의 '과정분석' 코멘트를 분명하게 표현하도록 요청받는다. 이 과정은 디렉터로 하여금 그들의 선택과 결정을 타당화하도록 강하게 요구할 뿐 아니라, 학습과정을 확대시킨다. 상황 그 자체는 수련생들이 그들의 생각을 구조화하도록 격려하는 정신적인 과정으로 시작된다.

(Goldman & Morrison, 1984: 95)

초보 디렉터가 전체 심리극을 책임지고 이끌려면 그들은 오랫동안 나타나는 현상을 관찰하는 기술, 내용과 맥락을 구분하는 기술, 역할을 분석하는 기술, 과거와 현재를 연결하는 기술, 역할훈련을 확인하고 개입하고 격려하는 기술뿐만 아니라 집단과정을 계속해서 인식하는 기술을 오랫동안 개발해야 한다. 런던심리극 및 집단심리치료센터에서 이렇게 다양하고 힘든 과정에 있는 수련생들을 돕기 위하여 학습과정을 포기하려고 하는 학생들을 격려하고 있다.

훈련 초기에 심리극의 훈련과정은 한 수련생이 학습과정의 일부분에 참여하고, 또한 다른 수련생인 '동료'에 의해 지지받을 수 있는 부분들로 나누어진다. 각 수련생은 심리극의 어떤 부분들에 대해 책임이 주어진다. 학습은 교육 위주의 회기들로 이루어지지만, '스스로 진행하는 것'을 강조한다.

매 회기 초에 수련생은, '동료' 수련생에게 자문을 구해야 한다. 여기서 자문내용은 수련 디렉터에게 필요한 것, 주인공이 성취해야 할 것, 피해야 할 함정, 사용될 수 있는 도구들을 검토하기 위한 것 등이다. 수련생은 심리극의 매 회기 중에 그리고 회기가 끝나면, '동료'에게 돌아가 관찰된 현상을 과정분석한다. 반면 수련 집단은 문제를 이해하고, 맥락을 확인하고, 역할을 분석하고, 역기능적인 역할을 이끄는 요인들을 확인하고 그리고 어떤 중재가 필요한지 최종 결정하도록 하기 위하여 자신들을 관찰하도록 요청받는다. 그 목적은 '치료적 과정'에 대하여 생각하고 디렉터로서 제시될 현상들을 관찰하기 위하여 관련된 모든 것을 격려할 뿐만 아니라, 수련 디렉터와 '동료'에게 특별한 지지를 더하기 위한 것이다. 이런 과정을 이용함으로써 수련 디렉터는 지금까지 구체화되었고, 나누어졌으며, 지지되었던 것에 자신감을 갖고, 마침내 그가 전체 심리극을 할 수 있게 해 주는 많은 지식과 기술들을 구축하기 시작한다. 수련회기에서의 과정분석은 행위에 근거하여 이루어진다.

수련생의 '과정분석'은 디렉터의 과정분석과 비슷하지만, 수련생이 배우는 입장에 있기 때문에 그들의 장점과 단점 그리고 여전히 수련에서 초점을 두어야 할 필요성이 있는 전반적인 진전과 영역들을 평가하는 것이 필요하다. 이것의 한 예로는 우리 수련생들 중 하나가 내용과 맥락의 구별을 멈추고, 집단으로 가서 그의 '아킬레스건'을 인식할 때이다.

훈련가의 과정분석

문헌상으로는 훈련가 과정, 즉 무엇이 포함되고 무엇이 다루어져야 하는지에 대해서 쓰인 것은 거의 없다. 훈련가의 기능은 지식을 전하고, 예비 디렉터들이 디렉팅 기술을 배우고 경험하도록 지지하고, 건설적이고 힘을 키워 주는 방식으로 그 경험을 다루는 것이다. 훈련가는 수련 디렉터의 실수를 인정하고, 그러한 실수와 연결된 것들이 무엇인지 탐색하도록 허용할 필요가 있다. 그의 역할은 수련생이 디렉팅을 잘할 수 있는 자신감을 발달시키도록 도와주는 것이고 수련생이 디렉터의 역할을 하면서 겪게 되는 자연스러운 불안과 수련생 자신의 심리적 발달로부터 생기는 저항, 역전이 및 불안을 구별하도록 도와주는 일이다. 종종 수련생은 자신의 사적인 문제가 주인공에 의해서 거울에 비쳐진 것처럼 드러나게 될 때, 가장 큰 어려움을 경험한다. 수련생은 자신의 심리적 발달 수준보다 높은 어떤 주인공도 다룰 수 없다는 것을 배워야 하고, 이러한 '맹점'들을 알고 있어야 한다. 필자는 여기서 단순히 자신 스스로의 문제들을 일괄적으로 다룬다는 것이 아니고, 디렉터가 주인공을 편안하게 돕도록 수련생에게 미해결된 채로 남아 있고 개인치료에서 다루어야 할 필요가 있는 개인적 문제 영역들을 말하고자 한 것이다.

심리극의 과정에 대한 수련생들의 이해를 과정분석하는 것에 더하여, 훈련가는 수련생들이 그들의 광범위한 이론적 지식을 치료적 과정에 적용하도록 조력할 필요가 있다. 이는 방어기제, 전이 문제와 심리적 저항의 인식을 필요로 한다.

훈련가는 수련생이 그들 자신의 작업을 비평하도록 격려할 필요가 있다. 서로 간에 이루어지는 학습은 매우 재미있지만 또한 매우 위협적이어서, 그것은 권위에 대해 부정적인 전이 문제들을 불러일으킬 수 있고, 그것은 '자신'에 대한 상처로서 경험될 수 있는 무엇인가를 끌어낼 수 있다는 것이다. 훈련가는 이런 것들이 발생할 때 이들 문제들에 대해 알고 있어야 할 필요가 있고, 수련생들을 위해 그것들을 중지시킬 필요가 있다. 훈련가는 도움이 되지 않는 방어행동에 빠지지 않은 방식으로 유익한 비평을 열심히 해야 할 필요가 있다.

훈련가의 과정은 어떻게 이러한 교육과제들이 잘 수행되고 있는지, 어디에 자신의 취약점과 역전이 문제들이 있는지의 면밀한 검토를 포함한다. 훈련가도 수련생들처럼 훈련집단으로부터 피드백을 받는 것이 중요하다.

결 론

아주 흔히 심리극 전문가들은 행위, 극 그리고 정서적 내용들에 관여하고 있다. 우리는 우리의 경험들을 나누는 데 초점을 맞추고, 과정을 반영할 시간을 거의 갖지 못하는 경향이 있는데, 이것은 아마 이 장에 약술된 어느 정도 본래의 어려움들 때문일지도 모른다. 과정을 다루는 데 따른 어려움을 잘 알고 있지만, 모든 관련된 정보와 심리극 회기의

양상들을 과정분석한다는 것은 관련된 모든 사람들에게는 깊고 본질적
인 학습 경험이 된다.

참·고·문·헌

Buchanan. (1980). The Central Concern Model. *Journal of Psychotherapy, Psychodrama and Sociometry.*

Blatner & Blatner. (1988). *Foundations in Psychodrama.* New York: Springer.

Fox, J. (1987). *The Essential Moreno.* New York: Springer.

Enneis, J. (1951). Dynamics of Groups and Action Process in Therapy. *Group Psychotherapy,* vol. 1: 17－22.

Goldman, E., & Morrison, D. (1984). *Psychodrama: Experience and Process.* Dubuque, 1A: Kendall Hunt.

Holmes, P., Karp, M., & Watson, M. (Eds.)(1991). *Psychodrama: Inspiration and Technique.* London: Tavistock/Routledge.

Kellermann, P. (1992). *Focus on Psychodrama. London:* Jessica Kingsley.

Williams, A. (1989). *The passionate Technique.* London: Tavistock/Routledge.

Williams, A. (1991). *Forbidden Agendas.* London: Tavistock/Routledge.

3

적용–심리극을 어떻게 사용할 것인가

12

3층 케이크와 버터

Olivia Lousada

이 장에서는 심리극 철학과 정신분석학적 이론의 맥락에서 세 가지의 심리극 기법, 즉 이중자아, 역할바꾸기, 거울기법의 기능과 의미를 설명한다. 심리극의 세 가지 기법은 다음과 같은 의미를 갖는다. 이중자아는 어머니와의 융합된 단계를 나타내고, 역할바꾸기는 어머니로부터 자신을 분리하는 아동의 인식을 나타낸다. 그리고 거울기법은 아동이 그들 자신의 반영된 모습을 바라보는 것을 나타낸다(Moreno, 1977: 92; Kellermann, 1992: 148). 필자는 이러한 심리극 기법의 성공적인 적용과 임상 장면에서 나타날 수 있는 분명한 어려움을 기술할 것이다. 필자는 이러한 논의 속에서 심리극 철학 그리고 정신분석과 연결된 아동발달이론에 이러한 성공과 어려움들을 연결 지을 것이다. 이것은 모레노, 위니코트(1977), 스턴(1985), 말러(1975)와 프라이버그(1989)에 의해 이루어진 아동발달의 뛰어난 업적들을 통해 필자에게 분명해졌으며, 심각한 정신병리를 더 깊게 이해하도록 하였다. 이 장은 아동발달에 대한 모레노의 이론이나 정신분석이론을 묘사하기에는 불충분하지만 앞으로의 연구를 위한 밑거름이 되기를 바란다.

임상 장면의 심리극

임상 장면에서 심리극의 가치는 내담자가 그의 내적 세계의 경험을 언어적, 비언어적으로 기술하도록 격려하는 그 역량에 달려 있다. 집단의 도움을 받은 환자는 그의 내적 삶의 중요한 측면을 표상, 행위 그리고 은유를 통해 보여 준다. 이러한 과정은 언어 이전의 경험과 비언어적 경험을 표현하는 통로로서 매우 가치 있다. 심리극은 감정을 주지화하거나 자신에게 무엇이 일어나고 있는지 이해하지 못하는 사람들에게 도움이 된다. 이것은 환자가 가지고 있는 신념과 불안의 맥락, 역할들을 묘사하고 정신병리나 신체적 질병의 정신 신체적 요소를 설명한다. 심리극은 인물들 간의 관계로 가득 찬 내적 세계의 극이다. 이러한 인물들은 이러한 관계들로부터 생긴 마음의 표상이나 정신 내적 '대상'이며 외부 세계의 일부 사람이거나 모든 사람들이다(Holmes, 1992: 8).

관계들이 심리극의 중심이고 그 관계들은 인간이 어려서부터 자연스럽게 '행위갈망'을 느낀다(Fox, 1987: 206)는 개념과, 삶과 함께 관계를 형성하려는 시도를 한다는 개념에 초점을 두고 있는 역할이론으로 설명된다. 자발성은 개인이 새로운 상황에 대해 적절히 반응하거나 기존의 상황에 대해 새롭게 반응을 하도록 추진하며(Greenberg, 1974: 76), 자신의 내부와 환경 모두와의 관계에서 다양한 역할을 수행할 수 있는 유연성을 부여한다. 모레노가 자발성의 중요성을 강조하는 것은 아동의 상상놀이와 그들의 역할과 관계를 탐구하는 것을 관찰함으로써 이루어졌다.

불행하게도 가끔 자발성을 방해하는 해결되지 않은 거친 감정과 불안을 가진 사람이 생활 속에 그대로 방치되어 있다. 이러한 불안에 의해 생성된 역할의 반복도 '행위갈망'이거나 삶 속에서의 '확대'이다. 때로 역기능적일지라도 이러한 역할들의 반복은, 내적 균형과 자발성을 얻거나 되찾기 위해 갈등하는 감정을 해결하기 위한 자연스러운 시도로 보일 수 있다. 심리극에서 내담자는 이러한 '행위갈망'에 직면할 수 있고, 그들이 사용한 제한된 영역의 역할들과 그들이 주위의 다른 사람들에 의해 행해진다고 지각한 역할들을 고려할 수 있다. 자발성의 재발견과 폭넓은 역할의 선택을 통해 내담자는 자주 자신과 다른 사람의 행위를 이해하는 새로운 방법을 발견한다.

심리극 철학의 맥락

이 장의 초점인 아동발달의 철학적 맥락으로 돌아가 보자. 모레노는 1921년에 심리극을 창시하였다(Moreno, 1977: 1). 그는 자발성을 인간이 태어나면서 부여받은 가장 위대한 선물로 보았다. 모든 훌륭한 심리치료사들처럼 그는 전 인류의 존엄이 그의 작업의 초점이 되는 것 이상 아무것도 바라지 않았다. 그의 많은 발명들은 밀접하게 국소적인 것과 전 세계적인 것 모두를 포함하여 사회의 모든 부분들에 다다르기 위한 그의 탐구를 검증하였다. 그것은 사회측정학, 참만남의 개념, 집단심리치료, 자발성 극장 그리고 사회극을 포함한다. 그러나 그는 심리극을 자신의 가장 뛰어난 발명이라고 생각하였다. 이것은 특별히 심리치료의 역할로 갈등을 겪었던 1990년대와 연관이 있다. 앤드류 사무엘은 1997년 영국심리극전문가(UKCP)회의에서 이러한 역할이 임상적, 전문적, 사회적, 영적 그리고 정치적 책임과 리더십에 비추어 고려될 필요가 있다고 제안하였다.

모레노의 심리극 철학

시간은 현재에 영원히 살고 있고, 과거를 명시하며, 그렇게 함으로써 미래를 기술하는 정신의 경과를 나타낸다. 현실은 집단이 즉각적인 경험의 주체, 시간, 장소, 내용, 방법, 이유를 알게 되는 맥락이다. 이러한 것들은 현재에 영향을 미치고, 그래서 미래를 예견하는 과거의 문화적,

정치적, 사회적 그리고 개인적 신념들에 의해 영향을 받는다.

모레노는 다섯 가지의 도구를 통해 현실을 개념화하였다.

- 시간은 우주를 나타낸다.
- 무대는 과거, 현재, 미래에 발생한 사건의 시간과 장소를 나타낸다. 무대는 심리극에서 지형을 나타낸다.
- 집단/관객은 주인공의 내적 세계에서의 인물을 나타냄으로써 외적, 내적으로 사회를 나타낸다. 집단은 심리극에서 역사를 나타낸다.
- 디렉터는 리더십이나 '가족'에서의 부모를 나타낸다. 그는 집단생활의 서비스에서 수용, 자발성, 창조성의 역할을 취한다. 디렉터는 심리극에서 성인을 나타낸다.
- 주인공은 가장 절박한 욕구를 가지고 있는 사람이고 따라서 심리극에서 어린시절과 창조성을 나타낸다. 그는 집단에서 무의식적 욕구와 자발성을 위한 투쟁을 나타낸다. 주인공을 통해 집단은 고통을 표현하고, 마침내 잉여현실로 알려진 교정 장면에서 마침내 그들의 희망을 표현한다.

이런 맥락 안에서 이중자아, 역할바꾸기, 거울기법은 삼라만상의 사회, 역사, 지리, 우주적 차원들에 자발적이고 창조적으로 참여할 수 있는 예술가와 과학자처럼 전인으로 성장하도록 아동에게 도구를 제공하는 데 필요한 세 가지 초기 발달단계를 나타낸다.

3층 케이크

3층 케이크는 이중자아, 역할바꾸기, 거울기법의 세 가지 기법을 나타낸다(Kipper, 1986: 168). 이미 언급했듯이 심리극 이론은 다음과 같은 세 가지 기법을 조직화하였다. 이중자아는 엄마와의 융합단계를 나타내고, 역할바꾸기는 엄마로부터 분리하는 아동의 인식을 나타내고, 거울기법은 아동이 그들 자신의 반영된 모습을 바라보는 것을 나타낸다 (Moreno, 1977: 92; Kellermann, 1992: 148). 정통 심리극의 전통에서 모레노는 참만남의 핵심이 양자관계에 있다고 보았으며, 그래서 역할바꾸기를 기법의 주춧돌로 인식하였다.

필자가 심리극 실연에서 내담자가 이중자아, 역할바꾸기, 거울기법을 사용할 수 없는 것처럼 보일 때, 일어난 것을 어떻게 이해시킬 것인지 혼란스러웠다. 필자는 항상 심리극을 집단과정의 표현으로 이해했고, 집단심리치료이론에 의해 더 많은 정보를 습득해 왔다. 그러나 필자는 왜 내담자에게 이러한 심리극 기법을 사용할 수 없는지 의문이 들었다. 심리치료사로서 필자는 창조적인 것으로 기꺼이 받아들였던 것에 대해 배타적이기보다는 포괄적으로 될 필요가 있었다. 유아관찰연구를 하고 나서 필자는 혼란되고 파괴적인 것으로 보이는 행동을 이해할 수 있는 방법을 발견하게 되었다. 이 연구를 통하여 필자는 이중자아, 역할바꾸기, 거울기법의 사용에 대한 필자의 이해를 재정립할 자유를 갖게 되었다. 이 기법들은 정신분석이론에 묘사된 초기 유아기의 세 가지 주요한 과도기적 발달단계 나타낸다. 첫째, 이중자아는 엄마와의 융합관계이고, 엄마의 눈에 비친 자신을 보는 아동의 나르시스적 단계를 포함한다. 둘째, 역할바꾸기는 엄마로부터 아동의 분리 경험이다. 셋째, 거울기법은 삼각관계의 기간으로 종종 오이디푸스 단계 또는 가족 단계라 불린다.

유아의 신체적, 정신적 발달과정에서 이러한 단계는 혼합된 순서로 나타난다. 성인들을 대상으로 작업할 때 이러한 혼합된 순서가 동시에 우리에게 나타날 수 있고, 디렉터로서 우리는 그것을 한꺼번에 처리하기 어려울 수 있다. 이것이 필자가 케이크의 은유를 사용한 이유이다. 심리극 회기의 각 내용들 속에서, 우리는 이러한 성분들, 즉 현재, 과거 그리고 미래의 경험을 맛본다. 가끔 하나의 맛을 구별해 내는 것은 어렵다. 가질 수 있는 유일한 위안은 심리치료가 삶의 맛이 재혼합 될 수도, 다시 맛볼 수도 있는 맥락을 제공한다는 것이다. 삶이 그러한 기회를 제공하는 데 실패한 것으로 보이는 시점에서 어떠한 교정이 이루어질 수 있다. 즉, 내적 세계가 혼합된 케이크는 각기 다른 온도에서 요리되고 다시 구워질 수 있다. 그래서 자발성은 점차 회복된다.

모든 것에 버터

'모든 것에 버터(Butter with everything)'는 디렉터의 역전이를 말한다. 인간 경험의 무의식적 과정을 묘사하는 탐색에서, 역전이는 전이의 해설자, 텔레의 하인이라고 할 수 있다. 그러므로 텔레, 전이, 역전이 사이의 차이를 이해하고, 이를 작업 맥락에서 이해할 필요가 있다.

텔 레

그리스 어로 텔레(tele)는 '멀리 또는 떨어져서'(Chambers Dictionary, 1964)를 의미한다. 모레노는 사람들 사이의 자연스러운 끌림, 배척, 무관심을 묘사하는 데 그것을 사용하였다. 텔레는 참만남 개념의 핵심이다. 마치 그들이 하나의 보편적 영혼에 의해 함께 묶여 있는 것처럼, 이러한 사이는 '개인이 서로에 대해서 갖고 있는 어떤 민감성'으로 묘사될 수 있다(Moreno, 1993: 157). 텔레는 전이의 사회적 개념이다. 그리고 역전이는 '텔레의 정신병리적 가지'이다(Moreno, 1993: 161).

전 이

전이는 감정과 역할이 한 사람에 의해 다른 사람에게 무의식적으로 투사되는 현상을 말한다. 역할은 내담자나 집단의 내적 세계의 중요한 타인, 대상을 나타낸다. 전이는 스트레스를 받던 때의 모든 친밀한 관계를 둘러싼 불안의 표현이고, 위험에 빠질 수 있으며, 심지어 가까운 관계를 압도할 수도 있다. 이것이 모든 심리치료사들에게 치료와 슈퍼비전이 필요한 이유인데, 따라서 그들은 자발성과 창조성의 상태에서 공감적일 수 있다. 그리고 그들은 내담자의 전이로 인해 일어난 괴로운 감정을 그들 자신의 전이의 표현이 아닌 역전이의 표현이라는 것을 생각할 수 있다. 그들은 전이와 역전이로 자신들의 반응을 유지하는 것을 배운다.

역전이

집단에서 전이는 역전이를 일으키는데, 역전이는 디렉터가 집단에 들어갈 때 그를 갑자기 충족시켜 주는 느낌이다. 그러한 감정들은 디렉터가 집단에 들어오기 전에 느낀 어떤 감정과도 연결되지 않고, 어디에서도 나오지 않은 것처럼 보인다. 그것은 얼굴이나 위장을 강하게 한 차례 맞는 것처럼 느낄 수 있다. 그러한 텔레 경험은 집단의 전이와 디렉터의 역전이 반응에 의해 영향을 받게 된다. 그래서 이 경험은 집단에서의 개인이나 집단의 무의식적 과정을 디렉터에게 알리는 매우 중요한 도구이다. 역전이를 이해하는 것은 '치료사의 적절한 정서적 태도-내담자의 행동에 대한 의식적 반응-이다' (Kellermann, 1992, 99). 이것이 역전이가 '모든 것에 버터'로 불리는 이유이다. 역전이는 버터처럼 텔레와 전이의 고정되지 않는 요소들을 가지고 있다. 그것은 정신의 단편적 요소들을 묶어서 텔레와 자발성으로 다시 저장될 수 있게 한다. 몇몇의 심리치료사들은 디렉터의 전이를 역전이라고 부른다. 켈러만이 제안한 것처럼, 필자는 집단 밖에서의 디렉터 삶의 경험과 연관된 감정을 전이라 부르고, 집단에서의 디렉터 반응을 역전이라고 구분하는 것이 더 명확하다는 것을 알았다(Holmes, 1992: 100-101).

우리는 텔레와 역전이를 자연스럽게 사용하며, 비록 우리 대부분이 텔레와 역전이를 모르거나 그것을 의식적으로 사용하지 않으며 혹은 그것을 전문적인 도구로 발전시키지 못한다고 하더라도, 그것을 어린 시절부터 직관적으로 사용한다. 그러한 사람들을 보통 치유자 혹은 무당이라고 부른다.

이중자아, 역할바꾸기, 거울기법을 심리극 심리치료에 적용하기

이제 위 세 가지의 기법들과 이 기법들을 성공적으로 사용하는 방법에 대해 설명하고자 한다.

이중자아

이중자아는 '심리극의 핵심'이다(Blatner, 1973: 24). 이것은 의심할 여지없이 최대의 감수성, 공감력 그리고 역전이의 이해가 필요한 기법이다. 이중자아는 주인공이 과거에 적절하게 표현하지 못했던 느낌과 생각을 표현할 수 있도록 도와준다. 이중자아는 두 단계가 있다.

이중자아 사용법

첫 번째 단계: 유지하기

이중자아기법을 사용하기 위해서 당신이 이중자아를 하려는 그 사람(주인공)의 신체 자세를 취한다. 당신의 역전이로 인해 일어난 감정을 알아차림으로써 그 사람이 되는 경험을 하기 위해 당신은 자신을 포기한다. 당신은 이러한 감정들을 표현하는 것을 배운다. 당신은 주인공의 정신 신체적 경험을 지지하기 위해 신체적으로나 정서적으로 주인공을 비추어 주고, 그래서 그들은 완전히 그들의 경험에 들어갈 수 있고, 상호작용을 자극하게 된다. '거울의 촉진자는 엄마의 얼굴이다……. 그녀가 닮은 것은 그녀가 거기에서 보는 것과 관련된다'(Winnicott, 1971: 111-112). 이런 감수성이나 일치성(Brazelton & Cramer, 1991: 123)은 아이와 엄마 사이에서 일어나는 텔레의 상상적인 유연한 유대와 같다. 엄마는 아기로부터 '끌어당김'에 반응하고, 끌어당김이 되돌아가도록 처다봄으로써 반영한다. 아이는 그 에너지가 되돌아오지 않았을 때, 반응성을 낮추고 참만남으로부터 멀어진다. 엄마는 아기의 회복을 기다리

고 재결합할 수 있다. 이것이 자아 발달의 시작이다. 그래서 이중자아
와 디렉터로서 우리도 주인공을 따라간다.

두 번째 단계 : 확장하기

유아의 경험을 확장시키기 위한 엄마의 두 번째 과제는 아이의 정신
신체적 능력이 어떤 자극에 잘 견딜수 있는지 대단히 민감해야 하는
것이다. 이와 마찬가지로 이중자아와 주인공 사이에 공감이 매우 강할
경우, 이중자아 역시 제안이나 해석까지도 할 수 있다. 이것은 '질문하
기, 감정을 반박하기, 감정에 대해 방어하기'를 포함할 수 있다(Blatner,
1973: 29). 이것은 기본적인 놀이의 시작이다.

집단의 초기 단계에서의 관심은 집단성원들 간의 유사성을 발견하는
것이다. 행위 방법이 사용된다면, 이중자아 연습은 낯선 사람으로서 그
들이 서로를 얼마나 잘 이해할 수 있는지에 대해 집단을 놀라게 할 것
이다. 이러한 기법의 가장 빈번한 결과는 주인공이 지지를 받았다고 느
끼고, 이중자아는 자신들이 지지적이었다는 것을 느낀다. 분위기는 통
합되고, 편안하며, 기대가 가득 찬 분위기이다.

> 마가렛은 신경성거식증을 갖고 있는 청소년이다. 그녀는 자신의 내부에
> 벽으로 둘러싸인 공허함으로부터 차단되어 있는 삶과 집단을 경험하고,
> 첫 회기에 이중자아를 연습한 후 자신의 이야기를 들어주고 함께 해 줄 누
> 군가가 있었으면 좋겠다고 말한다. 이것은 작지만 의미 깊은 시작이다. 그
> 녀는 팔꿈치가 닿을 정도로 가까이 그리고 자기 옆자리에 앉아 같은 포즈
> 를 취할 정도로 가까이에 누군가가 다가오는 것을 허락하였다. 그녀는 자
> 신의 감정을 함께하고 그녀의 내적 세계를 반영할 누군가를 허용하였다.
> 그래서 그녀는 집단에서 자신의 현재 모습, 자아에 대해 더 나은 느낌을
> 갖는다.

어떤 디렉터들은 이중자아를 많이 사용하는데, 그들은 이중자아를 사
용하도록 집단을 격려한다. 다른 디렉터들은 주인공이나 행위하는 사

람에 대해 자신이 이중자아를 한다. 하지만 몇몇 디렉터는 전혀 이중자아를 사용하지 않는다. 이것은 의심할 여지없이 매우 강력한 기법이고 그래서 가장 조작이 가능한 기법이다.

주의할 점

이 방법은 매우 효과적으로 대처전략이나 방어기제를 약화시킬 수 있다. 때로 이것은 너무 빠르게 일어날 수 있고, 통합을 향상시키기보다는 내적인 정신의 파편을 유지시키거나 증가시킬 수 있다. 주인공은 집단경험에서 가장 취약한 위치에 있으므로 주인공에 대해 상당한 존중감을 가지고 이중자아기법을 사용하는 것이 중요하다.

역할바꾸기

역할바꾸기는 '심리극의 엔진'으로 알려져 있다(젤카 모레노의 후기 파트너인 머린 핏젤에 따르면). 이중자아는 역할바꾸기를 위한 첫 번째 단계이다. 역할바꾸기는 자아의 확립을 나타낸다. 충분한 자아발달이 없으면 역할바꾸기를 하는 것도 어렵다. 타인과 분리되는 느낌을 경험하기 위해서는 자신에 대한 충분한 감각을 가져야 한다. 역할바꾸기의 가치는 다른 사람의 역할을 경험하는 것이고, 다른 사람의 눈을 통해 자신을 경험하는 것이다. '그들은 다른 사람의 관점으로 자신을 본다.' (Kellermann, 1992: 90) 역할바꾸기는 부분적으로 모방을 통해 일어나고, 탐구에 의해 이루어진다. 이것은 엄마와 아기 사이에 초기의 상호작용 구조를 만드는 모든 게임과 놀이의 확장이다. 모레노는 역할바꾸기가 "두 사람 이상 사이의 집중적인 의사소통인데, 거기에서 아이는 사회적 관계를 가려낸다."라고 말한다(Moreno, 1969: 26). 대부분 아동기 시기의 놀이와 어른 활동은 여하간에 탐색되지 않은 혹은 해결되지 않은 관계에 대한 탐색이다. 모레노는 아이들이 노는 것을 지켜봄으로써 발견하였고, 비엔나에서 이들에게 말한 이야기를 재연하였다. 역할바꾸기는 통찰, 해결 그리고 희망을 가져오는 기법이며 심리극의 가장 중요한 방법으로 알려져 있다. 모레노는 어떤 두 사람 사이의 참만남의 상호작용에 대하여 열정을 가지고 글을 썼다. 그는 나중에 그것을 심리극적 장면이라 불렀다.

> 그래서 나는 당신의 눈을 가지고 당신을 바라볼 것이고,
> 당신은 나의 눈을 가지고 나를 바라볼 것이다.　　(Moreno, 1977: 서문)

역할바꾸기의 방법

역할바꾸기의 기술을 배우기 위해, 주인공은 이제 다른 사람의 역할이 되어야 한다. 디렉터는 주인공을 상대역할이 되도록 하여 인터뷰함으로써 그에게 그 역할에 들어가도록 도움을 준다. 디렉터는 '당신의 이름이 무엇이죠? 그때 몇 살이었죠? 당신을 표현한다면 어떤 단어로 말할 수 있나요? 주인공과의 관계를 어떻게 묘사할 수 있나요? 이것에 대해 어떻게 느끼시죠? 당신이 주인공에게 주고자 하는 메시지는 무엇인가요?' 등을 물을 것이다. 이를 통해서 보통 충분한 준비가 된다. 주인공은 이 '보조자' 역할을 할 집단성원을 선택하고, 선택하고 나면 극이 펼쳐진다.

> 앤드류는 그의 여자 친구에게 이야기하기를 원한다. 그는 역할을 바꾸어 그가 그녀가 되었다고 상상한다. 그는 그녀의 관점에서도 자신의 지각으로 이야기할 거라고 생각했다. 그러나 놀랍게도 그 역할에서 다른 감정이 생겨나는 것을 발견한다. 그는 그 관계에 대해 그녀에게 이야기하는 것을 걱정한다. 역할바꾸기에서 그는 그녀가 매우 분명한 방향을 가지고 있다는 것을 알았다. 그는 그녀와 결별하는 자신의 두려움을 투사하고 있었던 것이다.

두 가지 역할바꾸기

역할바꾸기에는 두 종류가 있다. '상호적 역할바꾸기'는 자신과 다른 사람 사이에서 이루어지고, '표상적 역할바꾸기'(Holmes et al., 1994:

274)는 자신과 자기 내부의 역할이나 대상 사이에서 이루어진다. 이것
은 상징과 은유에 의해 자주 촉진된다.

> 티샤는 두 가지 감정 사이에서 괴로워하였고, 그것들은 표현하도록 요구
> 되었다. 한 가지는 블랙홀에 빠지는 것이고, 다른 한 가지는 아버지가 돌
> 아가시기 전 잊어버린 어린 시절이다. 대화를 시작한다. 블랙홀은 시선 접
> 촉이 이루어지고서 어린 시절을 들을 수 있었다. 이러한 시작을 통하여 아
> 버지, 어머니에 대한 애착 상실에 대해 알 수 없는 슬픔의 고통이 초점이
> 되기 시작한다.

역할바꾸기의 목적
정보를 얻기 위하여

역할바꾸기는 중요한 타인에 대해 집단 정보를 제공한다. 디렉터는
또한 주인공에 대해 더 많이 알기 위해 이러한 역할 속에서 주인공을
인터뷰할 수 있다. '많은 주인공들은…… 보조자의 역할로부터 자신에
대해 더 많이 내보인다…….' 주인공이 자신의 역할에서 벗어나는 것
은 종종 자신의 방어적 입장을 감소시킨다(Kipper, 1986: 163). 처음 인
터뷰를 한 후, 역할바꾸기는 주인공이 보조자의 질문을 받고 그 질문
에 대한 답을 찾고 응답하기 위해서 역할바꾸기를 할 때 일어난다. 이
렇게 하는 이유는 주인공만이 답을 알고 있기 때문이다. 이러한 답은
사실일 수도, 신념일 수도, 상상일 수도 있다. 심리극 작업은 내적 세
계를 드러내는 것이기 때문에 실제가 만족스럽지 않다면 신념, 상상,
환상이 내적 세계를 생생하게 해 줄 수 있다. 이러한 정확성 없이 해
결이나 교정은 불가능하다. 이러한 과정의 정확성은 역할바꾸기에 중
요한 요소이다.

다른 사람의 역할을 이해하기 위하여

주인공의 현실에 대한 지각이 그가 말한 것과 같은지 발견하기 위해
서 디렉터는 주인공을 역할을 바꾸도록 하여 면접할 수 있다. 초기 지

각은 주인공이 다른 사람에 대해 더 깊게 이해함으로써 종종 바뀐다. 필자가 앞에서 제안한 것처럼, 면접은 상황의 역동과 의미를 포착하기 위해 매우 정교해질 수 있다. 그것은 또한 깊은 수준에서 매우 중요하다. 사람들은 종종 그들이 세상을 어떻게 보는지에 대한 불확실성이 있을 때 성장하고, 이러한 것은 그들의 지각이 전적으로 틀린 것이 아니라면 부정확하다는 것을 들은 경험이나 이해로부터 나올 수 있다. 그런 까닭에 그들은 그들의 당연한 지식, 텔레, 역전이를 신뢰하지 않게 된다.

자발성을 증진시키기 위하여

역할바꾸기는 감정에 사로잡혀 있고, 장면이 더 이상의 진전이 없이 정지되어 있을 때 이루어진다. '상호작용이 훨씬 더 집중적으로 이루어져야 할 필요가 있을 때, 또는 주요한 문제가 대개 탐색되지 않은 채로 막다른 종국에 봉착되어 있을 때'(Kipper, 1986: 163) 행해진다.

> 소피는 자신이 생각하기에 비보호적인 아버지와 이야기하고 있다. 그 역할을 맡은 보조자는 보호적인 아버지를 표현하고 있다. 보조자가 비보호적인 아버지에 대한 소피의 내적 경험을 반영하지 못하므로 그녀의 감정을 표현하고 그 다음에 할 수 있는 준비의 기회가 받아들여지지 않기 때문에 그녀는 심리극을 진행할 수 없다. 소피는 자신의 아버지에 대한 경험을 실증하기 위해 역할바꾸기를 한다. 그래서 그 보조자는 더 정확하게 아버지의 역할을 할 수 있고 소피는 자신의 감정을 표현할 수 있다.

이 과정은 자신의 지각을 평가하는 데 친숙하지 않은 사람들에게 매우 중요하다.

새로운 역할을 개발하기 위하여

역할바꾸기는 이미 자신들의 감정을 직면한 집단에 감정을 투사한 주인공을 자극할 수 있다. 그 결과 집단을 통해 에너지가 폭발될 수 있다. 간절히 원했지만 금지되었던 장면이 주인공의 억제에도 불구하고 이루어질 수 있다.

제인은 그녀의 아버지에게 맞서기를 원했지만 금세 두려움에 떠는 아이가 되어 버린다. 그녀는 자신의 학대받은 내적인 아기의 옹호자가 되기로 역할바꾸기하지만, 확신을 갖지 않은 인물을 묘사하는 것 같았다. 집단의 2/3가 옹호자로서 이중자아가 되었다. 이것은 다중자아라 부른다. 제인은 스스로 서기를 원했지만 그녀가 여전히 모델로서 필요로 했던 옹호자가 되도록 집단을 원했다. 그것은 이러한 상대적으로 새로운 집단의 필요성을 반영한다. 집단 전체는 자신의 어린 시절의 학대 경험과 정의를 향한 그들의 탐색을 나누었다. 아이를 보호할 수 있는 내재화되고 적극적인 성인은 그 집단 전체의 새로운 역할이다.

중요한 타인에 대한 감정의 투사를 명료화하기 위하여

역할바꾸기에서 주인공은 '다른 사람'의 역할에서 자신의 감정을 발견해 낼 수 있다. 자신의 역할로 돌아왔을 때 새로운 태도가 만들어진다.

존은 아내에게 화를 냈고, 그녀도 화가 났다고 믿는다. 역할바꾸기에서 그의 부인으로서 그는 눈물을 펑펑 쏟아 내며 그녀의 연약한 감정과 버려짐에 대한 두려움을 스스로 느끼고 있다. 그의 역할로 돌아와서 존은 상처받기 쉬움과 버려짐의 두려움을 소유하고 있기를 꺼려한다는 것에 직면하였다. 그는 어떻게 자신이 부인에게 분노를 투사하였는지를 이해한다.

분리를 직면하기 위하여

역할바꾸기는 주인공의 지각과 다른 사람의 역할에서 경험 간의 차이를 분명하게 보여 준다. 다른 사람의 역할에서, 존은 통찰을 보여 주었지만, 자신의 역할로 돌아와서 그의 태도는 의미 있는 변화가 일어나지 않았다. 이러한 감정을 인식하지 못하는 것은 종종 아동기와 관련된다. 내적 세계의 분리가 구체화되면서, 수정을 향한 첫 번째 단계가 이루어지고 초기의 신념과 분리가 다시 고려될 수 있다.

　이러한 기법으로부터 도움 받기 위해서 그 사람은 '균형 잡힌 성격, 어느 정도의 자아 강도, 보통수준의 인식 능력'을 필요로 한다(Kellermann, 1992: 267). 이것은 역할바꾸기가 아동발달의 두 번째 단계, 즉 엄마는 내가 아니다라는 분리의 인식을 반영하는 이론과 일치한다.

　역할바꾸기는 대인관계 학습의 핵심적인 부분이다. 성인은 그들을 둘러싸고 있는 대상세계를 이해하기 위한 시도의 일부로 그것을 사용한다. 아이들은 매우 어린 나이 때부터 놀이에서 역할바꾸기를 한다. 최상의 역할바꾸기는 통찰과 희망을 줄 수 있다. 그것은 지금-여기에서 이루어지며 다양성, 놀이 정신, 창조성과 자발성을 제공한다.

주의할 점

역할바꾸기를 하지 말아야 할 상황은 다음과 같다.

① 행위가 부드럽게 진행될 때
② 주인공에게 폭력이나 광기의 두려움을 주는 외적 또는 내적 인물 (거짓말쟁이, 가학적인 사람, 강간자, 적대자)을 직면하는 데 있어서 너무 위협이 되거나 협박이 될 때(Kipper, 1986: 164)
③ 공포로 반응할 수 있거나 실제로 역할을 취할 수 있는 정신과 환자와 함께 할 때(Starr, 1977: 44)
④ 너무 많은 역할바꾸기로 인해 신체적으로나 정신적으로 소진될 수 있다는 생각이 들 때.

거울기법

　거울기법은 두 가지 기능을 가지고 있다. 첫 번째 기능은 가장 친숙하고, 본질적으로 양자관계이며, 실존적이다. 두 번째 기능은 본질적으로 삼자관계이고, 체계적이다.

실존적 기능

거울기법의 실존적 기능은 다른 사람이 극에서 주인공의 행동을 보여 줌으로써 주인공이 자신의 행동을 볼 수 있게 해 준다. '그가 주관적으로 보는 것에 대해 객관적으로 생각하도록 격려한다.' (Kipper, 1986: 172) 그는 신체적으로 지금-여기에 있지만 심리적으로는 그렇지 않다. '실제 목적은 환자에게 행위하도록 자극하고 충격을 주기 위해 자신을 '마치 거울에서 보는 것처럼' 그 자신을 보게 하는 것이다.' (Moreno, 1993: 280) 키퍼(1986: 173-175)는 거기에는 저항을 이끌어 낼 수 있는 '네 개의 요소, 즉 치료 중에 있는 문제의 내용, 치료사, 치료 양식, 치료적 과정'이 있다고 하였다.

스타(Starr, 1977)는 거울기법을 다음과 같이 묘사하였다.

> 그가 거울에서 그의 이미지를 보고 그 이미지가 자기 자신이라는 것을 발견하는 순간에 그는 그것을 만질 수 있고, 키스할 수도 있고 혹은 때릴 수도 있다. 나르시스 신화에서 생명력을 얻은 이러한 행위는, 거울의 이미지를 바라보는 것은 타인이 본 것과 같이 자기를 반영하는 행위기법으로 변화된다.
>
> (Starr, 1977: 178).

이것이 심리극에서의 실존적 입장이다.

거울기법의 사용방법

이 기법은 다음과 같은 방식으로 진행된다. 주인공은 곤경에 빠지게 되고 그는 그 상황 밖으로 나와서 자신의 행동을 보여 줄 누군가를 선택한다. 이 방법은 '비언어적 의사소통' (Kellermann, 1992: 749)으로 이루어져 있기 때문에 주인공을 가로막는 외현적인 저항을 이해하게 된다. 최선의 상태로 주인공은 자신의 행동을 관찰하고 다른 반응을 시도하기 위해 그 장면으로 되돌아간다.

어려운 점은 내담자가 종종 자신을 학대하는 것이다. 자신의 죄책감과 수치심에 직면해서 그들은 너무 걱정을 하게 되고 자신의 행동을 보거나 생각하지 못할 수도 있다. 초자아의 개선은 심리치료 과정의 핵심이다. 이것은 길고 어려운 작업이다. 호위와 공감을 경험하지 않는다면 수치심과 죄책감의 악화로 역효과를 가져올 수 있다. 또한 내적으로 더 분리되고 불안이 증가될 수 있다.

> 쉴라는 가족에게 자신이 얼마나 쉽게 상처를 받는지 그리고 얼마나 그들의 지지가 필요한지 말하고 싶어한다. 그녀는 그들을 계속해서 돌보고 있다. 그녀는 자신의 행동을 보기 위해서 거울의 위치로 간다. 그 상황을 반영한 후, 그녀는 다른 반응을 시도하기 위해 그 장면에 다시 들어간다. 그 장면에서 그녀는 다른 인물들을 돌보면서 다시 둘러싸이게 된다. 그래서 그녀는 자신의 입장을 주장할 수 없게 된다. 그녀의 고립, 수치심, 죄책감이 고조된다. 그녀는 집단의 지지를 전혀 들을 수 없다. 그녀의 불안은 그러한 것이다.

거울기법으로 주인공은 자신의 행동을 볼 수 있고, 주인공의 행동이 그들의 자발성에 대한 생각에 얼마나 못 미치는지 주인공은 보조자에게 조언할 수 있다. 이것은 그들을 웜업시킬 수 있거나 아드레날린의 수준을 증가시킬 수 있어서 새로운 역할을 시도하게 한다.

> 스티븐은 그가 모욕감과 혐오감을 느끼는 상사와 만나고 있다. 그는 마음속 이야기를 하기로 결정한다. 그와의 만남이 시작되고 그의 에너지가 감소되자, 그는 아이처럼 동의를 구한다. 그에게 거울의 위치에 서서 관찰하도록 한다. 그는 그의 행동이 얼마나 많이 변화되었는지 알아차린다. 이것이 삶의 어느 순간을 기억나게 하는지 찾도록 요구받는다. 그는 자신을 때린 엄마와 만나는 장면으로 간다. 그는 다시 거울 위치의 관찰자로 돌아가 위협받고 있으며, 적대적이고 수동적인 자신을 바라본다. 반영한 후 그는 좀 더 적절하게 자신의 어머니와 직면하기 위해 자리로 돌아온다. 이때 그는 직장상사에 대한 그의 반응에서 좀 더 자발성을 발견한다. 스티븐은 개선된 텔레를 향한 전이를 훈습한다.

거울기법은 주인공이 어린아이와 같은 자신의 행동을 볼 수 있게 한다. 거울기법은 자기 내면의 아이가 지지받지 못했고 성인으로서 자기의 적절한 어른 역할을 발전시키지 못했다는 것을 알 수 있게 한다. 이때 어른으로서 주인공은 보호자가 될 수 있다.

수잔은 아이로서 그녀에 대한 아버지의 잔인성에 대해 죽은 아버지에게 이야기하고 싶어한다. 그러나 그녀는 곧 말을 하지 못하게 된다. 거울의 위치에서 그녀는 어린 자신을 방어해 줄 사람이 아무도 없다는 것을 알아차리고 아이의 옹호자로서 그 장면으로 돌아간다.

주의할 점

거울기법은 '비디오테이프 거꾸로 감기의 인간 버전이다. 이것은 강력한 직면적 기법이 될 수 있고, 신중하게 사용되어야 한다. 주인공이 조롱의 대상이 되어서는 안 된다.'(Blatner & Blatner, 1988: 169)

체계적인 기능

거울기법의 사용은 필자의 작업에서 체계적인 기능으로 발전되었다. 그것은 주인공이 자신의 저항에 직면할 수 있게 됨으로써 손상을 덜 주는 접근법을 찾으려는 시도이기 때문이다. 이러한 삼각개념의 중요성은 삼각관계의 맥락에서 양자적인 직면을 만드는 것이다. 한 부모는 전적으로 배제하면서 다른 부모에 대해서는 그들의 감정에 사로잡힌 집단성원을 찾는 것은 흔히 있는 일이다. 작업의 정서적 체온은 상당히 변화된다. 양자적 작업은 정서적 상태, 즉 모욕, 실망, 분노, 걱정스러움을 자주 표현할 수 있다. 그것은 삶과 죽음의 분위기에서 종종 정서적 정화를 가져올 수 있다. 삼자적 작업은 정서적으로 더 확대될 수 있다. 그래서 양자적, 삼자적 관계 모두를 껴안을 수 있는 더 깊은 감정으로 주인공을 자유롭게 올려놓을 수 있다. 그것은 보통 정신적 정화를 가져오며 이러한 의미에서 덜 극적이고 더 반영적이다. 상황의 역동에 대해 정서적 의기양양이나 실망은 덜하고 재평가는 더 많아진다. 그것은 상황의 정서적 내용에 대한 이해 차이를 가져올 수 있다. 체계적인 과정으로서 거울기법을 사용하는 것은 아주 강한 자아강도를 요구한다. 주인공은 강력하고 때로는 억압된 감정에서 다른 역할들과 역할바꾸기하여, 관찰자와 생각하는 사람의 역할이 되며, 다시 그 반대로 된다.

거울기법의 사용방법

이 기법으로 주인공은 자신의 행동과 다른 역할의 행동을 바라볼 수 있다. 그들은 자신들과 각각의 부모와의 사이에서 일어나는 것 뿐 아니라 부모들 간의 중요한 문제가 무엇인지 생각해 볼 수 있다. 거울기법은 양자관계에서 주인공과 다른 사람의 역할에 의해 누가 또는 무엇이 싸우고 있는지, 그들이 살아있는지, 출타중인지, 죽었는지를 보게 한다. 제 삼의 인물을 이해함으로써 양자적 관계는 재고되고 설명 된다. 종종 주인공은 지금까지 상상해 왔던 것보다 훨씬 더 강력한 존재로 가족내에서 그들의 역할에 직면하게 된다. 그렇다 하더라도, 거울기법은 외적인 가족 경험을 명료화시킬 수 있고 내담자에게 그들의 내적 세계에서 반복적으로 일어나고 있는 것에 대해 생각하도록 도전할 수 있다. 이러한 과정을 통해 우리는 굴욕보다는 힘과 겸손의 위치에서 내담자의 저항에 도달할 수 있다. 이러한 체계적인 접근은 텔레관계를 볼 수 있다. 우리는 이러한 것을 가족 사회측정학이라고 부른다. 모레노는 이것을 사회원자라 불렀다. 다른 가족 성원도 포함시킬 수 있지만 여기에서는 삼자관계로 제한할 것이다.

한나는 엄마로부터 원하는 것을 결코 얻을 수 없다. 그녀의 오빠는 그녀가 아빠를 좋아하는 것만큼 그녀를 좋아한다. 엄마에 대한 미움의 전쟁은 확고해 보이며 그녀를 절망적으로 만든다. 첫 번째 거울기법에서 그녀는 왜 엄마가 이런 식인지 의문을 갖고 생각한다. 그녀는 엄마와 역할을 바꾸어 인터뷰한다. 아빠가 등장한다. 결혼생활에 갈등이 등장한다. 한나는 아이로서, 부모들의 요구 사이에서 어찌할 바를 모르는 자기 자신을 보게 된다. 그녀는 어른의 역할로부터 제3의 눈을 가지고 부모들 간의 상호작용을 본다. 이때 한나는 자신을 분리시키기 시작하고, 자신의 욕구와 파괴적인 행동에 대하여 생각한다.

좀 더 체계적인 접근에서, 우리는 주인공과 그의 중요한 타인이 누구와 무엇과 싸우고 있는지를 생각한다. 이러한 빠트려진 요소는 종교와 같은 이념이나 신념으로 표현될 수 있지만, 뒤에 숨겨져 있는 것은 대개 결손된 부모이거나 상실된 중요한 타인일 것이다. 종종 우리는 회복이 불가능해 보이는 두 인물들 사이에 분명한 난관이 있음을 문득 떠올리게 된다. 어색한 침묵속에서 멍한 느낌이 들고 역할생략의 공모가 양자관계와 집단에서 밝혀진다. 그런 까닭에 필자는 양자관계 작업을 위한 공간을 설정할 때 항상 마음속으로 제삼의 공간을 정해 놓는다. 다음과 같이 말이다.

주인공으로서 보조자   다른 사람으로서 보조자

빠진 사람

이러한 제삼의 인물은 거의 분명하게 주인공이 보조자를 바라보는 그의 태도에서 이미 소개되었을 것이다. 삼각관계를 이해하면 양자적이거나 융합단계는 덜 혼란스럽게 접근될 수 있다. 우리는 동시에 외적 현실들과 내적 인물들의 관계들을 다루고 있다. '어떤 부모는 자기의 부모 역할행동에 관한 통찰을 얻는 방식으로 자신의 어린 시절의 장면을 바라볼 수 있다.'(Blatner & Blatner, 1988: 169) 이 작업의 목표는 불안을 감소시키고, 외부와 내부 세계에 대한 통찰을 얻고, 그래서 역할 선택과 자발성을 확장하는 것이다.

주의할 점

이 기법의 목표는 비난을 피하려는 것이 아니라 내면의 극에 대해 책임을 갖는 것이다.

초기 유아발달연구와 관련 있는
이중자아, 역할바꾸기, 거울기법의 간단한 설명

이제 필자는 유아발달의 정신분석적 관점으로부터 돌아와 이중자아, 역할바꾸기, 거울기법에 대해 논의하고자 한다. 유아발달이론의 모든 단계는 건강하고 필요하다. 성인으로서 이러한 세 가지 발달상의 변화(transition)에서 내적 통합을 이루지 못하는 것은 정신의 황폐화를 초래하고 파괴적 행동과 신념을 가져올 수 있다. 우리들 대부분은 이러한 변화를 완벽하게 이행하는데 실패하였다. 우리는 작업에서 이러한 불완전한 변화와 그것들이 무의식적으로 의사소통되는 방식을 볼 수 있다. 우리는 이러한 무의식의 의사소통으로 부터 나온 행동이 방어기제, 생존 전략, 해결되지 않은 내적 불안의 표현일 수 있다는 것을 안다. 우리가 주인공의 내적 세계를 아는 것은 이러한 의사소통의 이해를 통해서이다.

이중자아

첫 번째 단계

이중자아는 아기가 태어난 처음 몇 주 후부터, 즉 아기가 어머니에게서 본능적으로 해방되고 싶은 생각을 갖는 순간부터 어머니와 아이 간의 연합이 나타난다. 그것은 하나의 단계다. 유아의 이 단계는 어머니한테서 강한 민감성을 요구한다. 요구되는 노력이 너무 껴안고 강박적이어서, 만일 그것이 임신과 유아의 초기 몇 달과 연결되지 않는다면 어머니는 심리적으로 혼란스러워 질 수 있다. 이러한 노력은 헌신적이거나 몽상적인데, 대부분의 어머니들은 본능적으로 이것을 경험한다.

헌신은 하나의 덮개처럼 아동의 육체적, 정신적 세계를 모두 껴안는다. 어머니에게서 헌신은 임신 동안에 점차적으로 발달하고 출산 후 몇 주 동안 지속된다. 자아확립이 아기가 어머니의 헌신을 통해 '존재의 영속성'(Winnicott, 1958: 302-304)을 충분히 발달시킨다는 것을 의미할 때, 고조화된 민감성의 이런 조직화된 상태는 유아가 어머니를 포기함에 따라 어머니에게서 사라진다. 어머니와 아이는 상대가 없이는 존재할 수 없다. 또한 이러한 헌신은 디렉터의 역할이기도 하며, 주인공의 반영으로서 이중자아의 역할을 이해하는 데 중요한 열쇠이기도 하다. 모레노는 이 첫 번째 발달단계를 '정체성의 모체……하나의 온전한 존재'라고 하였다(Moreno, 1977: 111). 이러한 정체성의 모체는 '공동 행위와 공동-존재'(Moreno, 1977: 59-61)로 이루어지고, 또는 공동으로 작동되는 행동을 포함하는 양방적 관계이다. 살아있는 관계는 아기에게 '전지전능한 경험의 기본적인 식량'(Winnicott, 1986: 23)을 필요로 한다. 이러한 참만남은 유아에게 첫 번째 정서적 학습과정의 토대가 된다.

에드워드가 주인공으로 선발된다. 그는 기꺼이 하고 싶어하면서도 주어진 도움이 가치없는 듯 질질끈다. 디렉터는 진행할 수 없다고 느끼며 에드워드가 숨을 멈추고 놀라는 것을 감지한다. 디렉터는 만약 그가 행위에 들어갔다면, 자신의 어떤 부분을 다루었을지 묻는다. 그는 가능한 한 서로 멀리 떨어져 있는 곳에 자신의 상이한 부분들을 나타내기 위해 집단을 사용한다. 그는 그들이 합칠 수 있는 방법이 없다고 느낀다. 그는 이런 쓸쓸한 풍경 속에 서 있다. 그에게 놀라고 있는지 묻는다. 그는 '끔찍하다'고 답한다. 그의 대답은 분명하다. 그는 멈춘다. 그는 집단이 자신의 공포를 인식하고 그가 과도하게 자극되지 않아 안심이 된다. 그는 더이상 과장하지 않는다. 이 단계에서 교정은 시기상조이다. 그는 이 집단이 자신의 공포를 '감싸주고' 참아 줄 수 있다는 것을 경험할 필요가 있다. 디렉터의 역전이는 그 지점에 고정된 느낌을 갖는 것이며 해체에 대한 주인공의 초기와 최근의 두려움을 이중자아로 표현한다. 이것은 그의 행동에 대해 의미를 부여하도록 도와주며 외관상으로 기능하는 데 실패한 다른 사람처럼 그를 바라보는 것에 의미를 부여하도록 도움을 준다. 그는 자신이 감추려고 하는 불안을 드러냈다는 것과 그것 때문에 처벌받지 않는다는 것에 대해 놀란다.

출생을 경험한 후 유아는 외부 세계에 반응하는 신체적인 내적 구조를 거의 갖고 있지 않다(Brazelton & Cramer, 1991: 113). 유아는 협응력의 결여와 전멸의 위협에서 살아남아야 한다.

초기의 자아의 구조화는 전멸로 이끌지 않지만 반복적으로 회복이 되는 전멸을 위협하는 경험으로 부터 나온다. 이러한 경험을 통해서 회복에 대한 확신이 자아를 이끄는 어떤 것을 만들기 시작한다.   (Winnicott, 1958: 304).

역설적으로 분리의 이 지점에서 자아가 형성되기 시작하며, 따라서 아기는 어머니에게 예속되는 대신에 어머니와 긴밀한 관계를 가질 수 있다. '이러한 안아주기의 환경적 조건'(Winnicott, 1960: 45)이 어린 시절에 실패함에 따라 아기로서 에드워드는 어머니를 돌보기 위하여 '거짓자아'(Winnicott, 1965: 47)를 채택해 왔으며, 이런 방식으로 자신의 전능감을 통해 자신의 정신적 현실을 발견하는 데 실패하였다. '거짓자아'의 발달이 저지되지 않는다면 자아가 충분히 형성되지 않기 때문에 이러한 발달 단계의 두 번째 부분을 극복하기는 매우 어렵게 된다.

두 번째 단계

아기의 반응 능력을 확장하거나 확대하기 위해 어머니는 본능적으로 새로운 행동을 시작하고 아기의 반응을 살피며, 아기가 과도하게 자극받을 때 그것을 조정해 준다. 마치 이중자아가 주인공을 확대시켜 주듯이 어머니의 솔선성은 아기의 자아를 강하게 한다. 자아가 형성됨에 따라 아기의 상호작용 범위는 확장된다. 분리와 유대는 더욱 확고해진다. 이 시기 동안에 대부분의 아기들은 사랑, 미움, 질투의 분리된 감정을 경험하고 혼란스러운 감정에 대해 분리, 투사, 내사의 심리적 방어기제로 반응한다. 멜라니 클라인은 이를 저항할 수 없는 '편집적 분열상태' (Klein, 1955: 268)라고 하였다. 안아주기 환경은 감정들이 받아들여질 수 있도록 하기 위해서 필요한데, 그렇지 않으면 분리, 투사, 내사의 심리적 방어기제는 조정되지 않은 채 남아 있을 수 있다. 사랑과 미움은 모든 사람의 두 부분으로 조정되기보다는 더 조각조각 분리된다.

> 젊은 여성인 제인은 자진해서 주인공이 되었지만 웃으며 멍하니 서 있을 뿐이다. 디렉터는 지치고 화가 난다. 심리극은 그녀가 출생했을 때 어머니가 하마터면 죽을 뻔한 감추어진 불안을 드러낸다. 제인은 자신의 삶에 대한 자발성이 어머니에게 죽음의 원인이 될 것이라는 것을 두려워하고 있다. 그녀는 집단이 그녀의 불안과 분노를 수용하지 못할 것이라는 것을 마찬가지로 불안해하고 있다. 그녀는 어머니의 내부로 되돌아가고자 하는 바람과 그녀를 압도하는 두려움 사이에 갇혀 있다. 만약에 그녀가 어머니를 공격한다면 그녀는 죽을 것이고 그들은 둘 다 파멸될 것이라는 두려움을 갖고 있다. 그녀는 점점 이중자아에 의존하거나 전혀 이중자아를 사용하지 않는다. 제인의 자아 강도는 그녀가 자신의 사랑, 미움, 질투심 등을 껴안을 정도로 충분히 성장하지 못했다. 그녀는 어머니에 대한 분리와 밀착으로 자신을 경험할 수 없다. 디렉터의 역전이는 그것이 삶과 죽음이라고 느끼는 것이다. 이것은 유아의 아주 초기 언어 이전의 발달과 같은 의사소통을 밝히는 데 도움이 된다.

이중자아는 성공적으로 넘기지 못했던 언어 이전 유아의 가장 초기의 측면들, 즉 수용받고 싶은 욕구, 해체의 두려움에서 살아남고 싶은 욕구, 자아의 강도, 분리 및 유대(Winnicott, 1965: 37-55)를 얻고자 하는 것들을 밝힐 수 있다. 이중자아가 항상 편안한 것은 아니다. 그와 다르게, 양쪽 역할에서 많은 불안을 일으킬 수 있다. 주인공은 이중자아가 어떤 점에서 침입적이고, 부적절하며, 자극적일 수 있다는 것을 알 수 있다. 그들은 압도되었다고 느낄 수 있고, 또는 심지어 그들의 경험을 분명히 말하기 위해 이중자아를 의지하다가 나중에는 그것을 부정할 수 있다. 한편 이중자아로서 보조자는 침입적이고 침해적이며 할 일이 없거나 주인공과 보조가 맞지 않을 수 있으며 그리고 세계에 대한 그들의 내적 경험에 주인공을 받아들이지 않을 수 있다.

메리는 너무 오랫동안 어린 가장이었기에 때문에 그녀는 이중자아가 될 수 없었지만 스스로 다른 사람들의 이중자아를 기꺼이 그리고 효과적으로 하고 있다. 그녀에게는 어린아이와 엄마 사이의 일체감이나 편안함이 없다. 메리에게는 그녀의 욕구가 수용될 수 있도록 위장한 기저에 있는 불안과 방어기제가 드러난다.

역할바꾸기

역할바꾸기는 유아의 마음에서 어머니와 아기 두 대상이 분리되는 두 번째 단계를 나타낸다(Holmes, 1992: 60). 그것은 하나의 단계에서 점진적으로 나타난다. 유아에게 일어나는 감정은 압도적일 수 있으며 분리, 투사, 내사의 자연스런 자아방어기제를 받아들이기 위하여 수용환경이 필요할 수 있다.

웬디의 어머니는 그녀의 출생 이후 산후우울증으로 고생하고 있다. 아이를 해칠지도 모른다는 어머니의 공포는 세상으로 투사되었고, 그래서 그녀는 보호자 노릇을 해야 했다. 신경성식욕부진 청소년으로서, 웬디는 내부의 나쁜 대상을 발견하는 고통스러운 여행에 직면해 있다. 역할바꾸기를 통해, 그녀는 어머니가 좋은 사람이라는 것을 발견할 수 있다. 이것은 또한 그녀가 어머니에게서 해결되지 않은 자신의 학대를 직면하도록 하게 한다. 웬디는 자신의 독립적인 부분과 의존적인 부분의 역할을 바꾸도록 하고 결국 그녀가 생각할 수 있는 이러한 극단 사이에서 새로운 역할을 창조한다. 이러한 두 극단 사이의 게임은 그녀 자신과 어머니 사이의 상호작용을 반영하고, 분리와 유대를 위한 그녀 자신의 내적 투쟁을 반영한다.

역할바꾸기는 어머니와 아이 사이의 작은 상호작용에서 이미 시작된 게임의 출현을 나타낸다. 이러한 게임은 점진적으로 발전한다. 그들은 부모-유아 관계에서의 조화와 갈등의 주요 노선들을 최대한 표현한다

(Fraiberg, 1974). 그들은 허용될 수 있는 것에 대한 시각을 잃지 않고 공격을 위한 배출구를 제공한다. 유아는 자신이 상호작용을 시작할 수 있고 심리적 경계들을 통제할 수 있다는 것을 발견한다. 이러한 게임은 남용되지 않고 '확장' 될 수 있지만, 허용될 수 있는 선은 중요하고 좋은 것이다. 이러한 영역에서 유아 마음의 정신적, 정서적, 신체적 경계들이 뚫릴 수 있다.

역할바꾸기로 좌절에 대처할 수 있는 자아의 역량(Winnicott, 1958: 304)은 편집적/분열 상태에서 '우울 상태'(Klein, 1955: 268)로 발달할 수 있으며, 혹은 조그만 아기가 어머니를 분리된 대상으로 허용할 수 있을 때 분리로 발달할 수 있다. 역할바꾸기는 충분한 자아강도 없이는 불가능하다. '나와 당신의 참만남' 을 형성하기 위해서는 '나'에 대한 충분한 감각이 필요하다. 이것은 맞지 않는 것으로 보일 수도 있지만 우리가 역할바꾸기를 할 수 없는 내담자를 만나는 것이 드문 일은 아니다. 심리극에서 정상적인 실제는 주인공에게 먼저 중요한 타인을 표현하도록 요청하는 것이다. 주인공은 매우 불안해질 수 있다. 이 때 우리는 그들을 표현할 공간을 찾을 수 있도록 하고, 그들을 표현할 보조자를 선택하도록 요청할 수 있다. 그 방에서 그들의 존재가 확립됨으로써 그들은 대개 '타인'과 역할바꾸기를 진행할 수 있다. 내담자가 어머니와 어떻게 곤란해지는지 그리고 분리 개념화에 대한 설명이 여기에 제시되어 있다.

에스더의 심리극은 어머니와의 관계에 대한 것이다. 하지만 그녀는 어머니와의 역할바꾸기를 거절하고 있다. 그녀는 난감해하고, 골이 나고, 혼란스러워 한다. 그녀는 디렉터에게 자신이 기대했던 것과 너무 다르게 느껴진다고 이야기 한다. 어머니에게 그렇게 참을 수 없는 것이 무엇인지 질문을 받는다. 그녀는 자신에게 너무 많은 요구를 하고 너무 높은 기대를 하는 어머니에 대해 이야기한다. 이때 에스더는 세상에 대한 자신의 경험에 몰두해 보이는 어머니와 역할바꾸기를 할 수 있게 된다. 이 경험으로 에스더는 자신이 느끼기에 얼마나 버림받고 학대받았는지 접촉할 수 있다. 역할바꾸기는 그녀가 느끼는 것과 어머니가 느끼는 것의 차이에 대해 통찰하도록 돕는다. 이것은 그녀가 자신의 내적 세계의 고통에 직면할 수 있게 한다. 이는 그녀가 어머니와 얼마나 곤란스러운 관계인지, 그리고 그녀가 불안, 공포, 분노 사이에서 얼마나 오락가락하는지를 볼 수 있게 한다. 이런 감정들은 혼란스러운 방법으로 다른 감정들을 압도해 버린다. 이러한 혼란은 에스더에게 너무 힘들기 때문에 그녀는 딸로서 자신감을 발전시킬 수 있는 세계를 자신에게 만들려는 하나의 시도로 어머니가 치료에 참여하도록 하여 통제한다. 그러나 그것은 항상 실패한다. 또한 역할바꾸기는 그녀가 불완전한 어머니에 대해 느끼는 우울감에 직면하도록 돕는다. 완벽한 어머니에 대한 열망을 한탄하면서 그녀는 그녀 내부의 나쁜 대상뿐만 아니라 좋은 대상을 인식할 수 있게 된다.

거울기법

필자는 이제 체계적 기능으로서의 거울기법으로 되돌아간다. 이 마지막 사회화기능은 세상에서 자신의 안녕을 촉진시켜 주는 정신적 구조를 획득하는 데 작은 유아에게 필요한 세 번째 발달과정을 말한다. 필자는 이러한 기능을 삼각관계라 부르지만, 이는 또한 심리성적 발달단계의 오이디푸스 단계로 알려져 있다(Winnicott, 1986: 137-141). 아버지나 제삼의 인물이 유아의 내적 세계에 들어오면 자아발달 측면에서 또 다른 엄청난 변화가 일어난다. 삼각관계는 질투가 나타나는 정신적 단계다.

> 아이는 아버지에 대해 애정 유형의 관계를 발전시킨다……. 미움…… 어머니에 대한 두려움…… 그러나…… 아이는 어머니에게 되돌아간다.…… 객관적으로 아버지를 바라보고 아이의 감정에는 신의가 없는 아버지에 대한 미움과 두려움이 들어있고…… 긴장과 질투를 지각한다.　　(Winnicott, 1986: 138)

이런 과정을 통해 아이는 자신의 사랑과 미움을 포함하는 감정을 배운다. 모든 것이 충분히 발달되면, 아이는 부모를 모두 사랑할 수 있고 그도 부모에게 사랑받는다는 느낌을 배울 수 있으며, 그들이 또한 서로 사랑하는 것을 보게 된다. 그러한 완성은 서로의 과잉으로부터 아이를 보호할 뿐만 아니라 아이의 과잉으로부터 서로를 보호하는 부모에 의해 이루어진다.

　우리의 작업에서 심리치료사로서 우리는 충분히 완성된 유아발달 과정을 거의 볼 수 없다. 우리는 좀 더 자주 가장 긴장되고 가장 부도덕한 세 명의 내적 인물이나 대상들 간의 왜곡된 관계의 내적 세계를 볼 수 있다.

　　스티븐의 경우를 다시보자. 이전 묘사에서 빠진 것은 아버지의 역할이다. 그는 어머니와의 장면을 진행하기 전에 아버지에 대한 질문을 받는다. 여기에서 우리는 어머니가 통제적인 인물이 되도록 하는 전략을 가진 한 남자를 만난다. 이러한 삼각관계는 스티븐의 경험을 이해하도록 해 준다. 그는 그가 포기하고 싶어하는 아버지의 역할과 투쟁하며, 또한 그가 두려워하는 그의 아버지의 폭력성과 좌절한 어머니의 역할과도 투쟁하고 있다. 그는 아버지에게는 경멸을, 어머니에게는 분노를 느낀다. 그는 인정받고자 하는 욕구와 함께 이러한 두 가지 감정을 상사에게도 느낀다.

　삼각관계는 또한 지각과 현실 간의 차이가 다루어져야 하는 내적인 삼각갈등을 분명히 하고 구체화시킨다. 스티븐은 자신의 강렬한 증오를 어머니에게 투사하였고, 또한 자신의 잔인한 감정에 대한 방어로서 아버지의 수동성을 내사하였다. 이것은 그를 수동적인 좌절에 이르게 하였고 그는 점점 아버지와 같은 자신을 보았다. 여기에 어떤 내적 균형이나 조화는 없었다. 결국 스티븐이 어떤 정신적 살인의 형태가 항상 임박한 차가운 내적 풍경으로부터 그를 보호할 수도 있었을 삼각관계를 내재화하는 데 실패한 것이다.

　두 사람 사이의 관계를 바라볼 때, 특히 그들이 가족이라면 우리는 항상 제3의 인물이 어디에 있는지 묻는다. 내담자들은 종종 그들이 완벽하게 책임질 수 있다고 믿는다. 이것은 무력감이나 분노에 대한 방어

일 수 있다. 내담자는 종종 왜 그들이 그렇게 갈망한 의사소통이 양자
적 관계에서는 없는지에 대해서 가끔 혼란스러워 한다. 거울기법에서
는 부모의 질투 혹은 시기가 그들의 아이들을 종종 멀리하게 한다는
것이 드러난다. 건강한 삼각관계를 경험하지 못하면 결과적으로 주인
공의 내적 세계를 통합시키지 못하고, 정신세계는 불안정하게 남겨질
수 있다. 결국 건강한 삼각관계를 경험하지 못하게 되고, 주인공의 내
적 세계에서 통합되지도 않는다. 그리고 그들의 정신은 불확실한 상태
로 남겨진다.

> 에스더의 경우를 보자. 아버지가 그 장면에 들어왔을 때 에스더는 그의 자
> 랑거리였음이 아주 분명하다. 에스더는 그녀와 어머니 사이에서 일어날
> 수 있는 어떤 것으로서 이러한 편애는 결코 본 적이 없다. 따라서 에스더
> 는 항상 일이 올바르게 되도록 애쓰는데 왜 자신이 실패하는지 이해하지
> 못한다. 딸로서 그녀는 부모 사이에 해결되지 않은 문제를 알게 된다. 그
> 결과 에스더는 아버지에 대한 배려와 어머니에 대한 질투의 감정을 분리
> 시키고, 그들 모두를 미워한다. 일단 그녀가 결합에 대해 아무것도 할 수
> 없다는 것을 알게 되면 그녀 내부에 있는 사랑과 미움의 결합에 주의를 기
> 울이기 시작할 수 있다.

학대는 항상 왜곡된 삼각관계의 경험이다. 그러므로 삼자관계에서
양자관계의 특성을 점검하는 것이 중요한데, 그렇지 않으면 우리가 학
대적인 상황과 결탁되어 있다는 것을 알 수 있다. 삼각관계를 통해서
주인공 자신은 학대보다는 직면이 더 어렵다는 것을 알게 되고, 우리는
그 주인공으로부터 부모의 보호가 결핍되었다는 것을 알게 된다. 학대
는 항상 한 쪽 부모로부터는 너무 많고 다른 부모로부터는 너무 적게,
또는 양쪽 부모로부터 거의 받지 못하는 것을 말해 준다. 후자의 경우
에 부모의 자포자기는 그들에게 다른 곳에 관심을 갖게 할 수 있고 그
렇게 되면 그들은 위험에 빠지게 된다.

앤드류는 마침내 가족, 친구로부터 자신이 경험한 학대를 집단에게 털어 놓았다. 그는 자신의 부모에 대해 이야기하는 것을 멈춘다. 그는 무시받고 지지받지 못한 느낌을 갖게 된다. 우리는 지지의 부족에 대한 내용을 알아 보고 자신의 내적 대상에 대한 그의 경험을 물어본다. 그의 외견상 상냥함 은 그 자신에 대한 깊은 증오와 그가 지지받을 수 없고 누구도 원하지 않 는다는 신념을 감추고 있다. 그의 부모와 양육에 대한 그의 경험에 대해 작업이 겨우 시작되었다.

삼각관계는 우리 내부에 있는 여성 대상과 남성 대상을 발달시키도 록 하는 데 중요하다. 그러나 우리는 삼각관계의 독특한 균형을 제공할 수 없는 모든 기능들을 양성이 수행할 수 있다고 믿고 싶어하지만, 한 번에 그리고 동시에 자극을 주고, 안아주고, 수용하고 있는 남성과 여 성의 에너지 사이에는 균형이 존재한다.

조안은 폭력적인 아버지와 아버지의 폭력으로부터 조안을 보호하지 못하 는 수동적인 어머니가 있다. 조안은 어머니처럼 자기를 내세우지 않는 경 향이 있고 아버지에게 상처를 주어서는 안 된다고 느낀다. 그녀가 자신에 게 좋은 점이 있다는 것을 경험하기가 매우 어렵고 그녀가 아버지에게 투 사한 분노의 공포에 대해서 보호받는 느낌을 스스로 경험하기가 매우 어 려웠지만 그녀의 어머니에 대해서는 그렇게 느끼지 않는다. 수동적으로 되는 것은 제인의 감정이 그녀가 아버지의 행동을 경험하는 것처럼 위험 하다는 것을 믿는 것이다. 어머니의 수동성은 이것을 강화한다. 제인은 폭 력이나 수동적인 조작이 있는 위협적인 내적 세계에 살고 있다. 이러한 이 해를 통해 제인은 이제 주장적이 될 수 있는 자신의 능력을 고려하기 시작 할 수 있다.

마침내 삼각관계는 활동과 정지, 창조적인 힘과 파괴적인 힘 사이의 내적 균형 그리고 불확실성, 모순, 양가감정, 압도되는 것에 대한 두려 움 없이 혼란을 견디어 낼 수 있는 능력을 형성하는 하나에서 두세 가 지 내적 대상들과의 관계를 정신적으로 발달시키기 때문에 중요하다.

참고문헌 335

결론

필자는 이중자아, 역할바꾸기, 거울기법의 세 가지 기법을 간단하게 설명하였다. 그리고 '안아주기, 분리, 삼각관계'와 관련하여 그것들의 기능과 의미를 설명하였다. 서두에서 말했듯이, 케이크의 세 부분이 우리 앞에 동시에 다가올 수도 있다. 초기 유아발달의 정신분석적 연구와 함께 심리극 철학, 실천과 함께 초기 유아발달의 정신분석적 연구를 통해서 필자는 이중자아, 역할바꾸기 그리고 거울기법에 대한 몇 명의 내담자의 반응으로부터 나올 수 있는 혼란과 복잡성을 설명할 수 있는 한 가지 방법을 간단하게 표현하였다. 모든 케이크 조각은 쓰기도 하고 달콤하기도 하다. 케이크 조각이 쓴 이유는 오랫동안 그들의 소유자들을 놀라게 하였던 수용되지 않는 나쁜 감정 때문이고, 또 달콤한 이유는 텔레와 자발성의 복구를 갈망하기 때문이다. 우리는 심리극의 실천에서 이러한 분명한 실패의 순간에 우리에게 가르쳐 준 역전이의 버터를 통해서 이러한 희망과 두려움들을 맛보고 있다.

참·고·문·헌

Blatner, A. (1973). *Acting In*. New York: Springer

Blatner, A., & Blatner, A. (1988). *Foundation of Psychodrama*. New York: Springer.

Brazelton, T., & Cramer, B. G. (1991). *The Earliest Realationship*. London: Karnac

Fox, J. (Ed.) (1987). *The Essential Moreno*. New York: Springer.

Fraiberg, S. (1974). The Clinical Dimensions of Baby Games. *Journal of American Academy of Child Psychology, 13*.

Greenderg, I. A. (Ed.)(1974). *Psychodrama, Theory and Therapy*. Norwich: Condor.

Holmes, P. (1992). *The Inner World Outside*. London: Tavistock/Routledge.

Kellermann, P. F. (1992). *Focus on Psychodrama*. London: Jessica Kingsley.

Kellermann, P. F. (1994). *Role reversal in Psychodrama*. In P. Holmes, M. Karp, and M. Watson, (Eds.), Psychodrama since Moreno. London: Routledge.

Kipper, D. A. (1986). *Psychotherapy through Clinical Role Playing*. New Yok: Brunner/Mazel.

Klein, M. (1955). *Developments in Psycho-analysis*. London: Tavistock.

Mahler, M. S. (1975). *The Psychological Birth of the Human Infant*. New York: Basic Books.

Moreno, J. L. (1969). *Psychodrama, Third Volume*. New York: Beacon House

Moreno, J. L. (1977). *Psychodrama, First Volume*. New York: Beacon House

Moreno, J. L. (1993). *Who Shall Survive?*. Student edn. Roanoke, VA: American Society of Group Psychotherapy and Psychodrama, Royal Publishing Co.

Starr, A. (1977). *Rehearsal for Living*. New York: Nelson Hall

Stern, D. (1985). *The Interpersonal World of the Infant*. New York: Basic Books.

Winnicott, D. W. (1958). *Collected Papers: Through Paediatrics to Psycho-analysis*. London: Tavistock.

Winnicott, D. W. (1971). *Playing and Reality*. London: Tavistock.

Winnicott, D. W. (1977). *Playing and Reality*. London: Tavistock

Winnicott, D. W.(1986). *Home is Where We Start From*. London: Penguin.

Winnicott, D. W. (1965). *The Maturational Process and the Facilitating Environment*. London: Hogarth.

13

우울증의 심리극치료

Chris Farmer

　이 장은 약물치료에 효과가 없는 주요 우울증의 일반 증상을 가지고 있는 네 사람의 심리극 개입을 보여 준다. 이 사례들은 일상적인 정신과적 치료의 전형으로 판단된다. 즉, 네 명 모두는 필자가 한 달 동안 지도한 회기에 주인공으로 참여하였다.

　우울증은 대뇌의 부진한 기능(사고의 지체에서처럼)과 신체의 부진한 기능(특히, 빈약한 식욕, 변비, 체중의 감소, 성적 충동의 결핍, 수면과 에너지 패턴의 주간 리듬으로의 역전)과 연결된 다루기 힘든 저조한 기분과 의기소침한 태도의 조건으로 의학적 정의를 내린다. 우울증의 특징은 독특하고, 격심한 염세주의와 환자의 성취에 대한 자기-비하가 지각된 과거의 실패들과 동반되어서 이루어진다. 삶의 즐거움은 무기력, 비참한 절망, 자살 암시로 대치된다.

　오늘날 대부분의 사례들은 보다 덜 극단적인 양상으로 나타나는데, 그것은 아마 조기발견과 새로운 항우울제의 처방 때문일 것이다. 그러나 항상 진전되는 미묘한 특성을 갖고 있는 검증하는 많은 환자들은 다른 치료접근들이 여전히 필요하다는 것을 보여 주는 것이다. 필자는 체질적으로 어떤 종류의 스트레스에 취약할 수 있는 위장, 피부 혹은 내장과 같은 기관이 있는 것처럼 대뇌의 부분을 고려하는 것이 도움이 된다는 것을 안다. 즉, 일단 목표가 되면, 뇌의 이 영역에 의해 지배되는 정서, 사고, 신체적 활동은 영향을 받게 되며 마음의 직접적인 통제로부터 벗어난다. 신체적 치료의 대상인 천식, 소화불량 혹은 대장염처럼, 대뇌의 기능은 항우울제로 회복될 수 있지만, 그것이 구조적 손상보다는 차라리 기능적 활동의 문제인 경우에 있어서는 특히 대뇌에 근본적인 심리적 스트레스를 전달한 것으로 볼 수 있다.

주요 우울증(APA, 1994)은 일반성인 집단에서 일어나는 가장 높은 생애 유병률을 가진 심각한 공식적인 정신질환이기 때문에 이 절에서 설명하고자 선택되었다. 몇 가지 생물학적 소인들을 제외하고, 성격, 생활양식, 개인적 관계들과 촉진하는 사건들은 모두 우울증의 기여요인들이다. 그것은 일반적으로 보통 상실을 포함하여, 많은 상이한 생활경험의 최종적인 공통 통로인데, 특히 관계나 역할의 상실을 포함한다. 르위스(Lewis, 1966: 1153)는 우울증의 심리적 처치의 병인학적 측면에 대하여 고전적인 설명을 하였고, 특히 우울 조건에 대한 권위 있는 설명을 하였다. 스타(Starr, 1977: 303)는 심리극을 사용하여 우울증을 치료하는 다양한 방법을 설명하고 있다.

심리극은 우울증에 대한 오늘날의 경험, 그것의 맥락(특히 과거와 현재의 관계들) 그리고 그것의 기원을 다룬다. 심리극은 주인공이 필요 없는 역할들을 대치할 수 있는 새로운 역할들을 발견하기 위한 자발성을 획득하고, 과거 생활의 이야기들을 재편집하고 네 번째 영역인 미래에 대한 새로운 가능성을 열 때까지 이러한 세 가지 영역의 물음을 검토하는 장면에 전형적으로 관심을 갖는다.

첫 번째 사례는 심리극 한 회기의 기록이다. 다음 세 가지 사례들에서, 자료는 일련의 회기들로부터 제시되었다. 신뢰성을 위하여, 각 이야기의 전체적 골격은 대체로 사실적 근거를 가지고 있지만 신원을 확인할 수 있는 특징들은 사생활의 보호를 위하여 변경되었다.

사 례

질

이 사례는 한 회기 행위 단계의 보고이다. 질이 주인공을 하고 있는 동안에 정보가 수집되었기 때문에, 사건이 일어나는 대로 현재시제로 기록된다.

질은 26세이며, 두 아이와 함께 살고 있고, 그녀의 남편과 가까운 친지들 모두를 멀리하고 있다. 현재의 두드러진 특징은 무력감과 고독감이다. 그녀는 천천히 웜업하고 있지만, 그녀의 집에서 최근의 첫 장면은 그녀의 단조로운 생활의 공허감을 완화하려는 시도로 그녀는 폭식하는 행동을 보여주고 있다. 그것은 비록 일시적이기는 하지만, 실제로 그녀의 몸이 느끼는 공허의 경험을 완화시키는 유일한 방법이다.

단순한 시간 퇴행(디렉터와 손잡고 역시계 방향으로 걷기)을 통해서, 그녀는 13세에 그녀의 폭식증이 시작되었음을 알았다. 그녀는 그 이후로 계속 반복적으로 우울을 경험하였다.

이 시기에 그녀의 가족생활 장면에서, 생활문제의 원장소가 탐색된다. 질의 부모는 그들의 결혼관계에서 행복하지 않았지만, 첫째는 어머니가 갖고 있는 인격적 불안정성에 대한 두려움에 의해서, 둘째는 일관성 있는 재정지원자로서 아버지의 성실성 및 자기-존중감에 의해서 그러한 관계가 지속되고 있다. 다섯 아이를 양육해야 하고, 비만이며 사회적으로 못 살기 때문에, 이것이 질에 대한 압력으로 작용하고 있고, 그래서 그녀가 집을 떠나는 것이 지연되고 있다.

질이 여러 가족 구성원들의 역할을 이야기하였기 때문에, 이러한 문제들이 집단에게, 그리고 그녀 자신에게도 분명해졌다. 그 다음 집단으로부터 보조자들이 이러한 역할들을 채우고, 그래서 질이 전형적인 가족 장면을 경험할 수 있게 되었다. 즉, 아버지는 자신이 얼마나 열심히 일하고 있는지 그리고 어머니가 아버지에게 얼마나 감사할 줄 모르는지에 대하여 쉴

새 없이 불평을 털어놓고 있다. 아이러니컬하게도 어머니는 음주가 아버지를 졸리게 하고 신체적 폭력 경향성을 줄여 주기 때문에 아버지가 과음하는 것에 위안을 받고 있다. 질은 TV의 일일연속극을 짐짓 흉내 내면서 그들 사이에 앉는다. 그녀는 포테이토 칩을 먹는다.

그녀가 거울기법을 통해 그녀 자신을 바라볼 때, 언니들이 그 장면에서 사라지면서 그녀에게 현실로 다가온다. 질은 말 없는 심판관-부모 앞에서 어느 쪽 부모와도 싸우고 싶지 않은 아이-과 결혼의 지속을 위한 실제적인 정당성으로서 방에 남아 있다. 그녀가 없는 데서 부모가 싸우기를 원치 않았기 때문에, 부모의 결혼에 대한 그러나 그녀의 권리에서 어떤 목적의 배제에 대한 어느 정도의 의미성을 제공하였는지를 볼 수 있다.

심리극은 그녀가 성장하면서 결코 가져 보지 못했던 그녀의 부모와의 일상적이고 정상적인 논쟁을 하고 있는 질과 함께 진행되고 있다-치료의 원상태(status nascendi). 그녀는 그때 어머니의 가정생활을 자신의 실패한 결혼에 복제하려고 시도하여 왔다는 것을 깨달았다. 행위는 요즈음의 어머니를 교정하는 장면으로 끝냈다.

나머지 부분과 구분된 단 한 번의 결정적인 개입이나 심리극 한 편의 상세한 세부내용이나 장면으로 뽑아내기는 불가능하지만, 무엇이 전환점으로 생각될 수 있는지를 보도록 돕는다. 질에게 있어서, 그녀가 부모가 있는 곳에서 13세로서 보조적인 거울을 통해 그녀 자신의 모습을 보았기 때문에, 그것은 '통합의 정화'(Moreno, 1993: 57)였다. 그 순간에 그녀는 어떻게 자신의 무의미가 부모와의 관계에 대한 무의미를 반영하는지를 깨닫게 되었다. 그래서 그녀는 부모님의 곤경에 동정을 보일 수 있었다. 끝으로 그녀는 이것을 그녀의 공허감과 폭식증에 연결시킬 수 있었다.

'우울'이 의미의 결핍으로 경험될 때, 경험적이며 지적으로 그것의 기원을 발견하는 것은 거대한 구원으로서 다가올 수 있다. 질은 그녀의 무의미의 근거를 새로운 생활사적 관점으로부터 찾게 되었고, 지금은 신선한 이야기로 바뀔 수 있다는 것을 발견하였다.

슈

더 복잡한 이 사례는 심각한 성격 특성과 오랫동안 지속된 정서적 문제들을 담고 있다. 단편들이 여러 달 동안에 이루어진 서로 다른 심리극에서 제시된다.

첫 심리극은 몇 년 전 이혼한 이후로 지독스럽게 은둔하고 있는 40대 후반의 여성인 슈를 보여 주고 있다. 그녀는 조그만 아파트에서, 그녀의 건강염려증적 불평들로 의사와 전화할 때를 제외하고 모든 사회적 접촉을 회피하고 있다. 친구들과 친척들은 그녀를 포기하게 되었고, 그녀의 사회 원자는 거의 고갈되었다.

슈는 어떠한 치료도 무시하고 다른 집단성원들과의 대화도 회피하기 때문에 그녀와 함께 작업하기는 어려웠다. 집에서 그녀는 거의 먹지 않았고, 체중이 감소되었으며, 깊게 잠을 이루지 못하였고, 집안일에 무감각하게 되었다. 그녀는 가족과 친구들이 자신에 대해 포기한 것을 비난하였다. 그녀는 때로 포기해야 할 것을 지속하는—우울증에서 전형적인—반면에 또한 공격적일 수 있으며 그녀를 돕지 않은 것에 대해 다른 사람들을 비난한다. 그녀의 고립은 자기 스스로 자초한 것이었다.

결국 한 사람의 집단성원으로서 슈는 주인공이 엄청난 분노를 내보이는 그 시점에서 심리극 회기를 그만두려고 할 때 자신이 가지고 있는 불안들의 특성에 대한 암시를 주고 있다. 슈는 디렉터에 의해 그 불안이 직면된다. 즉, 사람들은 심리극이 진행되고 있는 중간에 걸어 나가지 않는다. 그것은 기본적인 규칙이며 슈는 이것을 매우 잘 알고 있다. 사실 디렉터는 슈에게 화가 나 있고 그녀도 그 점을 알고 있다.

그러나 슈가 분노의 장면에서 도망가는 것은 또한 그녀의 일상생활의 방식에서 그녀가 자기 자신의 강렬한 분노로부터 도망가려는 시도라는 것을 제시한 것이다. 더군다나 그녀는 그것에 너무 놀라서 그것을 부정하고 다른 것에 투사하였다. 투사적 동일시의 과정을 통해서, 스태프들은 마치 그것이 그녀를 파괴하고 있는 것처럼, 그들 또한 슈에게 그것을 표현하고 있는 것에 놀랐던 것과 같은 방식으로 이러한 분노를 느꼈다. (샌들러[Sandler]는 1988년에 그러한 무의식적 환상과 정신기제들을 개관하였으며, 한편 홈즈는 1992년에 심리극에 대상관계이론을 전체적으로 적용하였다.)

이후 회기에서 주인공으로서 슈는 자신의 우울을 이해하고 있다는 것을 나타내는 두 가지 단서를 제공하였다. 첫째, 슈는 어머니와 아버지가 신체적으로 고통을 겪고 있는 할머니를 자기에게 남겨 둔 채로 아주 젊어서 돌아가셨는데, 그때 어촌에서 십대 때의 생활 장면들을 보여 주었다. 이러한 사실은 슈가 대학에 가는 것을 어렵게 만들었다.

슈의 우울 특성에 대한 두 번째 단서는 이러한 우울에 대처하는 그녀의 그 후의 스타일이었다. 장면들은 슈가 큰언니로서, 직업여성으로서 그리고 마지막으로 어머니로서 너무 많은 기능을 함으로써 겪는 슬픔의 전체적인 영향을 어떻게 회피하는지를 보여 주었다. 더욱 중요한 장면은 그녀의 결혼 실패와 알코올 의존을 묘사한 것이다. 슈의 아이들이 가정을 떠났을 때, 슈는 그녀의 부모가 죽었을 때 경험하였던 유기가 반복되고 있다는 것을 느꼈다. 슈는 그녀의 역기능적 대처 스타일로 오히려 더 열심히 노력하는 재반응을 보였으며, 가족과 친구들에게서 멀어질 때까지 훨씬 더 당당하게 홀로 독립하였다.

슈의 통제할 수 없는 분노의 원천으로서 다루기 힘든 어린 시절의 슬픔을 이해하여야 하기 때문에, 디렉터는 슈가 집단에서 이것을 다루기에 충분히 안전하다고 느끼도록 돕는 방법을 찾았다. 슈는 자신의 분노가 정당하다는 것과 집단이 안전하다는 것을 그녀에게 확인시켜 줄 집단을 필요로 하였다. 앞선 심리극 회기 동안에 디렉터가 그녀에게 떠나지 말라고 주장한 것이 분노와 공포가 심리극 집단 내에서 수용될 수 있다는 메시지를 그녀에게 제공하게 되었다.

그녀는 바타카를 가지고 연기를 하도록 격려되었다. 집단은 열성적으로 그녀에게 갈채를 보냈다. 허공에 바타카를 흔들면서 "나는 바보처럼 느낀다."라고 말한다. 그러나 그녀가 의자 등받이를 시험적으로 한 번 탁 때렸을 때, 덧없는 미소가 얼굴에 교차되었다.

아마도 슈가 다른 사람들에게 자신의 분노를 가학적으로 해소하는 것을 피하기 위해서 그녀는 수치심의 모습을 한 자신을 비난함으로써 자기 자신에게 분노를 대신 가한 것이라 여겨졌다.

이런 가능성은 슈가 자신을 의자로 생각하고 용기를 내어 더 정열적으로 바타카로 세게 두드릴 때 더 분명해졌다. "너는 멍청한 년이야."라고 조롱하듯이 소리치면서, 슈는 의자를 후려치고 있다. "너는 슈의 인생을…… 같이 살아 왔어……. 나는 악담이라고 믿지 않아……. 너는 어리석고 비참하게……."

이것은 슈의 기본적인 우울의 특성을 나타내 보이고 있다. 즉, 슈가 의식적으로 그리고 직접적으로 다른 사람들에게 자신의 분노를 표현하는 것이 너무나 두렵고, 그 결과가 걱정되기 때문에, 자기는 자신에게 굴욕감을 주는 방식으로 자기의 분노를 자신의 내부로 돌려 왔다. 대신에 슈는 은유적으로 자신을 채찍질하였다. 심리극에서 우리는 자기를 학대하지 못하도록 설득한다. 그것은 많은 주인공들이 극복하려고 하는 바로 그 특성이다. 그러나 자신을 괴롭히는 슈의 입장을 표현하도록 의자를 사용함으로써, 슈는 그녀의 자기-파괴성을 외재화하고 그녀의 무모한 자기-학대를 구체화할 수 있고, 내적인 박해자를 유머러스하게 그리고 신체적으로 직면하게 함으로써 자신의 내부에서 자동적으로 일어나는 공격성과 접촉하도록 할 수 있다. 시갈(Segal, 1975)은 우울에 대응하는 광적인 방어구조에 대한 클라인의 개념을 논의하면서 통제, 죄책감, 그리고 독립성의 부정과 같은 문제들은 보상을 성취하기 위하여 계속적인 반복을 요구한다고 지적한다.

슈가 자기 내부의 분노하고 있던 갈등을 훈습하였을 때, 그녀는 갈등 뒤에 숨겨진 의존의 욕구를 직면할 수 있고, 직원의 배려를 수용하기 시작하였다. 슈와 함께 최종적인 작업, 즉 그녀의 사회원자의 회복을 가능하게 한 것은 바로 이것이다. 몇 주 후에 어떤 한 장면 심리극에서,

슈는 그녀의 아파트를 다시 방문한다. 그녀는 요즈음의 가족을 나타내 보이기 위하여 의자들을 배치한다. 그녀의 큰딸을 표시하는 의자에 앉아서, 그녀는 자신의 관점으로부터 그들의 관계가 어떻게 깨어지게 되었는지를 설명하고 있다. 이 성장한 아이들이 자신의 어머니와 이야기하거나 방문하는 첫 단계를 밟지 않을 것이라는 것이 분명해진다. 과거에 싸운 경험에 비추어 보면 아이들은 어머니가 어떤 접촉을 원하리라고 믿을 이유가 없다. 그들은 너무 상처를 받고 분노해서 위험을 감수하지 않을 것이다.

그러나 슈는 지금까지 스태프의 충고와 지지를 수용해 왔다. 그녀는 결국 다툼의 책임을 서로 나누기로 하였다. 그녀는 화해를 원했다.

그래서 스태프들은 사회복지사를 통하여, 이러한 메시지를 친척들에게 전달할 수 있는 단계로 들어갔다. 그들은 시험 삼아 반응하기 시작하였다. 모임의 일원이 된다는 것이 서로에게 너무 두려웠기 때문에 재통합이 안전하게 느껴지도록 직원 한 명이 보조자로 참여할 필요가 있었다.

바이올렛

70대 후반의 이 부인은 그녀의 치료사와 함께 혼자서 계속되는 세 번째 회기의 심리극에 참가하였다. 그녀는 2년 전 아들이 죽은 후 우울을 경험하고 있는 '퇴행성 우울'(인생 후기와 관련된 특징의 패턴을 띠고 있는 주요 우울장애)을 앓고 있다. 그녀는 표면적인 생활을 유지하면서 견디었지만, 슬퍼할 수 없었다. 그녀는 체중이 감소되었고, 먹을 수도 없었으며, 너무 일찍 깨어났고(거의 낮을 볼 수가 없었다.), 미래에 시선을 돌릴 수가 없었다. 그녀는 공황, 가슴 두근거림, 메스꺼움을 호소하였다.

다행히도 그녀가 미해결된 슬픔을 가지고 있다는 것을 알고 있으며 단지 울 수만 있다면, 그녀는 아들의 죽음을 슬퍼하고 회복될 텐데라고 말하는 것으로 보아 그녀의 정신적인 기능의 중요한 세 가지 측면, 즉 지적 능력, 더 나아지고자 하는 동기, 특히 통찰은 유지되었다.

아마 상호관련이 있는 것으로서 심리극 전문가가 생각하는 두 가지 특징은 그녀의 현재의 신체적 증상(메스꺼움, 두통 그리고 떨림)과 울지 못하는 것이다.

> 죽은 아들의 역할에서 그녀는 아들이 죽을 때의 질병을 기술하고 있다. 그는 식도암을 앓고 있다. 그는 삼킬 수 없고, 방사선치료가 그에게 계속해서 메스꺼움을 주고 있다.

이러한 특징들은 그녀 자신의 신체화 증상들과 부합되기 때문에 치료사는 그녀가 죽은 아들과 동일시하였다는 것을 추측하였다. 그녀는 아들을 붙잡고 있는 방법으로서 그리고 아들이 정서적으로 떠나가는 것을 회피하기 위해서 아들 질병의 어떤 특징을 떠맡고 있었다(슬픔에 대한 동일시 의미에 대해 Freud(1917)와 Abraham(1924)을 보라.).

> 그러므로 그녀의 아들은 그가 보통 앉아 있는 의자의 쿠션 형태로 부활한다(이 심리극 실연은 그녀의 집에서 이루어지고 있다.). 그녀는 아들과 이야기할 수 있고, 그와 역할바꾸기를 할 수 있고, 아들의 병의 절박성과 그녀가 아들과 함께 있도록 허용되고 인위적으로 제한된 시간 때문에 그가 죽어 가고 있는 기간 동안 그가 할 수 없었던 즉, 아들이 말하는 것을(그녀의 아들의 역할 속에서 치료사와 함께) 경험할 수 있다. 아들이 죽은 뒤 처음으로 그녀는 울기 시작한다.

2주 후에 그녀는 다소 더 나아졌지만, 복부의 불편함은 계속되고 있었으며 아직 충분히 울 수 없었다.

바이올렛에게 그녀 복부의 감각과 역할을 바꾸도록 하였다. 그녀는 의자에 앉고, 등을 구부려서, '바이올렛의 고통스러운 기억'이 된다. 그리고 그녀는 대략 30년 전의 남편의 죽음을 회상한다. 치료사는 그들이 그 사건으로 돌아가기로 제안한다.

장면이 진행되면서, 바이올렛은 그녀의 남편이 죽기 바로 전 남편 그리고 아들과 역할을 바꾼다(이 둘은 쿠션으로 대신한다.). 그녀는 남편이 부엌의 의자에 털썩 주저앉고 아들이 의사를 부르기도 전에 그의 맥박을 느끼는 경험을 다시 체험한다. 공포는 실제로 그것, 즉 남편에 대한 두려움과 아들을 대신한 놀람에 초점을 맞추고 경험하는 것이다.

그녀의 남편과 아들의 곤경을 파악함으로써, 그녀는 자신의 황폐화된 생활을 온전히 체험하는 것을 회피하였다. 그녀가 더 깊은 정서적 수준에서 그녀의 남편과 아들의 죽음을 수용할 수 있기 전에, 그녀 자신의 권리로 그녀가 느낄 필요가 있었던 슬픈 고통을 완전히 회피하는 방법으로 자신의 내부에 그들을 간직하였다. 그녀가 사랑하는 사람들과 헤어지는 고통에서부터 자신을 보호하기 위해 자신의 일부를 환상 속에서 그들과—처음에는 죽은 남편과 나중에는 그녀의 아들과—하나 되도록 허용한다는 것은 있음직한 일이다. 그녀는 남편이 죽은 뒤 정확히 1년까지는 남편 때문에 운 적이 없었다.

회기가 더 진행되어, 2주가 지난 후에 그녀의 우울한 기분은 개선되었지만 그녀의 대화는 아직 정상적 수준에는 미치지 못하고 있다. 바로 지금이 실존적인 지금—여기를 전달해야 할 시점이었다. 즉, 그녀가 일상에서 매일, 아침에 그녀의 집에 있다는 것은 무엇을 의미하는가? 그녀는 '나는 똑바로 서 있고 응시해요.'라고 보고하였다.

치료사는 그녀에게 서서 응시하게 한다. 그녀가 창밖을 응시하고 있을 때 치료사는 그녀의 이중자아가 된다. 결국 긴 시간이 지난 후에 그는 그가 마치 어떤 것을 기다리고 있는 것처럼 느끼고, 이것을 말로 표현한다. 그들은 함께 바이올렛에게 '기다림'이 무슨 의미인지 생각하고 있다. 그녀는 그렇게 하지 않으면 참아 낼 수 없기 때문에 인내하고 있다.

그녀는 부정과 반동형성의 방어기제를 통하여 이러한 역전을 성취하였다.

그들이 함께 그녀의 근원적인 조바심-깊은 분노를 집요하게 억누르고 있는-을 일단 인정하게 되면 그녀는 이러한 감정을 구체화할 수 있고 그것과 맞붙어 싸울 수 있다.

그녀는 온 힘을 다해서 목욕 타월을 비틀어 짠다. 그녀는 숨을 헐떡거린다. 그녀에게 등을 곧게 펴서 숨을 들이마시고 몸을 구부려서 타월을 꽉 조이며 숨을 내쉬도록 격려한다. 그녀에게 소리 내어 말하도록 재촉한다. 그 소리가 무엇을 전달하는가? '화나서 말하는 소리'. 점차적으로 그녀가 곧게 펴고 구부리고, 숨을 들이마시고 내뱉고, 꽉 죄고 이완하면서, 그녀는 에너지를 증폭시키는 리드미컬한 움직임을 취한다. 마침내 행위가 멈춰졌을 때, 그녀의 목소리가 높아지면서, 적극적인 표현을 하고 고통스러운 경험 속에서 편안한 느낌을 전달해 준다.

그녀는 참을성과 성급함 간의 싸움에서 이겨 내어 자신의 미해결된 슬픔 속에 잠겨져 있었던 자발성을 해방하는 정화에 도달하였다.

좀 더 방문을 하고난 뒤 그녀의 우울증은 완전히 사라졌으며, 그녀는 열심히 휴일을 계획하고 있다. 다음 해에 이루어진 추수지도에서 그녀가 잘 지내고 있다는 것을 확인하였다.

안젤라

일련의 세 회기에서 나온 사례들은 그녀가 다른 집단성원과의 관계를 주인공과 보조자로서 심리극을 통하여 어떻게 발전시키는지를 보여 주고 있다. 50세인 안젤라는 20년 동안 비참하게 기능저하를 경험하였다. 어떠한 약물치료의 도움도 받지 않았다. 처음 10년 동안 벤조디아제핀은 과도한 민감성을 억제하였지만 심각한 무감각을 일으키는 대가를 치렀다. 그녀는—괴팍하게 되는 시점에서—부드럽게 말하는 그녀의 남편을 조용하게 만들기 위해서 신랄하게 비꼬는 말을 하는 고집센 공격적인 사람이다.

근본적인 위기는 집에서 안젤라의 단 하나뿐인 반려자로서 비운을 타고난 남편을 떠나보낸 후, 유일한 그녀의 손녀인 트레이시(가족의 유일한 다른 구성원)가 대학 공부를 위해 곧 집을 떠나는 것이었다. 안젤라는 트레이시가 직업을 구하고자 하는 것을 말리지 않으려고 애쓰고 있었다.

그녀의 진전은 몇 주 동안에 걸친 세 번의 별개의 심리극에서 보인다.

첫 번째 심리극

빠르게 진행된 일련의 모노드라마를 활용하여, 안젤라는 한 아이로서 그녀의 경험과 현재 그녀의 가족관계를 비교하였다. 장면들은 부러움에 대한 깊은 갈등과 그에 대한 그녀의 공포의 발달을 이야기하기 위해서 현재와 과거 사이에서 그녀 자신과 다른 사람들과의 장면들이 왔다갔다 다루어졌다.

① 현재 안젤라는, 트레이시가 그녀의 어머니가 그녀를 거부한 모든 사항에 대해 알고 있다고 확신하고 있다.

② 자신의 어린 시절에, 안젤라는 어머니 이상으로 아버지와 확대가족들에게 귀여움을 받았고, 그 결과 어머니의 강한 질투심으로 고통을 받았다.

③ 안젤라와 어머니 사이에 신뢰관계는 안젤라가 어렵게 출산한 이후에 빈약한 유대관계 때문에 항상 고통스러운 관계였다. 안젤라가 밝고 총명한 아이로 성장하였을 때, 어머니는 너무 질투하고 분개하며 분노발작으로 안젤라를 칼로 공격하곤 하였다.

④ 남편이 딸과 재미있게 놀고 있는 장면을 묘사하는 장면에서, 안젤라는 아버지와의 잃어버렸던 관계를 고통스럽게 회상하였다. 그녀는 자기-통제를 유지하려고 애썼지만, 질투가 그녀를 더 압도하여, 몹시 심한

말을 하게 되었으며 그녀는 교묘하게 그녀의 남편을 몹시 꾸짖고 그녀의 딸을 모욕하였다.

손녀는 그녀 남편의 아이가 아니고 그래서 그 모습은 안젤라 자신의 어린 시절과 너무 닮지 않았다. 이 점이 안젤라와 그녀의 딸 사이에 존재하는 강력한 경쟁으로 변하게 하였다. 실로 트레이시는 안젤라를 진정시키기 위한 딸로서 하나의 선물로 여겨졌다.

두 번째 심리극

안젤라는 그녀의 어린 시절에 잘려 나간 생애의 여러 장면들에서 간호사 역할을 하였다. 그녀는 행위가 발달되어 감에 따라서 점차적으로 효율성, 민감성 그리고 자원들을 보여 주었다.

이런 재능들이 무시되고 평가절하되었던 가정 내의 경험에 대한 감정 때문에, 그녀는 수년 동안 기능이 저하되었었다.

안젤라는 이것이 '약점'으로 간주되거나, 자신의 어머니처럼 자신에게 질투할 수 있는 사람들에게 자신을 취약하게 만드는 두려움에 대한 걱정을 스스로 하지 않겠다고 선언한다.

종결 장면은 연극 회복실이다. 연극의 간호사로서 그녀는 (집단성원들을 대표하여) 환자를 돌보고, 그녀가 결국 그녀의 배려와 공감의 질을 올바르게 인식하고 감사할 수 있음을 알게 되었다.

세 번째 심리극

안젤라의 마지막 심리극적 통찰은 주인공으로서가 아니라 보조자로서 이루어졌다.

그녀는 슈에게 권위 있고 매우 능률적인 남편이 되기로 한다. 남편으로서의 이러한 역할에서, 안젤라는 그녀가 어떻게 명료하게 표현하고 실제적이고, 결정적이고, 사람을 다룰 수 있는지를 검증한다. 슈는 텔레를 통해서 안젤라가 가지고 있는 이러한 특징들을 분명하게 인식하였는데, 그녀는 그 역할에 대해 당당한 태도를 갖게 됨으로써 그녀가 미래에 성취할 수 있는 것을 다시금 보여 주었다.

나누기 과정에서, 안젤라는 아이였을 때 어머니가 그녀에게 했던 것과 같은 격렬한 분노를 남편에게 가하였음을 고백한다. 그녀의 벤조디아제핀의 오용은, 복용하지 않으면 남편과 가족에게 고통을 가져다주었을 감정과 충동을 억눌러 주었다. 안젤라는 자신의 사업을 성공적으로 경영하였던 시절을 애처롭게 회고하고 있다. 불행하게도 좌절되었을 때, 그녀는 사업과 함께 가족을 돌보고 '남편을 깔아뭉개는 것'에 그녀의 에너지를 향하게 되었다.

그래서 일련의 심리극을 통해서, 안젤라는 그녀의 성격특성 발달이 아버지에게 너무 밀착되어 나타난 어머니의 그녀에 대한 질투와 신체적 학대에 대처하기 위한 시도로 대부분 발생하였다는 통찰을 얻었다. 시갈(Segal, 1975)은 편집성-분열성 증상의 과정을 방해하는 질투와 질투에 대한 부정과 투사의 의미를 설명하였다.

심리극에서 안젤라는 전에는 응시하기에 너무나 고통스러웠던 장면들을 다시 체험하고, 그렇게 함으로써 취약하거나 위험스러운 역할들에서 그녀 자신을 경험하게 되어 자신과 집단성원들 사이의 질투에서 충분히 편안함을 느꼈다. 그녀는 최종적으로 자신의 민감성을 느낄 수 있었고, 자신의 에너지, 위트 그리고 유창성을 위협이나 처벌을 위한 탄약으로 저장하기보다는 다른 집단성원들의 복지를 증진시킬 수 있는 천부적인 행운의 자질로서 받아들일 수 있었다. 그녀 안에 질투한 사나운 어머니를 받아들이고 직면함으로써, 그녀는 이러한 내면화된 모습으로부터 자신을 분리해 내기 시작하였고 자신의 정당성을 갖는 안젤라가 되었다.

임상적 활용에 있어 심리극의 유연성

이러한 네 가지 사례들은 매우 다양한 성격, 삶의 경험, 통찰 수준, 수용의 필요성을 가지고 있는 사람들로 특징을 이루고 있다. 그들은 광범위한 우울증 양상과 심리극이 우울증 관리에 적용될 수 있는 가능한 몇 가지 방법을 보여 주고 있다. 그들의 치료는 집단과의 다양한 관계와 서로 다른 치료기간을 필요로 한다.

그들은(바이올렛의 2인 심리극은 별개로 하고) 심리극의 무한한 유연성 속에서 집단 자체의 역할과 기능이 얼마나 중요한지를 보여 주고 있다. 질의 심리극에서, 집단은 '단 일회' 회기에서처럼, 행위의 극에 대한 웜업의 맥락을 형성하고, 보조자를 준비시키며, 지지를 제공하고, 나누기를 하였다. 그러나 슈와 안젤라의 심리극에서는, 몇 주와 몇 달에 걸쳐 집단을 연속적으로 진행하는 것이 반드시 필요하다. 함께 작업하는 데 있어서 신뢰의 구축은, 매우 실제적인 관계들에서 보조집단과 역할들의 상호 연결을 포함한 주인공과의 상호작용을 통하여, 치료과정에서 문제해결에 충분한 시간을 활용할 수 있도록 환경을 유지시켜 준다. 슈는 근본적인 불안과 두려움, 공격, 증오 및 질투와 관련된 충동들을 포함하고 있어서 진행 중인 집단에서 강한 경계를 요구하였다. 안젤라의 경우에, 일련의 긴 회기에 걸친 전체 집단과의 현실적 관계는, 다른 주인공을 위한 보조자로서 그녀가 참여하는 것을 포함하여, 질투의 주제를 교정하고 다른 집단성원들이 그녀에게 부여한 가치를 존중하고 수용을 하는 것이 중요하다.

집단의 문제들을 제외하고, 각 주인공은 독특한 양상과 특별한 과거의 이력을 가지고 있으며, 심리극에서 상이한 과제를 요구하였다. 질의 고전적인 단 한 차례의 회기는 그녀 어린 시절의 가족관계의 회고를 통하여 그녀의 삶의 형태에 대한 이해와 의미를 가져다준 통찰을 제공하였다. 그래서 이것은 그녀에게 과다한 역할을 포기하게 하고 더 기능적인 가족의 역할들을 시작하게 하였다. 슈의 우울증은 어린 시절의 버림 받을 것에 대한 두려움을 방어하려는 오래된 시도가 실패하고 난 후에 나타났다. 그녀가 갖고 있는 더욱 고통스러운 거절에 대한 불안과 수용에 대한 욕구에 대항해서 싸워야 하는 투쟁을 위해서 수용체인 집단과 함께, 그녀는 마침내 자신의 사회원자가 고갈되는 현실을 응시하고 그것이 어떻게 회복될 수 있는지를 생각할 수 있게 되었다.

대조적으로 바이올렛은 유감스럽게도 처음에는 그녀의 슬픔을 해결할 필요성을 인식하는 것이었다. 그녀는 특히 구체화기법(신체적 투쟁을 포함한), 이중자아 그리고 특별히 그녀의 죽은 아들과의 역할바꾸기에 초점을 맞춘 비집단적인 환경에서 그녀의 상실들을 연습할 수 있었다.

마지막으로 장기간 재발성 우울을 경험하였던 안젤라는, 손녀가 곧 떠난다는 위협의 더 깊은 의미를 이해하기 위하여 그녀의 어린 시절에서 흘러나오는 이야기를 재작업하고 교정하기 위해 집단과 깊은 상호작용의 관여를 필요로 하였다.

우울증 환자와의 심리극 디렉팅

필자는 임상적 우울증의 이해는 집단에서 환자가 가지고 있는 조건의 중요성을 해석하는 데 도움이 된다고 믿는다. 그러나 주인공의 삶과 경험이 탐구되고, 회기는 비임상적 환경에서와 같은 방식으로 실시된다. '우울증'은 구체화되지 않고 자율적인 어떤 것으로 보이지도 않고 환자의 정신적 삶과 정신적 생활의 의미와 구분되지도 않는다. 우울증은 자기와 타인의 관계—현재와 과거—가 가장 중요한데, 특히 우울증에서 공통적인 점은 미래에 대해 깊게 생각하기 어렵다는 점이다.

디렉터는 우울한 사람들이 참여하는 심리극의 효율성을 인식해야 하고 그들의 불안과 욕구들을 가지고 작업하기 위해서 신뢰를 방법적으로 전달해야 한다. 치료사의 낙관주의는 존중감이 사라지고 있을 때 고맙게도 기억된다. 그럼에도 불구하고 우울한 사람은 그들의 기분을 변화시키거나 관점을 개선하는 데 큰 어려움을 보일 수 있다. 그러므로 그들은 웜업이 늦고, 그들의 자발성에 접근하기가 어렵고, 심리극의 주인공으로 자원하는 경향이 적다. 우울증은 가끔 부적절한 죄책감의 부담과 연결되어 있고 자발성이 강요될 수 없기 때문에 주인공은 디렉터나 집단에게 어떤 의무감을 느끼지 않고도 잘 해낼 수 있다.

　매우 우울한 사람은 '우울'을 제외하고는 어떤 것에도 쉽사리 그들의 마음에 초점을 맞출 수 없고, 사고나 감정의 자발성은 정지된 상태에 있을 수 있다. 그래서 이러한 정지된 상태가 다른 문제들을 어떻게 가리거나 그것들을 해결하는 방식에 방해가 되는지를 아는 것은 유용하다. 실제로 우울을 훈습하는 것의 앞선 요소와 미래 의미의 검토가 가능하도록 하는 것은, 주인공과 집단의 도움으로 환자의 잠겨진 사고와 감정에 반영되는 만큼 정의함으로써 이루어진다. 역할이론과 사회측정학적 지위에 특별히 관심을 가짐으로써 이런 식으로 대안적인 기술과 정의가 이루어질 수 있다.

　자살이 최소한 두 사람의 사건(죽음의 어느 편에서도)으로서 고려될 수 있는 것과 마찬가지로, 우울 그 자체도 사회측정학적 관점으로 볼 수 있다. 그 밖에 관련이 있는 사람 혹은—이와 동등하게 중요한 것—그 시간에 환자의 조건을 특별히 모르고 있는 사람을 찾아내어 시작하는 것이 도움이 된다. 일단 주인공이 특히 역할바꾸기를 통하여 그들의 생활 속에서 중요한 사람들에 대하여 말하기 시작하면, 다음에 더 기능적인 역할들을 회복할 기회(이러한 것들은 우울증에서는 가끔 매우 부자연스럽다.)는 더 깊은 행위를 위한 자발성에 대해 웜업 과정을 시작하게 한다.

　마지막으로 이러한 것들은 우울증의 심리극에서 기본적 과정과 인간 삶의 의미에 대한 개인적 그리고 임상적 영역 이상으로 나아가는 의미의 수준을 포함하고 있다. 프로이트는 삶이란 어머니와 신생아 사이의 신체적·정신적 결합의 상실의 의미를 넘어서 출생의 순간부터 고뇌의 과정으로 생각될 수 있다고 언급하였다. 만약 그렇다면, 우리의 희망과 절망—그리고 나이가 들어가면서 기대를 하는 것—은 우리 자신의 비탄과 끝없는 투쟁 속의 영고성쇄의 부침으로 볼 수 있다. 진정한 슬픔 속에서, 수용을 통한 절망과 자포자기의 초월, 죽음과 상실의 현실초월은 영혼으로의 통합과 인간의 정신적 성장에 이바지하는 것으로 생각될 수 있다. 삶과 죽음의 진실이 극적으로 우리에게 다가설 때, 그것은―웨일즈의 공주인 다이애나의 죽음과 장례식에서처럼―무대 위에 혹은 삶 그 자체에 존재하게 되며, 집단적 정화는 우리에게 서로에 대한 새로운 의미를 부여하고 삶의 나누기와 수용을 통해 함께 도달하게 된다. 우울증의 심리극은 삶의 극을 반영하며 집단 전체를 치유한다.

심리극 방법의 광범위한 적용

이러한 사례들을 상당히 무작위적으로 선택한 의미는 각 개인의 독특한 삶의 경험을 설명함으로써 하나의 진단 집단을 다루는 데 있어서 심리극의 상이성과 유연성을 보여 주고자 한 것이다. 과정이 전개됨에 따라서 조건의 내재된 측면들이 드러나면서 디렉터는 더 나은 선택을 제공해 주어야 한다. 심리극의 적용가능성에 대한 이러한 지침은 융통성 있게 적용할 수 있는 강력한 방법이 다른 임상적 조건들에 얼마나 효과적으로 적용될 수 있는지를 보여 준다.

요 약

이러한 예들은 심리극이 임상적인 우울증과 다른 임상적 조건들을 함축적으로 다룰 수 있는 몇 가지 방법들을 바로 보여 준다. 그것들은 복잡성이 어떻게 다루어질 필요가 있는지, 그리고 오랜 삶의 문제들이 어디에 포함되어 있는지 시간의 흐름에 따라, 그리고 다양한 관점으로부터 수행될 필요가 있는 작업을 보여 주기 위해서 자세하게 소개되고 있다. 심리극은 사람들이 우울해지기 전에 그들과 함께 작업할 필요가 있다.

참·고·문·헌

Abraham, K. (1924). A Short Study of the Development of the Libido, Viewed in the Light of Mental Disorders. *In Selected Papers on Phychoanalysis.* London: Hogarth Press (1927): 418−501.

American Psychiatric Association. (1994). *Diagnostic and Statistical Manual of Mental Disorders* (DSM IV). Washington, DC: APA.

Freud, S. (1917). *Mourning and Melancholia.* Standard Edition 14. London: Hogarth Press: 237−258.

Holmes, P. (1992). *The Inner World Outside.* London: Routledge.

Lewis, A. (1996). Psychological Medicine. In R. B. Scott (Ed.), *Price's Textbook of Medicine.* London: Oxford University Press.

Moreno, J. L. (1993). *Who Shall Survive?.* Student edition of Moreno 1934, 1953 and 1978, Roanoke, VA: American Society of Group Psychotherapy and Psychodrama, Royal Publishing Co.

Sandler, J. (Ed.)(1988). *Projection, Identification, and Projective Identification.* London: Karnac.

Segal, H. (1975). *Introduction to the Work of Melanie Klein.* London: Hogarth Press.

Starr, A. (1977). *Psychodrama: Rehearsal for Living.* Chicago: Nelson Hall.

14

상호작용의 허용

Ken Sprague

누군가에게 왜 사회적인 문제에 대하여 관심을 갖고, 왜 현재의 상태를 바꾸려고 하냐고 묻는 것은 산악인에게 '왜 에베레스트 산에 오르죠?' 라고 묻는 것과 같다. 그 대답은 아마 '거기에 산이 있으니까요.' 일 것이다. 필자는 첫 번째 질문에 대한 대답도 마찬가지로 사회적인 문제가 거기에 존재하기 때문이라고 답할 수 있다고 본다. 우리는 사회 문제들에 둘러싸여 있으며 그것들은 이 세상을 에덴동산으로 만들기보다는 눈물의 골짜기로 만들어 버린다.

이 세상에서 인간이 이룩한 기술과 과학의 업적은 실로 대단한 것이다. 인간이 종종 미술과 음악에서 최정상을 이룩하지만, 고문과 전쟁에서 나타나는 인간의 잔혹성은 마치 지옥을 방불케 하는 끔찍한 모습을 보여 주고 있다. 그러한 인간의 행동양식은 일상적인 인간관계들 속에서도 잘 나타나 있다.

어떤 사람도, 어떤 국가도 그러한 부패한 씨앗이 없지는 않다. 대영제국이 지구상에서 가장 부유하고 가장 강력한 국가였을 때, 그 정부는

1백만 명에 달하는 자신의 국민들을 아일랜드 감자 기근 때 죽어 가도록 방치하였다. 우리 모두는 아직까지도 그 잔혹했던 기간들에 대한 결과로 고통을 받고 있다.

그러나 변화가 일고 있다. 1997년에는 국민 모두가 다이애나 황태자비의 죽음을 애도하였다. 그것은 필자가 전에 한 번도 본 적이 없고 앞으로도 다시 볼 수 없을 그런 현상이었다. 이 어려운 세상에서 사람들이 구체적으로 무엇인가를 해 볼 수 있는 방법은 극히 드물다. 그러나 다이애나 황태자비의 죽음이 그런 기회를 제공하였다. 사람들은 자신들이 더 이상 그저 요리를 하기 위해 영원히 양배추를 기다리지 않는다는 것을 보여 주었다.

사람들은 좀 더 나은 것, 좀 더 올바른 것, 좀 더 관심 가져 주는 것을 원한다. 그들은 별이나 돌처럼, 모성의 일부이며 그와 함께 진보하는 존재이다. 다른 것들과 구분되는 인간의 독특성은 인간이 꿈을 가질 수 있는 능력이 있고 그 꿈을 위해 행동할 수 있다는 데 있다. 인간은 그들의 후세를 위하여 그들이 살았던 세상보다 좀 더 나은 세상을 꿈꾸고 그것을 이루려고 노력한다. 이것은 다소 지속적인 인간의 습관이지만, 독재자들이 사람들로 하여금 스스로 선택하도록 힘을 주기보다 결정을 내리는 데 목표를 두기 때문에, 이러한 속성은 독재자와 관료주의자들이 경직된 광란의 행위를 하도록 부추겼다. 20세기는 그러한 광기의 표본들이 많이 배출되었다. 히틀러, 무솔리니 그리고 스탈린 등이 마음속에 떠오르는 대표적인 인물들이지만 이 외에도 많은 국가에서 그런 종류의 인물들을 만들어 내었다. 자신을 마치 나폴레옹 황제처럼 추앙하여 스스로 왕관을 쓴 아프리카의 미친 독재자의 경우 다른 나라 사람들에게는 한낱 우스갯소리로 들릴 이야기일지 모르나 당사자인 그 나라의 국민들에게는 우스갯소리로 받아들일 수 있는 문제가 아니었다 (어쨌든, 그가 썼던 왕관은 영국제였다. 제국주의적 관계와 과대망상적 착각은 오랜 기간 이어지지 않는가!).

필자가 만약 천 년의 삶을 살 수 있다면, 아마 필자는 금세기의 4분의 3 또는 모레노 박사의 사상과 행위방법들을 우리에게 이용할 수 있을 정도의 기간만큼 살았을 것이다.

어린 시절 역사를 배우기 시작했을 무렵 필자는 역사학자들에 대해 먼저 배우라는 가르침을 받았다. 그래야 필자는 기대하는 역사가 어떤 종류인지 알 수 있다. 왜냐하면 모든 역사학자들은 주관적인 견해를 가지고 역사를 썼기 때문이다. 그러므로 본론에 들어가기에 앞서 여러분들이 필자에게 무엇을 기대하는지 알 수 있도록 하기 위하여 필자 자신의 역사에 대해 먼저 피력하고자 한다. 필자는 빵집에서 일한 경험이 있으며, 광부, 정치적 행동주의자, 노동조합신문 편집자 그리고 그래픽 예술가로 일해 왔다. 필자는 1980년 심리극 전문가 자격증을 받았으며, 1990년에는 사회극 전문가 자격증을 받았다. 필자는 늘 그림을 그려왔으며, 지금은 예술가로, 심리극 교육/훈련 전문가로 그리고 사회극 전문가로 일하고 있다.

10대 시절 필자는 대부분의 토요일에 런던의 레드 라이언가에 있는 중고책 서점에 들르곤 하였다. 그것은 희끗희끗한 머리에 수염을 뾰족하게 기른 나이 많고 친절한 무정부주의자가 운영하는 서점이었다. 필자가 그곳을 방문할 때마다 우리는 일종의 사회극을 하곤 하였다. 그의 웜업은 낡은 잭 런던(Jack London)의 책들을 모아 필자를 위해 파손된 부분들을 스카치테이프와 누런 종이로 수선해 주는 것이었다. 필자의 웜업은 주로 점심 먹을 돈을 아껴 책의 희소가치에 따라 매겨지는 가격에 해당하는 1실링 또는 2실링 정도의 금액을 지불하고 책을 사곤 하는 것이었다. 우리가 서로 잭 런던의 일화를 교환하면서 행위가 이루어졌는데, 그는 자신의 서점을 모험 가득한 장소나 잭의 책 속에 등장하는 아편 연기 가득한 동굴로 바꾸어 놓았다. 서점의 다른 손님들도 빽빽이 우리의 주위에 모여들었다.

'정화'는 필자가 『쇠굽(The Iron Heel)』과 『재킷(The Jacket)』과 같은 위대한 책을 실제 구입해서 읽을 때 이루어졌으며, 잭이 금전적 고통을 겪던 시절에 급하게 쓴 『큰 집의 귀여운 여인(Little Lady of the Big

House)』의 경우에는 실망스러웠다. 필자가 서점을 나오고 필자의 친구들이 뒤에서 거리가 떠나갈 정도로 큰 소리로 "이 지구상에 존재하는 모든 현상들은 너무나도 가변적이란 사실을 기억해."라고 외칠 때, '나누기'가 이루어졌다.

필자는 그 서점 주인의 목소리와 그의 극적이면서도 당당한 표현을 좋아했으며 그것을 필자의 친구들과 나누었는데 이제는 여러분들과 나눌 차례이다. 또한 필자는 그의 말들이 그때나 지금이나 얼마나 심오한 것이었는지를 깨달았다. 필자에게 그것들은 모레노의 행위 방법의 주춧돌 같은 것이었다.

모레노는 누구인가

모레노는 명성이나 일신의 안락함 같은 것들을 추구한 의사들과는 거리가 멀었다. 그는 혁명가였으나 바리케이드와 피를 부르는 그런 혁명가는 아니었다. 그는 제1차세계대전이 가져온 폭력의 끔찍한 결과를 직접 눈으로 보았다. 그는 비엔나에 들끓던 부질없는 정치적, 사회적 변화를 위한 논쟁을 거부하였다. 히틀러는 자신의 나치이념을 그곳에서 만들고 있었다. 영원한 혁명을 부르짖던 트로츠키는 모레노의 극장 위층에서 살고 있었다.

모레노는 자신의 길을 가기로 마음먹었다. 그가 비엔나 대학에 재학 중이었을 당시 아인슈타인은 그곳의 교수였었다. 비록 모레노가 아인슈타인의 강의를 들은 적은 없었겠지만, 필자의 생각에 모레노는 '정치기관이 정당화될 수 있는 유일한 목적은 개인의 발전을 방해하지 않겠다고 보장하는 것이다.'(Einstein, 1943)라는 아인슈타인의 이념을 공유하였던 것 같다. 이는 모레노로 하여금 그의 철학을 수립하고 그의 아이디어들에 생명력을 부여하는 방법론을 제시하는 기반이 되었다고 믿는다. 그 방법은 개인을 통제하는 시스템에 기반을 둔 것이 아니라 개인들의 적극적인 참여에 기반을 둔 것이다.

시작부터 모레노는 현재의 상태를 의도적으로 바꾸려는 시도를 하였다. 그는 자신이 만약 개인의 건강과 고통을 치료하는 데만 그친다면 자신이 의사라고 불릴 자격이 없다고 생각하였다.

그는 우리들 각자가 자발성과 창조성이란 선물을 갖고 태어난다고 이해하였다. 그는 이 두 가지야말로 개인과 사회 건강의 잠재된 원천이라고 생각하였다. 그는 산업화되고, 이윤 지향적인 사회 구조는 가치가 없거나 인간의 타고난 창조적 잠재력을 자극하는 데 도움이 되지 못한다고 인식하였다. 그러므로 그것을 개발하려면 잠재적인 욕구와 훈련이 필요하다.

'장면'은 제1차세계대전 후의 비엔나였다. 모레노는 전쟁 난민들을 위한 캠프를 세우는 일을 하고 있었다. 그곳에 있는 사람들은 모든 것을 잃은 사람들이었다. 그들은 자신들의 꿈이 산산이 부서지는 것을 목격하였다. 그는 그들이 다시 꿈을 가질 수 있도록 돕고 있었다. 나중에 그는 낮에는 어린이 병원에서 일하고 저녁에는 도시의 매춘부들이 자신들의 보호단체를 조직하도록 도와주었다. 또한 그는 자발성 극장을 세우고 그곳에서 일상적인 삶의 문제들을 실연하고 그에 대해 가능한 해결방법들을 찾기도 하였다.

모든 치유자나 치료사들은, 자신들이 사람들을 회복하도록 도운 다음에 조만간 다시 그들을 병들게 했던 그 장소로 돌려보내야 한다는 모순을 배운다. 모레노는 사회를 치료하고 그 사회 속의 개인들을 치료하는 임무를 맡기로 하였다.

왜 '사회' 극인가

사회극은 집단 중심의 교육방법이다. 우리는 일상적인 상황에서 실수를 했을 때 처벌받을 수 있는데, 사회극은 우리에게 실수에 대한 처벌 없이 상상력을 사용하여 사회극 집단 내에서 삶을 실천하도록 기회를 준다. 사회극의 방법은 집단적 행위와 교육에 있어서 훈련의 장을 제공해 준다. 사회극은 세 가지의 목적이 있다. 즉 '사회적 상황을 좀 더 잘 이해할 수 있도록 하고, 그 상황과 관련하여 자신과 타인의 역할에 대하여 참가자들의 이해를 높이고, 사람들이 어떤 주제에 대하여 자신의 느낌을 표현함으로써 정서적 방출이나 정화를 높이는 것'이 그것이다(Wiener, 1995).

어떤 집단의 사람들이 지역사회의 특정한 문제를 조사해 보고자 왔다. 아마 그것은 스쿨버스 배차나 안전에 관한 문제일 것이다. 집단의 크기는 5명에서 50명이 될 수 있다. 말비나스(Malvinas) 전쟁 동안 필자의 절친한 친구인 달미로 부스토스(Dalmiro Bustos)는 축구 경기장에서, 아들을 전쟁터로 보내고 아들의 소식에 애를 태우고 있던 700명의 아르헨티나인 부모들을 대상으로 사회극적 방법을 사용하였다. 집단의 수는 다양하지만 기법은 기본적으로 동일하다. 집단은 사적인 견해나 승마와 같은 개인의 취미를 단순히 토론하고, 이야기하는 대신에, 사적인 것을 넘어 보다 광범위하고, 보다 보편적인 진실을 찾기 위하여 행위 방법을 사용한다.

사회극은 심리극과 밀접한 연관이 있는데 심리극과 마찬가지로 3단계의 기본적인 구조를 갖고 있다. 이 3단계는 바로 웜업, 실연 그리고 나누기이다.

물론 보통 극이 시작되기 전에 사회극을 계획하고, 참여자들의 관심을 끌고, 장소 섭외 등의 이전 단계가 있기 마련이다. 또한 극이 끝난 뒤에 회기를 평가하고 분석하는 시간을 갖는 것도 좋다.

① 웜업 : 이 단계는 참가자들이 서로에 대해 그리고 새로운 환경에 익숙해지게 한다. 여기에는 두 가지 목적이 있다. 첫째, 집단의 응집력을 높여 성원들이 작업에 임하도록 하고, 서로에게 배우게 하는 것이다. 둘째, 성원들이 솔직히 자신의 의견, 생각, 느낌 등을 자유롭게 표현하고 공격이나 조롱의 두려움이 없는 안전한 장소를 만드는 것이다.

② 실연 : 어떤 사람들은 이 단계를 '행위 단계' 라고도 부른다. 사람들은 세 단계 모두에서 심리적으로 신체적으로 '적극적' 이므로, 필자는 이 단계를 '실연' 이라고 부르는 것을 선호한다.

　무대가 설정되고 장면이 시작된다. 참가자들은 역할을 맡아 연기를 시작한다. 디렉터(때로는 '지도자' 라고 불린다)는 안내자의 역할을 하는데, 그는 고정관념을 가진 역에서부터 전형적인 역할, 재능과 행운을 겸비한 모범적인 역할에 이르기까지 역할의 수준을 좀 더 심화시키는 역할을 한다. 이 단계의 목적은 실연을 좀 더 진보적이고 효과적인 상태로 이끄는 것이다. 다시 말하면, 역할을 맡은 사람들이 성장하고 확장하도록 돕는 것이다. 진지하게 준비하고 훈련하는 것은 디렉터와 집단 모두에게 매우 중요한 일이다. 심리극에서처럼 연기자가 하나의 역할에서 벗어나 다른 역할을 하는 '역할바꾸기' 는 아주 많은 것을 배울 기회를 준다. 역할바꾸기는 방법에 있어서 엔진 역할을 한다.

③ 나누기 : 사회극의 세 번째 단계는 사람들이 무엇을 배웠고 어떻게 배웠는지에 대하여 서로 나누는 것이다. 이런 나누기를 통해 사람들은 극이 진행되는 동안 표현되지 못했던 느낌과 생각을 환기시키고 회기 동안 다른 사람으로부터 배웠던 것들을 표현할 수 있다. 우리는 이 단계를 냉각기라고도 부르는데, 이 기간 동안 참가자들은 행위 동안 맡았던 역할에서 벗어나 다시 본래의 모습으로 돌아올 수 있다.

　인간의 본성에 충실한 행위 방법은 깊은 정서적 느낌을 불러일으키고, 생각을 흐트러뜨리며, 열정적인 경험을 할 수 있게 한다.

　『출처불명의 뉴스(News From Nowhere)』에서 윌리엄 모리스(William Morris)는 자신의 주인공이 집으로 돌아가는 지하철 안에서, 이제 막 참석했던 모임에 대하여 불만족스럽게 자신의 심경을 곱씹는 내용을 표현했다. 주인공은 자신이 아주 멋지게 논쟁하는 모습을 생각하면서 좀 더 재치 있게 말을 돌리고 자기의 의사를 좀 더 확실하게 표현할 기회를 놓친 것을 후회한다. 대부분 우리들도 이런 종류의 내적 갈등과 자기반성을 경험한 적이 있을 것이다. 우리는 우리의 지성과 정서를 불러일으키는 모임에 참석할 때마다 이런 식으로 반응한다. 그러나 문제는 우리가 윌리엄 모리스의 주인공처럼 편안한 지하철 안에서 반추해 볼 만한 시간이 없다는 것이다. 대부분 우리는 상황이 끝나자마자 잽싸게 자동차에 올라타 다른 수많은 차량들과 함께 집으로 돌아가는 데 급급하다. 이것은 위험한 일이며, 그것은 냉정하게 만드는 것이다.

행위-방법을 사용하는 디렉터들은 주인공, 집단 그리고 디렉터의 몸과 마음이 함께 하는 방법을 사용하고 있다. 디렉터들은 비판단적이고 공감적이며 객관적이어야 하지만, 필자는 그들이 몰입되어야 한다고 믿는다. 그들 자신의 경험과 감정은 회기에 중요하지만 적절한 시간에 적절한 장소에서 이루어져야 한다. 적절한 시간과 장소가 바로 나누기 단계이다. 그 외 디렉터 자신에 관한 내용들을 표현하는 것은 방종이 될 수 있다.

'나누기'의 테크닉을 개발하는 데 있어서, 모레노는 독특한 민주적인 방식을 도입하였다. 그것은 집단으로 하여금 먼저 자신들의 디렉터를 보게 하고 디렉터가 자신들과 같은 한 인간이라는 점에 주목하게 한다. 그렇게 해서 모레노는 나누기 단계에서 디렉터의 인생 경험을 나눌 수 있는 기회를 줌으로써 디렉터를 보호하였다.

심리극과 사회극의 차이는 심리극이 개인문제의 근원을 탐색하는 것이라면 사회극은 우리의 집단문제의 근원들이 발생하게 된 (또는 변형된) 배경을 찾는 것이라 할 수 있다. 그러한 변형의 좋은 예로서, 인도네시아의 독재자에게 무기를 공급하는 한 영국 회사 간부가 텔레비전에 나와 자신들을 방어하는 사건이 최근에 발생하였는데, 그가 말한 내용은 다음과 같다. "북아일랜드에서는 동티모르에서보다 더 많은 사람들이 죽어 갑니다. 다른 점은, 동티모르에서는 200명 이상 대량 학살이 이루어지고 북아일랜드에서는 하루에 1명 내지 2명씩 죽어 갑니다." 이는 인간의 고통에 무관심함을 그대로 보여 주는 왜곡의 전형이다. 의심할 여지없이 몇몇 사회학자들은 사회가 앓고 있는 병이 그저 심각한 수위가 아닌 아마도 극에 달했다고 생각할 것이다.

암을 극복한 경험이 있는 필자는 나름대로 이렇게 생각한다. 생명을 위협하는 질병만큼 인간의 마음에 집중하게 하고 삶과 사랑에 대해 탐욕적이게 만드는 것은 없다. 이 세상의 문제점들에 대한 진지한 관심은 우리들로 하여금 21세기를 새로운 희망과 결의를 가지고 맞이 할 수 있도록 도와줄 것이다. 어쩌면 그것은 사회극에 대한 엄청난 기회를 알려주는 것일 수 있다.

'새 천 년을 맞이 하기 위한 긴장' 이란 구절은 최근 긴장감 도는 세계 상황을 표현하기 위해 타임지 기사에서 사용되었다. 그날 밤 필자는 다음과 같은 내용의 악몽을 꾸었다. 필자는 1920년대에 있었던 필자의 출생 장면과 고통의 전망으로 이어져 온 필자의 인생을 보았다. 병사들은 부러져 널브러진 자신의 검들과 함께 전쟁 속에서 죽어 갔다. 그들은 부녀자와 어린이들의 머리 위로 폭탄 세례를 퍼붓는 전투기들로 대치되었는데, 이제 그것은 구에르니카(Guernica)의 폭격 사건 이후로 합법적인 공격 목표가 되었다. 과학자들은 오로지 더 많은 사람들을 죽이기 위하여 광적으로 무기를 개발하고 있었다.

이때 필자는 핵무기들이 수없이 많은 재앙을 초래할 가능성이 있다는 것을 보았다. 덩치 큰 미국인 장성이 소름끼치는 명령을 내렸다. '움직이는 것들은 모두 죽여 버려라.' (Sprague, 1969) 그의 주변에는 베트남 어린이들의 시신이 산더미처럼 쌓여 있다. 필자는 젊은 영국 친구들이 아랍 땅 밑에 있는 '우리의 기름' 을 수호하기 위해 죽어 간 것을 보았다. 유조선 침몰이 바다 밑을 오염시키고 기름이 정제되기도 전에 우리들의 해변을 오염시키는 것을 보았으며, 다만 우리가 타고 다니는 자동차만 남겨져 있는 것을 보았다. 이 차들은 멋진 광택을 내며 도시에 서 있었는데, 거기서 필자는 더 이상 풀 한 포기조차 볼 수 없었다. 수천 명의 노동자들이 공장을 들락거리면서 살상무기를 만드는 데 자신들의 재능을 쏟고 있었다. 실제로 영국의 경제는 그것들에 의존하고 있었다. 외교관들은 이 지구상의 가장 억압적인 정권에게 무기를 팔고 있었다. 필자가 보기에 사람들은 왜곡된 기사와 영어로 머리를 혼란하게 만드는 대중매체로 인해 장님이 되어 버렸다. 내 주위의 모든 사람들은 뇌 세탁이 되어 가고 있었다. 2명의 우리 조종사들이 바그다드에 폭격을 퍼부었다. 우리는 잘 먹고, 잘 입고 있으며 그들의 초음속 전투기에 대해 잘 훈련받은 이 젊은이들이 가난한 어린이들을 위해서 곰인형을 떨어뜨린 것이 아니라는 것을 모른 체하였다.

필자는 땀에 흠뻑 젖어 잠에서 깨어난 적이 있었는데, 그때 걸프전에서 한 번의 급습 직후 발목까지 빠지는 인간 시체 더미들 사이를 비집고 지난다는 서방 기자들의 보도를 들었던 기억이 있다. 시체 더미는 200명 남짓의 사람들로, 남자, 여자, 어린이 그리고 갓난아기였는데, 방공호에서 함께 모여 있다가 영국제 레이저 유도탄 '클린'의 폭격을 맞은 것이었다.

이 모든 학살은 기술이 폭발적으로 증가하는 것처럼 내가 살아 있는 동안 실제로 일어난 것이다. 그것은 그 복잡성으로 우리들 대부분을 휘청거리게 만들었다. 우리는 기술에 중독되어 있으며 기계의 노예들이다. 이제 백과사전의 지식은 우리가 거실에 앉아 버튼을 누르거나 '마우스'를 클릭함으로써 쉽게 얻을 수 있다. 그러나 …… 필자가 꾼 악몽이 주는 메시지는 다음과 같은 것이었다. 즉, 우리가 사람과 사람 간에 혹은 국가와 국가 간에 서로 확실하게 의사소통 하는 데 있어서 보편적인 실패는 주요 문제로 남게 된다. 이러한 문제의 해결은 사회극의 과제로 설명될 수 있다.

우선 사람과 사람 간에 적절히 이루어져야 할 의사소통의 실패를 다루어 보고자 한다. 필자가 꾼 악몽은 국내 문제와 국제 문제들과 관련된 것이었지만 이러한 큰 문제들을 사람 간의 문제들보다 더 중요한 것으로 바라보는 것은 잘못된 것이다. 사람 간의 문제는 모든 문제의 시작이 된다. 필자는 이와 관련된 교훈을 포클랜드 전쟁과 말비나스 전쟁이 끝난 후 아르헨티나에서 돌아오는 길에서 배웠다. 부에노스아이레스에서 필자는 갈등의 문제를 다루는 사회극에 참여하여 우리 '적들의' 눈을 통해 그것을 보았다. 필자는 그들의 고통, 그들의 상실, 그들의 '잃어버린 사람들'에 대해 배웠고, 그들의 분노를 같이 나누었다.

런던으로 돌아와서 필자는 어떤 나이 많은 여성을 대상으로 그녀의 죽은 고양이에 대한 심리극을 실시하였다. 필자는 필자의 이런 관여에 대해 다음과 같은 의문을 가졌다. 즉, 필자는 갈티에리 장군의 독재 정권과 마가렛 대처의 전쟁도발이라는 끔찍한 상황에서부터 일개 고양이의 죽음이라는 하찮은 일에 이르기까지 의문을 갖게 되었다. 이 땅에서 내가 무엇을 할 수 있단 말인가? 회기가 끝날 즈음에서야 필자는 그 죽은 고양이말로 이 세상에서 그녀가 가졌던 모든 것 중에서 가장 중요한 것이라는 것을 충분히 이해하게 되었다. 고통은 자로 잴 수 있는 것이 아니라 개인에게 미치는 그 영향으로 잴 수 있다. 그녀의 심리극 회기에서 우리 모두는 깊은 수준의 인간적인 이해를 나누게 되었고 그로 인해 더욱 유익했었다. 필자의 생각으로는 그러한 종류의 참만남이야말로 사회극의 사명이자 세상을 바꾸는 연결고리이다.

이 사회극의 사명은 소위 필자가 '신선한 사고(green thinking)'라고 부르는 것과 모레노가 의미한 우주적인 남자와 여자가 되는 것이라고 생각하는 2개의 평행적인 과정을 추구하는 것이다. 자연과 조화를 이루며 살아왔던 옛날 사람들, 아시시(Assisi)의 성 프란시스와 같은 사랑, 현 시대의 녹색연합 활동가들 그리고 우리를 21세기로 이끌어 줄 건전한 사상가들은 연속성이 있다.

산림보호나 여우 사냥 금지 같은 것들은 우리가 계속 지지해야 할 캠페인이지만 당장 우리가 수행해야 할 첫 번째 임무는 아니다. 조류와 그들의 서식지 보호 역시 사회극의 이상적인 주제일지라도 마찬가지이다. 우리의 목적은 우리들의 인간성을 수호하는 것인데, 이러한 인간성을 수호하는 것은 우리의 모든 노력이 지속된다면 발전 단계에서 필수불가결하다.

이런 모든 것들이 사회극이라는 제품을 구성하는 원자재들이다. 고통과 학대의 유사 상황들이 우리의 국민 시인인 셜리(P. B. Shelley)로 하여금 이런 말을 하게 만들었으리라 믿는다. '신사 숙녀 여러분, 이것은 아주 잘못된 삶의 방식입니다.'

어쩌면 영국인들은 1997년에 자신들이 토니 블레어와 그가 이끄는 신노동당에게 승리를 안겨 주었을 때 이와 유사한 어떤 것을 표현했는지 모른다. 필자는 그날 승리한 사람들이 토니 주변의 노동자들을 대변하는 사람들이 아니라 장기 집권자들의 천박함과 오만함 그리고 부정부패에 대하여 혐오감을 느낀 대다수의 영국 국민들이었다고 생각한다. 권력이란 누가 그것을 소유하든 부패한다. 지금의 상황은 국회의 울타리를 벗어나 대중의 민주적인 참여를 넓히는 것이 필요하다. 정치, 사회보장 그리고 사회의 소외된 계층에 대한 보조 문제 등은 정치인들 손에만 맡기기에는 너무나 중요한 문제들이다. 그것들은 사람들의 사업이며, 사회극의 '사회' 분야이다.

그러나 왜 사회 '극' 인가

인생 자체는 본질적으로 극적이다. 배우들, 극작가들, 사회극 전문가들, 연극치료 전문가들이 바로 이 극의 산물이다. 그들은 자신들의 수레를 자연스러운 과정으로 이끈다. 즉, 극이 먼저 시작된다. 사회극의 회기에서가 아닌, 실제 인간의 삶에서 그것이 어떻게 전개되는지 예를 들어 보자.

필자는 전에 노스데븐(North Devon) 지방의 터링톤이라는 마을에 있는 커다란 극장의 벽화를 그린 적이 있었다. 주제는 그 지역의 창조성, 관습, 축제, 박람회 그리고 보트경기대회였다. 노스데븐 지방에 있는 모든 마을에서는 1년에 한 번씩 축제가 열리는데, 먼저 그 축제들의 골격을 이루고 있는 영국 역사에 대한 깊은 이해가 없이는 그 주제를 깊게 경험할 수 없다. 영국 역사는 이교도들과 초기 기독교 문화, 교회 정치, 왕정파들과 의회의 싸움 같은 것들로 점철되어 있다. 끊임없이 이어지는 삶과 죽음의 투쟁이 사람들을 함께 묶어 주는데 아마도 이것은 광대들의 무언극 속에 가장 명확하게 나타나 있을 것이다. 벽화를 그리기 위해 필자는 필자 자신이 먼저 광대를 경험함으로써 새로워질 필요가 있다고 느꼈다.

필자는 꽤 많은 광대들의 그림을 그렸는데 그것들은 이제 거의 10년이 넘은 것들이 되어 버려 좀 더 새로운 것들로 교체할 필요가 있었다. 필자의 친구인 샌더스(N. Saunders)가 광대들의 무언극이 도르셋(Dorset)이라는 곳에서 공연될 거라고 알려주었다.

우리는 비 오는 날 밤에 한 외진 마을에 도착하였다. 그곳은 좀 삭막하고 습기가 가득한 왠지 을씨년스러운 느낌을 주는 동네였다. 생활은 중류층으로 좀 케케묵은 분위기였다. 나는 집으로 돌아가고 싶었다. 모직 윗도리 차림을 한 몇몇 사람들이 플라스틱 간이 테이블에 조용히 둘러앉아 있었다. 그 동네 은행의 관리자처럼 보이는 어떤 노인이 일어나 무대 위로 올라가서는 자신이 한 일이 별 도움이 되지 못했다는 것을 사람들에게 사과하였다. 우리들의 마음은 가라앉는 느낌이 들었다. 우리에게 찬송가가 인쇄된 종이를 나누어 주고 다 같이 찬송가를 부르도록 하였다. 하지만 아무도 따라 하지 않았고 어느 누구도 노래를 부르고 싶어하지 않았다. 더 큰 문제는 찬송가가 인쇄된 종이가 선명하지 않아 잘 보이지 않았다는 점이다. 필자 역시 차에다 안경을 놓고 내렸었다. 사람들은 마지못해 힘없이 찬송가를 불렀고 몇몇 젊은이들은 문을 향해 천천히 나가는 모습이 보였다.

바로 그때 갑자기 무언가가 움직이더니 사람들이 소곤거리기 시작하였다. '광대들이 여기 있어!' 장내의 딱딱한 분위기가 일순 사라졌다. 마치 마술 같았다. 목에 리본을 두른 남자 하나가 목마를 타고 테이블 사이를 누비기 시작하였다. 체크무늬의 재킷을 입은 한 남자에게 집적거리기도 하고 쌍둥이 여자들을 툭툭 건드리기도 하였다. 긴장감이 감돌기 시작했고 무언가가 막 일어나려 하고 있었다. 우리는 모두 도전을 받고 있었다.

알록달록한 리본을 두른 남자가 큰 소리로 말했다. "지금부터 이 말은 자기의 남자 친구 생각에 잠 못 이루는 한 젊은 여인을 찾아갈 것입니다." 사람들은 그 사람이 누구인지 알고 있다는 듯이 의미심장한 눈빛을 보냈다. 맨 앞줄에 앉은 커다란 가슴의 성적 매력이 물씬 풍기는 젊은 여자도 그 말이 자기에게로 오리라는 것을 예감하고 있었다. 말은 앞으로 나아가더니 치아가 드러난 예쁜 그 여자 앞에 멈춰 서는 듯하였다. 그녀는 비명을 질렀으며, 우리는 모두 야유를 보냈는데, 목마는 그녀를 지나치더니 맨 뒷줄에 앉은 한 나이 많은 여자를 덥석 끌어안았다.

그 예쁜 여자는 다시 밝은 표정을 되찾았다. 그녀는 사람들 앞에서 당황스러운 모욕을 당하지 않았다. 반면 나이 많은 여자는 지금 이 순간 가장 존경받는 말로 구애를 받은 셈이었다.

청중들이 오만해지고 자기만족을 하기 전에, 말은 다시 한 번 엄마 몰래 식탁에서 설탕을 훔쳐 먹은 어린 꼬마를 찾는다고 소리쳤다. 사람들은 의자 끝으로 몸을 옮겨 앉았으며, 어린이들은 모두 자신은 그 일과 상관없는 척하고 있었다. 그중 맨 앞줄에 앉아 있는 단 한 명의 꼬마만은 예외였다. 금속 테 안경을 끼고 있는 그 소년의 얼굴은 일그러져 있었다. 말은 몇몇 소년들 앞에서 냄새 맡듯 킁킁거리고 있었으나 우리 모두는 안경 낀 꼬마에게로 갈 줄 알고 있었다. 우리들 모두 그 소년의 심정이 되어 그를 보호하고 싶은 충동을 느꼈고 말이 좀 지나치게 군다는 생각이 들었다. 이런 불공평한 일이! 드디어 말이 그 꼬마의 팔을 거머쥐었을 때 꼬마는 완강하게 버텼다. 우리들은 말이 교활하다고 느꼈다. 그 꼬마는 그 순간 우리들의 영웅이었다.

공연과 교육은 계속되었다. 그것은 누구나 다 아는 펀치와 주디(Punch and Judy) 같은 내용의 이야기였지만 좌중의 분위기는 완전히 변하였다. 청중들은 상호작용을 허용하였던 것이다. 그 극은 사람들 개개인에게 접근하여 서로를 감정적으로 연결시켜 주었고 진정한 참만남을 갖도록 조건들을 만들어 주었다. 이전에는 체면, 지위 그리고 수줍음 등으로 각각 갈라져 있던 사람들이 서로 관여하게 되었고 지지해 주는 집단으로 변했다. 이것이 바로 극이 하는 역할이다.

왜 사회극을 하는가

사회극은 지금 필자가 설명하였듯이 상호 간의 연결로 이어지는 접촉을 통해 극적인 과정을 거쳐서 진행되며, 이는 집단이 작업하기에 안전한 환경을 조성해 준다. '그 장소가 안전하다는 느낌'과 그것이 반복할 가치가 있다고 하는 것은, 사람들이 그 과정을 신뢰할 수 있다면 필요하다. 이것은 또한 심리극에서도 적용된다.

사회극의 디렉터와 집단의 과제는 회기의 주제에 따라 교육적 과정으로 이끌어야 하고, 집단의 참여를 증진시키고 그리고 회기의 벽을 넘어 더욱 광범위한 사회적 행위를 할 수 있도록 격려하는 것이다.

사회극은 어떻게 하는가

과거에 필자가 에이즈 문제를 다룬 사회극의 경험을 기초로 예를 들고자 한다. 에이즈가 사회문제화되었던 초기에 무지와 편견으로 인해 그 대상자들이 에이즈에 대하여 두려움과 공황반응을 보인 적이 있었다.

첫 번째 예는 헬싱키에서 일어났던 일이다. 필자의 친구이자 학생이었던 마티 링크비스트(Martti Lindqvist)와 한 회기를 공동으로 연출한 적이 있었다. 그날의 회기는 행위 방법을 활용한 탐색적 모임이라고 홍보되었다. 따라서 그곳에 모인 관객들은 인간에 대해 관심이 많은 사람들로, 주로 사회복지사들, 의사들 그리고 건강관리기관에서 일하는 사람들이었다. 마티는 핀란드에서 3년 연속 베스트셀러 작가 겸 존경받는 언론인이었다. 그는 핀란드 신문에 에이즈 관련 기사를 써서 많은 사람들의 관심과 여론을 불러일으켰었다.

그 회기의 참여자들은 입장할 때 마티의 기사가 복사된 큰 종이를 한 장씩 받았다. 복사된 종이에는 필요할 때 기록할 수 있도록 충분한 여백이 있었다. 모든 사람들은 환영을 받았으며 서로 인사하는 데 너무 많은 시간을 뺏기지 말아 달라는 부탁과 함께, 대신 마티의 기사를 읽고 그에 대한 자신의 생각을 종이의 여백에 적어 달라는 부탁을 받았다. 이로 인해 사람들 사이에는 진지함과 급박함 같은 분위기가 조성되었다.

중앙을 비게 하고 의자들이 원형으로 배치되었다. 그것은 마치 원형극장 같은 모습이었다. 아무도 재촉하지 않았으나 사람들은 서둘러 필기를 마치고 다 쓴 종이를 중앙에 놓은 다음 다들 자리에 앉았다. 그들이 자리에 앉았을 때 종이더미는 쌓였고, 사람들은 자신들의 반응에 대해 서로 이야기하기 시작하였다. 그들은 쌓여진 종이 더미에서 자기가 쓴 것을 제외하고 한 장씩 뽑아 각자의 의견들을 읽도록 부탁받았다. 자원한 한 사람이 서기를 맡았는데 그녀는 각각의 의견들을 커다란 칠판에 적고 같은 것끼리 분류하기 시작하였다. 관객들도 이 의견들을 지식, 개인적 경험, 추측 그리고 편견 등으로 군집화하는 데 합세하였다. 이런 식으로 진행에 초점을 두었다. 점점 원이 없어지고 조그마한 연단이 만들어졌으며 대형 왕관 같은 형태로 의자들이 쌓여졌다. 지금까지의 긴장감 넘치는 절차와는 대조적으로 약간의 유머와 함께 마티가 왕으로 선출되었고, 그가 바로 그 신문 기사의 필자라고 소개되자 대부분의 사람들은 깜짝 놀랐다. 우린 그의 이름을 복사본에서 삭제했던 것이다. 그는 분명히 우리 모두보다는 훨씬 많은 것을 알고 있었으나 의도적으로 질문을 하거나 반론을 제시하거나 어떤 의견을 지지한다든가 하는 것을 피하고 있었다. 이때 디렉터로서 필자는 마티를 위한 이중자아와 질문하는 사람들을 위한 이중자아를 끌어들였다. 이것은 전체 진행절차를 확대해 주었으며 대부분의 사람들이 참여하게 하였다. 늦게 도착한 사람들은 앉을 자리가 없어서 서 있기도 하였고, 다른 사람들이 잘 보이도록 함께 앉기도 하였다. 오른쪽 뒤에 한 남자가 다른 사람들과 약간 떨어져서 서 있었다. 누군가는 소외되고 있었던 것이다.

마티는 작은 무대를 떠났고 왕좌는 치워졌다. 필자는 방금 본 사건에 대해 성원들에게 이야기를 하고, 우리가 집단의 한 성원을 소외시키고 있는 것이 아닌가와 그가 한마디도 하지 않았다는 것을 지적하고, 그가 일부러 그렇게 하지 않았나? 하고 질문하였다. 잠시 침묵이 흐르고 방 안 가득 긴장감이 돌았다. 그때 갑자기 그 남자가 불쑥 앞으로 나오더니 에이즈 감염자와 특히 동성연애자들에 대해 심하게 욕설을 퍼붓기 시작하였다. 그는 결론짓기를 에이즈 환자와 동성연애자들은 모두 핀란드 근해의 무인도로 보내서 그 섬에다 원자폭탄을 투하해야 한다고 하였다. 모두들 충격에 싸여 침묵하다가 분노 섞인 반응들이 나오기 시작했지만 그는 그곳을 떠나지 않았다. 필자는 그에게 그와 같은 생각과 견해를 가진 사람들이 핀란드에 얼마나 있는지 묻자 그는 잠시 말을 잃더니 편견이 덜 섞인 답변을 하였다. 그는 자기가 아는 많은 사람들이 에이즈의 공포에 떨고 있으며 상당히 많은 사람들이 아마도 자기와 같은 생각을 하고 있을 것이라고 말했다. 토론은 계속되었고, 지금 와서 생각하면 이 부분이 실수였다. 디렉터로서 우리는 극적인 행위로 발전시켰어야 했다. 우리는 그가 고립감에서 벗어나도록 지지적인 이중자아를 주어야 했다. 더욱 중요한 것은, 만약 그랬더라면 그것은 모두에게 안전한 환경을 제공하여 우리가 표현하기 무서워하는 두려움을 표출하고 우리가 표현하기에 수치스러운 편견들을 솔직하게 털어놓을 수 있었을 것이다.

이런 방법으로 우리는 우리가 대항하고 있는 현실을 좀 더 충분히 평가했어야 했고 우리 내면의 약점을 직면했어야 했다. 또한, 우리는 너무 거칠지만 그가 경험하였을 공상적 사회계량가(do-gooder)의 진보적 풍토에 근거하여 어느 정도 용기를 가지고 자신을 표현한 사람과 접촉을 가졌어야 했다.

칠판에 쓰였던 내용들이 지워지고 그 집단은 앞으로 해야 할 행동목록을 만들기 시작하였다. 기록은 서기로 자원한 사람과 각 소단위 집단들이 돌아가면서 자기들의 관심 분야나 참여하고 있는 분야별로 나누어서 이루어졌다. 이러한 연속적인 사회적 행위들의 가장 성공적인 부분은 유사한 사회극의 창조에 있었는데, 마티 링크비스트가 실시한 이것은 핀란드 국영 방송에 생방송되었다.

첫 번째 회기와 TV프로그램 모두, 첫 번째 회기는 관련분야 전문가들에게, 두 번째 TV프로그램은 보다 광범위한 일반 시청자들에게 관심을 불러일으켜 사회극을 선전하게 되었다. 두 가지 다 정해진 주제를 가지고 진행된 회기들이었다. 첫 번째 회기는 성공적이었고 아주 높은 수준의 참만남과 보다 진전된 행위들을 연출해 내었다. 참여자들은 자신들이 합심하여 이루어 낸 결과에 만족하였으며 회기가 끝나고 나서도 오랫동안 대화가 이어졌다. 흥미롭게도, 공격적인 견해를 표출했던 그 남자가 필자에게 교통편과 저녁을 제공할 의사를 비쳤다. 우리는 그날 저녁 그의 집에서 그의 부인과 함께 시간을 보내게 되었지만, 그가 그 당시에 그 사실을 몰랐다는 것이 밝혀졌다. 그들의 아파트는 유태 교회 옆에 있었는데 우리들 중 누구도 유태 교회에는 가 본 적이 없었다. 그날 저녁 우리 두 부부는 처음으로 유태교 예배에 참석하였는데, 부인들은 반쯤 가려진 복도 쪽에 앉았고 우리는 남자들과 함께 앉았다. 새로운 문화적 전통에 참여한 우리 두 사람은 에이즈 문제에 대해서도 전혀 다른 정치적, 사회적 견해를 갖고 있고, 둘 다 유태인은 아니지만 서로를 조금씩 좋아하게 되었다. 그날의 에피소드로 필자는 개인적인 접촉이 변화를 만드는 아주 중요한 요소라는 것을 배웠다. 또한 그것은 순수한 참만남 과정의 기본 요인이기도 하다.

두 번째 회기는 호주에서 열렸다. 필자는 여름에 열리는 사회극 강좌에 참여하였다. 와렌 패리(Warren Parry)가 디렉터였다. 자발성의 훈련이 주제였다. 우리는 장면을 선택하고 배역을 정하였다. 우리는 활발한 주인과 걱정 많은 그의 부인 그리고 아주 매력적인 스무살짜리 딸과 술꾼들의 배역을 설정하면서 선술집을 만들었다. 와렌은 우리의 과장

연기를 격려하였고 우리 모두는 틀에 박힌 성격을 가진 인물들을 아주
즐겁게 연기하였다.

디렉터는 이제 우리에게 좀 더 깊이 있는 역할을 하도록 격려하였고,
우리가 원한다면 잠시 그 장면을 중지했다가 다시 우리 내부에 있다고
느끼는 인물로 되돌아가도록 하였다. 고정관념이 사라지면서 평범한
인물들로 바뀌어 갔고, 행위가 진행됨에 따라 전형적인 부부가 되었다.
이 현상은 어머니 역에서 특히 두드러졌다. 즉, 그녀의 역할이 몸가짐
이 헤픈 불안한 성격(고정된 인물)에서 걱정 많은 친구(특정한 인물)의
역할로 바뀌었다. 그녀에게서 마지막으로 가장 두드러진 변화는 한 어
머니에서 보통의 세상 어머니(전형적인 인물)로 바뀐 것이다.

회기는 순조롭게 진행되었다. 극에서 딸의 남자 친구가 도착하였고
그녀에게 주말을 같이 보내자고 제의하였다. 엄마는 허락하였으나 아
버지는 미심쩍어하는 눈치다. 디렉터 와렌이 이 시점에서 끼어들었다.
아버지는 그 젊은 남자가 에이즈에 걸렸다는 사실을 알게 된다. 이 폭
로로 인해 우리들의 자발성은 시험대 위에 올려졌고 그때 이루어진 실
연으로 인해 우리의 교육적 목적은 더욱 확장되었다.

세 번째 회기를 필자는 '생활극(life drama)'이라고 부른다. 그것은 홀
웰이라는 곳에서 일주일 동안에 걸친 워크숍 형태로 이루어졌는데 젤
카 모레노, 머린 피첼, 마샤 카프 그리고 필자도 참석하였다.

일주일 워크숍 중 절반쯤 지났을 때 한 집단성원이 다른 성원에게 워
크숍을 그만두고 그곳에서 떠나도록 요구하였다. 그것은 우리 모두를
깜짝 놀라게 한 충격적인 일이었다. 그 말을 한 여자는 자신은 다른 세
사람의 의견을 전달하는 대변인이라고 하였다. 워크숍 집단은 상당히
큰 규모였으며, 떠나라고 말한 사람들은 그 여자가 에이즈 환자를 간호
해 왔다는 사실을 알게 되었다. 기억할 것은, 그 당시는 '에이즈가 화
장실 변기에서도 감염될 수 있다.'고 믿었던 예민한 시기였다.

집단은 둘로 나누어졌다. 절반은 매우 당황하여 그 성원에게 떠나 달
라고 요구하였고, 나머지 반은 지지적이기는 하였지만 그 문제를 어떻

게 처리해야 할지 모르고 있었다.

머린은 집단에게 잠시 휴식하면서 집단의 입장에 대해 심사숙고해 보고 2시간 후에 다시 모여 사회극적인 조사를 하자고 요청하였다. 필자와 필자의 아내인 마샤는 그 지역의 일반 개업의 모임에 전화를 걸어 에이즈와 관련된 자료를 좀 보내 달라고 하였다. 마침 한 의사가 직접 와서 에이즈에 관한 의학적 지식과 예방법에 대해 간단히 강의를 해 주겠다고 하였다. 다음으로 질문과 대답 시간이 이어졌다. 그때 머린은 편견과 마녀사냥에 대하여 질문을 하였다. 그는 양쪽에 다 적이 되기로 결심하였다. 매우 폭넓은 토론과 실연이 이어졌다. 문제의 그 성원은 사람들에게 에이즈로 죽어 가는 자기의 친구를 간호하면서 겪은 경험과 그 친구에게 에이즈 환자들을 돕기로 한 자신의 약속에 대한 매우 감동적인 이야기를 들려주었다. 이중자아가 도입되었고 역할극의 가설적인 장면들이 이어졌다. 필자의 기억이 정확하다면, 마샤, 머린, 젤카 그리고 필자가 적절할 때 '돌아가면서 진행하는 디렉터', 즉 공동 디렉터를 했던 것 같다.

회기는 성공적이었다. 사람들이 느꼈던 두려움과 분노는 가라앉았고 우리 모두는 에이즈에 대해 교육을 받았으며 집단의 역동을 직접 다루었다. 우리는 또한 집단성원들이 많이 빠진 주말에 개인작업을 하기 위해 미래의 행위목록을 만들었다. 그 회기는 실생활극에 대한 자발적인 반응이었다. 계속 남아 있던 그 남자는 아주 적극적으로 참여하였다.

네 번째 회기는 에이즈에 대한 워크숍으로 홍보되었고 훈련기간 동안 홀웰센터에서 열렸다. 집단은 '사회'를 나타내는 장면을 만들었다. 사회는 의사들, 간호사들 그리고 각자 다른 견해를 가진 성원들로 구성되었다. 한 의사가 에이즈의 희생자로 설정되었다. 그는 간호받고, 동정받고, 소외되고, 욕을 먹고, 보호받는 인물로 그려졌다. 그는 별로 말이 없고 매우 아픈 사람으로, 별로 눈에 띄지 않는 역할을 하였다. 그는 탁월하게 연기하였다. 그 실연은 매우 훌륭했고 의미가 있었다. 필자도 와렌에게서 배운 대로 개입하였다. 필자는 조용히 그 의사에게

'죽으라!'는 쪽지를 전달하였다. 그는 무의식상태로 빠져들었고 침대 위에서 조용히 죽었다. 그 행위와 상호작용은 계속되었으며 극중 간호사(실제도 간호사임)가 그가 죽은 것을 발견하기까지 11분이 소요되었다. 그녀 외에 아무도 그가 죽은 것을 몰랐다. 이때 충격적인 집단정화가 이루어졌다. 우리는 그 당시 사회의 모습을 그대로 반영하고 있었다. 끊임없는 대화, 신문 기사들 그리고 텔레비전 토론이 이어졌으나 수백 명의 사람들이 실제 에이즈로 죽어 가는 것을 알고 있는 사람들은 그리 많지 않았다.

몇 주 후 필자는 비슷한 회기를 사회복지사들과 헤로인 중독자들과 함께 노르웨이에서 개최하여 거의 똑같은 성과를 얻었다. 전부 6회기 동안 필자는 교육적인 성과를 거두었으며 고도의 사회극적인 참만남을 경험하였다.

필자가 생각하기에 참만남이란 사람들이 정서적인 수준에서 만나, 그 상황에 대해 자발적으로 반응하며, 그들 자신을 지금-여기에서 즉시 창조적인 교류가 이루어지도록 개방하는 것을 말한다. 사람들은 교육적인 실연을 하는 동안 마주 보고 같은 말투로 서로 직접 만나게 된다.

사회극의 사명-참만남

필자가 생각하기에 이러한 참만남의 정의는 매우 중요한 부분이며, 창조적인 변화를 가져오기 위한 사회극의 사명에 있어서 첫 번째 단계라고 본다. '참만남'이 이루어지지 않아 발생한 예를 실제의 경우를 들어 설명하고자 한다.

몇 년 전 학생이자 필자의 좋은 동료였던 사람이 곤란에 빠진 적이 있었다. 그는 직업상의 경계가 분명하지 않아 부적절한 행동을 하였는데, 그로 인해 징계조사를 받은 적이 있었다. 상황이 확실하지 않아 조사관들이 작업하는 데 어려움이 있었다. 그 사건은 결론이 나기 전에 당사자가 죽게 되자 종결되었다. 옛 속담에서 "잠자는 사자의 코털을 건드리지 마라!'라는 표현이 적절한 경우였다. 그러나 필자는 이 조사와 관계가 있는 비교적 최근의 사건에 대하여 이야기하고자 한다. 필자는 일련의 사건들로 인하여 필자의 죽은 동료가 살았었고 그의 미망인이 여전히 살고 있는 지역에서 필자가 일하고 있다는 것을 알게 되었다. 필자는 그녀에게 질문할 것들을 작성하여 하루 휴가를 내 그녀를 방문하였다.

그날은 어느 화창한 여름날이었다. 우리는 강가의 한 음식점에서 점심식사를 함께한 뒤 숲 속을 산책하였다. 그녀는 남편을 잃은 슬픔에서 벗어나기 시작하였고 자신의 남편을 죽게 만든(그녀의 말을 빌리자면) 그 조직에 대하여 심한 분노를 표출하였다. 필자는 그녀가 고통스러워하는 것을 보았다. 그러나 한때 필자 역시 일원이기도 했던 그녀 남편의 조직에 대하여 그녀가 다소 불공평한 견해를 갖고 있다고 생각하였다. 가능한 한 친절하게 필자는 그녀에게 말하였다. "당신의 분노는 이해가 갑니다만 당신은 한쪽 입장에만 있는 것 같습니다. 당신의 남편이야말로 한때는 자신의 최악의 적이었을 겁니다. 그는 협조적이지 않았고 위원회의 서한에 대해서조차 답변을 하지 않았습니다." 잠시 침묵이 흘렀다. 그녀는 손으로 입을 막고는 필자를 뚫어지게 쳐다보았다. "오, 맙소사! 제 실수예요. 저는 남편의 건강을 지나치게 걱정한 나머지 남편이 스트레스 받을까 봐 남편에게 오는 편지들을 절대로 보여주지 않았어요. 전 그것들을 남편이 집에 오기 전에 불에 태워 버렸어요!"

이 얼마나 비극적인 일인가! 거기에 참만남이 없었던 것이다. 누군가 그의 집 문을 두드리거나 직접 전화를 걸어 '왜 우리의 편지에 답을 하지 않는 거죠?'라고 물었어야 했다. 그는 아마 '무슨 편지 말씀입니까?'라고 되물었을 것이고 그러면 결과는 달라졌을 수도 있었을 것이다. 이 말뜻은 필자의 친구가 죽음을 피할 수 있었을 것이라는 것은 결코 아니다. 그것은 아무도 모르는 일이니까. 필자가 말하고자 하는 것은 이제 그 미망인은 더 이상 비참해하지 않을 것이고, 필자 역시 더 이상 그 또는 그들의 참만남이 부족하였던 것에 실망하지 않으리라는 것이다.

말 그대로 사랑하는 사람을 보호하고자 하는 한 여성의 인간적인 요인은 이해할 수 있다. 그러나 표면적으로 오만하고 비협조적인 인간의 행위는 위원회로부터의 분노와 정규적인 절차를 촉진시켰는데, 이것들 대부분은 모레노 방법의 원리와 철학을 적용함으로써 피할 수 있었을 것이다. 한 마디로 말해서, 조직의 행위는 정당화될 수 있으나 결코 이런 참만남의 희생을 치러서는 안 될 것이다.

참만남을 가져라

전 세계적으로 사회극은 성장하는 추세에 있다. 사회극이 성장함에 따라 불가피하게 논쟁도 일어나게 되고, 각자의 인격이 실추되며 분열이 일어나게 된다. 그것은 성장에 따른 불가피한 결과이다. 필자는 이것을 많은 국가들에서 경험하였고 필자의 동료들에게 자신의 어려운 문제들을 해결하는 데 사회극의 문제 해결방법을 활용할 것을 강조하였다. 그러나 고백하건대 필자는 필자의 충고가 제대로 실천되지 않았다는 것을 알고 있다. 환자와 내담자들을 대상으로 한 우리의 훈련과정과 우리의 작업에서 그렇게 효과적인 이 주목할 만한 행위 방법이 정작 우리 자신들에게는 왜 사용되지 않는 것일까? 신사 숙녀 여러분, 이것은 바로 셜리가 말한 것처럼 나쁜 삶의 방식이며, 변화가 필요한 시기인 것입니다.

일주일 안에 우리는 사회극이 전세계적으로 정신건강과 창조적인 발전에 기여하고 있다는 증거들을 제시할 수 있다. 사회극에 관련된 자료들은 아주 많이 있다. 필자의 동료이자 전에 학생이었던 론 위너(Ron Wiener) 박사는 『사회극의 활용(Using Sociodrama)』(1995)이라는 책을 저술하였는데, 이 책은 필자가 이미 인용한 훌륭한 책이다. 이 책은 리즈 대학교 출판사에서 저렴한 가격으로 발행되었다. 삭스(J. M. Sacks)와 그의 동료들은 아주 훌륭한 『심리극 문헌목록(Bibliography of Psychodrama)』(1995)을 저술하였는데, 그 안에는 60여 권이 넘는 사회극과 관련된 책과 기사들이 실려 있다. 지금 이 순간 필자의 책상 위에는 『사회적 진단 도구로서의 사회극(Sociodrama as a Social Diagnostic Tool: Our Experience in Paraguay)』(Carvalho & Otero, 1994)이라는 책이 놓여 있다. 이렇게 충분히 많은 문헌들이 이미 나와 있다. 론 위너 박사는 리즈대학교의 후원과 영국심리극학회의 인증을 받아 대학원 과정에서 계속적으로 사회극을 강의하고 있다. 필자는 우리가 사회극 전문가들의 국제 모임도 열게 될 것이라고 믿는다. '사회적 분열에 대한 스톡홀름 집단 컨퍼런스 97' 그리고 많은 사회극/심리극 전문가들이 그 컨퍼런스에서 자문위원회, 조직위원회 그리고 워크숍 리더들로 참여하는 것은 그 진보를 증명해 주었다.

사회극 전문가들의 창조적인 활동이 확대됨에 따라 언젠가는 더 높은 기준과 윤리적인 모형들을 만들 조직이 필요하게 될 것이다. 필자가 제안하는 것은 우리의 방법에 대한 임무가 보다 나은 인간애의 변화를 위한 가교 역할을 하는 '참만남'이 되어야 한다는 것이다.

103번째 켄터버리 대주교인 조지 케리(George Carey) 박사는 최근에 자신의 역할 모델이었던 첫 번째 대주교 성 아우구스틴(St. Augustine)에 관한 글을 썼는데 그 내용 중에 이러한 구절이 있다. "아우구스틴은 조직의 중요성을 알고 있었다. 실제로 그의 업적 중의 하나는 현재 우리의 교구 시스템이 성장할 수 있는 기초를 만들었다는 것이다. 그러나 그는 결코 조직을 임무보다 우선하지는 않았다."(Carey, 1997).

참만남을 즐겨라

마지막으로, 필자가 말하고자 하는 것은 사회극에 있어서 네 번째 목표라고 부르는 것이기도 하다. 물론 이것은 심리극에도 적용된다. 필자는 교육, 치료 그리고 특정한 회기를 통한 부가적인 행위의 측면에서

'목표'를 언급해 왔다.

결코 과소평가 되어서는 안 되는 네 번째의 가능성이 있다. 그것은 즐거움을 실천하는 것이다. 어떤 행위를 하는 데 있어서 어떤 행위를 즐기기 위해 그 행위를 하는 것이야말로 개인의 건강과 사회의 건강을 위해 중요한 요인이 된다.

마지막으로 한 가지 예를 들어 보겠다.

1987년 정월 초하루, 필자는 60세 생일을 맞이 하기 위하여 호주에 있었다. 필자는 영국의 홀웰에 있는 집에서 필자의 가족들과 함께 있기를 진정으로 바랐다. 또한 필자는 새로운 호주 친구들이 거기에서 필자의 가족과 만날 수 있기를 바랐다. 웨슬리센터(Wasley Center)의 디렉터인 톰 윌슨(Tom Wilson)이 해결책을 찾아 주었다. 그는 회기 하나를 만들어 그 속에 우리 집 주방을 만들고 필자의 아들들, 딸들, 아내 마샤 그리고 어머니와 아버지를 등장시켰다. 필자의 여동생네 식구들도 있었고, 사별한 필자의 첫 번째 아내와 뇌손상으로 이미 이 세상을 떠난 우리 아이도 있었다. 오래 전에 헤어진 친구들도 등장하여 필자의 새로운 호주 친구들인 웨슬리센터 사람들과 만났다. 그래서 우리는 '무도회'를 열었다. 필자를 위한 심리극은 호주 친구들이 그들의 가족을 소개시킴에 따라 우리 모두를 위한 사회극이 되었다. 그때의 목표는 즐거움이었다. 그 뒤로 이어진 생일 파티는 너무나도 훌륭하고 웃음 가득한 즐거운 것이었다.

물론 다음 날, 우리는 서로 '참만남'을 진행시켜 감에 따라, 교육, 치료 그리고 미래의 행위가 드러났지만 그것들은 결코 우리가 의도적으로 찾으려고 했던 것은 아니었다. 그것들은 그러한 상황에서 자연스럽게 얻어진 보너스였다. 필자는 그러한 기쁨을 진정으로 권하고 싶다.

참·고·문·헌

Carey, Dr. G. (1977). The Saint I Seek to Follow. *Weekend Telegraph*, 29–30 March.

Caravalho, E., & Otero, H. (1994). Sociodrama as a Social Diagnostic Tool: Our Experience in Paraguay. *Journal of Group Psychotherapy*. Winter.

Einstein, A. (1970). A collection of photographs and quotations issued by the San Francisco Museum of Science.

Morris, W. (1970). *News from Nowhere*. London: Routledge and Kegan Paul.

Sacks, J. (1995). *Bibliography of Psychodrama*. Psychodrama Centre of New York.

Sprague, K. (1969). *Arrogance of Power*. Folio of prints and quotations issued by the Molehill Press.

Wiener, R. (1995). *Using Sociodrama*. Department of Adult Education. University of Leeds.

15

심리극과 연극치료의 관계

Dorothy Langley

닭이 먼저냐 달걀이 먼저냐? 심리극과 연극치료 간의 토대와 관계는 앞의 수수께끼 같은 질문에 대한 답과 같이 복잡하다. 이 두 치료의 형식은 서로 얽혀 있고 그 근원도 모호하다. 모레노가 심리극을 만들어 낸 것은 분명하다. 우리는 모레노가 심리극을 연극적인 표현에 기반을 두었다는 것을 그의 저술을 통해 알 수 있다. 연극치료 역시 연극적 과정에 근거를 두고 있고, 그 과정의 치유력은 모레노가 그 잠재력을 알기 훨씬 이전에 알려진 것이다. 모레노가 강력한 치료방법을 만들기 위해 그러한 요소를 이용했으나, 극에서 치유는 수세기 전부터 알려진 것이다(Jones, 1996: 46). 두 치료 모두 극을 변화의 매개체로 이용한다. 이 장에서는 몇 가지 치유적 측면인 정화, 은유, 제의식, 역할, 그리고 연극에 대해 알아보도록 하겠다. 그리고 심리극과 연극치료에서 그것들을 어떻게 활용할 수 있을 것인지 살펴보겠다.

정화

정화라는 말은 원래 신체적인 세척을 의미하는 것으로, 아리스토텔레스(1992: 11)가 극 상황에 처음 사용하였는데, 그는 이를 그리스 극장에서 관객의 정서적 반응과 관련지어 사용하였다. 비극적인 연극을 보면서 관객은 배우가 연기하는 사건과 감정에 대신 빠져들어 분노, 눈물 또는 웃음이라는 정서적인 표현을 하게 된다. 극이 끝난 후 관객은 마음이 좀 편안해지는 느낌을 가지는데, 정화 또는 감정의 홍수는 그들의 모든 고통, 슬픔, 그리고 스트레스를 씻어 내는 느낌을 갖게 한 것이다.

모레노는 정화라는 개념을 심리극 과정의 부분으로 사용하였다. 아리스토텔레스는 정화의 마지막 단계에 초점을 둔 반면, 모레노는 초기 단계에 관심이 있었다(Moreno, 1946/1980: 14). 그리스 극장의 관객과는 달리, 심리극에서는 관심의 중심에 행위자 또는 주인공의 정화가 있다. 심리극 관객은 나름대로의 감정을 경험할 것이고 이는 나누기 단계에서 나타난다. 키퍼는 모레노가 두 가지 종류의 정화, 즉 주인공의 행위정화와 동일시를 통해 경험되는 통합정화를 기술하였다고 한다(Kipper, 1986: 15).

한때는 분노나 슬픔을 크게 표현하는 것이 효과적인 정화라고 믿었던 때도 있었다. 이 잘못된 생각이 1950년, 60년대에 상당한 편견을 불러일으켰다. 그 당시 필자가 일했던 병원 직원들의 일반적인 정서는 '이러한 모든 정서적인 것은 위험하다.'는 것이었다. 이후 정서적인 분출이 좀 더 수용되긴 했지만, 여전히 조절되지 않은 행동이라는 부정적인 느낌의 '행위화'와 관계가 있는 것으로 보았다.

필자가 경험을 통해 배운 것은 바뀐 얼굴 표정이나 신체적 표현도 시끌벅적하게 폭발하는 것만큼 주인공에게 가치 있는 정화적 반응이라는 것이다. 정화 그 자체는 목표가 아니라 목표로 가는 하나의 수단이다. 정화는 '지금-여기'의 감정을 명료화하고 주인공이 앞으로 나아가도록 하기 위하여 군더더기를 제거하고 정서적 수로를 깨끗하게 한다. 예를 들면, 이는 주인공이 과보호적인 어머니에 대한 분노 감정을 빼내도록 할 때이다. 분노를 표현할 때, 주인공은 어머니를 직면할 수 있고, 자신이 손해를 입어 온 거라는 잘못된 느낌에 대해 분명하게 말할 수 있고, 상황에 대해 새롭게 조망할 수 있으며, 이전에 억압된 감정에 빠져서 생각지 못했던 대안을 떠올릴 수 있게 된다.

심리극에서 항상 정화가 필요한 것은 아니며 정화가 없다고 치료적 효과가 덜한 것도 아니다. 젤카 모레노는 홀웰의 워크숍에서 필자에게 결론짓기를 "주인공은 디렉터에게 반드시 정화를 보여 주어야 하는 것은 아니다."라는 것이다. 그러나 켈러만은 참여자들이 지각한 치료적 요인에 관한 연구에서 정서적 제반응이 행동학습보다 더 도움이 되었다고 순위를 매겼다(Kellermann, 1987: 408-419).

정화가 일어날 수 있다는 것을 인정하지만, 연극치료는 이를 강조하지는 않는다. 전체적 정서경험은 중요한 것이다. 존스(Jones, 1996: 99)가 핵심과정에 대한 그의 글에서 정화를 기술하지 않은 것이 흥미롭다.

은 유

우리는 어떠한 정서나 대상을 표현하기 위해 가공물을 상징적으로 사용하는 데 익숙하다. 예를 들어, 십자가가 달린 보주나 홀은 왕권을 나타내는 상징이다. 은유란 현실과는 좀 떨어진 것으로, 그 대상을 '마치 ~인 것처럼'으로 기술하기 위하여 한 단어를 사용한다. 예를 들면, '그는 성난 황소다.'와 같은 말이다. '그는 성난 황소 같다.'라고 말하는 것은 그 사람을 강조하는 비유이다. '그는 ~이다'라는 은유적 진술을 사용하기 위해서는 당신이 동물이 아닌 사람에 대해 이야기하고 있다는 것을 모든 사람이 알고, 성격을 강조하는 것이 아니라 표현된 질을 강조할 때 가능하다. 존스는 그것이 둘 사이를 연결하는 각각의 공통된 특성이 있다고 말한다(Jones, 1996: 222). 제인스(Jaynes)는 은유란 익숙하지 못한 것을 익숙한 것으로 대치하여 이해하는 하나의 수단이라 하였다(Jaynes, 1990: 52). 그는 우리가 설명할 수 없는 것을 설명하기 위하여, 그리고 이해력을 높이기 위하여 실제로 존재하지 않는 이미지를 만들어 낸다고 말한다.

그레잉거(Grainger, 1990: 101)는 연극치료가 '인간 경험의 보이지 않는 특성을 표현'하기 위하여 행위화된 은유를 사용한다고 말한다. 그 행위는 이해가 되도록 보여야 한다. 볼튼(Bolton, 1979: 128)은 극은 은유이며, 이 두가지, 즉 극과 은유는 동의어라고 말한다. 그는 극적 놀이의 기능으로서 '그것이 지금 나에게 일어나고 있다.'는 경험이라고 기술한다(1979: 54). '마치 ~인 것처럼'이라는 요인은 연극치료나 심리극에서 모두 중요하지만 은유에 대한 해석은 서로 다르다.

심리극에서 은유는 분명하다. 무대를 사용하는 것은 관객이 있다는 것을 의미하고, 아리스토텔레스가 '의혹의 만연(suspension of disbelief)' (Jones, 1996: 44)이라고 칭했던 것을 적용한 것으로, 이는 분명히 은유를 필요로 한다. 관객은 무대 위에서 행해지고 있는 이야기의 사건이 지금-여기에서 실제 일어난 것이 아니라는 것을 알지만, 그것이 마치 일어난 것처럼 믿을 수 있다. 실연은 현실이며 그 순간에 일어나고 있는 것이다. 그래서 진실을 경험하는 것이다.

심리극은 집단 내의 한 개인과 그의 특별한 문제에 초점을 둔다. 심리극의 전 과정은 이 주인공의 관점을 통해 나타난다. 집단은 보조자가 되어 주인공 행위 내에 있는 역할들을 맡음으로써 돕는다. 다른 집단성원들은 이 문제들을 나눌 수 있지만, 마지막 '나누기' 단계 전까지 그것을 말하지는 않는다. 주인공의 내적인 생각, 감정 그리고 통찰이 전부 표현됨으로써, 다른 집단성원들은 명확하게 이해한다.

연극치료는 연극의 구조를 반드시 사용할 필요는 없다. 연극구조를 사용할 때는 은유로서 이미 알려진 이야기나 각본을 사용할 때이다. 라하드(Lahad, 1994: 180)는 은유로서 옛날이야기를 사용하는 것이 심리극과 연극치료의 차이라 한다. 그에 의하면 연극치료 전문가는 필요한 인물과 역할을 파악하여 선택하거나 은유를 통해 전체적으로 작업하는 사람이라고 주장한다. 그러나 심리극 전문가는 이 동일시가 분명하기 때문에 선택할 필요가 없다.

연극치료에서 연극을 사용하지 않는다면, 한 사람이 내놓은 문제를 행위화할 수 있지만 모든 집단성원들은 개인적 수준에서 작업을 한다. 역할극이나 즉흥극은 은유를 창조하기 위하여 적용된 수단일 수 있지만, 개인적 차원에서 이루어진다. 각 집단성원이 역할을 선택하거나 배정받고, 자신이 바라는 대로 연기하는데 치료사는 거의 개입하지 않는다. 이러한 모델에서는 은유를 해석할 필요가 없다. 가끔 행위의 은유적 내용을 인식할 필요 없이 집단이 스스로 반영하도록 허용하는 것이 더 치료적일 수 있다.

서틀워스(Shuttleworth, 1985: 5)에 의하면, 연극치료 전문가는 은유를 해석해서는 안 되며, 다른 집단성원들이 이를 설명하도록 해서도 안 된다고 한다. 심리극에서 그것은 불가피하다. 보조자가 자신이 연기한 역할의 경험에 대해 나누기를 할 때 그들은 은유를 설명하게 된다.

필자의 경험으로, 다음 내용 중 한 가지 이상이 보이지 않는다면 집단에게 은유를 인식하도록 하고 그것이 개인들에게 무엇을 의미하는지 숙고해 보도록 하는 것은 매우 중요하다는 것을 알았다.

① 집단성원들이 은유의 의미를 이해할 정도의 지적 능력이 부족하다.
② 집단성원들이 내적 세계와 외적 세계에 대한 혼동으로 은유과정을 개념화할 수 없다(예컨대, 정신증, 혼란상태, 치매).

필자의 생각으로 은유의 주된 치료적 가치는 반영적 과정에 있는 것 같다. 반영이 의식 수준에서 이루어질 수 있다면, 획득된 통찰은 재빨리 동화될 수 있다. 그것이 불가능하다면, 무의식 수준에서 일어날 수 있으며, 오랜 기간이 걸릴 수 있다. 심리극과는 달리, 개인이 그것을 언어화하지 않는다면 해석은 다른 집단성원들에게 분명하지 않다.

심리극은 어느 정도의 인지적 이해와 참여를 필요로 하는데, 연극치료는 인지 능력이 심하게 제한되거나 손상된 사람들에게 더 적절한 과정이다.

본질적인 차이는 연극의 은유를 볼 수 있고 들을 수 있다는 것이다. 연극치료의 은유는 정서적으로 경험하는 것이며 외부 세계를 당장 분명하게 하지는 않는다.

역 할

연극에서 유래된 '역할'이라는 용어는, 배우가 하고자 하는 말을 적어 놓은 두루마리를 의미한다. 나중에 사회학자들이 사회 내에서 개인의 위치를 기술하는 데 이 말을 가져다 사용하였다. 두 영역 모두에 관심이 있었던 모레노는 둘 모두를 포함하는 역할이론을 개발하였고, 이를 세 가지 주요 범주로 나누었다. 우선 숨쉬는 자, 먹는 자, 잠자는 자와 같은 신체적 역할은 신체적인 것으로 처음 경험하는 것이다. 영웅, 탐험가, 영화배우 등과 같은 심리극적 역할은 상상과 환상을 통해 발전한다. 직업, 가족, 친구 등과 같은 사회적 역할은 제일 늦게 얻어진다. 역할 범주들 간에 갈등이 나타날 수 있는데, 즉 밤중에 아이가 깰 때 잠자는 자(신체적)의 역할과 어머니(사회적)의 역할 간에 갈등이 생긴다. 갈등은 동일 범주 내에서도 일어날 수 있다. 예컨대, 딸의 역할이 부인의 역할과 갈등이 일어날 때 말이다. 모레노는 역할이 먼저 존재하고 개인은 자신이 다른 사람에 의해 실연된 역할을 지각한 것으로 그 역할을 취한다고 주장하였다. 예를 들어, 어머니의 행동은 그 역할에 대한 딸의 지각을 결정하고 어머니로서의 이후 행동을 결정한다. 역할은 학습되고 정정될 수 있으며, 포기, 상실, 수정 또는 재정의될 수 있다(Blatener & Blatener, 1988: 105). 모레노는 역할을 상호작용하는 것으로 보았고, 대부분의 역할은 다른 역할과의 관계에서만 존재하는 상대 역할이 있다고 보았다. 즉, 학생은 교사의 상대 역할과의 관계에서 존재한다.

모레노는 사람들이 보다 많은 역할을 할수록 그의 삶의 질이 높아진 다고 믿었다. 심리극은 모레노의 역할이론에 근거하며 현재의 역할들을 확장하고 새로운 역할들을 창조하는 것을 목표로 한다. 그리고 예전의 역할과 현재의 역할에 대한 개인의 지각을 재평가하려는 것이다. 이렇게 하기 위하여 개인은 이 역할이 어떻게 생겨났는지 살펴보아야 하고, 모레노(1946/1980: 55)가 이야기한 원상태나 원장소를 알아야 한다.

베넷(Bennett, 1977: 119)은 어떤 역할에서의 수행은 다음과 같은 내용이 필요하다고 한다.

- 수행의 기대에 대한 지식
- 그것을 수행하는 데 필요한 기술
- 그것을 실행하기 위한 동기

심리극은 이 세 가지 경험이 가능하다. 심리극의 행위에서 주인공은 최근의 문제를 내놓는데, 이는 역할과 반드시 관련 있는 것은 아니다. 디렉터는 주인공이 역기능적이거나 과다한 역할을 확인하도록 도우며, 일련의 실연을 통해 그 역할이 생겨난 장면으로 돌아간다. 과거의 감정이 되살아나고 정서적 반응이 나타날 수 있다. 이때 탐색을 통해 주인공은 현재의 역할을 재평가하거나 필요하다면 좀 더 효과적인 역할을 창조할 수 있다. 주인공은 새로운 역할을 시도해 볼 수 있고, 역할훈련 과정을 통해 성공적으로 운용하는 방법을 배우기도 한다. 클레이튼은 다른 치료모델을 통합하는 역할훈련체계를 기술하였다(Clayton, 1994: 143). 그는 역할훈련과 심리극을 구별하였는데, 역할훈련은 단일역할이나 어떤 역할의 한 가지 측면에 초점을 두고, 이를 구축하는 데 목적이 있다.

심리극에서 환상이 웜업으로 그리고 행위 안에서 사용되긴 하지만, 궁극적으로 주인공은 자신의 삶에서 그의 실제 역할을 가지고 작업할 것이다.

랜디는 내담자가 전적으로 환상적 역할을 통해 작업하는 연극치료 역할 모델을 만들었다. 그는 한 개인이 연극적 그리고 치료적 행위자라는 '나'와 '나 아닌 것'의 역설을 받아들이는 위치에 치유잠재력이 있다고 보았다. 그는 내담자가 '존재'와 '비존재'(현실과 상상) 사이에 있다 해도 내담자가 치료적으로 작업할 수 있다고 주장하였다(Landy, 1993: 46). 내담자들이 확인된 역할 내에서 작업하더라도, 그 과정은 내담자들이 이해하도록 돕는 반영을 하는 동안 역할의 안팎을 넘나들도록 해 준다. 그는 역할에서 작업하는 방법, 하위역할을 확인하는 방법, 역할의 질과 대안을 탐색하는 방법을 기술하였다.

제닝스는 우리의 모든 감각과 사고를 보증하는 것은 극적 역할이나 장면의 체현이라고 한다(Jennings, 1992a: 5). 그녀는 연극 리어왕을 '치료적 여행'의 시리즈로 사용한 것에 대해 기술하였다. 리어왕을 통해 적절한 주제, 역할 그리고 시나리오를 선정하였을 때, 그녀는 인물과 상황을 파악할 수 있는 여러 집단과 함께 작업을 하였다. 그녀의 의도는 반드시 치료적일 필요는 없었다. 그녀는 그들의 내담자를 좀 더 이해하도록 하기 위하여 직원을 돕는 연극을 사용하도록 기술한다.

연극치료의 역할방법에 대한 논의에서, 멜드럼은 세 가지 역할유형, 즉 생물학적 역할, 직업적 역할, 사회적 역할을 기술하였다(Meldrum, 1994: 77). 그녀는 이 모델 내에서 작업하는 연극치료 전문가는 내담자의 역할뿐만 아니라 자신의 역할 범위를 알게 될 거라고 하였다. 내담자가 자신의 현재 역할을 수행하는 데 좀 더 효과적인 방법을 찾고 자신의 역할 목록을 확장시키기 위하여 연극게임, 스토리텔링, 역할극, 대본 등을 사용하도록 권했다.

심리극과 연극치료에서 치료사의 역할을 알아보는 것은 중요하다. 심리극 전문가는 디렉터라고 부른다. 디렉터는 행위를 전체적으로 개관하고, 심리극이 진행되는 동안 주인공을 안내한다. 디렉터는 심리극이 진행되는 동안 무대 위에 있거나, 그 행위 곁에 머물며(Moreno, 1946/1980:

256), 치료적 수행뿐만 아니라 미적 수행에도 책임이 있다. 야브론스키는 디렉터란 회기의 최고 조정자이며 촉매라고 본다(Yablonski, 1981: 111). 그 외에 할 수 있는 역할이 무수히 많지만, 디렉터는 자신의 능력, 주인공의 요구 그리고 상황을 고려할 필요가 있다. 또한 그는 보조자나 주인공의 '이중자아'를 선택할 수 있고, 심리극 내에서 어떤 역할을 맡을 수도 있다고 한다.

켈러만은 심리극 전문가에게 요구되는 역할에 대한 모레노의 설명을 수정했다(Kellermann, 1992: 46). 디렉터의 역할이란 분석가, 연출가, 치료사 및 집단지도자의 네 가지가 서로 관련된 역할이라고 제안하였다. 이러한 역할들은 실제적인 것이며 연극적 역할은 디렉터에 포함시키지 않았다.

랜디(1992: 98)는 집단에서 연극치료 전문가의 역할을 농구 코치에 비유하여 설명하였는데, 그의 역할은 집단으로 하여금 자신의 사회적 역할을 알도록 하는 전략을 발견하도록 돕는 것이 목적이다. 그는 밀착의 정도나 분리의 정도에 의해 인간관계를 볼 수 있다는 미적 거리의 중요성을 강조하였다. 멀리 떨어져 있는 사람은 차갑고 자기–방어적이며, 너무 밀착되어 있는 사람은 지나치게 흥분하고 상처 입기 쉽다. 이상적인 것은 균형을 유지하는 것이다. 그는 대부분의 치료사들의 역할이 꽤 거리를 유지한다고 보았는데, 그러나 연극치료 전문가들의 역할은 보다 유연하다는 것을 알게 되었다. 랜디도 다른 치료사들처럼 내담자들의 역할극 내에 있는 극적 역할에 참여한다. 그는 참여하는 연극치료 전문가는 유연성이 필요하다고 기술한다(Landy, 1992: 101). 치료사와 내담자 간의 경계를 만드는 역할을 선택하고 균형 있는 거리를 유지하는 것이 필요하다. 역할극에서의 관여가 일대일 치료에서 더 흔한 일이지만, 집단 장면에서도 가능하다.

존슨(R. Johnson, 1992: 112)도 같은 책에서 연극치료 전문가 '내 역할(in role)'에 대해 기술하였다. 그는 세 가지 주요 역할을 확인하였는데, 즉 전이 인물로서의 심리적인 역할, 극의 등장인물로서의 극적 역할 그리고 치료사로서의 사회적인 역할이다. 그는 또한 연극치료 전문가에게 가능한 몇 가지 참여양식을 작성하였는데, 이는 증인이나 거울, 연출자, 보조 코치, 지도자, 안내자, 무당과 같은 것이다. 개인 연극치료 전문가는 집단의 요구, 능력, 한계 및 상황을 고려하여 역할과 양식을 선택할 것이다.

연극치료 전문가는 극의 배치에서 역할, 구조 및 참여방법 면에서 폭넓은 선택을 할 수 있다. 연극 구조 안에서 작업하는 심리극 전문가도 다양한 역할을 할 수 있지만, 개입의 방법은 그 구조 때문에 매우 제한되어 있다. 체스너(Chesner)는 이들의 치료적 역할을 비교하였다(1994: 130). 두 치료 전문가 모두 공감을 필요로 하고 집단 전체와 조화를 이루어야 한다. 심리극 전문가가 지도 해독자, 안내자 및 연출자인 반면, 연극치료 전문가는 극적 구조를 제안하고 집단이 탐색하도록 안내한다. 결론적으로 심리극은 좀 더 지시적인 접근이며, 연극치료는 덜 지시적이라는 것이다. 체스너는 두 분야에 개인차가 있다고 하였다.

필자가 보기에 '주인공-중심'의 접근이 심리극 전문가들에게 점점 더 대중적인 것 같다. 필자의 개인 작업에서, 필자는 주인공을 이끌기보다 주인공을 따라가는 방법을 개발해 왔다. 그럼에도 불구하고, 디렉터로서 필자는 무대 위에 있고 확고한 입장에 있다. 모레노(1946/1980: 256)는 디렉터를 위한 3가지 입장을 제안하였지만, 그것들을 너무 엄격하게 붙들지 말라고 주장하였다. 필자는 디렉터가 무엇보다 장면을 설정하고, 보조자 사용을 제안하고, 미적 표현을 확실히 하고, 행위를 안내하고 그리고 전 집단에게 안전한 환경을 제공하는 데 책임이 있다고 본다. 연극치료 전문가로서 필자는 때때로 이러한 모든 과업에 책임이 있지만, 행위의 중심에 있지 않고 측면에서 작업한다. 이상적인 방법은 집단이 자신의 구조를 결정하고, 자신의 즉흥성을 발휘하며, 아이디어를 따라가면서 개인적으로 또는 집단으로 작업하는 것이다. 필자는 다만 안전하게 하고 그것이 기능하도록 필요한 경계들을 유지시켜 주면 된다. 필자가 느끼기에 어떤 역할에서건, 필자가 덜 개입할수록 집단은 자신의 치료사로서 더 활발히 행위한다는 것이다.

연 극

모레노는 연극이 아리스토텔레스가 정화효과라고 이야기한 때부터 치유와 연관되어 왔다고 하였다(Moreno, 1946/1980: 14). 웨스커는 연극이 행위자에게 어떻게 치료적일 수 있는지를 설명하였다(Wesker, 1993). 무대 양옆의 아치는 치료적 잠재력을 지니고 있다. 존스는 좀 더 최근의 치료적 연극과 연극치료의 발달에 대해 살펴보았다. 그는 연극적 기법의 영향 그리고 연극치료, 병원연극 및 교육적 극 간의 관계를 알아보았다(Jones, 1996: 53~70).

아르또는 치료적 연결고리를 제공하였다. 그는 연극이 실제로 인물을 정의하고 갈등을 해결할 수 있는지 의문을 가졌는데 나중에 연극의 진정한 목적은 "비밀스러운 진실을 객관적으로 표현하는 것"이라 하였다(Artaud, 1977: 30, 51). 이 비밀스러운 진실이 내담자의 내적 세계라고 한다면, 여기에 행위자와 관객 모두에게 주관적인 문제를 객관적으로 보게 한다는 측면에서 연극의 치료적 가치가 있다고 본다.

연극과 극본이 우선시되었던 방법에 대한 모레노의 불만은 그의 『자발성 극장』(Moreno, 1946/1980: 39~40)과 궁극적으로는 심리극을 자극하였다. 연극치료와 심리극의 근본적인 차이 중의 하나는 심리극이 연극적 구조를 갖고 있다는 사실이다. 연극치료는 치료사가 연극을 사용하기 위하여 선택할 수 있지만, 어떤 구조가 없다.

몇몇 연극치료 전문가들은 연극치료의 연극모델을 사용한다. 연극치료를 배우는 학생들을 대상으로 한 워크숍에서, 멜드럼은 연극에서의 연극모델과 연극치료에서의 연극모델을 확인하였다. 그녀는 보통 각본을 사용하고, 연극집단과 같은 방식으로 작업을 한다. 그녀는 의도를 가지고 이 두 가지를 구별한다. 연극집단의 텍스트를 탐색하는 의도는 공연을 향상시키는 것인 반면, 연극치료 집단은 치료적 변화를 이끄는 개인적 통찰을 얻기 위해 텍스트를 탐색하는 것이다(Meldrum, 1995: 1).

앤더슨-와렌은 멜로드라마를 상연하면서 병원을 중심으로 연극치료를 하는 지방연극단체와 함께 협력해서 작업하는 연극치료 전문가와 간호사들에 대해 기술하였다. 그녀는 이것이 치료를 하는 중에 연극이 있는 것이 아니고, 연극적 구조를 적용하는 가운데 치료가 있다고 주장한다(Anderson-Warren, 1996: 133). 멜드럼의 연극모델과는 달리, 이 작업은 관객 앞에서 상연할 때 최고조에 다다른다. 전문극단의 참여는 치료적 투입의 범위에 다른 차원을 부가한다. 극단의 배우는 보조치료사로서 기능하며, '연극적 구조의 적용'에서 그들의 기술을 제공한다.

미첼(Mitchell)은 외래치료환자를 대상으로 한 연극치료에 대해 유사 연극모델을 기술하였다(1992: 51). 그로토우스키(Grotowski)의 작업에 대한 그의 연구를 통해 그가 배운 과정에 대한 방법에 근거해서, 그는 자발적인 활동을 위한 구조를 만들었다. 극의 제의식적인 요소를 강조하고, 집단성원들에게 사건 결과에 대한 자신의 아이디어를 제공하도록 격려한다. 이는 연극의 '무대 앞 아치'의 형식과는 매우 다른 것이지만, 정해진 각본과 양식화된 연출에서 벗어나려는 시도 자체가 가치 있어 보인다.

필자는 정신병원에서 어느 정도 성공적이었던 대본연극을 가지고 상연한 간호사와 연극치료 전문가에 대하여 다른 책(Langley, 1982: 24)에 기술하였는데, 이는 즉흥적 탄생연극으로 이어졌다. 이 집단은 오랫동안 사용되지 않았던 음악과 공연기술을 보여 주었다. 그 결과, 그들은 소품, 노래 그리고 만담으로 구성된 콘서트를 연출하도록 자극을 받았다(우울에서 막 빠져나오려는 사람에게는 아주 적절하지 않을까!). 집단은 정신병원에 장기 입원한 환자들이었고, 공연은 동료환자들을 즐겁게 하고, 그들이 자신감을 갖도록 하기 위하여 이루어졌다. 공연은 또한 그들의 잃어버린 역할을 다시 자극하고 자존감을 높이고 잠시지만 그들이 '아픈' 역할을 버리도록 능력을 입증해 주었다.

연극치료 전문가들이 이용할 수 있는 많은 구조가 있는데, 두 가지 모두를 훈련받은 치료사들은 심리극을 포함할 수 있다. 그러나 심리극 전문가는 모레노가 고안한 구조를 사용하며, 다른 형태는 그 방법을 위한 '웜업'으로 간주된다. 그러나 심리극은 그 구조 내에서 소리, 춤, 음악, 동작, 미술 그리고 각본까지도 사용할 수 있기 때문에 유연하다.

연극치료 전문가가 사용하는 모델은 다음과 같은 사항에 의해 결정될 것이다.

- 환자 집단의 욕구, 능력 및 한계
- 치료사 자신의 관심과 훈련배경
- 사용 가능한 공간의 한계
- 자신이 일하는 기관의 철학과 이해

심리극 전문가도 같은 준거를 고려하겠지만, 그가 작업하는 방식을 궁극적으로 결정하는 것은 심리극 훈련의 정의이다.

제의식

연극은 원시시대의 초기 제의식에서 유래하였다(Harwood, 1984: 18). 제의식을 통해 삶의 변화, 슬픔과 비애, 두려움과 찬양 모두가 표현되었고 다른 사람들과 의사소통하였다. 그레인거는 제의식을 언어 없이 의사소통하는 하나의 수단으로 보았다. '제의식은 우리가 다른 방식으로 표현하지 못하는 것을 표현한다.' 이러한 의사소통은 주로 시작, 중간, 끝이라는 형태를 지니며, 설명보다는 경험을 강조한다(Grainger, 1990: 123). 심리극이나 연극치료 모두 이 세 단계로 진행된다. 체스너는 두 치료의 과정에서 이 세 단계가 유사하다고 기술하였다. 심리극과 연극치료 둘 다 웜업 과정이 있으나 연극치료에서 웜업의 목적은 주인공을 선발하는 것이 아니라 표현을 잘하고 응집력이 있는 집단을 만드는 것이다. 심리극의 행위 단계는 연극치료의 발달단계와 비슷하며, 나누기 단계는 종결단계와 비슷한데, 이는 집단 제의식 또는 단순히 반영하는 시간일 수 있다(Chesner, 1994: 125).

쉐프는 제의식이란 개인과 집단이 공유하고 있는 정서적 스트레스로 부터 자신들을 분리시키는 방법이라고 하였다. 그는 제의식의 세 가지 중심요소를 다음과 같이 명명하였다.

- 공유하는 정서적 스트레스를 떠올리게 하고
- 거리를 두는 수단이며
- 방출하는 것

이 모두는 심리극의 요소와 동일하며 연극치료에도 있는 것이다 (Scheff, 1979: 118). 치유의 잠재력은 그레인저와 쉐프의 말에서 찾아볼 수 있는데, 치료에 제의식이 관련되어 있다는 것은 더욱더 분명하다. 제인스는 제의식을 '행동적 은유'(behavioral metaphor)라고 하였는데, 이는 의사소통과 문화적으로 수용된 신념을 이어 준다. 제의식이 신념 과 감정 없이 실연될 때, 가슴은 사라져 버린다(Jaynes, 1990: 439). 제의 식에서의 신념은 치료에서 애매모호하게 보일 수 있지만, 극의 매체와 운영방법상에서 확신이 있어야 한다. 신념이 없이 작업하는 치료사와 내담자는 아무 의미 없는 경험을 하게 된다.

사냥과 공동사회의 어려움과 관련하여 오래전에 발전해 온 제의식은 특히 무속에서 마술, 마법의사 그리고 치유와 연결되었다. 무당은 마술 과 제의식을 통하여 개인과 부족을 치유하는 작업을 하는 제사장인 동 시에 치료사였다.

랜디는 무당이 정화를 가져오는 치유 제의식에 역할극, 노래, 양식화 된 동작, 분장, 의상 등을 사용한다고 지적하였다(Landy, 1986: 69). 그는 심리극을 무속과 심리치료 간의 다리로 볼 수 있으며, 모레노의 "삶과 작업이 마술, 과학 그리고 종교가 만난 합류지점을 구체화시켰다."고 주장하였다(Landy, 1986: 70). 제닝스는 두 현실(연극과 일상생활) 간의 움직임이 제의식에 의해 촉진되는 연극치료의 무속 모델을 기술하였다 (Jennings, 1992b: 239). 심리극과 연극치료의 근원을 무속과 제의식적 치유에서 볼 수 있다.

심리극 전문가는 연극치료 전문가보다 제의식을 덜 사용하지만, 그럼에도 불구하고 이는 하나의 구성요소이다. 켈러만은 심리극 전 과정을 제의식이라 할 수 있다고 하였다(1992: 135). 그는 사람들이 죽은 부모에게 이별을 고하는 것과 같은 미해결과제를 다룰 때 제의식을 가장 많이 사용한다고 하였다. 대부분의 집단은 치료 공간으로 들어가고 나갈 때 자신의 제의식을 행한다. 특별하게 말하지는 않지만, 말없이 상호 동의하에 이루어진다. 연극치료 전문가는 이를 분명히 하고 안전감을 촉진하는 다른 제의식들을 격려하는 편이다. 허긴스(Kate Hudgins)와 토스카니(M. F. Toscani)는 학대받은 사람들과 작업하기 위하여 안전한 공간을 만들고 유지하는 '치료적 나선(Therapeutic spiral)' 안에서 제의식을 사용하고, 오스트레일리아의 윌리엄스(A. Williams)는 의도적으로 제의식을 사용한다. 전반적으로 심리극 전문가는 제의식을 덜 강조하며 집단성원들의 말 없는 승인을 수용하는 것 같다. 심리극 내에서 특별한 제의식을 만드는 것은 주인공으로 하여금 어떤 역할에서 다른 역할로 옮겨가도록 할 수 있다. 연극치료와 심리극에서의 의도는 변화를 촉진하기 위한 것이다. 연극치료 전문가는 집단을 위하여 적절한 행위양식을 선택할 것이고, 심리극 전문가는 모레노가 기술한 구조 안에서 주인공에게 가장 적절한 극적 양식을 선택할 것이다. 둘 다 모두 심리적 변화가 있는 과도기 동안 제의식을 유발할 것이다.

결 론

필자는 극의 치유요소로 정화, 제의식, 역할 그리고 연극을 살펴보았고, 심리극과 연극치료에서 그것들이 어떻게 나타나는지 살펴보았다.

필자가 보기에 주요 차이점은 다음과 같다.

심리극	연극치료
• 반드시 연극적 구조를 갖고 있다.	• 다양한 구조를 가질 수 있다.
• 자신의 문제를 집단 앞에서 작업할 한 사람을 선정한다.	• 전체적이든 개인적이든 집단의 문제를 더 작업하기 쉽다.
• 은유가 분명하다.	• 은유가 분명할 필요는 없다.
• 디렉터는 무대 위나 무대 양옆에 있다.	• 연극치료 전문가는 행위를 중심에 두지 않을 수 있다.
• 정화는 대부분 심리극에서 기본이다.	• 정화는 덜 중요시된다.
• 제의식이 반드시 필요하지 않다.	• 제의식이 분명히 필요하고 인정된다.

주요 유사점은 다음과 같다.

• 변화의 매개체로서 극을 사용한다.
• 역할의 중요성을 강조한다.
• 연극적 요소의 전 영역을 받아들인다.
• 내담자가 문제로부터 떨어져 보다 더 명료하고 덜 고통스럽게 접근하도록 한다.
• 은유를 통해 갈등을 해결하는 방향으로 작업한다.

연극치료와 심리극은 강력한 치료방법이다. 그 힘은 극적 부분에 근원을 두고 있고, 이를 선발된 집단에 주의 깊게 적용하는 데 있다. 대부분의 경우 성공은 모델이 아니라 치료사의 철학, 훈련, 이해 그리고 기술과 조화를 이룬 내담자의 동기와 협력이 합쳐졌을 때 이루어진다.

참·고·문·헌

Anderson-Warren, M. (1996). Therapeautic Theatre. In S. Mitchell (Ed.), *Dramatherapy Clinical Studies*. London: Jessica Kingsley.

Aristotle. (1992). *Poetics*. trans. T. Buckley. New York: Prometheus Books.

Artaner, A. (1974). *The Theatre and its Double*. London: John Calder.

Bennett, D. (1977). Psychiatric Rehabilitation. In S. Mattingly (Ed.), *Rehabilitation Today*. London: Update Books.

Blatner, A., & Blatner, A. (1988). *Foundations of Psychodrama*. New York: Springer.

Bolton, G. (1979). *Towards a Theory of Drama in Education*. London: Longman.

Chesner, A. (1994). Dramatherapy and Psychodrama Similarities and Differences. In S. Jennings, A. Cattanach, S. Mitchell, A. Chesner, and B. Meldrum (Eds.), *The handbook of Dramatherapy*. London: Routledge.

Clayton, M. (1994). Role Theory and its Application in Clinical Practice. In P. Holmes, M. Karp, and M. Watson (Eds.), *Psychodrama since Moreno*. London: Routledge.

Grainger, R. (1990). *Drama and Healing: The Roots of Drama Therapy*. London: Jessica Kingsley.

Harwood, R. (1984). *All the World's a Stage*. London: BBC/Secker and Warburg.

Jaynes, J. (1990). *The Origins of Consciousness in the Breakdown of the Bicameral Mind*. Boston: Houghton Mifflin.

Jennings, S. (Ed.)(1992a). *Dramatherapy Theory and Practice, 2*. London: Routledge.

Jennings, S. (1992b). The Nature and Scope of Dramatherapy Theatre of Healing. In M. Cox (Ed.), *Shakespeare Comes to Broadmoor*. London: Jessica Kingsley.

Jones, P. (1996). *Drama as Therapy, Theatre as Living*. London: Routledge.

Kellermann, P. F. (1987). Psychodrama Participants' Perception of Therapeutic Factors. *Small Group Behaviour,* Vol. 18, No. 3: 408–419.

Kellermann, P. F. (1992). *Focus on Psychodrama.* London: Jessica Kingsley.

Kipper, D. A. (1986). *Psychotherapy through Clinical Role Playing.* New York: Brunner/Mazel.

Lahad, M. (1994). In S. Jennings, A. Kattanach, S. Mitchell, A. Chesner, and B. Meldrum (Eds.), *The Handbook of Dramatherapy.* London: Routledge.

Landy, R. (1986). *Drama Therapy.* Springfield, IL: Charles C. Thomas.

Landy, R. (1992). One-on-One: The Role of the Dramatherapist Working with Individuals. In S. Jennings (Ed.), *Dramatherapy Theory and Practice, 2.* London: Routledge.

Landy, R. (1993). *Persona and Performance.* London: Jessica Kingsley.

Langley, D. M. (1982). Theatre and Therapy. Paper presented at an *Art Therapy and Dramatherapy conference, Hertfordshire College of Art Design,* 22–23 April.

Meldrum, B. (1994). A Role Model of Dramatherapy and its Application with Individuals and Groups. In S. Jennings, A. Kattanach, S. Mitchell, A. Chesner, and B. Meldrum (Eds.), *The Handbook of Dramatherapy.* London: Routledge.

Meldrum, B. (1995). Theatre Model of Dramatherapy. Handout for South Devon College students.

Mitchell, S. (1992). In S. Jennings (Ed.), *Dramatherapy Theory and Practice, 2.* London: Routledge.

Mitchell, S. (1994). Therapeutic Theatre. In S. Jennings, A. Kattanach, S. Mitchell, A. Chesner, and B. Meldrum (Eds.), *The Handbook of Dramatherapy.* London: Routledge.

Moreno, J. L. (1980). *Psychodrama, First Volume.* New York: Beacon House.

Read Johnson, D. (1992). The Dramatherapist's Role. In S. Jennings (Ed.), *Dramatherapy Theory and Practice, 2.* London: Routledge.

Shuttleworth, R. (1985). Metaphor in Therapy. Dramatherapy: *Journal of the British Association for Dramatherapists*, Vol. 8, No. 2: 8-18.

Wesker, A. (1993). Master Class. *The Sunday Times*, 11, July.

Yablonski, L. (1981). *Psychodrama-Resolving Emotional Problems through Role Playing*. Gardner Press.

16

심리극과 집단-분석적 심리치료

Kate Bradshaw Tauvon

서 문

이 장에서 필자는 여러분에게 집단-분석적 심리치료(group-analytic psychotherapy)의 원리와 실제에 대해 소개하고, 심리극 실제를 풍부하게 할 수 있는 사고방식을 제공하는 데 목적을 두고 있다. 집단분석 원리의 이해는 심리극 디렉터를 돕는 도구를 제공할 수 있다.

- 집단 내에서 표면적인 의사소통 아래 진행되고 있는 것 이해하기
- 집단에 침묵이 흐를 때 디렉터의 불안 줄이기
- 집단행동의 어떤 측면에 대한 신비감 줄이기
- 리더와 집단성원들과 관련된 전이와 역전이 문제 이해하기
- 각 집단성원은 그들 인생의 초기에 대한 집단경험, 특히 그들의 원가족 경험을 집단에 투사할 것이라고 예측하기
- 시간에 따른 집단과정 이해하기. 즉 이는 집단의 발달 정도에 따른

단계와 위기들이다.

　이러한 발달단계들은 집단참여에 대한 초기 불안과 양가감정을 포함하고 있다. 즉, 이것은 '허니문 기간'이며 집단 밖 생활에서는 더 잘 기능할 수 있다고 하더라도 개인이 그들의 오래된 방어들을 없애고 종종 악화된다고 느끼는 결정적 시기이며, 분리의 기간이다. 아가자리안과 피터스는 그것들을 다소 다르게 설명한다. '① 의존과 도피(dependence: flight), ② 역의존과 투쟁(counterdependence: fight), ③ 힘과 권위 문제(power: authority), ④ 모든 개인의 매력(overpersonal enchantment), ⑤ 역개인적 혐오(counterpersonal disenchantment), ⑥ 상호의존과 일(interdependence: work)'(Agazarian & Peters, 1981/1989: 132).

　필자는 1974년 모슬리병원에서 작업치료사로 근무할 때 집단에 잘 참여할 수 있는 자아구조를 갖고 그런 생활 상황에 있는 사람들이 개인치료에서보다 집단치료에서 더 빠른 진전이 있다는 것을 발견했다. 필자에게 그것에 대해 더 많이 배울 수 있도록 영감을 준 집단치료 방법들은 심리극과 집단-분석적 심리치료이다. 필자는 처음에 심리극을 공부하여 실행하였고, 그런 다음 20년 후 집단-분석적 심리치료사로서 훈련받았다. 필자는 두 가지 방법들의 순수성을 유지하는 데 대한 어려움을 가지고 있었지만 두 가지 방법이 모두 중요한 가치가 있고, 두 이론 모두 다른 쪽의 작업을 더 풍요롭게 해 준다는 것을 경험했다. 실제 집단을 운영할 때는 한 가지 방법만을 사용해야 한다. 다른 이론들을 통합한다는 것은 어렵다. 만약 각 접근 방법의 특정한 장점과 강점이 희석되지 않게 하려면 특히 그렇다.

　오늘날 많은 집단치료사들은 심리극과 집단-분석적 치료 양쪽에서 훈련을 받고 있으나, 만약 두 가지 방법으로 훈련받은 리더가 집단의 특수한 치료적 문화를 가지고 있지 않다면 심리극 집단성원들은 혼란에 빠질 수 있다. 심지어 집단 리더가 심리극 디렉터와 집단-분석적 치료사 역할들 사이에서 변화할 수 있다 하더라도 그것은 불안을 야기시킬 수 있으며, 만약 그들이 그렇게 한다면 집단성원들에게 혼돈을 주며 심지어 치료에 역행하는 것이 된다. 왜냐하면 그 역할들이 각각 다른 반응들을 초래하기 때문이다.

두 이론들이 어떻게 그리고 어떤 사회적/정치적 배경에 대응해서 발달되었는가를 아는 것은 그와 같은 맥락 안에서 두 이론을 풍부하게 이해하도록 도울 것이다.

심리극과 집단-분석적 심리치료의 발달

심리극

피터 하워스(Peter Haworth)가 심리극의 역사에 대한 장에서 기술했듯이, 집단 작업에 대한 모레노의 첫 공헌은 사회측정학 즉, 사회적 조직망에 대한 지도를 발달시킨 것이었다. 1931년까지 그는 사회측정학, 집단심리치료와 심리극을 통합시켜 그것들을 동일한 삼차원적 방법의 다른 관점들로 만들었다. 1932년, 모레노는 미국정신의학회(APA)에서 싱싱감옥에서의 연구논문을 발표하였다. 이것은 집단심리치료라는 용어가 처음 사용되었던 역사적인 순간으로 인정되었던 사건이었다.

집단분석

집단분석학자인, 트리간 버로우(T. Burrow)는, 1920년 중반에 '집단분석'이라는 용어를 사용하여 두 편의 논문을 발표하였지만, 집단분석 운동의 주춧돌을 놓은 사람은 식민지인 인도에서 자라 1차세계대전의 영웅이 된 윌프레드 바이언(Wilfred Bion)이었다. 그는 1942년 노스필드병원(Northfield Hospital)에서 제2차세계대전의 부상자들과 함께 한 연구에 근거하여 집단치료에 대한 과학적인 방법을 개발하였다. 그의 실험에서 그는 모레노의 접근과 비슷한 원리, 말하자면 집단성원의 행동 패턴을 관찰하는 일로부터 시작하였다. 그는 '바람직한 집단정신'(Bion, 1961/1991: 25-26)에 공헌하는 자질들을 정의하는 것이었으며, 그것들은 다음과 같다.

- 공격적이든 방어적이든 간에 창조적인 공동목표
- 집단의 '경계'에 대한 집단성원들의 공동 인식과 더 큰 단위나 집단 경계에 대한 그의 관계
- 집단 특성을 상실한다는 두려움 없이 기존 성원들을 내보내고 새로운 성원들을 받아들일 수 있는 능력을 지닌 유연한 '집단 성격'
- 경직된 배타적 하위 집단화로부터의 자유, 즉 각 성원은 집단에 대한 그의 공헌에 가치가 주어지며 집단 내에서 자유로운 활동을 갖고, 집단은 집단 내의 불만족에 직면할 수 있는 능력을 가져야 하며, 그것을 극복할 수 있는 수단들을 가져야 한다. 집단의 최소한의 크기는 세 명이다.

동료들에게는 미첼 폴크스라고 알려져 있는 지그문트 하인리히 폴크스(Siegmund Heinrich(S.H) Foulkes)는 1920년대에 비엔나에서 훈련받은 독일계 유태인 정신분석가였고, 1933년에 영국으로 이주하였다. 그는 노스필드병원에서 바이언에게 수련받았다. 그곳에서 그는 초창기에 심리극 방법을 사용하였다. 모레노는 타비스톡클리닉과 연계를 가졌으며 1940년 뉴욕연구소에 그를 방문한 폴크스와 국제적인 장면에서 밀접하게 협조하였다(Marineau, 1989: 147). 폴크스의 책들과 에세이들에서는 왜 그가 심리극적 방법의 사용을 포기했는지 확실히 나타나 있지 않다. 그러나 1940년 그는 그의 첫 집단을 시행했고, 거기에서 환자들에게 자유롭게 주고받는 대화에서 가능한 한 '자유연상'을 수행해 나가도록 초대하였으며(de Mar, 1983; 222), 그렇게 함으로써 집단분석적 방법의 창시자로 알려졌다. 폴크스가 심리극을 주제로 쓴 것을 보면, 이 방법에 대한 그의 훈련은 그 장점을 최대화하기 위해 그것을 사용하기에는 너무 제한적일 만큼 단순했다. 그리고 그는 모레노의 메타심리학(Metapsychology)에 특별히 정통한 것은 아니었다. 이 견해는 젤카 모레

노와 앤 슈첸버거에 의해 확인되었다. 폴크스는 모레노의 이론적 개념이 집단심리치료 영역에서 중요하고, 그 자신에 의해 표현되었던 여러 가지 관점들과 일치한다고 생각하였다(Foulkes Anthony, 1957/1965/1973: 242). 그는 『집단-분석적 심리치료 입문(Introduction to Group Analytic Psychotherapy)』이라는 그의 저서(Foulkes, 1948/1991: 54 & 115)에서 그가 '연기치료(Enactive Therapy)'라고 부르는 두 개의 성공적인 적용들을 기술했었는데, 그것들은 둘 다 심리극, 사회극과 매우 비슷하였다. 집단심리치료에 관해서 모레노는 "한 사람은 다른 사람의 치료적 주체이며, 한 집단은 다른 집단의 치료적 주체다."라고 정의하였는데, 이는 양쪽에 대한 세계관을 적용하는 표어이다.

1936년 비콘(뉴욕)에서 심리극을 시작했을 때 모레노의 꿈은 갈등을 해결하고 정치적 결정과 일상적 결정을 하는 데 있어서 자발성과 창조성의 발달을 증진시키는 세계적 조직인 심리극세계센터였다. 폴크스는 또한 사회의 각 성원들이 충분히 참여할 수 있는 능력을 최대화시킴으로써, 사회 변화를 가져오도록 하는 데 목표를 두었다.

> 사회적 조건들이 복잡한 문제 속에서 행하는 역할의 구체적 실현, 소위 내적 갈등을 사회적으로 드러내는 것은 사람들에게 비판적 방식으로 생각하도록 하고 그들에게 이러한 조건들이 도구로서뿐만 아니라 대상들로서 적극적이며 소극적으로 그들이 행하는 역할들을 경험하게 하는 것이다. 즉, 자유 민주 사회의 책임 있는 시민으로 참여하도록 그들을 바람직하게 교육시키는 데 기여를 하는 것이다. (Foulkes & Lewis, 1942; de Maré, 1983: 222에서 인용)

집단심리치료 개념이 발달함에 따라 1957년에는 국제집단심리치료협회가 창설되기에 이르렀는데, 모레노가 초대 회장을 맡고, 미첼 폴크스(Michael Foulkes)와 서지 르보비시(Serge Lebovici)가 부회장이 되었다. 이 조직은 오늘날 국제집단심리치료학회(IAGP)로 계속 성장하였다.

영국과 국제적으로 집단분석가를 이끄는 말콤 파인즈(Malcome Pines)

는 심리극이론과 실제에서 정통한 사람으로 알려져 있는데, 그는 다음과 같이 말하고 있다.

> 비교적 안정되고 지속적 형태인 집단 구조는 이러한 형태들이 계획된 미묘한 변화가 일어남으로써, 예를 들어 그들 관계의 특성을 참여자들에게 명료화하기 위해 모레노의 사회도해를 사용함으로써, 또 지속적인 관계에 대해 집단성원 스스로가 점진적인 인식변화를 해 가는 집단-분석적 방법에 의해서도 변경될 수 있다.
> (Pines, 1983: 273)

다음 일반적 개요는 두 가지 방식의 기본적 틀을 제공한다. 그러나 양 학파의 다른 치료사들의 스타일에는 많은 변형들이 있다.

> 집단-분석적 심리치료 집단의 기본틀

① 시간
- 1시간에서 1시간 반, 대개 공휴일을 쉬고 1주일에 한 번 실시하고, 지도자가 공고한다.
- 지도자는 정해진 집단 시작 시간에 정확히 시작하고 집단에서 무슨 일이 일어나든 관계없이 끝나기로 약속한 시간에 정확히 끝낸다. 그들은 집단-분석적 사고에 일치된 치료적 틀 안에서만 만나야 하기 때문에 약속된 시간에 집단성원들은 집단치료실에 모인다.
- 집단은 휴식이 없다. 제한된 시간들은 엄격하게 지켜진다.
- 개방 집단을 떠나는 것에 대한 사전 예고는 적어도 4~6주다.

② 장소와 도구
- 집단상담실은 집단이 어떤 경우에도 이용할 수 있도록 조용하고 편리함을 제공해야 한다. 좌석은 같은 종류의 의자를 사용하여 모든 참가자들이 서로 바라볼 수 있도록 원형으로 배치한다.

③ 성원
- 서로 모르는 6~8명 성원들을 선택한다. 그들은 치료실 밖에서는 만

나지 않도록 한다. 그들이 만나야 한다면 관련된 사실을 집단에 알려
주어야 한다. 대부분 집단은 훈련된 한 사람의 지도자가 이끈다. 3~
4번 개인 면담에 기초하여 집단지도자가 선발한다. 집단구성은 지
도자의 임상 판단에 근거하여 만들어진다.

진행되는 심리극 집단의 기본틀

① 시간

• 종종 두 시간 반에서 세 시간, 공휴일은 쉬고, 주중에 1주일에 한
번 실시한다.

• 때로 리더들에 의해 집단이 이루어지는데, 예정 시간 30분 전에 만
나 커피를 마시고 비공식적인 얘기를 나누고 그리고 약속된 시간에
집단 치료실로 간다. 이것은 모레노의 철학과 일치되는 것으로 참
만남과 동등성면에서 볼 때 집단의 사회적 발달을 지지하는 데 도
움이 된다.

• 집단은 적절한 시간에 짧은 휴식을 갖는다. 끝나는 시간의 연장은
만약 연장된 시간 동안 행위와 나누기를 적절하게 끝내는 데 필요
하다고 간주되면 집단과 타협될 수 있다. 가끔 온종일 워크숍이나
숙식을 하며 진행되는 주말 프로그램이 주중 집단과 연결해서 이루
어진다.

• 정해진 기간이 끝난 후 개방집단을 떠나는 것에 대한 사전예고는
집단 초기에 이루어져야 한다.

② 장소와 도구

• 심리극 극장은 몇 곳을 제외하고는 모레노가 사용한 것과 같은 극
장 무대를 갖추고 있지 않다. 집단상담실을 매주 이용할 수 있다.
종종 쉽게 움직일 수 있는 의자, 매트리스, 파스텔, 물감 또는 펜과
그림 그리는 블록들, 방망이, 다양한 색상의 천들, 조명 그리고 밝
기 조절 스위치가 있는 조명, 몇 개의 부드러운 장난감과 차트, 하
얀 칠판 등이 있다. 주말에 숙식을 하며 이루어지는 프로그램은 다

른 장소에서 이루어질 수 있다.

③ 성원

• 치료사의 역량과 선호, 내담자 집단과 방의 크기에 따라 대개 8~14명
정도이다. 이 크기의 집단은 보조자를 선발할 때 유용한 자원이며,
선택할 수 있도록 하고, 극을 바라볼 수 있는 여러 명의 집단성원
을 남겨 놓는다. 두 사람의 공동 치료사와 함께 하는 집단은 더 유
연성이 있다. 보통 이런 경우에 두 명의 치료사가 한 번의 면접을
통해 집단성원들을 선발한다.

심리극 방법은 이 책을 통해 자세하게 기술되어 있으므로, 필자는 집
단분석적 방법을 더 상세하게 기술하겠다.

집단분석적 방법

폴크스(Foulkes, 1948/1991: 70)에 의하면, 집단이 시작되기 전에 지도
자는 집단성원들이 가지고 있는 '치유'에 관한 바람과 두려움을 인식
해야 한다. 그들의 대처기제는 그들이 해결할 수 없었던 심리적 갈등에
반응하여 형성할 수 있었던 최상의 방어라고 볼 수 있다. 만약 그렇다
면, 왜 사람들은 그것을 이해해야만 하는가? 그러한 변화는 참을 수 없
는 고통을 포함하고 있기 때문에 치료사는 그 상황이 변화가 불가능하
다는 것이 무언으로 이해되기를 바란다. 이들 상황에 대한 설명에서,
연민, 충고, 약물 또는 격려 등 모두는 집단성원들의 문제를 해결하는
데 거의 도움이 되지 않으며, 갈등 해결을 방해하는 핑계의 근거를 제
공할 가능성이 있다.

그러나 만약 그가 스스로 끊임없이 창조하고 형성하도록 도운 어떤 상황을
가져온다면, 그는 그 자신의 반응들과 집단원들의 반박에 대해서도 개방하게
될 것이다. 그는 그 상황 속에서 자신을 만나고, 그 자신의 성격과 환상들을 그

상황에 투사한다. 그리고 그가 다른 사람들과 그들의 문제에서 도망가지 않도
록 하거나 직면할 수 있도록 도울 수 없으며, 그는 그 사람 안에서 그 자신을
거울처럼 보게 된다.   (Foulkes, 1948/1991; 70)

이런 이유들 때문에, 집단을 시작하면서 지도자는 그들은 무엇이든
자기 마음속에 떠오르는 것을 나누면서, 자유로운 토론에 참여하는 집
단성원들에게 최소한의 지시들을 제공한다. 그것은 집단치료에서 일어
나는 정신분석의 자유연상과 같은 것이지만 그것과는 다르다. 필자는
이 장의 후반부에서 집단분석적 장면에서 리더의 역할을 기술할 때 그
러한 집단에서 일어나는 것들을 더 다루겠다.

집단분석적 심리치료의 기본 원칙

전체로서의 집단

전체 집단 개념에서 집단은 하나의 실재라고 생각된다. 폴크스는 이
것을(Foulkes, 1964/1984: 70) 대인관계적, 개인을 초월적(transpersonal) 그
리고 초개인적(suprapersonal) 조직망이나 모체로 기술하고 있다. 그는
여기에서 '모체'라는 용어를 모레노가 사용했던 것과는 다른 의미로
사용하고 있다.

전체 집단은 그것들의 부분들을 합한 것보다 더 크고, 그것과는 다른
하나의 '존재'인 유기체로 볼 수 있다. 전체 집단은 각 성원의 서로 다
른 목소리들을 통해 그것의 다양한 부분들과 의사소통한다. 이것은 한
개인이 다양하게 보완적이거나 상반되는 사고와 감정 영역을 가지고
있는 것과 같다. 그것은 치료사로 하여금 집단을 전체로 생각하도록 허
용하고 '집단에서 지금 무엇이 일어나는가?' 또는 '집단이 나에게 무
엇을 말하고 있는가?'를 생각하게 한다.

전 이

전이(텔레의 심리극적 개념과 대조적으로)는 이 책 여러 곳에서 상세히

논의되었다(심리극의 원리에 관한 장과 홈즈(1992)를 참고).

> 전이는 그 사람에게 도움이 되지 않는 현재의 어떤 사람에 대한 감정, 욕구,
> 태도, 환상, 방어의 경험이지만 무의식적으로 현재의 인물에게 대치되는 초기
> 어린 시절의 중요한 사람에게서 유래된 반응의 반복이다.
>
> (Greenson, 1967: 171).

집단성원들은 그들의 삶 속에서의 초기 집단 특히 그들의 가족 집단의 경험을 리더와 다른 집단성원에게 투사할 것이고, 여러 가지 집단작업을 통해서 이런 반복을 의식하게 해 준다.

경계와 간직하기

집단의 경계는, 시간, 공간, 사람들에 의해 정의된다. 분석적 집단의 많은 작업들은 집단의 과정과 관련이 있는 경계의 가장자리에서 일어나는 사건들에 초점을 맞춘다. 즉, 이야기된 것과 이야기되지 않은 것 그리고 그 이유는 무엇인가? 왜 어떤 사람들은 늦게 오는가? 왜 어떤 사람은 집단성원이 아닌 사람과 집단에서 일어났던 일에 관해서 이야기하지 않으려 해도 어쩔 수 없이 이야기하게 되는가?

금기사항

내담자의 욕구들은 즉각적으로 만족되지 않는다. 지도자는 '도움이 되고 싶은' 그의 소망을 간직해야 하고 집단성원에게는 집단의 지지와 함께 자신의 갈등을 다룰 수 있는 공간이 주어져야 한다. 지도자와 집단성원들 또는 집단성원들 사이에 신체적 접촉은 없어야 한다.

작업단계와 기본적인 가정단계

집단은 때로 세 가지 방어 형태 중의 하나에 빠짐으로써 그들이 이야기한 목표를 성취하는 데 실패한다. 이것은 모든 집단들에서 발생하는

역동인데, 심리극 전문가가 고려해야 할 중요한 점이기 때문에 필자는 그것들을 이 장의 후반부에 더 자세히 다룰 것이다.

개 입

이것들은 질문, 관찰, 또는 해석 등의 형태를 취할 수 있지만 금기 원칙 때문에, 대부분 질문에 대답하거나 토론을 하지는 않는다. 유머는 대개 방어적으로 보이므로 의문시된다.

심리극적 방법

진행되는 심리극 치료집단들은, 모든 심리극 집단에서와 같이 자유로운 토론 형식을 취할 수 있는 일종의 웜업으로 시작한다. 심리극 웜업 단계는 집단-분석적 심리치료 집단과 비슷하지만, 디렉터의 치료적 스타일은 거리감이 덜하고 치료적 개입으로서의 해석은 사용되지 않는다. 디렉터는 전이를 격려하기보다는 차라리 텔레와 참만남을 지지하는 적절한 개인적인 정보들을 나누지만 심리극 방법을 사용하는 무대위에서 대개는 나중에 작업하게 되는 전이적 문제들에 주의를 기울이게 된다. 전이 주제는 앞으로 하게 될 행위에 대한 웜업으로서 초점이 될 수 있다.

집단 밖에서 이루어지는 집단성원들 사이의 사회적 접촉은 금지되는 것이 아니고, 긍정적으로 지지된다. 집단성원들은 집단회기 사이에 전화로 얘기하거나 만나기도 하고, 몇 명은 집단 후에 만나 식사하러 가기도 한다. 이러한 집단 밖에서 이루어지는 비밀들은 집단의 에너지를 고갈시키기 때문에, 그들은 그러한 접촉을 통한 적절한 정보들을 집단에 다시 나누도록 요청을 받는다. 나누기를 원치 않는 사람의 개인적 의사는 존중된다. 심리극 집단의 리더십에 대한 이야기를 하기 전에 필자는 심리치료 집단의 리더십에 대한 몇가지 생각들을 일반적으로 제시하고자 한다.

치료 집단의 리더십

리더는 중립적이고 분명하며, 심지어는 카리스마적일 수 있지만, 항상 집단성원들의 역할 모델이어야 한다. 리더의 역할은 집단 발달의 단계와 사용하고 있는 방법에 따라 다른 형태를 취한다. 리더가 집단원들로 하여금 그 단계와 방법을 따르게 하는 것은 비교적 쉬운 일이며, 그기초 위에서는 효과적이라고 판단될 수 있지만(Agazarian & Peters, 1981/1989: 109참조), 집단심리치료의 목표가 집단성원들의 능력을 스스로 이끌 수 있도록 재활성화시키는 것이므로, 성공적인 리더는 집단이 그들을 따르게 할 능력을 가질 뿐만 아니라, 이러한 목적을 성취하는 방향으로 그들을 인도해야 할 것이다. '집단이 확립되어 있거나 신뢰가 형성되어 있지 않거나 간에 한 성원이 신(god)인 집단구조는 매우 제한된 효율성을 갖고 있다.' (Bion, 1961/1991: 56)

아가자리안은 '리더'(Agazarion & Peters 1981/1989: 108)라는 말을 힘, 권위, 책임, 그리고 신뢰성에 대한 역량을 집단에서 수행하는, 집단과 같은 체계 내에서 '공식적으로 지명된 명칭'으로 정의하였다.

집단치료사는 집단의 리더이지만, 그 역할의 적절성은 집단치료사가 집단에 대한 힘, 집단 내에서의 권위, 집단에 대한 책임감, 집단에 대한 신뢰성을 가지고 있느냐에 달려 있다. 이 정의는 심리극 디렉터의 역할을 기술할 때와 유사하다. 마샤 카프는 이 책의 첫 장에서 심리극 디렉터의 23개 주요 과업을 수록해 놓았다. 만약 어떤 사람이 심리극 용어인 '주인공'을 집단분석적 용어인 '집단의 목소리' 또는 '말하는 사람'으로, 같은 방식으로 '무대'를 '집단 공간'의 의미로 번역한다면, 이러한 많은 주요 업무들이 집단분석적 틀 안에서 똑같이 유효하다고 여겨질 수 있다. 리더십에 있어서 다른 측면은, 부가적인 책임을 져야 하는 연극의 연출가로서의 심리극 디렉터의 역할에 있다.

휘태커(Stock Whitaker, 1985/1989: 378)는 집단 리더의 책임을 논의하고, 집단 책임과 집단성원에 대한 책임을 구분하였다.

집단에 대한 리더의 책임

• 집단 활동의 전체적인 목표를 위해 최선의 능력을 발휘해 일해야
  하는 의무나 권리를 갖는다.

집단에서의 리더의 책임

• 도구적 목적에 대해 분명히 하기
• 집단성원들이 털어놓은 사건들에 대해 주의를 기울이기
• 자신의 행동 결과를 기꺼이 예견하고 주목하기
• 자신의 행동이 도구적인 목적과 어떻게 관계가 있는가에 따라 자신
  의 행동을 조절하기

리더가 책임져야 할 것

　명확하지는 않지만, 리더는 다음과 같은 것들에 책임이 있는지 고려
해 볼 수 있다.

• 결과에 대해서
• 사람들이 실제 집단경험을 통해 이득을 얻는지 혹은 얻지 못하는지
  에 대해서
• 회기에서 실제로 발생한 것에 대해

　리더는 이러한 모든 국면에 대해 부분적으로 책임이 있지만, 그는 실
제적으로 상황에 대한 전체적인 영향력을 갖고 있지 않고, 따라서 이런
모든 측면에 대해서 혼자만 책임질 수는 없다. 집단 리더는 결과를 결
정할 힘을 갖고 있지는 않지만 결과에 대해 강력한 영향을 미친다. 리
더는 어떤 성원들에게는 불가능한 긍정적인 결과를 가져올 수도 있고
리더의 행동 방식에 따라 집단에게 도움이 되지 않거나 심지어는 몇몇
집단성원에게는 해가 되게 함으로써 집단을 망칠 수도 있다. 그럼에도
불구하고 리더의 영향은 결과를 결정하는 수많은 요소들 중의 하나이
지 반드시 가장 중요한 것은 아니다. 리더의 행동은 집단에 중요한 영

향력을 가지고 있다.

> 집단 리더는 만약 일이 잘 진행되지 않는다면 죄책감을 느낄 수 있다. 만약 그가 피할 수 있는 잘못을 저질렀다면, 때로는 그럴 수 있을 것이다. 만약 그의 통제 밖의 상황에서 원하지 않는 결과가 발생하였다면 죄책감을 느끼는 것은 부적절하다. 우리가 어떤 것에 책임을 (그리고 죄책감을) 느끼는 것이 적절한 가는 힘에 대한 한계 그리고 그 힘을 어떻게 사용하는가에 크게 달려 있다.
>
> (Stock Whitaker, 1985/1989: 379)

집단분석적 장면의 리더십

한 집단을 구성한 치료사는 집단분석적 장면에서만 설명해야 할 의무가 있지 집단성원들이 집단에 대해 희망과 두려움을 참고 견디어 나가야 한다고 여기는 희망과 두려움에 대해서 이 장 앞부분에서 표현되었던 것을 제시하는 것은 아무런 의미가 없다고 생각된다. 치료사의 목표는, 폴크스가 기술했던 그런 토론이 집단성원들 사이에서 일어날 수 있는, 창조적이고 허용적인 분위기를 이끌도록 집단성원들과 함께 하는 것이다.

치료사는 그가 행동하는 대로 말하는 것, 즉 그 작업을 하면서 집단을 지지하는 것은 그렇게 중요하지 않다. 단지 집단성원들이 그들의 방식을 상실하거나 무의식적 과정이 적절한 질문, 관찰, 또는 해석을 통하여 의식화되도록 표면화될 때만 개입한다. 바이언은 "만약 집단이 리더를 적극적으로 거부하지 않는 한, 사실상 그를 따르는 것이다."라고 말하고 있다(Bion, 1961/1991: 58).

심리극 장면의 리더십

이 주제는 이 책의 심리극 디렉터에 대한 장에서 깊게 다루고 있다. 심리극 집단에서 리더의 역할은 분명히 심리극 디렉터의 역할이다. 집단분석적 이론을 안다는 것은 모든 집단에서 일어나는 집단행동에 대한 참조체계를 갖고 있다는 것이고, 또한 심리극 디렉터가 그렇지 않으면(알고 있지 않으면) 이해할 수 없는 신호가 될 수 있는 것에 신경 쓰지 않고 예측하고 편안해질 수 있다는 것을 필자는 덧붙이고 싶다. 집단분석적 집단에서 필자는 심리극 역할이론의 인식, 이미지로 생각할 수 있는 능력 그리고 이중자아와 정신적으로 역할바꾸기를 할 수 있는 개발된 능력을 통해 많은 도움을 받고 있다.

작업집단과 기본 가정집단

바이언의 집단관찰

집단은 그 집단의 목적을 수행하는 쪽으로 움직이게 하고 또 멀어지게 하는 환경, 목적, 힘을 갖고 있다고 생각해 보자. 바이언은 때로 집단이 '마치' 어떤 보이지 않는 위협에 노출된 것처럼, 설정된 목적과는 다른 방향으로 움직이고 있다는 것을 관찰하였다. '이러한 사실은 모든 집단에게 적용된다.' 그는 어떤 집단에도 항상 두 가지 적극적인 경향들이 있다는 것을 관찰하였다. 그것은 소위 작업집단과 기본적인 가정집단이다(Bion, 1961/1991: 59).

작업집단

작업집단은 리더와 집단성원들이 의도한 목적을 이행하는 방향으로 행동한다. 그것은 의식적인 지금-여기의 의사소통 속에서 이루어진다. 즉, 그것은 심리극에서 사람들이 어떤 과업을 협력하여 수행하는 창조적이고 자발적인 참만남으로 기술된다. 상호작용은 전이보다는 텔레에 의해 좌우된다. 작업집단의 기능은 본질적으로 사고와 감정을 현실에 적합한 행동으로 바꾸는 것이며, 리더의 주요 과업은 어떤 기본적인 가정이 집단을 지배하고 있을 때 집단의 알아차림을 높이는 것이다. '집단은 기본 가정이 지배하는 유치한 집단행동 속으로 말려 들어가는 것에 맞대응하여 작업집단의 과업을 향해 투쟁하는 것이다.' (Hinshelwood,

1989/1990: 260) 집단이 작업 모드에서 잘 기능할 때, 그것은 스톡 휘태커와 리버만이 말한 중심문제에 대한 '가능한 해결책'을 향해서 작업하는 것이다(Stock Whitaker, 1985/1989: 52). 이것은 집단이 그의 소망을 포기하고 집단의 두려움을 다루는 '제한적 해결책'이라고 하는 것과 대비된다. 가끔 제한적 해결책들은 가장 쉽고 회피적이며, 집단 경계를 제한하고, 유용한 탐색과 경험들을 방해한다. 집단이 '가능한 해결책'을 찾을 때 자유스러운 표현과 발전을 위한 더 큰 가능성을 허용하면서, 두려움을 포용하고 직면한다.

기본 가정집단

바이언은 세 가지 종류의 기본 가정 활동을 기술했다. 즉, '의존성, 짝짓기, 투쟁-도피'가 그것이다. 그는 그것들을 집단성원들에 의해 촉발되는 원시적인 불안에 대한 방어적 시도로 해석하였다(Bion, 1961/1991: 146-153). 집단의 불안 수준은 그 집단성원이 그것을 의식 수준에서 다룰 수 있는 능력 범위를 벗어날 때 쉽게 혼란에 빠질 수 있다.

> 이런 일이 생길 때 기본적인 가정집단이 발생한다. 현실과의 접촉은 상실되고 집단은 정신병적 기제를 사용하면서 기능하는 것으로 생각된다. 바이언은 분명한 과제가 없이는 집단이나 스트레스가 쌓인 집단에서는 외부 현실과 접촉하지 않으려는 경향이 있음을 관찰하였다. 그래서 집단성원들은 그들이 마치 단일 유기체의 한 부분인 것처럼 기능하기 시작하는데, 정신병적 퇴행이 개인들에게서 또 집단에서 일어난다. 집단 내의 개인들은 분리와 투사적 동일시가 주요 방어기제인 단일 정신 내에서 내적 대상처럼 된다.
>
> (Holmes, 1992: 179)

기본 가정단계에 있는 집단은 인식되지 않는 목적을 가지고 있는데, 집단의 중요한 기능을 분산시키고 현실에 근거한 의사소통을 하기보다는 전이적 의사소통으로 표현한다. 집단성원들의 행동은 세 가지 기본 가정 중의 한 가지의 방향으로 이끄는데 그것은 집단의 작업을 방해한다.

세 가지 함축적인 기본 가정의 목표는 다음과 같다.

① 의존성 : 집단은 마치 성원들이 무기력하고 무지한 것처럼 행동하고, 리더는 전지전능하고 집단 생존에 원천인 것처럼 행동한다.

② 짝짓기 : 집단은 마치 집단이 집단의 문제를 해결할 '구세주를 탄생' 시킬 것처럼 행동한다. 집단에서 두 사람은 집단의 주의, 지지, 애정, 희망과 환상의 초점으로 이러한 구세주적 해결책에서 상호적 역할을 수행한다.

③ 투쟁-도피 : 집단은 마치 집단 생존이 투쟁이냐 도피냐 하는 즉각적인 행동에 달려 있는 것처럼 행동한다. 충동적인 행동을 향한 이 압박은 마치 생각 없는 무리들인 것 같은 집단행동을 낳게 된다.

(Agazaian & Peters, 1981/1989: 50)

리더는 정의에 의해 이 과정 속으로 불가피하게 들어오고 또한 소위 바이언이 말한 '집단 창조물'이라는 것이 되고 동의한 과업의 관심을 상실하는 외적인 현실과의 접촉을 상실한다. 이 과정은 리더나 개별 집단성원들이 임상적 의미에서 정신병적이 된다는 것과는 관계가 없고, 이런 식으로 행동하는 전체로서의 집단이다. 합리성을 되찾게 될 때 '마력'이 집단을 떠나면서 깨지게 된다. 그러나 집단이 기본 가정적 경향을 다루지 않거나 다룰 수 없다면, 집단 작업은 방해되고, 그러한 집단은 시간이 되면 해체될 것이다. 그것을 정상적 과정으로 회복시키는 것이 집단 리더의 과업 중 하나이다. 문제의 원천은 집단이 불안에 휩싸여 있기 때문에 리더는 '다루기에 너무 어렵다고 하는 것'과 집단이 그 과업을 어떻게 회복할 수 있을 것인가에 대해 숙고할 필요가 있다.

심리극의 기본 가정단계와 작업단계

사건들은 항상 일어나고 있기 때문에, 심리극은 그 사건들이 자동적으로 구성되는 것을 의미하는 행위 방법이다. 그럼에도 심리극 집단과 관련된 바이언의 기본 가정단계를 깊이 생각하는 것은 가치 있는 일이다. 일어나고 있는 많은 일들이 의존성, 짝짓기, 또는 투쟁-도피 행위의 관점에서 어떻게 보일 수 있을까? 집단은 실제 언제 작용하는가? 그러한 행동이 일어나고 있을 때 그것이 다른 활동에 의해 가려질 수 있어서 심리극 집단에서 훨씬 애매할 수 있다. 그것은 심리극 집단회기의 어느 부분에서도 일어날 수 있으며, 이는 웜업 단계, 주인공 선정, 행위 단계 또는 나누기에서 볼 수 있다. 필자는 집단이 기본 가정단계에 빠져드는 것처럼 보여지는 때를 설명할 수 있는 몇 가지의 예를 기술하겠다.

의존성

집단은 마치 성원들이 무기력하고, 무지한 것처럼 행동하고, 리더는 전지전능하고 집단 생존에 원천인 것처럼 행동한다.

주인공 선정 시점에서 두 명의 예비 주인공들은 그들이 주인공이 되기를 원한다고 분명하게 말하지만, 둘 다 지금 해도 되고 다음 회기에 해도 된다고 말한다.

앤 : 나는 이 집단에 남아 있을지 모르겠어요. 나는 이 주일 내내 기분이 아주 엉망이었어요. 매 회기마다 내 마음속에서 어떤 일들이 끓어 올라왔고, 집에 가서는 제대로 생활할 수 없었어요. 나는 엊그제 너무 많이 취했었죠. 이렇게 계속 나갈 수는 없어요. 나는 내 인생을 바로 잡을 수 있어야 하는 데, 무엇을 어떻게 해야 할지 모르겠어요.

앤은 2년 동안 이 집단의 성원이었는데, 집단에 의해 주인공 후보로 뽑혔고, 다른 예비 주인공을 집단에 다시 참여하여 극이 어떻게 펼쳐지는가를 지켜보기 위해 자리에 앉았다.

디렉터 : (앤 에게) 당신은 당신 마음속에 있는 어떤 것들이 올라왔다고 말했
　　　　　지요. 그것이 무엇이죠?

　　앤 : 정말로 뭐라고 말할 수가 없네요.

디렉터 : 올라왔다는 것을 어떻게 알게 되었나요?

　　앤 : 단지 기분이 엉망이었어요.

디렉터 : 어떤 식으로 엉망이었지요?

　　앤 : 단지 기분이 엉망이었다고요.

디렉터 : 지금 해 보고 싶은 것이 있나요?

　　앤 : 아니요. 선생님이 결정해 주시겠어요?

디렉터 : 아니요. 그러나 당신이 결정하도록 도와줄 수는 있죠. 이 무대에서
　　　　　다룰 수 있는 몇 가지 문제들을 이야기했지요. 예를 들어, 당신이
　　　　　이 집단에서 작업하기 위해서는 무엇이 달라져야 하죠?(디렉터는
　　　　　이러한 선택을 나타내도록 무대 위에 의자를 하나 올려놓고, 차례
　　　　　로 그 다음 것들을 올려놓는다.) 당신이 여기에서 얘기하기 곤란하
　　　　　게 하는 것은 무엇이지요? 기분이 엉망일 때 어떤 생각이 들고 그
　　　　　느낌은요? 당신을 취하게 만드는 것이 뭔가요?

　　앤 : (네 개의 의자들을 바라보면서 그리고 디렉터에게) 선생님은 내가 술
　　　　　취했을 때 무슨 일이 일어났는지 살펴봐야 한다고 생각하시나요?

디렉터 : 좋아요.(디렉터는 앤에게 취하도록 마시게 하는 장면을 만들도록
　　　　　지시한다. 극이 진행된다.)

　회기의 내용이 주인공, 집단 그리고 리더 간의 관계보다, 여기(지금
이곳)에 초점을 두는 것은 덜 흥미로운 일이다. 회기가 끝날 즈음에 앤
은 처음에는 억지로 작업에 들어갔고 그 다음에는 행위를 통해 쭉 압
도당했는데, 이것은 어쨌든 그녀가 작업하고 싶었던 게 아니었다고 말
하면서 디렉터에게 심하게 분노를 터뜨렸다.

　디렉터는 이러한 역할에서 상당한 경험이 있었음에도 불구하고, 전지
전능함에 빠지거나 빨려 들어갔다. 왜 그럴까? 보조치료사로서 필자 또
한 앤이 압도당했다고 느꼈다. 집단은 주인공이 되는 것에 상당한 양가

감정을 나타냈던 앤을 주인공으로 선택했다. 필자는 그 당시에는 그렇게 생각하지 못했지만, 다른 주인공들은 너무 행복해서 꾸물거리는 것으로 보였으며, 주인공들은 역시 양가감정들을 표현한다고 말할 수 있다. 그렇다면 왜 이러한 양가감정을 다루지 않았을까?

　여기서 주인공은, 집단분석적 용어로 '집단의 소리' 또는 전체로서의 집단이 의사소통하고 싶은 것을 나타낸다고 본다. 집단은 '도와주세요. 나는 무엇을 해야 할지 몰라요. 당신이야말로 나에게 뭐가 최선인지 아는 유일한 사람이에요.'라고 말하는 것처럼 보인다. 디렉터는 점점 더 적극적이고 지시적으로 반응하는데, 무대 위에 의자를 놓고 앤이 선택한 것이 그 장면이라는 것을 확인하지 않고 그 장면을 하기로 한 사람이 바로 디렉터다. 그녀는 자신이 그 장면을 작업해야 한다고 디렉터가 생각했는지에 대해서만 물었을 뿐이다. 극이 끝날 무렵에 지시를 통해 표현된 유일한 생각은 앤이 시작할 때처럼 끝날 때까지 양가감정을 갖고 저항한 것이다.

　이런 식으로 회기가 끝난 후에 모두 실망하였다. 우리가 집단 성원들이 집단에 참여하기 전에 치료사가 가지고 있던 인식을 받아들인다면, 우리는 리더가 상황은 변할 수 없다고 생각한 것과 결탁하는 함정에 빠지게 되는 것이다. 그러나 한 개인이 집단에 참여할 때 희망은 항상 고통을 통해 뭔가 더 좋은 것이 나올 수 있다는 것이다. 앤은 적어도 부분적으로 그녀를 괴롭히는 일들에 대해 집단과 함께 나눌 수 있을 정도로 충분히 집단을 신뢰할 수 있기를 바란다. 그녀는 술 문제보다는 자신의 갈등에 대한 보다 적절한 해결책을 찾고자 한다. 그녀와 집단은 의존성에 빠져들기보다 가능한 해결책을 발견하고 싶어 한다.

짝짓기
집단은 마치 집단이 집단의 문제를 해결할 구세주를 '탄생'시킬 것처럼 행동한다. 집단에서 두 사람은 집단의 주의, 지지, 애정, 희망 그리고 환상에 초점을 둠으로써 이러한 메시아적 해결책에서 상호 역할을 수행한다.

두 사람의 공동 치료사가 이끄는 집단은 몇 번 집단에 참여했던 여덟 명과 두 명의 새로운 성원들이 포함되어 있는데, 두 명 중에 한 사람은 한부모를 두고 있는 제인이었다. 이 집단은 최근 두 주간 휴식을 가졌는데 이 점에 대해서 지금까지 한 번도 이야기된 적이 없어서 새로운 성원들이 다루기에는 특별히 어려운 것이었다. 해리는 1년 반 동안 집단의 성원이었는데, 다른 모든 여성들과 비현실적인 관계 속에서 살아가는 대신에 그의 부인과 보다 현실적인 관계를 갖는 방법을 찾으려는 작업을 해 왔다. 우리는 지금 웜업 단계에서 얘기하고 있다.

> 제인 : 나는 너무 외로워요. 집에서 누구도 나를 도와주지 않고, 항상 일을 해야만 해요.
> 해리 : 나 역시 외로워요. 나는 내 아이들과 가깝다고 느끼지만, 아네트는 언제나 우울하고 나를 만나려는 어떤 노력도 하지 않아요. 나는 제인 당신에게 매우 감탄하고 있어요. 당신은 당신이 원하는 것을 알고 있고, 때로는 피곤해도 그것을 얻기 위해 노력하죠.
> 제인 : 나는 외롭게 살고 싶지 않지만 일과가 끝나고 너무 피곤해서 밖에 나갈 수가 없어요.
> 루스 : 해리, 왜 당신은 아네트와 함께 살죠? 나는 그녀가 당신에게 주는 것이 아무것도 없다고 보는데요.

이것은 해리와 제인이 짝이 되는 집단에서의 시작 단계이다. 집단은 적극적으로 이 행동을 지지하고 그들에게 상당히 많은 관심을 갖는다. 집단의 작업은 흔히 그들을 중심으로 이루어지며, 두 사람이 독점하기 때문에 질문하려는 디렉터의 모든 시도는 무효가 된다. 그 짝은 우리가 집단을 이끄는 방법에 대해 비판한다. 예컨대, 웜업 단계는 더 짧아야 하며, 지난주 극에서 너무 많은 역할바꾸기가 있었다 등이다. 그 행동은 그들이 우리를 필요로 했을 때 최근 휴식에 관한 집단의 반응에 비추어 볼 수 있다. 필자는 "짝짓기 집단에서 리더가 '존재하지 않는다' 해도,

말하자면 집단이 고대하는 구세주가 탄생하지 않는다 하더라도, 모든 기본 가정집단들은 리더의 존재를 포함하고 있다."(Bion, 1961/1991: 155)는 바이언의 말이 생각난다. 그들은 우리를 탄생하지 않은 리더로 대치한다. 희망은 유기의 고통을 인식하고 경험하는 것보다 더 낫다.

유기의 문제와 관련된 상처와 분노 감정들을 계속 흡수함으로써 쌍으로 묶인 에너지가 자유스럽게 흘러 집단으로 되돌 아갈 수 있다.

투쟁-도피

집단은 마치 집단 생존이 투쟁이냐 도피냐 하는 즉각적인 행위에 달려 있는 것처럼 행동한다. 충동적인 행위에 대한 이러한 압박은 마치 생각 없는 무리들과 같은 집단행동을 낳게 된다.

수 : (20분 늦게 도착하면서) 미안해요, 교통체증이 끔찍해서.
댄 : 당신은 항상 늦잖아요.
수 : 무슨 뜻이에요?
댄 : 당신은 매주 똑같은 변명을 하죠. 여기 오는 데 좀 더 많은 시간을 투자하지 그러세요?
수 : (비꼬는 식으로) 오, 완벽주의 씨! 나는 집에서 아주 적절한 시간에 나왔다고요. 교통체증이 심한 것은 내 탓이 아니죠.
메리 : 하지만 좀 더 일찍 출발할 수도 있었을 텐데요. 당신이 늦으니까 매주 웜업이 엉망이잖아요.
수 : 오, 그래서 내가 여기 있는 것이 못마땅 하군요. 그렇다면 내가 비난받기 위해 여기 있을 필요가 없지요(문을 쾅 닫고 나가 버린다.).
미카엘 : 메리 당신은 꼭 그것을 말해야 해요?
메리 : (화가 나서)오, 그래, 이젠 내 차례군요? (문을 쾅 닫고 나가 버린다.)

이러한 '치고-빠지기' 식의 의사소통은 집단과 리더들에게 골칫거리다. 사람들이 방에 있을 때 문제들을 다룰 수 있는데, 누군가가 그 방에서 나가 버리면 에너지는 분산된다. 우리 각자와 전체 집단에서 '나

쁜 것'을 멀리 보내 버리는 이 분산된 기제는, 우리들 안에 '좋은 것'
만 남을 것이라는 희망에서 일시적인 안도감을 줄 수는 있지만 삶의
문제를 해결하지 못하고 우리들 각자 내면에 있는 이러한 측면들을 통
합하지 못한다. 그 과정이 반복되기 전에 그것을 해결한다면 오래 걸리
지 않는다. 수와 메리의 경우에, 누가 그들 뒤를 따라갈 것인가? 그리
고 따라간다면 누가? 아무도 가지 않는다면, 결과에 대해 걱정하는 데
시간을 보낼 것이다.

> 수 : (메리와 함께 들어온다. 둘 다 아직도 조금 눈물이 글썽거리면서)
> 나는 내가 매주 늦게 온다는 걸 알고 있어요. 나는 어느 곳에 시간
> 에 꼭 맞게 가면 불안해지는데 왜 그러는지 모르겠어.
> 메리 : (미첼에게) 내가 생각하는 것을 말하기가 정말 힘들어요. 당신이 내
> 가 뭔가 잘못했다고 느끼게 만들 때 나는 참을 수가 없었어요.
> 미첼 : 만약 수가 늦게 온다 해도 나는 상관없어요. 그것은 그녀에게 달린
> 거지요. 그것이 내 웜업을 망치게 하지는 않아요.
> 디렉터 : 지금은 우리가 주인공을 선택할 시간이라고 생각합니다. 누가 준
> 비되었나요?

작업하기

작업 집단에서는 리더와 집단성원들이 표명한 목표를 수행하는 쪽으로 행
동이 이루어진다. 그것은 의식적인 지금-여기의 의사소통으로 이루어진다.

존의 아들은 몇 년 전에 자살을 했는데, 그 사건은 존을 사회적, 정서
적 마비와 고립 속에 가두어 놓고 말았다. 존은 집단에게 그 사건 후에
무슨 일이 일어났는가를 보여 주고 싶어서 무대 위에서 작업하고 있다.
그의 아들은 높은 빌딩 위에서 뛰어내렸으며 영안실로 이송되었다. 한
장면이 이미 실연되었는데, 이때 경찰관으로부터 전화로 그의 아들이
죽었다는 말을 듣고, 그의 아들을 보여 주기 위해 존을 데리러 가겠다
는 경찰관의 제안을 받는다. 두 번째 장면이 만들어졌고, 보조자는 테

이불 위에 놓여 있는 죽은 아들의 역할을 맡는다.

> 존 : (두 경찰관(보조자)과 함께 조용히 들어와 앉아, 그 자신 내부로부터 깊은 통곡을 한다.)
>
> 첫번째 경찰관 : (즉시) 얼마나 끔직한 일이에요!
>
> 존 : (디렉터에게) 아니요, 그는 그렇게 말하지 않아요.
>
> 디렉터 : (존에게) 역할을 바꾸어 우리들에게 그가 어떻게 이야기하고 행동하는지를 보여 주세요.
>
> 존 : (첫번째 경찰관으로서) 됐어요. 선생님! (팔로 그를 끼고 거칠게 끌어당긴다.)
>
> 두 번째 경찰관 : (존의 다른 팔을 끼고 그를 방밖으로 끌어낸다.)
>
> 디렉터 : 역할을 바꾸세요.
>
> 존 : (일어나 화가 나서 말한다.) 나는 여기에 잠시 동안 혼자 있어야겠어요. 당신들은 밖에서 기다려 주실 수 있나요?
>
> 디렉터 : (경찰관들에게 그렇게 하도록 신호를 한다.)
>
> 존 : (그의 아들에게 가까이 가서 손을 잡는다. 그는 앉아서 아들을 바라보고 그의 머리를 아들의 배 위에 대고 깊이 흐느껴 운다.)

집단에서도 많은 사람들이 울고 있다. 그것은 초년에 경험하기에는 너무나 큰 실존적 고통의 순간이다. 얼마 후 디렉터는 존에게 이 장소에 누가 그와 함께 있으면 좋겠느냐고 묻는다. 그는 고개를 끄덕이고 아이의 엄마가 거기에 있기를 원한다고 말한다. 그들은 몇 년간 별거 중에 있다. 그녀가 장면에 들어오게 됨으로써, 그는 아들이 죽은 이후로 지금까지 살아오면서 견디던 고독을 깨뜨릴 수가 있고, 심지어는 그 전의 관계에 대한 상실을 슬퍼할 수가 있다. 나누기 단계에서 집단성원들은 그들 자신의 인생에서 고통스러운 상실들을 표현할 수 있다. 필요한 것은 최대로 삶에 참여하는 것이다.

바이언은 '사람이 아무것도 할 수 없는 무감동과 장애의 기회를 너무 많이 줄 때 그 문제들에 대한 집단 접근 방법이 정말로 가치가 있는 것인가.'(Bion, 1961/1991: 47)에 대하여 의문을 가졌다. 심리극 집단에서 그것은 별 의미가 없지만, 집단분석가들이 심리극에 대해 갖고 있는 일반적인 비평은 그들 자신의 결론에 도달하도록 침묵하고, 반영하고, 허용해 주는 시간이 부족하다는 것이다. 심리극 디렉터는 회기의 내용과 과정을 표현하도록 하기보다 지나치게 통제한다고 가끔 생각한다.

필자의 경험으로 심리극 집단은 너무 자주 작업양식에 몰두해 있는데, 이는 아마 심리극 방법이 그것을 요구하기 때문일 것이다. 집단은 심리극을 제작하는 데 충분한 과업을 갖고 있는데, 반면에 집단분석적 집단에서의 과업은 꼭 붙잡고 해결하려고 노력하지 않으면 안 된다. 수와 메리에 관한 투쟁-도피 사례에서, 그들은 도망가는 대신에 돌아와서 그들의 두려움에 대해서 이야기할 수 있었다. 그래서 우리는 무대에서 두려움을 작업할 수 있다. 디렉터의 조기 개입은 그들이 방으로부터 떠나는 것을 막을 수 있었지만 그들은 돌아와 스스로 문제를 다룰 수 있었다. 금기 사항의 원칙인, 기다림은 '도움이 되는' 것 이상으로 더욱 더 생산적일 수 있다. 많은 경험이 있는 심리극 전문가들, 그 중 특히 젤카 모레노도, 예컨대 이중자아의 사용을 상당히 제한하였는데, 이는 주인공을 위한 치료 효과가 보조자의 즉각적인 도움을 받는 것보다 그녀 자신의 표현을 발견할 때 더 크다는 점을 보여 준다.

> 모레노는 심리극을 동등한 관계에서 이루어지는 참만남이라고 이야기하였다. 동등한 사람들과 만나서, 감정, 아픔, 역사, 즐거움과 웃음 등을 나누는 것은 가장 좋은 치유 경험일 수 있다. 주인공 중심 심리극의 특성은 이러한 것들이 발생할 수 있도록 허용하고 있다. 강력한 내적 대상관계는 무시되지 않으며, 일상생활에서 그들의 영향 또한 사라지지 않는다.
>
> (Holmes, 1992: 180)

필자는 심리극 전문가들이 집단분석의 원리들을 잘 알고 있으며 심리극을 하는 동안 그 방법에 충실히 노력하기를 권한다. 집단-분석적 심리치료가 폴크스에 의해 개발되었듯이, 심리극은 모레노가 방법을 고안한 이래 발전해 왔다. 이러한 발전과 다른 이론적인 관점에 대해개방되어 있는 것은 심리극을 풍요롭게 하고 역량을 확장시켜 준다.

참·고·문·헌

Agazarian, Y., & Peters, R. (1981/1989). *The Visible and Invisible Group*. London: Routledge.

Bion, W. R. (1961/1991). *Experiences in Groups*. London: Routledge.

de Maré. P. (1983). Michael Foulkes and the Northfield Experiment. In M. Pines (Ed.), *The Evolution of Group Analysis*. London: Routledge and Kegan Paul.

Foulkes, S. H. (1964/1984). *Therapeutic Group Analysis*. London: Karnac.

Foulkes, S. H. (1948/1991). *Introduction to Group Analytic Psychotherapy*. London: Karnac.

Foulkes, S. H., & Anthony, E. J. (1957/1965/1973). *Group Psychotherapy: The Psychoanalytic Approach*. Harmondsworth: Penguin.

Greenson, R. R. (1967). *The Technique and Practice of Psychoanalysis*. London: Hogarth.

Hinshelwood, R. D. (1987/1990). *What Happens in Groups: Psychoanalysis, the Individual and the Community*. London: Free Association Books.

Holmes, P. (1992). *The Inner World Outside: Object Relations Theory and Psychodrama*. London: Routledge.

Marineau, R. (1989). *Jacob Levy Moreno 1889-1974*. London: Routledge.

Moreno, J. L. (1946/1977). *Psychodrama, First Volume*. 5th edn. New York: Beacon House.

Pines, M. (Ed.)(1983). *The Evolution of Group Analysis*. London: Routledge and Kegan Paul.

Stock Whitaker, D. (1985/1989). *Using Groups to Help People*. London: Routledge and Kegan Paul.

후 기

Anne Ancelin Schützenberger

예전에 모레노는 심리극 전문가가 된다는 것은 훈련, 즉 그것을 시도할 수 있는 창조성과 용기가 필요하다고 나에게 말했다.

심리극은 또한 삶의 방식이고 예술이며 과학이다. 어떤 방식이든 집단과 작업할 때 심리극을 사용한다는 것은 자신의 모든 잠재력, 과학, 예술, 그리고 창조성을 사용하는 것이다. 심리극은 사람들에게 자신이 하고 있는 것, 할 수 있는 것, 하고 싶은 것에 자신의 온갖 가능성과 잠재력을 사용하고, 성장하도록 돕는다.

모레노에게 심리극은 정체성의 모체, 정체성의 원장소, 집단이고, 심리극의 무대는 사람들이 다시 태어나는 자궁이다. 그곳은 과거의 상처를 재경험하는 장소이며, 정화, 집단지지, 잉여현실 그리고 훈습을 통해 그것들을 치유한다. 심리극은 현재를 이해하고 설명하며, 미래를 준비하고, 새로운 역할들, 가능한 역할들, 불가능한 역할들(나는 새, 중세의 순례자, 21세기의 등산가, 소크라테스의 친구, 깊은 바다 다이버, 아기와 같은……)을 시도하게 한다.

그것은 기쁨과 슬픔과 같은 모든 종류의 감정을 표현하기에 안전한 장소이다. 어떤 사람은 가족상황, 직업상황 그리고 위험한 상황을 시도하면서 울고, 소리치고, 때리고, 뛰고, 달리고, 웃고, 새로운 역할을 시험하고, 이해와 지지를 느낄 수 있다.

연구와 교육을 통해 당신의 미래를 준비할 수 있도록 한다. 연구와 교육은 핵심적인 것은 제외하고 모든 것의 경험과 훈련을 제공한다. 즉, 직업에서 어떻게 성공하는지, 의사나 간호사로서 어떻게 임상적 방법을 사용하는지, 교사로서 어떻게 학급을 운영하는지, 어떻게 부모나 배우자가 되는지 이 모든 것들이 심리극과 역할극을 통해서 또는 그 안에서 연습될 수 있다.

우리는 자기 삶의 배우이다.

심리극은 우리의 내면세계를 외현화(Holmes, 1992)하게 하고, 무대에서 자신의 삶을 연기하게 하며(Moreno), 과거를 이해하고 정리하며, 미래를 훈련하고, 삶을 연습하게 한다(Schutzenberger, 1997; Starr, 1977).

심리극은 임상 장면과 비임상적인 장면에서 활용되는데 아이들, 성인, 외국인, 장애인을 가르치기 위해, 그리고 의사, 배우, 성직자, 간호사, 직장인, 경영자, 판매원, 사회복지사, 연극·영화 감독, 세관원, 경찰, 공무원, 산업체 관리인, 군인, 학교나 수술에 들어가기 전 병원 근무자, 어머니들, 아이들, 파티에 처음 나가는 사람, 다른 문화권으로 가기 전 외교관이나 엔지니어를 훈련시키기 위해, 또 언어, 문법, 어려운 문제, 역사, 지리학을 가르치는 교사, 성서, 병원이나 교도소에서 나온 뒤의 재활을 위해, 암환자에게 **특별한 생존자**가 될 수 있다는 것을 가르치기(Bernie Siegel: 1986) 위해 사용된다. 응용 영역이나 예들의 열거는 끝이 없다.

우리는 우리 부모들에 의해 그들 시대에 맞는 삶의 역할들을 배웠다. 그러나 우리는 우리 시대에 행동하는 방법을 어떻게 알 것인가?

앨빈 토플러는 『미래 충격(Future Shock)』(1970)에서 미래는 우리가 기대했던 것보다 더 빠르게, 그리고 우리가 조작할 수 있는 것보다 더 놀랄 만하고 새롭게 변화하면서 우리 앞에 다가서고 있다.

미래를 어떻게 준비하고 준비시킬 것인가? 어떻게 생존할 것인가? 과거의 유물을 어떻게 지키고 미래를 위해 어떻게 새로운 방식을 만들 것인가? 무엇을 하고 어떻게 반응할 것인가? 어떤 역할을 할 것인가? 모레노의 『누가 살아남을 것인가?』(1934/1953)는 모토와 희망을 제공하고, 더 눈을 뜨고, 더 융통성 있는 관점을 갖게 하며, 새로운 상황을 보고 이해할 수 있도록 하고, **자발성과 창조성**을 통해 새로운 답을 창안하고 찾을 수 있게 한다. 자발성과 창조성은 지능의 또 다른 말이다. 그것들은 정서지능, 통찰 그리고 직관적으로 올바를 행위가 포함된다.

프로이트는 인간 탐구에 섬세한 기여를 하였다. 예전에 모레노는 심리극과 정신분석을 비교하여 다음과 같이 설명하였다. "차를 운전하기 위해서는 앞을 바라보고 옆을 바라보고 백미러를 바라보는 게 낫다."

참·고·문·헌

Holmes, P., & Karp, M. (1991). *Psychodrama: Inspiration and Technique*. London and New York: Routledge.

Holmes, P. (1992). *The Inner World Outside*. London: Routledge.

Moreno, J. L. (1934/1953). *Who Shall Survibe?*. Beacon, NY: Beacon House.

Moreno, J. L. with Moreno, Z. T. *Psychodrama. First Volume* (1946), *Second Volume* (1959), *Third Volum* (1969). Beacon, NY: Beacon House.

Moreno, J. L., & Moreno, Z. (eds.) (1960). *The Sociometry Reader*. Glencoe, IL: The Free Press of Glencoe. (25 contributors, including A. A. Schützenberger.)

Moreno, Z. T. et al. (1988). *Surplus Reality* (in Preparation).

Schützenberger, A. A. (1965). *Précis de psychodrame*, Paris: Editions Universitaires (Handbook of Psychodrama, Spanish translation: *O Theatro da vida*). New revised edition in preparation. 1999.

Schützenberger, A. A. (1990a). *Le Jeu de role et le psychodrame*. Paris: ESF(A cook book for yole-playing and psychodrama).

Schützenberger, A. A. (1991). The drama of the seriously ill patien: fifteen years' experience of psychodrama and cancer. In Holmes and Karp. *Psychodra Inspiration and Technique.* London: Routledge.

Schützenberger, A. A. (1993). Cancer patients and family repetitions. *In Aïe, mes Aïeux, liens transgénérationnels, secrets de famille, genosociogrames.* Paris: DDB. trans. (1998). *The Ancestor Syndrome.* London: Routledge.

Schützenberger, A. A. (1997). Health and Death: Hidden Links through the Family Tree. *Caduceus.* March, 40−45.

Siegel, B. (1986). *Love, Medicine, Miracles,* New York: Dotton.

Starr, A. (1977). *Rehearsal for Living: Psychodrama.* Chicago: Nelson Hall.

Toffler, A. (1970). *The Future Shock.* New York: Random House.

찾아보기

인 명

내 용

공동집필자

○● Anne Bannister

　　그녀는 심리극 전문가이며, 연극치료 전문가이다. 또한 Northern School of Psychodrama의 선임 훈련가이기도 하다. NSPCC에서 수년간 아동 성학대 자문가로 일하였고, 현재는 프리랜서 훈련가와 슈퍼바이저로 활동하고 있다. 그녀는 광범위한 주제로 책을 출판하였는데, 가장 최근의 책으로는 *The Healing Drama : Psychodrama and Dramatherapy with Abused Children*(1997)이 있다.

○● Kate Bradshaw Tauvon

　　그녀는 작업치료사이자 Nordic Board of Examiners/Trainners(UKCP)에서 인정하는 심리극, 사회측정학, 집단심리치료의 TEP(교육/훈련전문가)이며, 집단분석 심리치료사이다. 그녀는 스톡홀름에서 심리치료사와 슈퍼바이저로 활동하고 있고, 스웨덴 Moreno Institute에서 교사와 평가자로 일하고 있다.

○● John Casson

그는 연극치료 전문가이자 심리극 전문가(UKCP)이며, 슈퍼바이저, 훈련가이다. Northern School of Psychodrama와 Northern Trust of Dramatherapy의 설립 멤버이다. 그는 Manchester Metropolitan 대학에서 박사과정을 지도하고 있으며, 개인적으로도 활동하고 있다.

○● Chris Farmer Maudsley

그는 병원의 정신과의사로 활동하고 있고 Guernsey 정신건강센터에서 자문정신과의사 및 심리치료사로 활동하고 있다. 또한 일반정신의학 분야와 가족치료 분야에서 심리극을 실천하고 있다. 그는 Holwell 센터에서 심리극 전문가 자격을 취득했고 *Psychodrama and Systemic Therapy*의 저자이다.

○● Peter Haworth

그는 Oxfordshire Mental Healthcare NHS Trust의 심리극 임상간호 전문가이다. 많은 심리극을 실시하고 있고 심리치료집단을 통합시켰으며 사람들을 지도하고 있다. 또한 Holwell 센터에서 1993년에 심리극 자격증을 취득했다. Susie Taylor와 함께 Oxford Psychodrama Group Psychodrama 훈련 프로그램을 운영하고 있다.

○● Paul Holmes

그는 아동 청소년 정신과의사로, 분석심리치료사와 심리극 전문가이다. 또한 British Psychodrama Association의 명예회원이며 ASGPP(미국심리극학회)의 펠로우다. 그는 수많은 심리극 관련 서적의 저자이며 공동편집자이기도 하다.

○● Jinnie Jefferies

그는 London Centre of Psychodrama and Group Psychotherapy의 소장이며, 그리스에 있는 Filyra Institute of Psychodrama와 아일랜드에 있는 Newtown House Psychodrama Centre의 수석훈련가이다. 그는 다양한 내담자 집단과 함께 심리극을 이용하여 BBC방송과 채널 4의 여러 개 프로그램을 제작하였다. 또한 방어적 환자를 대상으로 한 자신의 작업에 대해 책을 쓰기도 하였다.

○● Marcia Karp

그녀는 영국의 심리극 발전의 선구자로서, 최초로 영국훈련센터와 다른 나라에서 훈련을 하고 있다. 또한 국제집단심리치료학회의 이사이며 Devon에 있는 Holwell International Centre for Psychodrama의 공동 디렉터이다. 그녀는 심리극에 대한 두 권의 책의 공동편집자다.

○● Dorothy Langley

그녀는 정신의료 사회사업가로서 훈련받았으며, 나중에는 성인에게 극을 교육하는 자격을 얻게 되었다. 1970년부터 정신병원에서 입원환자와 외래환자를 대상으로 작업하면서 연극치료를 개발하였다. 그녀는 Holwell 센터에서 훈련을 받은 후 심리극을 소규모의 정신병원에 소개하였다. 또한 South Devon College에서 연극치료, 심리극, 슈퍼비전을 하고 있다.

○● Olivia Lousada

그녀는 교사, 집단치료사, 사회복지사로서 훈련을 받았다. 또한 심리극의 선임훈련가, 연극치료 전문가, 공인상담가이다. 그녀는 London Institute for Psychodrama and Sociodrama의 창립 디렉터이며 London Centre of Psychodrama and Group Psychotherapy의 공동 디렉터이다.

○● Zerka T. Moreno

심리극 실천의 원로로서, 전 세계적으로 가장 앞서가는 집단 심리치료사이자 심리극 전문가이다. 그녀는 남편 J. L. Moreno가 설립한 New York, Beacon에 있는 Moreno Institute를 1982년부터 이끌고 있다. 80세 이상의 고령임에도 세계 여러 곳에서 교육을 진행하고 있다.

○● Gillie Ruscombe-King

그녀는 작업치료사 훈련을 받았고 Holwell 센터에서 심리극 훈련을 마친 후부터 알코올 중독과 급성 정신질환을 앓고 있는 사람들을 대상으로 일을 하고 있다. 그녀는 심리극과 집단분석 과정에 대단한 관심을 갖고 있다. 그녀는 이 두 방법을 지금까지 실천해 왔고 이러한 방법들이 사람들에게 창조적인 잠재력을 재발견하도록 돕는다고 믿고 있다.

○● Anne Ancelin Schutzenberger

그녀는 Nice 대학의 사회 및 임상심리학과 명예교수이며, Moreno에게 처음으로 훈련받은 열두 명의 제자 중 한 사람이다. 그녀는 International Congress of Psychodrama(1964, 프랑스)를 처음으로 조직하였다. 그녀의 심리극 핸드북은 12개 언어로 번역되었다. 또한 그녀의 최근 책 *Aie, Mes Aieux!* 가 영어로 번역되었는데, 이는 프랑스에서 베스트셀러가 되었다.

○● Ken Sprague

그는 공인된 사회극 디렉터이자 심리극 전문가, 그래픽 아티스트이다. 삶의 도구로서 Moreno의 방법을 계속해서 발전시키는 과정을 수행하고 있다. 그는 대중적인 행위 방법으로 작업하고 있는데, 임상과 사적 성장의 영역 외에도 교육, 조직, 사업경영 및 지역사회의 다양한 일에 이르기까지 행위 방법을 대중화하는 작업을 하고 있다. 또한 그는 Four Seasons Arts School을 운영하고 있다.

○● Susie Taylor

　　그녀는 9년 동안 정신병원에서 작업치료사로 일했다. 그녀는 1983년
에 Holwell 센터에서 심리극 전문가로 훈련받았고 자격증을 취득했다. 1985년
이후 집단과 개인 작업에서 프리랜서 심리극 전문가로 활동해 왔다. 또한 그
녀는 Oxford Psychodrama Group의 공동창시자이다. 그녀는 외국에서 심리극
훈련집단을 운영하고 있고, 세르비아와 유고슬라비아 공화국 마케도니아에서
정규적으로 실천하고 있다. 그녀는 심리극을 통하여 Grendon 감옥 집단, 성
학대를 경험한 여성 집단, 훈련 집단, 개방된 주말 워크숍, 개인심리치료 및
슈퍼비전을 실시하고 있다.

역자소개

김광운
전남대학교 대학원 심리학 석사(상담)
전남대학교 대학원 교육학 박사(상담)
(현) 광주보건대학 사회복지학과 교수
    광주보건대학 교수학습지원센터 소장

박희석
전북대학교 대학원 심리학과 석사(임상)
전북대학교 대학원 심리학과 박사(임상)
(현) 원광대학교 대학원 예술치료학과 초빙교수
    한울심리극연극치료연구소 소장
    마음숲심리상담센터 소장

김경자
전남대학교 의과대학 의학박사(정신의학)
미국 Blooklyn State Hospital에서 수련
미국 New Jersey 대학 Medical College에서 소아청소년 Fellowship
(현) 해피마인드의원 원장

전은희
이화여자대학교 대학원 간호학과 석사(정신간호학)
경희대학교 대학원 간호학과 박사(정신간호학)
(현) 광주보건대학 간호학과 교수

강명옥
전남대학교 대학원 간호학과 석사(정신간호학)
전남대학교 대학원 간호학과 박사(정신간호학)
(현) 초당대학교 간호학과 교수

임수진
전남대학교 대학원 심리학과 석사(상담)
전남대학교 대학원 심리학과 박사(상담)
(현) 전남대학교, 조선대학교 외래교수

심리극의 세계

The Handbook of Psychodrama

2005년 1월 13일 1판 1쇄 발행
2009년 4월 20일 1판 2쇄 발행

엮은이 • M. Karp · P. Holmes · K. B. Tauvon
옮긴이 • 김광운 · 박희석 · 김경자 · 전은희 · 강명옥 · 임수진
펴낸이 • 김진환
펴낸곳 • **학지사**
121-837 서울특별시 마포구 서교동 352-29 마인드월드빌딩 5층
대표전화 • 02)330-5114/팩스 02)324-2345
홈페이지 • http://www.hakjisa.co.kr
등록 • 1992년 2월 19일 제2-1329호

ISBN 978-89-5891-066-6 93180

정가 18,000원